Volker Neuhaus, Per Øhrgaard,
Jörg-Philipp Thomsa (Hg.)
Freipass

Volker Neuhaus, Per Øhrgaard,
Jörg-Philipp Thomsa (Hg.)

Freipass

Forum für Literatur, Bildende Kunst und Politik
Schriften der Günter und Ute Grass Stiftung

Band 3: Widerhall auf das Jahr
der Revolten 1968

Redaktion:
Dieter Stolz

Ch. Links Verlag, Berlin

Editorische Notiz

Die Texte von Heinrich Böll und Günter Grass folgen der alten Rechtschreibung.

Die Deutsche Nationalbibliothek verzeichnet diese Publikation
in der Deutschen Nationalbibliografie;
detaillierte bibliografische Daten sind im Internet über
www.dnb.de abrufbar.

1. Auflage, Februar 2018
© Christoph Links Verlag GmbH
Schönhauser Allee 36, 10435 Berlin, Tel.: (030) 44 02 32-0
www.christoph-links-verlag.de; mail@christoph-links-verlag.de
Umschlaggestaltung unter Verwendung eines Aquarells von Günter Grass
mit dem Titel *1968* aus dem Jahr 1998, © Günter und Ute Grass Stiftung
Satz: Agentur Marina Siegemund, Berlin
Druck und Bindung: Druckerei F. Pustet, Regensburg

ISBN 978-3-86153-992-6

Inhalt

Vorwort — 9

1968. Prag, Paris, Berlin und die Folgen

Birgit Hofmann
»Mein Mai 68 ist der Prager Frühling gewesen«
Intellektuelle Hallräume des »Sozialismus mit menschlichem Antlitz«
in Westeuropa — 16

René Böll
August 1968 — 36

Heinrich Böll
Interview mit *Literární Listý* am 24.8.1968 — 38

Günter Grass, Walter Höllerer (u.a.)
Brief an den Staatspräsidenten der Tschechoslowakei vom August 1970 — 40

Louis F. Peters
Fünfzig Jahre Pariser Mai-Plakate — 44

Johano Strasser
L'80 – Zeitschrift für Literatur und Politik — 54

Johano Strasser
Fünfzig Jahre nach 1968. Zeit für eine Bilanz? — 61

Otto Pankok (1893–1966)

Norbert Fasse
»Mehr Gehalt, mehr Wahrhaftigkeit«
Innerer Kompass, künstlerisches Arbeiten und
widerständiges Handeln bei Otto Pankok — 72

Volker Neuhaus
»Nachgetragene Liebe«
Günter Grass als Schüler Otto Pankoks 123

Zur Diskussion gestellt: Beiträge zur Grass-Forschung

Uwe Neumann
Kein weites Feld
Zum Briefwechsel zwischen Günter Grass und Marcel Reich-Ranicki 142

Joachim Kersten
»Ziemlich singuläre Befreundung«
Günter Grass und Peter Rühmkorf 196

Volker Neuhaus
»Wörter [...] warten darauf, einen Schatten werfen zu dürfen«
Zu den Gedichten von Günter Grass 232

Bibliografie zu Günter Grass (2015–2017) 271

»Wir vom Archiv«

Michael Peter Hehl
Wie Oskar Matzerath in die Oberpfalz kam
Günter Grass im Literaturarchiv Sulzbach-Rosenberg 278

Werner Frizen
Über die allmähliche Verfertigung des Romans beim Schreiben
Zur Entstehungsgeschichte des *Butt* 292

Inhalt

Zur Grass-Rezeption im In- und Ausland

Mirosław Ossowski
Danziger Günter Grass-Enzyklopädie   328

Na'ama Sheffi
Vom Liebling zur Persona non grata
Günter Grass und die israelischen Medien
(übersetzt von Adina Stern)   336

Anhang

Verzeichnis der Autorinnen und Autoren   355
Abbildungsnachweis   358

Vorwort

Der zentrale Themenkomplex, der jeden *Freipass* eröffnet, lag Günter Grass schon bei den ersten Vorgesprächen zum Konzept unseres Forums für Literatur, Bildende Kunst und Politik besonders am Herzen. Es war ihm auch in diesem Kontext wichtig, Akzente im kulturellen Diskurs zu setzen; sowohl zum Irmtraud Morgner-Schwerpunkt im ersten *Freipass* von 2014 als auch zum Heinrich Böll-Schwerpunkt im zweiten Band von 2016 hat er noch eigene Akzentuierungen eingebracht.

Auch das Schwerpunktthema im dritten *Freipass* folgt Grass' besonderen Interessen: Der britische Germanist Julian Preece hat einmal eher beiläufig bemerkt, Grass sei für ihn der einzige westliche Intellektuelle, für den osteuropäische Entwicklungen, insbesondere der Prager Frühling, wichtiger gewesen seien als etwa der Pariser Mai – eine für Grass völlig zutreffende Bemerkung, die man aus guten Gründen auf Heinrich Böll erweitern könnte: Beide setzten ihr Vertrauen eher in eine grundlegende demokratische Reform des Sozialismus, als dass sie an eine wirklich ihren Namen verdienende soziale Reform des Kapitalismus geglaubt hätten. Es ist demnach kein Zufall, dass Heinrich Böll mit seiner Familie im August 1968 in Prag zum Augen- und Ohrenzeugen der Niederschlagung des Prager Frühlings durch die Truppen des Warschauer Pakts wurde – er weilte dort mit seiner Frau Annemarie und dem Sohn René auf Einladung des tschechischen Schriftstellerverbands:

»Am 20. August abends kam ich auf Einladung des tschechoslowakischen Schriftstellerverbandes in Prag an. Auf der telegrafischen Einladung hatte u. a. gestanden ›Unser Bestreben ist, daß Sie sich vor Ort und Stelle über den würdigen Verlauf unseres Erneuerungsprozesses überzeugen und nach Rückkehr die Öffentlichkeit Ihres Landes unterrichten.‹ Rückwärts betrachtet wirkt nun der Text dieser Einladung wie mörderische Ironie. Ich hatte die Einladung ohne Zögern angenommen, weil ich im tschechoslowakischen Modell eines demokratischen Sozialismus eine große Hoffnung für den Westen und für den Osten sah; von dort, von Prag und Bratislava aus, hätte sich nach Osten und Westen verbreiten können, was bis zum Januar 1968 als Utopie galt: sozialistische Freiheit.

Worüber ich nun die ›Öffentlichkeit meines Landes unterrichten‹ kann: schon in der ersten Nacht weckte uns das Dröhnen schwerer Flugzeuge, die sehr niedrig flogen. Um sieben Uhr früh kam ein Freund ins Hotel, klopfte an unsere Tür und rief von draußen: Wir sind besetzt. Kurz darauf hörten wir die ersten Schüsse auf dem Wenzelsplatz, wir gingen sofort hin, sahen die sowjetischen Panzer – eine Demonstration absurder Dummheit – und unzählige Menschen, Jugendliche und Erwachsene. Mich erregte am meisten, wie leidenschaftlich die Menschen versuchten, mit den sowjetischen Soldaten zu diskutieren, ihnen und sich diesen unglaublichen Vorgang zu erklären. Ein einziger Schuß von seiten der Bevölkerung hätte wahrscheinlich die Katastrophe ausgelöst, aber dieser eine Schuß fiel nicht. Es war *sichtbar*, daß wir Zeugen eines historischen Ereignisses waren, dessen Folgen noch nicht auszudenken sind. Sichtbar war auch, daß hier der von Moskau gelenkte Sozialismus seinen moralischen Bankrott erklärte und daß es sich um eine unverhohlene Unterdrückung einer ganzen Nation handelte. Das Modell einer Hoffnung, die hier acht Monate lang verwirklicht worden war, wurde zerstört. In Prag und Bratislava war bewiesen worden, daß ein strenges doktrinäres System von innen heraus, unterstützt von Schriftstellern, Künstlern und Intellektuellen, die die Einsicht der Funktionäre stärkten und förderten, ohne Gewalt reformierbar war. Da auch wir in erstarrten Systemen leben, kann, was in diesen acht Monaten verwirklicht wurde, für uns ein Vorbild bleiben. Zunächst haben auf beiden Seiten die Reaktionäre gesiegt, und so manche westliche Träne ist eine Krokodilsträne. Der Prager Totentanz und der blutige Wahlkarneval in Chicago bedingen einander, sie stützten einander, und es wird für die tschechoslowakische Nation wie für uns die Zeit kommen, wo wir uns vor falschen Freunden hüten müssen. Die beiden Blöcke werden nach *Einheit* und Einigkeit innerhalb der Blöcke schreien, während sie sich doch untereinander *einig* sind über das, was in der Tschechoslowakei und in Vietnam geschieht. Die Tschechoslowakei hat bewiesen, daß Freiheit nicht in eine westliche und östliche geteilt werden muß, ihre Freiheit ist unsere, wie die Freiheit der amerikanischen Demonstranten und Kriegsgegner. Ich habe während der fünf Tage in Prag die absolute Solidarität der tschechoslowakischen Nation erlebt. Ich kann nur hoffen, daß diese Solidarität den Menschen helfen wird, das fürchterliche Faktum der Okkupation zu überstehen und zu überwinden.« (Heinrich Böll: *Ein Brief aus Prag,* 1968)[1]

Bölls besonderes Verhältnis zur damaligen ČSSR war auch darin begründet, dass seine Frau Annemarie, geb. Čech, im böhmischen Pilsen geboren war, während Grass' besonderes Engagement neben der Danziger basisdemokratischen Arbeiterbewegung auch den tschechischen Intellektuellen und Schriftstellerkollegen galt, die theoretisch an einer Demokratisierung des Sozialismus arbeiteten, wie nicht zuletzt sein Briefwechsel 1966/67 mit Pavel Kohout *Briefe über die Grenze* zeigt.

Ebenso wenig ist es ein Zufall, dass Günter Grass bis heute bei vielen Polen, insbesondere in seiner Geburtsstadt Danzig/Gdansk, eine bisweilen geradezu kultische Verehrung genießt. Diese Hochachtung gilt nicht nur dem Autor, der Danzig weltweit bekannt gemacht hat, sondern in ganz hohem Maße auch dem Danziger mit weltweitem Renommee, der der Solidarność-Bewegung internationalen Rückhalt geben konnte. Und auch seine engen Verbindungen in die Tschechoslowakei sind in diesem Zusammenhang bemerkenswert. Ein Beispiel für viele: Der enge Freund der Familie Grass, sein Übersetzer Vladimir Kafka, »als erster Lektor beim MLADA FRONTA […] ziemlich exponiert«, wie Grass am 9. September 1968 an Außenminister Brandt schreibt, war unmittelbar vor dem Einmarsch der Truppen des Warschauer Pakts am 21. August 1968 mit seiner Familie Gast der Grassens im Tessin gewesen.

Böll wie Grass knüpften daher bewusst an das wohl wichtigste Organ des tschechischen demokratischen Sozialismus und des Prager Frühlings an, der 1968 verbotenen *Literární Listy*, wenn sie mit ihrem Zeitschriftenprojekt *L'76* und später *L'80* die Perspektive eines sozialistischen Realismus offen sowie seine Triebkräfte virulent halten und dabei zugleich an ein Europa östlich der Elbe erinnern wollten. Weder Böll noch Grass hatten je den Adenauer zugeschriebenen Begriff von Europa, nach dem Europa identisch mit dem Westen war. Johano Strasser schreibt als letzter Redakteur zu der Zeitschrift: Alle »namhaften Dissidenten des Ostblocks von Jürgen Fuchs und Robert Havemann über Václav Havel und Adam Krzemiński bis zu György Konrád und Lew Kopelew fanden hier ein Forum, das die Einheit Europas, lange vor der tatsächlichen Wiedervereinigung, zumindest im Geistigen behauptete. Das letzte Heft der Zeitschrift erschien im Juli 1988; es erinnerte an den Prager Frühling: *Prag vor 20 Jahren. Erinnerung an eine Hoffnung.*« Daran knüpft der dritte *Freipass* an, wenn wir jetzt, nach 50 Jahren, der damals spontan so hoffnungsvoll wie poetisch benannten Reform-Revolutionen Pariser Mai und Prager Frühling gedenken und einen Ausblick auf die Zukunft wagen.

Ein weiterer inhaltlicher Schwerpunkt würdigt den 125. Geburtstag von Otto Pankok, Grass' künstlerischem Lehrer in den Düsseldorfer Jahren 1948 bis 1952. Wenn auch nur wenig direkte Bekenntnisse des Schülers Grass zu Otto Pankok als seinem Lehrer im Vollsinn vorliegen, so sind die Zeugnisse zu dessen gleichsam subkutanem Einfluss fast überwältigend. Sie reichen von der so liebevoll-skurrilen wie bedeutungsträchtigen Mutation Pankoks zu Professor Kuchen in der *Blech-*

trommel von 1959 bis zur Stiftung eines Otto Pankok-Preises 1997, dessen Zweck es ist, »das Verständnis für die Eigenarten des Romavolkes zu fördern und über seine kulturelle und soziale Lage in Geschichte und Gegenwart aufzuklären« sowie zu Toleranz beizutragen. Mit seinem Namen soll »der Preis an den bildenden Künstler Otto Pankok erinnern, der in seinem sozial-kritischen Werk immer wieder auf verfemte Minderheiten, insbesondere auf die ›Zigeuner‹ aufmerksam machte«. Der *Freipass* versucht diesem besonderen Verhältnis von Günter Grass zu Otto Pankok Rechnung zu tragen, indem Norbert Fasses grundlegender Artikel nicht nur über Pankoks künstlerisches wie persönliches Engagement für Roma und Juden im ›Dritten Reich‹ durch eine kurze Zusammenstellung der unübersehbaren Spuren ergänzt wird, die Pankok als Lehrer in Grass' Leben und Werk hinterlassen hat.

Die vielstimmigen »Beiträge zur Grass-Forschung« bieten in diesem Band u. a. einen Überblick über Formen und Themen der bei Grass meist im Schatten seiner Epik stehenden Lyrik sowie profunde Untersuchungen zu den Beziehungen des Autors zu seinem langjährigen Freund und Schriftstellerkollegen Peter Rühmkorf und zum »Kritikerpapst« Marcel Reich-Ranicki.

Unter der Rubrik »Wir vom Archiv« verbirgt sich neben der Selbstdarstellung des Literaturarchivs Sulzbach-Rosenberg eine grundlegende Studie zur Genese des *Butt,* in der Werner Frizen aus minutiöser Sichtung der Berliner Akademie-Bestände die sich nach und nach entwickelnde Verknüpfung der zentralen Themenkomplexe Ernährungsgeschichte und Geschlechterkampf, Beziehungskrise, Schwangerschaft und Geburt sowie den Prätext des einst vom Maler Runge für die Brüder Grimm aufgezeichneten Butt-Märchens für den gesamten Roman nachzeichnet. Verblüffend dabei ist, dass die jedem Leser des *Butt* als erstes ins Auge fallende strukturbestimmende Gliederung in die neun Monate einer Schwangerschaft und die mit der Märchenvorlage verbundene Weltgeschichte einer Dialektik des Fortschritts erst spät zu den heterogenen Stoffmassen hinzutreten und Grass dennoch eine vollständige Durchdringung des Ganzen ohne verbleibende Arbeits- und Montagespuren gelingt.

Der Spezifizierung des Grass'schen Weltruhms und seiner Kehrseite dient die Sektion »Zur Grass-Rezeption im In- und Ausland«. Dort findet sich ein Beitrag über die von der großen Verehrung in Polen zeugende Grass-Enzyklopädie seiner Heimatstadt Danzig/Gdańsk und eine Bilanz der israelischen Autorin Na'ama Sheffi »Vom Liebling zur Persona non grata«, die nachzeichnet, wie Grass vom Wegbereiter der deutsch-israelischen diplomatischen Beziehungen und bewunderten Autor eines anderen Deutschlands insbesondere durch ein oft missverstandenes Gedicht für viele Israelis zum erklärten Feindbild werden konnte.

Die uns vom Internationalen Referatenorgan *Germanistik* liebenswürdigerweise zur Verfügung gestellte Bibliografie zur Grass-Forschung (2015–2017) erhöht den Wert auch des dritten *Freipass*-Bandes für alle, die dem Nobelpreisträger als Leser, Forscher oder als Liebhaber auch weiterhin verbunden sind.

Volker Neuhaus
Per Øhrgaard
Jörg-Philipp Thomsa
Dieter Stolz

Anmerkungen
1 Heinrich Böll, Werke. Kölner Ausgabe Bd. 15, Köln 2005, S. 351–352. Wir danken dem Verlag Kiepenheuer & Witsch für die Abdruckgenehmigung des Briefes. Vgl. dazu und zu den Fotos, die René Böll uns freundlicherweise für unseren Themenschwerpunkt zur Verfügung gestellt hat, die folgende Publikation: Heinrich Böll. Der Panzer zielte auf Kafka. Heinrich Böll und der Prager Frühling, hg. von René Böll, Köln 2018.

1968. Prag, Paris, Berlin und die Folgen

Foto von René Böll: Prag, August 1968.

Birgit Hofmann
»Mein Mai 68 ist der Prager Frühling gewesen«[1]
Intellektuelle Hallräume des »Sozialismus mit menschlichem Antlitz« in Westeuropa

Europas Erinnerung an 1968 scheint gespalten in Ost und West. Dies bringen die Chiffren »Pariser Mai« und »Prager Frühling« zum Ausdruck.[2] Tatsächlich aber transzendierte der »Sozialismus mit menschlichem Antlitz« die Grenzen des Kalten Kriegs. Nicht nur provozierte der Versuch einer politischen Umsetzung des Reformsozialismus unter KPTsch-Generalsekretär Alexander Dubček seit Januar 1968 sukzessive eine zunächst ostblockinterne, schließlich internationale Krise. Auch wurde das tschechoslowakische Projekt für westliche linke und linksliberale Intellektuelle wie Günter Grass, Heinrich Böll oder Jean-Paul Sartre zur Projektionsfläche, zum Hoffnungsschimmer eines »dritten Wegs«.

Als in der Nacht des 20. August Truppen des Warschauer Paktes in die Tschechoslowakei einmarschierten und den »Prager Frühling« militärisch beendeten, übten sich die Staaten des Westens in Zurückhaltung. Man befürchtete ein Übergreifen der Krise auf andere Ostblockstaaten – oder gar Berlin. Fritz Stern erinnerte sich später, ihm seien beim Einmarsch »die Tränen gekommen«, dem Historiker galt die Haltung des Westens als »Verrat«.[3] Für Louis Aragon kam die Intervention einem »Biafra des Geistes«[4] gleich. Willy Brandt hoffte im Blick auf die Zukunft Europas, dass »Ideen mindestens soviel bedeuten wie Divisionen«[5]. Politisch wurde der Hall des »Prager Frühlings« brutal gestoppt.[6] Die Aggression der Sowjetunion sorgte für eine Glaubwürdigkeitskrise des Weltkommunismus, die langfristig mit zum Umbruch 1989 beitrug. Und es war klargeworden, was »der Westen« während des Kalten Kriegs war: eine Gemeinschaft, die universelle Werte proklamierte, aber diese nur innerhalb des eigenen Blocks durchzusetzen vermochte. Obschon das Experiment »Prager Frühling« also bereits wenige Monate nach seinem Beginn beendet war, sorgten nicht nur die Dissidenten des Ostens, sondern auch die Intellektuellen des Westens für einen Nachhall weit über das Jahr 1968 hinaus. Heute, fast dreißig Jahre nach 1989, ist zu fragen, welcher Platz dem »Sozialismus mit menschlichem Antlitz« im europäischen Gedächtnis zukommt. War er mehr als eine Fußnote der Geschichte, die »bessere« Variante des Kommunismus?[7] Während die Studentenrevolten, deren Protagonisten mit den Veränderungen in der Tschechoslowakei eher fremdelten, fester, indes politisch hoch umstrittener Bestandteil der Erinnerungsrituale Europas sind, wird der »Prager Frühling« erst nach und nach zu einer »gesamteuropäischen Erfahrung«[8]. »Mein Mai 68 ist der Prager Frühling gewesen«, bekannte der westdeutsche Schriftsteller Peter Kurzeck.[9] Doch was bleibt heute noch von der politischen Sehnsucht, die der »Prager Frühling« verkörperte? Diesen Fragen möchte ich aus intellektuellengeschichtlicher Perspektive nachgehen, das heißt vor dem Hintergrund der Suche nach geistesgeschichtlichen Brücken oder Irritationen zwischen »Prag 68« und dem westlichen »68«, wie es insbesondere in Frankreich und der Bundesrepublik stattfand.

Der »Sozialismus [...] aus der Kälte«[10]: Der »Prager Frühling« als Projektionsfläche westlicher Intellektueller

Kein Spion, sondern ein »Sozialismus, der aus der Kälte kam«[11]: So hat Jean-Paul Sartre den »Prager Frühling« bezeichnet.[12] Der französische Philosoph beschrieb den Aufbruch in der Tschechoslowakei als »eine zaghafte Dämmerung«, welche »jene Menschen« zur Sichtbarkeit brächte, »die unseren Augen durch Wolken verborgen sind, seit wir sie im Austausch gegen zwölf Monate Frieden den Nazis ausgeliefert haben«.[13] Fast als Naturereignis erscheint hier das Prager Wagnis eines eigenen Wegs, eines, in dessen Hintergrund eine mehrfache Auslieferung der Tschechoslowakei durch »den« Westen steht: einmal durch das »Münchner Abkommen« von 1938, dann aufgrund der Isolation von der eigenen demokratischen Tradition[14] und vom »Westen« durch die Aufoktroyierung des Stalinismus.[15] Zum Hintergrund der Reformen des »Prager Frühlings« zählte tatsächlich gerade auch die durch die stalinistische Epoche ausgelöste Desillusionierung. Erst Anfang der 1960er-Jahre wurde die zuvor unterdrückte Auseinandersetzung mit dem Kommunismus als Idee und System »wieder belebt«[16]. Weg vom Stalinismus, ja – aber, dem Selbstverständnis der Reformer zufolge, nicht vom Sozialismus. Dabei evozierten die Reformen in Prag jedoch nichts weniger als eine Neubewertung der Vergangenheit, der »kommunistischen« Gegenwart und der zu erwartenden Zukunft. Die Partei müsse sich, so Alexander Dubček auf einer Plenarsitzung des Zentralkomitees der Kommunistischen Partei der Tschechoslowakei am 29. Mai 1968, von den Deformationen der Vergangenheit distanzieren. Gemeint waren die politischen Säuberungen zu Beginn der 1950er-Jahre – die stalinistischen Schauprozesse.¹⁷ Auf die Zukunft gerichtet war die Absicht, den Sozialismus auf einem »neuen, demokratischen Fundament« ¹⁸ aufzubauen und dabei »die Partei so umzugestalten, daß sie [...] an der Spitze der gesellschaftlichen Entwicklung steht«.¹⁹ Unter der Ägide der Kommunistischen Partei sollte sich die Neuerung vollziehen, deren Grundzüge im Laufe des Frühjahrs niedergelegt wurden in einem »Aktionsprogramm«.²⁰ Dabei könne, so hieß es, spektakulär für den Ostblock, die Partei »nicht die Vertreterin der ganzen Skala sozialer Interessen sein«.²¹ Wesentlich waren, was die Neuerungen betraf, die ökonomischen Reformen,²² die den Betrieben mehr Spielraum gewähren sollten, ferner die Einführung einer Arbeiterselbstverwaltung und das Ende der staatlichen Lenkung der Preisbildung vorsahen.²³ Experten hatten noch unter dem Dubček-Vorgänger Antonín Novotný Veränderungsvorschläge ausgearbeitet, die jedoch erst mit Beginn des »Prager Frühlings« umgesetzt wurden²⁴ und die im Bereich des Ökonomischen maßgeblich auf den Ideen für einen »dritten Weg« von Ota Šik fußten.²⁵ Obgleich nach wie vor der KPTsch eine Führungsrolle zukommen sollte²⁶, setzten die Reformer um Dubček unterhalb dieser Kontinuität des real existierenden Sozialismus auf weitreichende Veränderungen: Hierzu zählten Maßnahmen wie die Abschaffung der Pressezensur und eine begrenzte Wiederzulassung bürgerlicher Assoziationen. All dies ermöglichte ein erstaunliches Wiedererwachen der Zivilgesellschaft, die zwar weitreichendere Reformen forderte, niedergelegt im »Manifest der 2000 Worte«,²⁷ doch mehrheitlich die reformsozialistische Regierung unterstützte.²⁸

Der Boden für diese Entwicklung war in den Jahren vor 1968 auch durch kritische tschechoslowakische Intellektuelle bereitet worden.²⁹ Sie suchten nach neuen Wegen in den Bereichen Kunst und Wissenschaft, etwa die »tschechische New Wave« im Film³⁰ war international anschlussfähig.³¹ Auch Literatur und Literaturbetrachtung schlugen wieder Funken, deren Flug Grenzen überwand, wie die erste Kafka-Konferenz 1963 deutlich machte, als im Schloss in Liblice internationale Gäste über die Bedeutung des Werks des deutsch-jüdisch-tschechischen Schriftstellers verhandelten³² und sein Werk natürlich auch für Deutungen *à la mode* in Dienst nahmen. So las der kommende »Renegat« der französischen Kommunistischen Partei KPF Roger Garaudy, der sich dann auch später gegen die Sowjet-Invasion wenden sollte,³³ Kafkas Werk als Aufruf ans kommunistische Gewissen.³⁴ Der österreichische Schriftsteller Ernst Fischer bemerkte, Kafka durchlebe »[d]ie Entfremdung des Menschen«, diese sei »in der sozialistischen Welt mit Bestimmtheit nicht endgültig überwunden«.³⁵ Innerhalb der Tschechoslowakei selbst hatte die Diskussion um einen neuen Blick auf Literatur und Kultur längst begonnen – und die Kritik am Schematismus des kommunistischen Literaturverständnisses. Wie ein Fanal für den »Prager Frühling« und zugleich eine Bündelung dieser neuen Strömungen wirkte dann im Juni 1967 der IV. Kongress des Tschechoslowakischen Schriftstellerverbandes. Nach der Verlesung eines Briefs von Alexander Solschenizyn am 29. Juni verließen die KPTsch-Funktionäre den Kongress. Das Zerwürfnis mit den Parteioberen nimmt wenig wunder, liest man die Beiträge der am Kongress beteiligten Schriftsteller mit ihren Forderungen nach Meinungs-, Presse- und Kunstfreiheit. Milan Kundera etwa mahnte, das Fehlen künstlerischer Freiheit bedeute kulturelle Isolation. »Leute«, so Kundera weiter, »die nur in ihrer unreflektierten Gegenwart leben, ohne das Bewußtsein historischer Kontinuität und ohne Kultur, sind imstande, ihr Land in eine Öde ohne Geschichte, ohne Gedächtnis, ohne Echo und ohne Schönheit zu verwandeln.«[36] Viele Beiträge waren dezidiert politisch: Ludvík Vaculík provozierte die Parteispitze, als er schon eine politische Linie erkennen ließ, die sich im »Prager Frühling« entfalten sollte – Sozialismus ja, aber auf freiheitlicher Basis. Kritisiert wurde ferner auch die antizionistische Haltung der Kommunistischen Partei.[37] Der Schriftstellerkongress demonstrierte die Selbstermächtigung und Rückkehr des Schriftstellers als kritischen Intellektuellen. Mit Ludvík Vaculík, Milan Kundera, aber auch Antonín Liehm und Eduard Goldstücker – unter Dubček dann seinerseits Präsident des Schriftstellerverbandes, in dessen Zuge Goldstücker dann die *Literární Listý* herausgab, deren Vorgängerin *Literární noviny* nach dem IV. Schriftstellerkongress von der Partei eingestellt worden war – und Václav Havel[38] hatten wirkmächtige Intellektuelle der Partei die Stirn geboten. Sie nahmen sich dies gleichsam als Schriftsteller und Bürger, auf dem Boden der Kunst, heraus – als öffentliche Figuren, die schließlich auch für den »Prager Frühling« und für dessen Wirken über die Grenzen der Tschechoslowakei hinaus ganz wesentlich werden sollten.

Auch der Philosoph Karel Kosík[39] war auf dem IV. Schriftstellerkongress zugegen gewesen. Mit Robert Kalivoda und Milan Machovec zählte er zu jenen Philosophen, die auch im transnationalen intellektuellengeschichtlichen Zusammenhang eine gewisse Bedeutung erlangten.[40] Milan Machovec war im christlich-marxistischen Dialog engagiert, der ihn mit zahlreichen wichtigen westeuropäischen Denkern in Verbindung brachte.[41] Auch Kosíks Werke wurden im Westen rezipiert.[42] Kosík rückte in seiner Philosophie, die auf einer marxistischen Grundlage beruhte, *den Menschen* wieder ins Zentrum des Denkens.[43] Gerade diese Neuausrichtung und Erweiterung eines rein kommunistischen Menschenbilds begriff er als Kern des humanistischen Sozialismus: »In der grundlegenden Frage: Wer ist der

Mensch?«, schreibt Kosík im Angesicht des »Prager Frühlings«, »liegt das kardinale kritische und politische Moment der tschechischen Kultur«.[44] Dabei verstand Kosík, der wie Antonio Gramsci gleichermaßen an phänomenologische philosophische Traditionen anknüpfte wie an marxistische,[45] den Menschen als widersprüchliches Wesen, »das sich nicht auf eine Dimension reduzieren läßt«.[46] Kosík versuchte, Sozialismus und Demokratie zusammenzudenken, ohne sich gedanklich vor einer Rückkehr »bürgerlicher« demokratischer Elemente im Sozialismus zu fürchten – ein Vorwurf, der von Seiten der westlichen Linken erfolgte.[47] Der Stalinismus war für Kosík dabei nicht eine reine Verirrung, keine Deformation des Sozialismus, sondern eine spezifische Form – der bürokratische Sozialismus:[48]

> »Der Mensch, der kein Gewissen hat, nicht stirbt, nichts von persönlicher Verantwortlichkeit weiß, das Lachen nicht kennt und so weiter, ist begreiflicherweise das bestgeeignete Element eines manipulierbaren und bürokratisch beherrschten Systems.«[49]

Jean-Paul Sartre knüpfte an Kosík an, und es wird deutlich, wo die gedanklichen Brücken liegen, etwa im Rekurs auf die »Entfremdung« des Menschen oder im Verweis auf die Gefahren der Reduktion des Menschen zu einem »homo buerocraticus«.[50] Der französische Philosoph mutmaßte, dass »[m]ancher westliche Leser« möglicherweise »über diesen Eifer lächeln« und bemerken würde, man sei »[d]arüber« ja »in der ›freien Welt‹ hinaus!« Diese Bemerkung nutzte Sartre für einen Seitenhieb auf die westliche Theorie-Saturiertheit, man habe im Westen »eine andere Art, uns nicht zu kennen, und wir sprechen lieber von unseren Komplexen als von unseren materiellen Bedingungen«.[51] Die Geschichte selbst als Kraft sei vergessen, so Sartre. Die Menschen im Westen seien für ihn »Mondsüchtige«, die auf dem Dach balancierten »und von ihren Hoden träumen, statt auf ihre Füße zu achten«.[52]

Der Aufbruch im Osten als Vorbild für den Westen – ähnlich, wenngleich politischer und weniger philosophisch, sah dies der Schriftsteller Günter Grass, der Bundeskanzler Willy Brandt im Frühjahr 1968 schrieb:[53]

> »Lieber Willy, frisch aus Prag zurück, will ich Dir meine Eindrücke vermitteln […]. Berlin-Prag-Berlin, das ist ein Wechselbad, das auf mich erfrischend gewirkt hat; während wir hier nach wie vor auf der Stelle treten und dabei Boden verlieren, werden in Prag mit nüchterner Leidenschaft […] Akzente gesetzt, an denen auch wir uns orientieren sollten.«[54]

Grass betonte, dass man in der Tschechoslowakei besondere Hoffnung hinsichtlich der Rolle Willy Brandts und der Sozialdemokraten hege und brachte damit den Reformsozialismus des Ostens in eine enge Verbindung zur westdeutschen Sozialdemokratie. Er sah dabei auch, dass nicht alle Intellektuellen des Westens diese Begeisterung teilten; an anderer Stelle schrieb er 1969:

> »Der tschechoslowakische, an der Wirklichkeit orientierte und oft genug ›nur‹ pragmatische Weg zum demokratischen Sozialismus ist wohl zu nüchtern, grau und widersprüchlich, um vor dem Neo-Idealismus des deutschen Studentenprotestes bestehen zu können. Nicht Prag und Bratislava wurden zum lehrreichen Modellfall, austauschbar mußten Maos schlecht übersetzte Sinnsprüche, das kubanische Revolutionsmodell und Auszüge aus den Schriften des Soziologen Herbert Marcuse herhalten«.[55]

Hatte Grass mit seiner Kritik an der Haltung der Studierenden des Westens Recht?[56]

Pariser Mai und Prager Frühling – zaghafter Hall

Der Historiker Gerd Koenen hat beschrieben, wie er im *Annus Mirabilis* als Student nach Bratislava reiste und seine Reisegruppe, ausgestattet mit Accessoires des revolutionären Chic wie »Lederjacken oder Parkas mit Mao- oder Che-Plaketten am Revers«[57] auf das staunende Unverständnis der slowakischen Studenten stieß, die sich ihrerseits für die bürgerlichen Theoretiker des Westens »wie Dahrendorf oder Habermas«[58] begeisterten.[59] Ein Journalist der Wochenzeitung *Die Zeit* beschreibt im Mai 1968 die Reaktion tschechoslowakischer Studierender angesichts ihrer westlichen Widerparts ganz ähnlich:

> »Diese jungen Leute, von denen manche einige Jahre als Arbeiter in Fabriken zugebracht haben, nehmen mit Verwunderung zur Kenntnis, daß die studentischen Rebellen im Westen Bilder von Che Guevara und Ho Tschi Minh wie Ikonen auf ihren Demonstrationszügen mit sich führen.«[60]

Denn die tschechoslowakischen Studierenden, so war darüber hinaus zu lesen, »glauben nicht an Vorbilder, nicht an sozialistische und nicht an andere«, sie seien durch »[d]ie Heroisierung des menschlichen Daseins im Zeichen von Hammer und Sichel [...] gegen alle Revolutionsromantik gefeit«.[61] Als das Trennende tritt hier also zunächst die »Revolutionsromantik« als magische Essenz und als *Lifestyle* auf. Gab es hinsichtlich der damit verbundenen Theorien und Utopien Möglichkeiten der Verständigung zwischen Ost- und West-Studenten? Fast sagenumwoben ist in diesem Zusammenhang die Reise von Rudi Dutschke, Kopf des Sozialistischen Deutschen Studentenbundes (SDS), nach Prag im Mai 1968, wo Dutschke immerhin mit den tschechoslowakischen Studenten[62] diskutierte, die eine zaghafte Studentenbewegung formiert hatten.[63] Er sah, Lenin und Luxemburg zitierend, die Reformen in der Tschechoslowakei als ersten »notwendige[n]« Schritt an – nicht zu einer bürgerlichen Demokratie, vor der er warnte.[64] Štěpán Benda, seinerzeit Student, der Marx gründlich gelesen hatte wie viele der Tschechoslowaken und der sich als Reformsozialist verstand, erinnert sich[65] an die Atmosphäre des Dutschke-Besuchs:

> »Der Vortragende hieß, wie ich hörte, Rudi Dutschke. Mein erster Eindruck war: Der junge Mann ist offensichtlich ein Kommunist – denn er benutzte Ausdrücke wie sie. Fortwährend hörte man etwas von der arbeitenden Bevölkerung, von Ausbeutung, von Volksmassen, vom Imperialismus und von all diesem Zeug, so wie es immer noch in unseren Lehrbüchern stand, die wir nicht mehr, oder nur mit Widerwillen lasen. Aber es war doch etwas Faszinierendes an ihm.«[66]

Dutschke habe wirklich zuhören wollen. Doch als Benda Dutschke den neuen Prager Kurs zu erklären suchte, »hat er mich ziemlich schnell unterbrochen«, da »dies die Wiedereinführung des Kapitalismus bedeutete«.[67] Als Dutschke von Rechnern spricht, die in Zukunft die Bedürfnisse der Bürger bestimmen könnten, habe Benda eingewandt, »dass Rudi offensichtlich vergaß, dass es in der Gesellschaft Leute gibt und immer geben wird, die Bedürfnisse haben, die gar nicht rational sind und gar nicht rational zu erfassen seien«.[68] Daraufhin habe Dutschke ihn nach Berlin eingeladen – Benda bereitet »für die ›Genossen‹ in Berlin« gewissenhaft ein trotzkistisch inspiriertes Referat vor. Doch bei seiner Ankunft war Rudi Dutschke bereits Opfer eines Attentats geworden, und die Berliner zeigten den tschechischen Gästen lieber »voller Stolz [...], wie sie über ein[em] Institut an der Universität [...] jede Nacht die rote Fahne [...] anstrahlten«.[69] Auch Sibylle Plogstedt, seinerzeit ebenfalls SDS-Mitglied, beschreibt in ihrem Erinnerungsbuch[70] den – ernüchternden – Gegenbesuch der tschechoslowakischen Studenten in Berlin: »Mit den tschechischen Studenten wußte niemand etwas anzufangen. Außer zu sagen: ›Kommt doch mit!‹. Die Springer-Kampagne war entbrannt.«[71] Diese Devise sieht Plogstedt, die ihr sicherlich intensiv gefolgt ist und ihr Engagement für den »Prager Frühling« mit einer Haftstrafe bezahlte, als verbindendes Element zwischen Ost und West, denn »beide Systeme waren bis ins Mark erschüttert, jedes brachte sein Gegenteil hervor«.[72] Doch stellte der »Prager Frühling« für die meisten Studierenden des Westens die nun, 1968, an der politischen Schwelle standen – von der antiautoritären Revolte hin zum »Roten Jahrzehnt«[73] mit seinen kommunistischen Versprechungen – keine Utopie dar. Dort, wo die Thesen des »Prager Frühlings« in studentischen oder linksradikalen Kreisen positiv diskutiert wurden, wurde nach Anknüpfungspunkten gesucht, die, ähnlich wie die vagen Diagnosen der Entfremdung oder ein allgemeiner Anti-Bürokratismus »in« waren – etwa ein wohlwollender Bezug auf die Selbstverwaltung der Betriebe (»autogestion«), die vor allem in Frankreich begeisterte.[74] Dabei galt die Sympathie kaum der Prager Regierung, sondern eher den gesellschaftlichen Aufbrüchen, deren Anknüpfen an humanistische Traditionen und bürgerliche Philosophie man aber kritisierte. Interessanterweise berührten sich auch dort, wo sich beide Diskussionsteilnehmer als Sozialisten verstanden – so im Falle Bendas und Dutschkes – die Vorstellungen, was die Zukunft betraf, wenig; hier scheint Bendas Einwand, *den Menschen* als Faktor ins Spiel zu bringen, symptomatisch. Es war dann wiederum die Tatsache, dass der »Prager Frühling« gewaltsam niedergeschlagen wurde, die eine vorübergehende Welle der Solidarität auch von Seiten der West-Linken auslöste.

Invasion und Mythos: Das Ende des »Prager Frühlings« 1968

Zum Mythos wurde der »Prager Frühling« auch durch sein Ende: In der Nacht des 20. August 1968 waren Panzer aus vier Warschauer-Pakt-Staaten in die Tschechoslowakei gerollt.[75] Dieser Anblick löste eine Erschütterung weit über die Grenzen des Ostblocks aus. So schrieb der Schriftsteller Heinrich Böll, der sich in Prag aufhielt: »Der Schrecken war so tief, dieser Anblick von Panzern als Argument, die Dummheit des Arguments Panzer und Waffen war so niederschmetternd für jeden, der das gesehen hat!«[76]

Die Invasion kam als Schock, obgleich es im Laufe des Sommers immer wieder entsprechende Befürchtungen gegeben hatte.[77] Schon im Vorfeld war Dubček teilweise gezwungen gewesen, die eigenen Reformen wieder einzudämmen;[78] die Entwicklung der Massenmedien war dann auch »einer der wichtigsten Impulse für die Entscheidung der UdSSR zur [...] Intervention« gewesen.[79] Gleichzeitig war von Seiten des Ostblocks die Gefahr einer westlichen Einmischung konstruiert worden, wobei sich tatsächlich die Kontakte zwischen Bundesrepublik und ČSSR auf semioffizieller Ebene erheblich intensiviert hatten.[80] Auch deswegen waren die Staaten des Westens gezwungen, auf den aggressiven Akt zu reagieren.

Zwischen den Regierungschefs liefen nach der Intervention die Drähte heiß – dabei versuchte man bereits, auf gemeinsame Positionen in UNO und NATO hinzusteuern.[81] Einig war man sich zunächst in der deutlichen Verurteilung des Einmarschs: Die Bundesregierung bezeichnete diesen als »völkerrechtswidrig«, der französische Präsident Charles de Gaulle erklärte ihn als gegen das Selbstbestimmungsrecht der Tschechen und Slowaken gerichtet. De Gaulle war es nach den Turbulenzen des »Pariser Mai« gerade erst einigermaßen gelungen, seine Präsidentschaft mittels eines Referendums zu festigen. Der Détente mit der UdSSR galt die höchste Priorität seiner Amtszeit.[82] Auch der U.S.-amerikanische Präsident Lyndon B. Johnson hatte sich kurz vor dem Durchbruch seiner Entspannungspolitik mit der UdSSR gesehen.[83] Neben der offensichtlichen Angst vor einer Ausweitung der Krise führten diese Prioritätssetzung der Entspannungspolitik sowie interne Streitigkeiten zwischen Frankreich und der Bundesrepublik mit dazu, dass von Seiten des Westens nach ersten Erklärungen keine nachdrückliche Verurteilung der Aggression erfolgte.[84] Max Horkheimer, des Bellizismus gänzlich unverdächtig, plädierte im Angesicht dieses Schweigens für eine »Kriegserklärung der ganzen westlichen Welt an Rußland«.[85] Es sei »die Schande des Westens, daß er überhaupt nichts getan hat und nichts tut als ein paar leere Deklamationen«.[86]

In zahlreichen westeuropäischen Großstädten, auch in Berlin, kam es zu Solidaritätskundgebungen für die Tschechoslowakei,[87] in Paris legten Bürger symbolisch die Arbeit nieder.[88] Sogar die Kommunistische Partei Frankreichs (KPF)[89] drückte auf der Titelseite der Parteizeitung *L'Humanité* »surprise« und »réprobation« aus;[90] prominenten Widerspruch legten etwa Autor und KPF-Mitglied Pierre Daix, Chefredakteur der *Lettres françaises,* oder Roger Garaudy ein.[91] Es hatte mit dem »Prager Frühling« eine interne Spaltung der KPF eingesetzt, auch wenn die Partei ihre eindeutige Distanzierung von Moskau später wieder modifizierte;[92] ähnliche Prozesse fanden sich bei den italienischen Parteikommunisten.[93] Während Frankreichs Linke sich damit auch vom Stalinismus schubweise abwandte,[94] war dieser in der Bundesrepublik ohnehin weitgehend in die DDR gleichsam ›ausgelagert‹ gewesen.[95] Auch hier allerdings wurde die Frage nach Prag und der Invasion zum Spaltpilz der Linken. Zunächst aber einte auch in der Bundesrepublik der Protest gegen den Sowjet-Einmarsch politische Gruppen jeglicher Couleur.[96] So demonstrierten hier teilweise SDS und Junge Union Seite an Seite,[97] etwa unter dem Motto »Nach jedem Sowjet-Bruderkuß ein kleiner Bruder sterben muß«, wobei auf der Demonstration Rufe nach einer Stärkung der NATO »leidenschaftliche [...] Diskussionen« provozierten.[98] Die Studentenausschüsse der Universitäten in West-Berlin erklärten, »mit der Intervention seien alle Chancen für eine wirkliche kommunistische Entwicklung abgeschnitten«.[99] Wenngleich die Verurteilung des Einmarschs von studentischer Seite zunächst eindeutig wirkte, verlor sie doch durch die starke Gleichsetzung mit »Vietnam« an Gehalt.[100] Den Reformen des »Prager Frühlings« selbst konnte auch die damals als *konkret*-Kolumnistin wirkende Ulrike Meinhof nicht besonders viel abgewinnen:

> »Eine Demokratisierung der Wirtschaft durch Mitbestimmung der Produzenten im Bereich von Arbeitsorganisation, Investitionen und Produktion, eine Ablösung bürokratischer Apparate durch Räte-Organisationen – das waren nicht die Inhalte der Prager Reformen.«[101]

Stattdessen hätte »Lou van Burgs ›Goldener Schuß‹ die Tschechen begeistert«, mehr »als Solidarität mit dem Vietkong«.[102] Dennoch erklärte Meinhof den 21. August zur Zäsur im Verhältnis zur Sowjetunion.[103] Um deren Rolle ging es auch im Konflikt der Neuen Linken. Im Herbst 1968 wurde mit der DKP eine neue kommunistische Partei sowjetischer Provenienz aus der Taufe gehoben, die nachträglich den Einmarsch befürwortete. Ein Jahr später, 1969, zeigte sich die Linke noch gespaltener, wie sich in den Erinnerungsaufrufen an die Intervention in der radikalen Untergrundzeitung *Agit 883* zeigt. Einmal rief »Spartakus« ohne viel Herzenswärme zur Erinnerung an den »21. August« auf und bemerkte, der Kampf der ČSSR-Bevölkerung sei zwar »nicht revolutionär«,[104] doch immerhin »ein Kampf gegen die konterrevolutionäre stalinistische Bürokratie«.[105] Der auf der gleichen Seite abgedruckte Gegentext rechnete dann deutlich ab mit »Prag 68«[106] und sprach von der »Dubček-Clique« und ihrer »verräterische[n] Politik«, diese habe »ihre eigene Ablösung zusammen mit der sowjetischen Besatzungsmacht vorbereitet«,[107] unterstützen werde man daher nicht die Tschechoslowakei, sondern China.[108] Deutlich wird hier auch die Abwendung von Teilen der Linken vom Liberalismus, was, auch jenseits der Begeisterung für den Maoismus, die bei einigen nun folgte, langfristig auch zu einer gewissen historischen Marginalisierung beitrug.

Hingegen waren es die linken Intellektuellen jenseits der Szenezugehörigkeiten, die weiterhin die Solidarität mit den Tschechen und Slowaken aufrechterhielten. Im Jahr 1969 wurde der »Prager Frühling« noch einmal äußerst präsent, als sich am 16. Januar der 19-jährige Student Jan Palach öffentlich in Brand setzte, um als »Fackel Nummer Eins« gegen die Okkupation der Tschechoslowakei zu protestieren.[109] Eine Tat, die auf entsetzte Resonanz stieß – so fand etwa in Paris eine Schweigeminute statt[110] – und die zur Mythisierung des »Prager Frühling« ebenso beitrug wie zur Herausbildung eines emotional gefärbten transnationalen Gedächtnisses.

Hallräume: Der »Prager Frühling« in der transnationalen Erinnerungskultur nach 1968

Im Jahr 1971 gründeten einige junge tschechische Emigranten, die wie Tausende andere Tschechen und Slowaken nach der Niederschlagung des »Prager Frühlings« das Land verlassen hatten, in West-Berlin die Zeitschrift *informační materiály*.[111] Von der Bundesrepublik aus versuchte man, der Widerspruch zum »Normalisierungs«regime in der ČSSR zu sein. Die wenig später ins Leben gerufene Intellektuellenzeitschrift *L'76* wies noch im Titel auf die immer wieder zensierte Zeitung des Schriftstellerverbandes *Literární noviny* bzw. *Literární Listý* und damit auf den »Prager Frühling« und seine Niederschlagung hin. Zwar handelte es sich um eine Gründung durch westeuropäische Intellektuelle, darunter Prominente wie Günter Grass, Carola Stern und Heinrich Böll,[112] doch sollte die *L'76* (später dann *L'80*) gerade jenen Ost-Intellektuellen offenstehen, denen Publikationsmöglichkeiten fehlten. Dieser lebendige Austausch von Intellektuellen aus Ost und West, seinerzeit noch im Zeichen der Frage nach der Erneuerbarkeit des Sozialismus, dachte Europa als Raum der Kommunikation ohne Grenzen auf eigene Weise vor.

Antonín Liehm, ab 1979 im französischen Exil, trat mit der Gründung der bedeutenden Kulturzeitschrift *Lettre International*[113] für die Aufrechterhaltung des Engagements der kritischen Ost-Intellektuellen im Westen und für ein Europa »sans provincialisme/sans ghetto/sans arme« ein, zugleich ein Europa der Intellektuellen, die der Teilung des Kontinents entgegenwirken sollten.[114] Konsequenterweise erschien die Zeitschrift als ein wahrhaft europäisches Projekt ebenso in Italien, Spanien und der Bundesrepublik.

Es waren auch diese kulturellen Brücken, die dazu beitrugen, das Jahr 1968 als ein doppeltes im europäischen Gedächtnis zu verankern. So unterzeichneten tschechoslowakische Emigranten gemeinsam mit französischen und westdeutschen Bürgern 1972 eine Deklaration, in der sie die Freilassung der Gefangenen in der ČSSR Gustáv Husáks und den Abzug der Sowjet-Truppen forderten.[115] Zum Jahrestag 1978 gab es Schweigemärsche und Demonstrationen in der Bundesrepublik, in Österreich und der Schweiz. Westeuropäische kommunistische Parteien, darunter auch die KPF, erklärten ihre Solidarität mit den »politischen Gefangenen« in der ČSSR, und in Paris organisierte das Komitee für eine freie und sozialistische Tschechoslowakei[116] eine Demonstration vor der tschechoslowakischen Botschaft; die Sozialistische Internationale in London forderte den Abzug der sowjetischen Truppen.[117] Der auf die »Normalisierung« folgenden politischen Apathie in der Tschechoslowakei versuchte man mit der Gründung der Dissidenten-Bewegung »Charta 77« etwas entgegenzusetzen;[118] aber auch vom Westen aus wurden geschasste Intellektuelle in mehrfacher Hinsicht unterstützt.

Die Historiker Fritz Stern und Heinrich August Winkler konfrontierten auf dem Internationalen Historikertag 1975 in San Francisco die sowjetischen Teilnehmer mit Listen von inhaftierten tschechischen Historikern und Intellektuellen, wie sich Fritz Stern erinnerte.[119] Stern wies auch auf den »Prager Frühling« als Geburtsstunde des Eurokommunismus hin.[120] Tatsächlich findet sich hier eine intellektuelle Linie, die zur Idee eines »anderen« Kommunismus führt, die in Europa diskutiert wurde.[121] Gerade in Frankreich blieben die Ideen des »Prager Frühlings« als Utopie und Kontroverse nach 1968 präsent.[122] Antonín Liehm sah die Bedeutung des Prager Frühlings für den *Westen* darin, dass sich angesichts der Krisen der 1970er Jahre nun ein »neues sozialistisches Denken zu entwickeln« beginne.[123] Noch 1981 fand in Paris eine Konferenz statt, in deren Rahmen tschechoslowakische Exilanten wie Ota Šik und Antonín Liehm mit Rednern aus der »westeuropäischen Linken«[124] zusammenfanden und diskutierten. Schließlich wurde in der Zeit der Perestroika unter Michail Gorbatschow der »Sozialismus mit menschlichem Antlitz« im Westen wieder als »hochaktuell« empfunden.[125] Tatsächlich sah Gorbatschow sein Wirken als von Dubčeks Reformen inspiriert an.[126] Das Jahr 1989 markierte natürlich eine Zäsur: Nun rückte nach und nach der Kommunismus als gesamte Epoche in den Blick. Oftmals geriet der demokratische Sozialismus dabei zu einer Fußnote der – notwendigen – Aufarbeitung der Verbrechen des Kommunismus,[127] oder wurde, so auch in Tschechien selbst, diskreditiert als Kampf zwischen Kommunisten ohne weitere Bedeutung.

Ausblick

Der »Prager Frühling« war eine kurzlebige Utopie, ein Aufblitzen des Menschlichen im Sozialismus, die sich in der historischen Realität nicht beweisen musste. Doch sollten die Bilder des 20. August nicht die nach wie vor aktuellen Fragen überdecken, die der »Prager Frühling« auch als ebendiese Utopie stellte. Dabei ist seine Ausstrahlung über den Ostblock hinaus eher symbolisch als unmittelbar und im engen Sinne politisch. Hatten die Invasion der Warschauer-Pakt-Truppen in die Tschechoslowakei sowie die anschließende Passivität des Westens eine Stärkung der NATO mit sich gebracht und damit den Spielraum der Ostblockstaaten weiter begrenzt, so überwanden die Ideen des »Prager Frühlings« andererseits die sich durch die realpolitischen Entwicklungen verfestigenden Blockgrenzen. Unter diesem Gesichtspunkt ist die Geschichte des »Prager Frühlings« auch eine Geschichte transnationaler Solidarität von Intellektuellen gegen eine Tyrannenherrschaft.

Als Idee wurde der »Sozialismus mit menschlichem Antlitz« oft vor allem als Liberalisierungsprozess und Schritt in Richtung Kapitalismus wahrgenommen. Dies sagte, wie dargestellt, nicht nur den revoltierenden Studenten und der Neuen Linken eher wenig – auch kommunistische Intellektuelle wie Louis Althusser blieben skeptisch: Gerade die humanistische Rückbesinnung schien ihnen gefährlich.[128] Hier aber findet sich auch der Kern einer französischen Debatte, die immer noch von Bedeutung ist: Es geht um Denklinien eines antihumanistisch geprägten Diskurses einerseits und die Ideen der »nouveaux philosophes« mit ihrem eindeutigen Antitotalitarismus andererseits.[129] Die italienischen und französischen kommunistischen Parteien lösten sich auch mit Prag vom Moskauer Kommunismus.

Zum letzten runden Jubiläum des »Prager Frühlings« im Jahr 2008 forderten u.a. Günter Grass, Margarete Mitscherlich und Milan Horaček, »den Impuls des Prager Frühlings wieder ernster zu nehmen«.[4] Dass dies lohnend sein könnte, habe ich versucht aufzuzeigen. Dabei darf nicht negiert werden, dass die *Antworten,* die das Prager Reformprogramm gab, historisch spezifische waren. Doch es sind die *Fragen,* die gestellt wurden, die uns heute noch und wieder angehen, und die womöglich immer wieder auf eine einzige zulaufen: Wie geht es *dem Menschen* im System, in der Geschichte? Auf welches Ziel soll diese zulaufen, gibt es dieses noch? Eines der Ziele, die von Schriftstellern, Künstlern und Intellektuellen 1968 in Prag formuliert und teilweise im Exil weiter ausformuliert wurden, hieß jedenfalls *Eu-*

ropa – als Wertegemeinschaft, als Kommunikationsraum, womöglich als utopischer Ort. Dies sind Ausgangspunkte der Reflexion, die gerade heute einen Nachhall, ein Nachdenken verdienen.

Anmerkungen

1 Peter Kurzeck, Als Gast, Frankfurt am Main 2003, S. 21.
2 Vgl. Christoph Kleßmann, 1968 in Ost und West. Historisierung einer umstrittenen Zäsur, in: Osteuropa 1968: das Enzym der Freiheit: 1968 und das halbierte Bewußtsein, 58 (2008) 7, S. 17–30.
3 Fritz Stern/Joschka Fischer, Gegen den Strom. Ein Gespräch über Geschichte und Politik, Freiburg/Basel/Wien 2013, S. 100.
4 Biafra des Geistes, in: Der Spiegel, 13. 11. 1972.
5 Interview mit dem Zweiten Deutschen Fernsehen, 25. 8. 1968, in: Willy Brandt: Reden und Interviews 1968–1969, hg. v. Presse- und Informationsamt der Bundesregierung, Bonn 1971, S. 50–53.
6 Dies habe ich im Wesentlichen versucht in meiner Dissertationsschrift aufzuzeigen, vgl. Birgit Hofmann, Der »Prager Frühling« und der Westen. Frankreich und die Bundesrepublik in der internationalen Krise um die Tschechoslowakei 1968, Göttingen 2015.
7 François Furet, Das Ende der Illusion. Der Kommunismus im 20. Jahrhundert, München/Zürich 2. Aufl. 1996.
8 Speech by minister Timmermans in Prague. Commemorating 40 years of Prague Spring, http://www.government.nl/documents-and-publications/speeches/2008/06/11/prague-spring-1968.html.
9 Kurzeck, Als Gast, S. 21.
10 Jean-Paul Sartre, Der Sozialismus, der aus der Kälte kam, in: Antonin Liehm (Hg.), Gespräche an der Moldau. Über humanen Sozialismus, Wien/München/Zürich 1968, S. 7–45.
11 Sartre spielt hier vermutlich auf den 1965 verfilmten Agententhriller »Der Spion, der aus der Kälte kam« nach einem Roman von John le Carré aus dem Jahr 1965 an.
12 Sartre, Der Sozialismus, der aus der Kälte kam, hier S. 7.
13 Ebd.
14 Hierauf weist Sartre dann explizit hin, vgl. ebd., S. 37.
15 Die Tschechoslowakei war eines der Länder gewesen, in der die Kommunistische Partei zwar letztendlich durch einen Putsch an die Macht gekommen war – 1948 –, doch hatte sie bei den letzten einigermaßen freien Wahlen 1946 durchaus beachtliche Wahlerfolge verzeichnet.
16 Oldřich Tůma, Die Dubček-Ära, in: Prager Frühling. Das internationale Krisenjahr 1968, hg. v. Stefan Karner et al., S. 81–93, hier S. 84.
17 Diesen war u. a. der jüdische Generalsekretär der slowakischen Kommunisten, Rudolf Slánský zum Opfer gefallen; vgl. Artur London, Ich gestehe. Der Prozeß um Rudolf Slánský, Hamburg 1970; Eugen Löbl/Dušan Pokorný, Die Revolution rehabilitiert ihre Kinder. Hinter den Kulissen des Slánský-Prozesses, Wien 1968; Jiři Pelikan, Pervertierte Justiz. Bericht der Kommission des ZK der KPTsch über die politischen Morde und Verbrechen in der Tschechoslowakei 1949–1963, Wien/München/Zürich 1972.
18 Alexander Dubček, Leben für die Freiheit, München 1993, S. 203.
19 Zit. nach: Jiři Pelikan (Hg.), Panzer überrollen den Parteitag, Protokoll und Dokumente des 14. Parteitags der KPTsch am 22. Aug. 1968, Wien u. a., S. 20.
20 Aktionsprogramm der KPČ vom 5. April 1968, abgedruckt in: Initiative 21. August '68 (Hg.), Tsche-

choslowakei 1968–1978. Dokumente zum 10. Jahrestag der Okkupation durch Truppen von fünf Warschauer-Pakt-Staaten, Wien 1978.
21 Ebd.
22 Vgl. Ota Šik, Argumente für den dritten Weg, Hamburg 1973; auch Pauer, Prag 1968; Zdenek Mlynář (Hg.), Der ›Prager Frühling‹. Ein wissenschaftliches Symposion, Köln 1968; Jan Osers, Der Prager Frühling und die Welt von 1968 aus der Sicht neuer Archivdokumente, in: Osteuropa-Wirtschaft, (1994) 3, S. 241–245.
23 Ota Šik, Argumente für den dritten Weg, Hamburg 1973.
24 Vladimir Victor, Kusin, The Intellectual Origins of the Prague Spring. The Development of Reformist Ideas in Czechoslovakia 1956–1967, London 1971.
25 Vgl. Ota Šik, Argumente für den dritten Weg, Hamburg 1973.
26 Aus der Resolution über die gegenwärtige Lage und das weitere Vorgehen der Partei, angenommen auf der Plenartagung des ZK der KPTsch am 1. Juni 1968, in: Panzer überrollen den Parteitag, hg. v. Pelikan, S. 20 f.; hier S. 20.
27 Vgl. Petr Pithart, Der Doppelcharakter des Prager Frühlings. Bürgergesellschaft und Reformkommunismus, in: Transit, Vom Neuschreiben der Geschichte: Erinnerungspolitik nach 1945 und 1989, (1998) 15, S. 74–82.
28 Vgl. Karel Kaplan, Die Wurzeln der 1968er Reform, in: Prager Frühling. Das internationale Krisenjahr 1968, hg. von Stefan Karner u. a., Köln/Weimar/Wien 2008, S. 93–114.
29 Vgl. die Beschreibung des Prozesses aus erster Hand auch bei Jiři Pelikan, Ein Frühling, der nie zu Ende geht. Erinnerungen eines Prager Kommunisten, Frankfurt am Main 1976, S. 199–201; Kaplan, Die Wurzeln der 1968er Reform, S. 105.
30 Diese ist verbunden mit Namen wie Vera Chytilová, prominent natürlich Milos Forman; vgl. z. B. Peter Hames, The Czechoslovak New Wave, Berkeley 1985.
31 Vgl. Antonín Liehm, Closely Watched Films. The Czechoslovak Experience, White Plains 1974, Einleitung, S. 1.
32 Vgl. etwa Ernst Fischer, Kafka-Konferenz, in: Heinz Politzer (Hg.), Franz Kafka, Darmstadt 1973, S. 366–377; Franz Kafka aus Prager Sicht 1963, Berlin 1966; Alexej Kusák, Tance kolem Kafky: Liblická konference 1963: vzpomínky a dokumenty po 40 letech, Prag 2003.
33 Vgl. Roger Garaudy, Die ganze Wahrheit. Für einen Kommunismus ohne Dogma, Reinbek bei Hamburg 1970. Wesentlich später wurde Garaudy zum Antizionisten, 1998 wurde er wegen Holocaust-Leugnung verurteilt.
34 Zitiert nach Kafka, Prager Frühling, in: Der Spiegel, 24. 7. 1963.
35 Ebd.
36 Milan Kundera, Rede zum IV. Kongress des Tschechoslowakischen Schriftstellerverbandes Prag, Juni 1967, in: Reden zum IV. Kongress des Tschechoslowakischen Schriftstellerverbandes, Prag, Juni 1967 [Svaz československých spisovatelů], Frankfurt am Main 1968, S. 14.
37 Hierauf weist die Zeitung Jüdische Allgemeine hin, vgl. Prager Vorfrühling. Aufstand an der Moldau, 4. 7. 2017. Dieser Zusammenhang ist nicht unwichtig für die Beurteilung der historischen Rolle Eduard Goldstückers, so schreibt die Jüdische Allgemeine: »Besonders hassten sie den Literaturwissenschaftler Eduard Goldstücker, der einst die deutsche Besatzung im britischen Exil überlebt hatte und nach seiner Rückkehr den Stalinismus der frühen 50er-Jahre am eigenen Leib erfuhr. Im Zuge des antisemitisch konnotierten Schauprozesses gegen Rudolf Slánský 1951 als tschechischer Botschafter in Israel abberufen und danach sogleich in Prag verhaftet, hatte er – nach 18 Monaten brutaler Untersuchungshaft – zweieinhalb Jahre Strafarbeit im Uranbergbau ableisten müssen, ohne Strahlenschutz.«
38 Antonín Liehm ging 1979 ins Exil nach Paris, wo er 1984 die Kulturzeitschrift »Lettre International« gründete, die noch Erwähnung finden wird; Václav Havel, der nach der Wende 1989 bekannt-

lich der erste Präsident der freien Tschechoslowakei (bzw. damals ČSFR) wurde, überstand die Zeit nach der Niederschlagung des »Prager Frühlings« im Exil, Pavel Kohout wurde 1979 ausgebürgert und nahm später die österreichische Staatsbürgerschaft an, Milan Kundera lebte seit 1975 ebenfalls in Frankreich.

39 Vgl. auch Zdeněk Kouřím, Milan Machovec et Karel Kosík, in: Revue Philosophique de la France et de l' Étranger, T. 193, (2003), 3, S. 395 f.
40 Hinweis bei Helga Grebing, Der Revisionismus. Von Bernstein bis zum ›Prager Frühling‹, München 1977, hier S. S. 222–224.
41 Vgl. etwa Ferdinand Reisinger, Der Tod im marxistischen Denken heute: Schaff, Kolakowski, Machovec, Prucha, München 1977; Thomas Pröpper, Der Jesus der Philosophen und der Jesus des Glaubens: ein theologisches Gespräch mit Jaspers, Bloch, Kolakowski, Gardavsky, Machovec, Fromm, Ben Chorin, Mainz 1976; Ansgar Koschel, Dialog um Jesus mit Ernst Bloch und Milan Machovec, Frankfurt am Main u. a. 1982; Milan Machovec, Marxisten und Christen, Brüder oder Gegner?, mit e. Geleitw. von Horst Georg Pöhlmann, Gütersloh 1978.
42 Hierauf finden sich interessante Hinweise bei Philipp Felsch, Der lange Sommer der Theorie. Geschichte einer Revolte 1960–1990, München 2015.
43 Vgl. Karl Kosík, Dialektik, in: Gespräche an der Moldau. Über humanen Sozialismus, mit einem Essay von Jean-Paul Sartre, hg. von Antonín Liehm, Wien/München/Zürich 1968, S. 252–267, hier S. 252; Hinweis bei Grebing, Der Revisionismus, S. 220; vgl. auch Karel Kosík, Die Dialektik des Konkreten: eine Studie zur Problematik des Menschen und der Welt, Frankfurt am Main 1986.
44 Kosík, Dialektik, S. 252 f.
45 Vgl. Milan Prucha, »Prager Frühling« und Philosophie, in: Tilly Miller (Hg.), Prager Frühling und Reformpolitik heute. Hintergründe, Entwicklungen und Vergleiche der Reformen in Osteuropa, München 1989, S. 64–69, hier S. 66. Die Diskussion von Gramscis Thesen hatte in der Tschechoslowakei, zum Unwillen der Partei, schon Ende der 1950er-Jahre eingesetzt.
46 Ebd., S. 253.
47 Vgl. erneut Prucha, »Prager Frühling« und Philosophie, S. 64.
48 Vgl. Grebing, Der Revisionismus, S. 221.
49 Ebd., S. 254; vgl. auch Milan Prucha, »Prager Frühling« und Philosophie, in: Tilly Miller (Hg.), Prager Frühling und Reformpolitik heute. Hintergründe, Entwicklungen und Vergleiche der Reformen in Osteuropa, München 1989, S. 64–69, hier S. 66.
50 Sartre, Der Sozialismus, der aus der Kälte kam, S. 20.
51 Ebd., S. 34.
52 Ebd.
53 WBA (Willy-Brandt-Archiv)/Bonn, A 7, 28, Brief G. Grass an W. Brandt, 13. 3. 1968.
54 Ebd.
55 Günter Grass, 1969 in: Die angelesene Revolution, in: Der Monat/Jahrbuch, 21. Jg., März 1969, S. 34–40.
56 Auch Tony Judt konstatierte, dass die westlichen 68er-Studierenden sich Warschau und Prag gegenüber taub gestellt hätten. Tony Judt, Postwar. A History of Europe since 1945, London 2010, S. 390.
57 Gerd Koenen, Von 1968 nach 1989 und zurück, in: Osteuropa, 58 (2008) 7, S. 5–16, hier S. 8.
58 Ebd., S. 7.
59 Gerd Koenen, Das Rote Jahrzehnt. Unsere kleine deutsche Kulturrevolution 1967–1977, Köln 2001, S. 218.
60 Ende des Prager Frühlings? Die intellektuellen Rebellen treffen auf Skepsis bei den Arbeitern – Im Hintergrund: der sowjetische Druck, in: DIE ZEIT, 31. 5. 1968; vgl. auch Prag ist eine andere Stadt. Die ČSSR jetzt: Ein Gespräch mit Pavel Kohout, in: DIE ZEIT, 4. 10. 1968.

61 Ende des Prager Frühlings? Die intellektuellen Rebellen treffen auf Skepsis bei den Arbeitern – Im Hintergrund: der sowjetische Druck, in: DIE ZEIT, 31.5.1968; vgl. auch Prag ist eine andere Stadt. Die ČSSR jetzt: Ein Gespräch mit Pavel Kohout, in: DIE ZEIT, 4.10.1968.
62 Vgl. Rudi Dutschke in Prag: Liberalisierung oder Demokratisierung?, in: konkret, Nr. 5, Mai 1968, S. 20–22; Rudi Dutschke, Jeder hat sein Leben ganz zu leben. Die Tagebücher 1963–1979, hg. v. Gretchen Dutschke, Köln 2003, S. 79.
63 Vgl. zur Studentenbewegung in der Tschechoslowakei Jaroslav Pažout, Reakce československých studentů v době Pražského jara na protestní hnutí na Zapadě, in: Bolševismus, komunismus a radikalní socialismus v českých zemích, hg. v. Zdeněk Kárník/Michal Kopeček, Prag 2004, S. 213–227; Milan Otáhal, Studenti a komunistická moc v českých zemích 1968–1989, Praha 2003.
64 Rede von Rudi Dutschke in der Prager Karlsuniversität, in: Tschechien online, Projekt 68–69, http://www.tschechien-online.org/blog/rede-rudi-dutschke-der-prager-karlsuniversitaet-3107 2016-17426.
65 Meine Begegnung mit Rudi Dutschke im April 1968 in Prag, http://www.tschechien-online.org/blog/meine-begegnung-rudi-dutschke-im-april-1968-prag-01082016-17424.
66 Ebd.
67 Ebd.
68 Ebd.
69 Ebd. »Wir sind zu einem kurzen Besuch zur Kommune eins und zwei gegangen und waren über die Berge von nicht abgewaschenem Geschirr, die wir dort vorfanden, entweder schockiert, oder amüsiert. [...] Wir haben die Studenten in Berlin auch ein wenig beneidet. Sie lebten viel besser als wir, hatten oft kleine Autos, mit welchen sie zu Demonstrationen fuhren. Sie meinten in einem richtigen Sozialismus wird es so sein.«
70 Sibylle Plogstedt, Im Netz der Gedichte. Gefangen in Prag, Berlin 2001.
71 Ebd., S. 16.
72 Ebd., Plogstedt, die als Studentin in die ČSSR gereist war, sollte ihr Engagement für den tschechoslowakischen, studentischen Widerstand mit einer über einjährigen Haft in den Gefängnissen der »Normalisierungs«zeit bezahlen.
73 Gerd Koenen, Das rote Jahrzehnt. Unsere kleine deutsche Kulturrevolution 1967–1977, Köln 2001.
74 Vgl. zur Reaktion der radikalen Linken in der Bundesrepublik im Überblick eine Publikation des Magazins konkret: Weißenborn, N. (Hg.) [ohne Angabe des Vornamens, B. H.], Prag und die Linke, Hamburg 1968.
75 Dabei waren neben der UdSSR selbst auch Polen, Ungarn und Bulgarien; die Truppen der NVA der DDR, von denen man lange annahm, sie seien beteiligt gewesen, hielten sich einsatzbereit in Grenznähe auf.
76 [Interview mit Heinrich Böll] Mörderisch und selbstmörderisch, in: Der Spiegel, 2.9.1968.
77 Vgl. hierzu: Pauer, Prag 1968, S. 98–105; vgl. auch Briefing on the Šumava Exercises for Alexander Dubček and Oldřich Černík by Commanders of the Czechoslovak People's Army, July 1, 1968, in: The Prague Spring 1968, hg. v. Jaromír Navrátil, Budapest/New York 2006, S. 191–193; Prozumenščikov, Die Entscheidung im Politbüro der KPdSU, S. 222.
78 Jiří Hoppe, Die Aufhebung der Zensur, in: Karner et al. (Hg.), Prager Frühling, S. 115–132, hier S. 126.
79 Vgl. Michail Prozumenščikov, Die Entscheidung im Politbüro der KPdSU, in: Prager Frühling, hg. v. Stefan Karner et al., Bd.1, S. 205–243, hier S. 217 f.; vgl. auch Pauer, Prag 1968, S. 51.
80 Vgl. auch Filitov, Die Sowjetunion, Westdeutschland und die tschechoslowakische Frage, S. 290.
81 Vgl. z. B. MAE/Paris, Europe: Tchécoslovaquie 1960–1970, 34/3/1, Bd. 231, Sebilleau (Copenhague), Telegramm No. 478/480, 21.8.1968; MAE/Paris, Europe: Tchécoslovaquie 1960–1970, 34/3/1, Bd. 231, Andre (Londres): Telegramm No. 4122/24, a/s Tchecoslovaquie: Declaration du Gouvernement Britannique, 21.8.1968, S. 1.

82 Communiqué de la Présidence de la République sur l'Intervention de l'Armée Soviétique en Tchécoslovaquie, 21 août, 269/279 21/08/1968, http://basedoc.diplomatie.gouv.fr/exl-php/util/documents/accede_document.php; Titelseite Le Monde, 22.8.1968.
83 Vgl. z. B. Bischof, »No Action«. Die USA und die Invasion in der Tschechoslowakei, in: Prager Frühling. Das internationale Krisenjahr 1968, hg. von Stefan Karner et al. Bd. 1/Beiträge, Köln/Weimar/Wien 2008, S. 319–355, hier S. 329.
84 Vgl. hierzu erneut meine Dissertation Hofmann, Der »Prager Frühling« und der Westen.
85 Max Horkheimer, Gesammelte Schriften. Band 14: Nachgelassene Schriften 1949–1972, Frankfurt a. M. 1988, Bd. 14, S. 492.
86 Ebd.
87 Vgl. Udo Wengst, Die westdeutschen Parteien und ihre Reaktionen auf den Einmarsch, in: Prager Frühling. Das internationale Krisenjahr 1968, hg. von Stefan Karner et al., Bd. I, Beiträge, Köln/Weimar/Wien 2008, S. 559–571, hier S. 559; PA AA/Berlin, B 150, Bd. 133, Aufzeichnung betr.: Stimmung in Berlin, II A 1-84.00/1397/68 VS-vertr., 29.8.1968, S. 1f.
88 Fünf Minuten Arbeitsruhe in Paris, in: Süddeutsche Zeitung, 27.8.1968.
89 Vgl. zur Thematik: Maud Bracke, Which Socialism, Which Detente? West European Communism and the Czechoslovak Crisis of 1968, Budapest 2007.
90 Cinq Pay Socialistes – la URSS, la Pologne, la RDA, la Hongrie et la Bulgarie – interviennent militairement en Tchécoslovaquie: Le Parti communiste français exprime sa surprise et sa reprobation, in: L'Humanité, Titel, 22.8.1968, vgl. zur Thematik Maud Bracke, Which Socialism, Whose Détente?; Peter Deli, De Budapest à Prague. Les Sursauts de la Gauche Française, Paris 1981.
91 Roger Garaudy, Die ganze Wahrheit. Für einen Kommunismus ohne Dogma, Reinbek 1970. Vgl. Peter Deli, De Budapest à Prague. Les Sursauts de la Gauche Française, Paris 1981; Pierre Grémion, Paris-Prague. La gauche face au renouveau et à la régression tchécoslovaques (1968–1978), Paris 1985; Sunil Khilnani, Revolutionsdonner. Die französische Linke nach 1945, Hamburg 1995.
92 Vgl. Keith A. Reader, Intellectuals and the Left in France, Houndmills 1987, S. 59.
93 Vgl. erneut Maud Bracke, Which Socialism, Which Detente? West European Communism and the Czechoslovak Crisis of 1968, Budapest 2007.
94 Vgl. Peter Deli, De Budapest à Prague. Les Sursauts de la Gauche Française, Paris 1981; Roger Garaudy, Die ganze Wahrheit. Für einen Kommunismus ohne Dogma, Reinbek 1970; Pierre Grémion, Pierre: Paris-Prague. La gauche face au renouveau et à la régression tchécoslovaques (1968–1978), Paris 1985; Sunil Khilnani, Revolutionsdonner. Die französische Linke nach 1945, Hamburg 1995.
95 Zumal da es hier auch nach dem Verbot der Kommunistischen Partei (KPD) 1956 bis 1968 keine kommunistische Partei mehr gegeben hatte.
96 Vgl. erneut: Empörung in der Bundesrepublik. Politiker, Gewerkschaftler und Verbände sprechen von brutalem Gewaltakt, in: Süddeutsche Zeitung, 22.8.1968.
97 Vgl.: Protest- und Solidaritätsaktionen, in: Süddeutsche Zeitung, 22.8.1968.
98 Auf dem Königsplatz Proteste gegen die Gewalt. Mehr als 6000 Menschen bekunden ihre Solidarität mit dem tschechoslowakischen Volk, in: Süddeutsche Zeitung, 26.8.1968; vgl. zur Haltung des SDS auch »Was denn nun, Genossen?« Delegiertentagung des SDS: Die Revolte entläßt ihre Kinder, in: DIE ZEIT, 20.9.1968.
99 Empörung in der Bundesrepublik. Politiker, Gewerkschaftler und Verbände sprechen von brutalem Gewaltakt, in: Süddeutsche Zeitung, 22.8.1968.
100 »An die Zentralkomitees der Parteien der intervenierenden Staaten«, 22.8.1968, Glasnost-Archiv, http://www.glasnost.de/hist/apo/cssr1.html.
101 Ulrike Marie Meinhof, Der Schock muß aufgearbeitet werden, zuerst konkret-Flugblatt, in: Prag und die Linke, hg. v. N. Weißenborn, Hamburg 1968, S. 58–60.
102 Ebd.

103 Ebd.
104 Zum 21. August. Stellungnahme, in: Agit 883, 28 (1969), 21. 8., S. 8.
105 Ebd.
106 Ebd.
107 Ebd.
108 Ebd., unterzeichnet ist diese gallige Abrechnung mit »Rote Zelle Germanistik (Rotzeg), INFI im SDS, Asta-Kollektiv der FU, Sozial. Arbeiter- und Lehrlingszentrum (SALZ), Beirat und Red. Der Roten-Presse-Korrespondenz«. Vgl. ebd.
109 Vgl. DDF/1969, I, Doc. 56, M. Lalouette, Ambassadeur de France à Prague, à M. Debré, Ministre des Affaires Étrangères, 20. 1. 1969, S. 113–116, hier S. 113.
110 Nouvelles Manifestations en Europe, in: Le Monde, 28. 1. 1969, S. 5.
111 Zur Samizdatliteratur vgl. http://www.libpro.cz/.
112 Heinrich Böll/Günter Grass/Carola Stern (Hg.), L 76. Demokratie und Sozialismus. Politische und literarische Beiträge, Köln/Frankfurt am Main, 1976–1979. Vgl. hierzu auch »L 76« – eine neue Zeitschrift für Literatur und Politik: Blüten vom Prager Frühling, in: Die ZEIT, 10. 9. 1976.
113 Vgl. zur Geschichte der Zeitschrift die aktuelle Publikation Roman Léandre Schmidt, Lettre internationale: Geschichte einer europäischen Zeitschrift, Paderborn 2017.
114 Zitiert nach ebd., S. 9.; vgl. auch Laurent Béghin, L'édition française de la revue Lettre internationale (1984–1993): un pont entre l'Europe occidentate et l'Europe centrale, Paris 2017.
115 Vgl. Protest gegen Prag. Ein Appell tschechoslowakischer Emigranten, in: DIE ZEIT, 25. 8. 1972.
116 Im französischen Original: Comité du 5 janvier pour une Tchécoslovaquie libre et socialiste.
117 Vgl. Le Monde, 22. 8. 1978.
118 Nach dem Ende des Kommunismus kam es in der heutigen Tschechischen Republik zu einer spannungsvollen erinnerungspolitischen Verbindung zwischen 1968/1969 und 1989. Vgl. dazu meinen Aufsatz ›Prager Frühling‹ versus ›Samtene Revolution‹ in: Nationen und ihre Selbstbilder. Postdiktatorische Gesellschaften in Europa, hg. von Carola Sachse/Edgar Wolfrum/Regina Fritz, Göttingen 2008, S. 171–192.
119 Joschka Fischer/Fritz Stern, 68er-Bewegung: Gewalt und Geschichte, in: DIE ZEIT, 23. 3. 1975.
120 Ebd.
121 Zum Begriff vgl. Helmut Richter/Günter Trautmann (Hg.), Eurokommunismus – Ein dritter Weg für Europa?, Hamburg 1979; Kevin Devlin, Eurocommunism Between East an West, in: International Security, (1979) 4, S. 81–107; Der Spiegel, 20/1977. Der Spiegel brachte 1977 eine breit angelegte Serie zur Zukunft des Sozialismus; im ausführlichen Beitrag zum Eurokommunismus wurden dessen Wurzeln im Prager Frühling verortet.
122 Siehe etwa Le Monde vom 19. August 1978, wo neben den tschechoslowakischen Emigranten wie Pavel Tigrid und Zdeněk Mlynář auch »Abtrünnige« aus den Reihen der KPF wie Pierre Daix sowie deren Gegner, welche die Invasion befürworteten, wie Thorez-Vermeersch, diskutierten; vgl. auch Jeanette Thorez-Vermeersch, Vorwort, in: Im Herzen Europas. Prager Frühling oder Prager Herbst?, hg. v. Robert Jean Longuet, Luxemburg 1979, S. 11–31.
123 Vgl. erneut Liehm (Hg.), Gespräche an der Moldau, S. 83.
124 Zdeněk Mlynář (Hg.), Der »Prager Frühling«. Ein wissenschaftliches Symposion, Köln 1983, S. 7.
125 Vgl. Zdeněk Mlynář ; Der Prager Frühling nach zwanzig Jahren, in: Osteuropaforum Heft 76/Prager Frühling – Reformen gestern und heute, Hamburg, S. 9–31; Jutta Tiedke, »Prager Frühling« und demokratischer Sozialismus, in: Neue Gesellschaft. Frankfurter Hefte, (1988) 8, S. 712–718; ferner Le Nouvel Observateur, 19.–25. 8. 1988.
126 Mikhail Gorbatchev/Zdeněk Mlynář, Conversations with Gorbatchev. On Perestroika, the Prague Spring, and the Crossroads of Socialism, New York 2002.
127 Vgl. auch Birgit Hofmann, Europäisierung der Totalitarismustheorie? Geschichtspolitische Kontro-

versen um das »Schwarzbuch des Kommunismus« und die Europaratsresolution zur »Verurteilung der Verbrechen totalitärer kommunistischer Regime« in Deutschland und Frankreich, in: Diktaturüberwindung in Europa – neue nationale und transnationale Perspektiven, hg. von dies., Heidelberg 2010, S. 331–349.
128 Darauf weist hin: Felsch, Der lange Sommer der Theorie, S. 70.
129 Vgl. etwa Sunil Khilnani, Revolutionsdonner. Die französische Linke nach 1945, Hamburg 1995.

René Böll
August 1968

Foto von René Böll: Prag, August 1968.

Im August 1968 reisten meine Eltern, Annemarie und Heinrich Böll, mit mir auf Einladung des tschechoslowakischen Schriftstellerverbandes nach Prag. Wir kamen am Abend des 20. August an und wurden Augenzeugen der Invasion der Truppen des Warschauer Paktes.

Die Truppenbesetzung bedeutet das Ende des so genannten »Prager Frühlings«, das heißt des Demokratisierungsversuchs der Regierung unter Alexander Dubček.

Wir blieben bis zum 25. August in Prag, besuchten viele Oppositionelle und mein Vater gab Interviews in »illegalen« Sendern. Ich fotografierte und sammelte Flugblätter, die den Widerstand der Bevölkerung dokumentierten. Als Bildenden Künstler interessierten mich die phantasievoll gestalteten Blätter besonders, und ich ließ mir den Text von Passanten übersetzen.

Ähnlich wie Ende des Zweiten Weltkriegs kam es zu Kämpfen um den Rundfunk. Der Zusammenstoß von Rundfunkmitarbeitern mit sowjetischen Soldaten forderte 15 Todesopfer und endete mit der Besetzung des Rundfunks, ich erlebte diese Kämpfe um den Rundfunk an der Seite der Tschechen mit.

René Böll, im Juni 2017

August 1968

Fotos von René Böll: Prag, August 1968.

Heinrich Böll
Interview mit *Literární Listý* am 24. 8. 1968[1]

LITERÁRNÍ LISTÝ: Wann sind Sie in Prag eingetroffen, Herr Böll?

HEINRICH BÖLL: Ich kam am 20. August abends auf Einladung des Verbandes der tschechoslowakischen Schriftsteller. Obwohl ich lange krank gewesen war, habe ich diese Reise unternommen, weil ich im tschechoslowakischen Modell eines demokratischen Sozialismus eine große Hoffnung für Europa und die ganze Welt erblickte. Bereits in der ersten Nacht weckte mich das Dröhnen schwerer Flugzeuge, die sehr niedrig flogen. Um 7 Uhr kam ein Freund ins Hotel und sagte: Wir sind besetzt. Im ersten Augenblick begriff ich nicht, was er meinte. Gleich darauf hörten wir die ersten Schüsse hinter dem Hotel auf dem Wenzelsplatz. Wir gingen hin. Und wir sahen sowjetische Panzer und Hunderte von Menschen, Jugendliche und Erwachsene. Sie umringten die Panzer und gaben ihren Abscheu unmißverständlich zu erkennen. Sie enthielten sich jedoch aller Äußerungen persönlicher Feindschaft den Sowjetsoldaten gegenüber. Mich erregte am meisten, wie leidenschaftlich sie versuchten, mit den Sowjetsoldaten zu diskutieren. Sie sprachen mit ihnen wie junge Menschen zu jungen Menschen sprechen. Seitens der tschechischen Bürger sah ich nirgendwo die kleinste Andeutung von Gewalttätigkeit.

LITERÁRNÍ LISTÝ: Welchen Eindruck machen die Geschehnisse bei uns auf Sie?

HEINRICH BÖLL: Mir wurde sofort klar, daß ich Zeuge eines historischen Ereignisses war. Es war dies die moralische Bankrotterklärung des zentral von Moskau aus gelenkten Sozialismus. Es war mir auch klar, daß es sich um eine unverhohlene Unterdrückung des gesamten tschechoslowakischen Volkes handelte. Es wurde mir bewußt, daß das Modell der Hoffnung, das hier in 8 Monaten verwirklicht wurde, vernichtet war. Ihr wart eine große Hoffnung vor allem für unsere Intellektuellen, Atheisten, Christen, Liberale, denn ihr habt seit Januar bewiesen, daß ein strenges doktrinäres System ohne Gewaltanwendung reformiert werden kann – aus Impulsen der regierenden Partei. Da auch wir in einem erstarrten System leben, kann das, was hier in diesen 8 Monaten verwirklicht wurde, auch unser Modell bleiben.

LITERÁRNÍ LISTÝ: Möchten Sie noch etwas für unsere Leser hinzufügen?

HEINRICH BÖLL: Mich würde die Stellungnahme der offiziellen katholischen Kreise zum demokratischen Sozialismus, den Sie hier verwirklichen wollten, sehr interessieren. Sie hätten ein Beispiel für ganz Südamerika werden können, das dringend eine neue demokratische Gerechtigkeit braucht. Für die fortschrittlichen Menschen im Westen ist es bitter, daß auf beiden Seiten die Reaktionäre triumphieren werden. Manche Träne im Westen wird eine Krokodilsträne sein.

LITERÁRNÍ LISTÝ: Wir hoffen, daß Sie gut nach Hause kommen. Mit welchen Gefühlen verlassen Sie unser Land?

HEINRICH BÖLL: In diesen Tagen habe ich eine starke Solidarität aller Bevölkerungsschichten erlebt, und ich kann nur hoffen, daß diese Solidarität ihnen helfen wird, das fürchterliche Faktum der Okkupation zu überwinden.

Anmerkungen
1 Das Interview mit Literární Listý wird zitiert nach Heinrich Böll, Werke. Kölner Ausgabe Bd. 24, Köln 2009, S. 142–143. Wir danken dem Verlag Kiepenheuer & Witsch für die Abdruckgenehmigung.

Foto von René Böll: Prag, August 1968 (Flugblatt zu den Kämpfen um das Rundfunkgebäude).

Günter Grass, Walter Höllerer (u. a.)
Brief an den Staatspräsidenten der Tschechoslowakei vom August 1970

Der Brief, eine Initiative der Akademie der Künste Berlin/West, wurde außerdem unterzeichnet von W. H. Auden, Michel Butor, Friedrich Dürrenmatt, Per Olov Enquist, Max Frisch, Graham Greene, Lars Gustafsson, Arthur Miller, Nathalie Sarraute, Arnold Wesker und Angus Wilson

»An den Staatspräsidenten der CSSR
1. Sekretär der Kommunistischen Partei der CSSR
tschechischen Kulturminister
slowakischen Kulturminister
Vorsitzenden des Schriftstellerverbandes der CSSR

Exzellenz,

wir wenden uns an Sie in Sorge um das Schicksal unserer tschechoslowakischen Kollegen, der Wissenschaftler, Künstler, Schriftsteller und Publizisten, deren Lebens- und Arbeitsbedingungen im letzten Jahr sich verschlechtert haben.

Wir erlauben uns, Sie zu erinnern an die Erklärung, die Sie am 10. September 1968 zusammen mit dem jetzigen 1. Sekretär der Kommunistischen Partei der CSSR, Herrn Husak, und anderen Politikern unterzeichnet haben. Deshalb wenden wir uns mit dem gleichen Schreiben auch an Herrn Husak. Einen Durchschlag des Schreibens schicken wir an die zuständigen tschechischen und slowakischen Kulturminister und an den Vorsitzenden des Schriftstellerverbandes der CSSR.

In der Erklärung vom 10. September haben Sie ausdrücklich den im Ausland weilenden Künstlern und Intellektuellen zugesichert, daß sie uneingeschränkte Arbeitsbedingungen vorfinden würden, wenn sie in die CSSR zurückkehren würden. Sie haben betont: ›Dies bedeutet, daß jeder Bürger, der die Gesetze unserer sozialistischen Republik respektiert, auch unter dem Schutze des Gesetzes und der vollziehenden Staatsorgane steht. Wir wiederholen: Wir werden niemals eine neue Deformierung und Verletzung der Rechtsordnung zulassen, deren Zeugen – und nicht nur Zeugen – wir in den vergangenen Jahren waren.‹

Viele Bürger sind daraufhin in die CSSR zurückgekehrt, andere haben das Land nicht verlassen, weil sie auf diese Erklärung vertrauten.

Die Arbeit des tschechoslowakischen Schriftstellerverbandes ist in der letzten Zeit immer schwieriger geworden. Sämtliche Verbindungen zum Ausland wurden annulliert (12.3.70). Das Recht auf Herausgabe und Verbreitung von Büchern und Publikationen wurde dem Verband entzogen (20.3.70). Die Verfügung über Studien- und Erholungsaufenthalte von Schriftstellern im Heim Dobris wurde ihm genommen (26.3.70). Sämtliche Konten wurden gesperrt (17.4.70). Mitgliederversammlungen werden nicht erlaubt. Damit wurde der Verband praktisch lahmgelegt.

Außerdem werden eine Reihe der angesehensten tschechischen und slowakischen Autoren boykottiert. Sie dürfen keine neuen Werke in der CSSR veröffentlichen und auch alte Werke nicht neu auflegen, selbst solche nicht, die noch unter dem Staatspräsidenten Novotny erscheinen konnten.

Dieser Boykott von Autoren, die in der ganzen Welt mit Recht ein hohes Ansehen genießen, ist ein schwerer Schaden für die Weltliteratur, aber vor allem für die Kultur des tschechischen und slowakischen Volkes.

Diesen Autoren ist nichts vorzuwerfen, außer daß sie sich im Einklang mit der Bevölkerung für einen demokratischen Sozialismus eingesetzt haben.

Viele der hervorragenden Wissenschaftler, Publizisten und Lektoren haben ihre Arbeitsplätze verloren und sehen heute keine Möglichkeit mehr, in ihrem Beruf zu arbeiten. Wir nennen als Beispiel den Journalisten Jiri Hochmann, der in einem Steinbruch arbeiten mußte und an Tuberkulose erkrankt ist. Wir nennen als Beispiel den Journalisten Ludek Pachmann, der seit August 1969 in Untersuchungshaft einsitzt, obwohl die Rechtsordnung der CSSR eine so lange Untersuchungshaft verbietet. Ebenso befinden sich seit September 1969 in Untersuchungshaft der damalige Deputierte des Tschechischen Nationalrates Rudolf Battek und der Historiker Jan Tesar.

Angeklagt sind die vier Genannten zusammen mit den Schriftstellern Vaclav Havel und Ludvik Vaculik, dem Politologen Lubos Kohut und dem Journalisten Vladimir Nepras, weil sie am 5. September 1969 eine Petition an die offiziellen Organe der Sozialistischen Tschechoslowakischen Republik gerichtet haben. In dieser Petition der 10 Punkte hielten sie lediglich fest an Zielen der Reformbewegung vom Januar 1968:

›Die Regierung und die wiederbelebte kommunistische Partei waren auf dem rechten Weg zu zeigen, daß der Sozialismus nicht immer mit Zwang, Einschränkungen und Mangel verbunden sein muß, sondern daß er dem Volk all die Freiheiten geben kann, die in früheren Revolutionen erkämpft wurden, und daß er eine Gesellschaft aufbauen kann, die nicht nur wirtschaftlich, sondern auch moralisch fortgeschritten ist.‹

Wir machen auch aufmerksam auf das Schicksal der Gruppe von Studenten der philosophischen Fakultät der Karls-Universität Prag, die seit Beginn dieses Jahres im Gefängnis sitzen, weil sie sich Gedanken gemacht haben über die heutigen Möglichkeiten des Sozialismus.

All diesen Intellektuellen kann man nur vorwerfen, was die Aufgabe des Intellektuellen im Sozialismus ist: Sie haben versucht anzusprechen, was weite Teile der Bevölkerung wollen. Wir halten es für ungerechtfertigt, wenn ihnen nun deshalb der Prozeß drohen soll.

Exzellenz, wir bitten Sie, diese Prozesse zu verhindern. Wir bitten Sie zu verhindern, daß politische Prozesse konstruiert und inszeniert werden, wie es in den fünfziger Jahren der Fall war.

Wir bitten Sie, dafür einzutreten, daß die verhafteten Künstler und Intellektuellen wieder die Freiheit erlangen. Wir bitten Sie, Ihr Wort, das Sie im September

1968 gegeben haben, einzulösen und dafür Sorge zu tragen, daß die Künstler und Intellektuellen wieder die ihnen gebührenden Arbeitsmöglichkeiten erhalten.

Wir bitten Sie, diese Schritte bald zu unternehmen, weil sonst die schöpferische Kraft begabter Menschen vernichtet wird, weil sonst der traditionsreichen Kultur des tschechischen und slowakischen Volkes Schaden zugefügt wird.

Wir erlauben uns, noch einmal aus der Erklärung vom 10. September 1968 zu zitieren:

›Gleichzeitig möchten wir betonen, daß wir mit allen Mitteln die Entwicklung der Wissenschaft und der Kunst unterstützen werden. Wir betrachten die Freiheit der wissenschaftlichen Forschung und des künstlerischen Schaffens, wie auch den lebendigen Kontakt der Wissenschaftler und Künstler mit der Welt als eine notwendige Voraussetzung der Entwicklung in diesen Bereichen.‹

Wir fühlen uns solidarisch mit unseren tschechoslowakischen Kollegen. Wir halten es für unsere Pflicht, in jedem Fall für Kollegen einzutreten, wo auch immer sie aus lauteren Absichten in Schwierigkeiten geraten. Wir sind überzeugt, daß Sie diese unsere Haltung verstehen und richtig interpretieren.

Es geht uns darum, daß auch weiterhin der offene Dialog mit den Völkern der CSSR und ihren intellektuellen Wortführern möglich ist.

Wir wenden uns an Sie mit diesem Schreiben, weil wir uns davon eine schnelle Verbesserung der Lage unserer Kollegen erhoffen. Dies hielten wir für den naheliegendsten, geeigneten Schritt. Erst nach seinem Scheitern scheint es uns notwendig, uns an eine breitere Öffentlichkeit zu wenden, um sie auf das Schicksal unserer tschechoslowakischen Kollegen aufmerksam zu machen.

Wir hoffen zuversichtlich, Exzellenz, daß Sie einen Weg finden, das Los unserer Kollegen in der CSSR zu erleichtern.«

Zitiert nach Hans Dieter Zimmermann, Literaturbetrieb Ost/West. Die Spaltung der deutschen Literatur von 1948 bis 1989. Stuttgart 2000, hier S. 152–154. Zum gesellschaftspolitischen und literaturgeschichtlichen Kontext dieses Briefes vgl. insbesondere das Kapitel »Prag und Berlin: Rebellion 1968«, ebd., S. 79–91.

Louis F. Peters
Fünfzig Jahre Pariser Mai-Plakate

Von allen europäischen Studenten-Revolten im 20. Jahrhundert ist der Pariser Aufstand im Mai 1968 der farbigste und reißerischste gewesen. Man brauchte keine Bücher, Flugblätter oder sonstige Texte gelesen zu haben. Es genügte ein schneller Blick auf ein Plakat auf fremder Wand und schon hatte jeder verstanden – ohne Erklärung, ohne Übersetzung, ohne Einführung, ohne politische Erziehung. »Die Phantasie an die Macht«/»L'imagination au pouvoir«. Man erkannte sofort die Zukunft in der Gegenwart und machte sich auch keine Gedanken darüber, dass auf fremden Mauern Menschheitsparolen auf Sendung waren. Man staunte und andererseits ahnte man, dass es um Befreiung und eine neue Zeit ging. Dieser Eindruck wurde dadurch verstärkt, dass diese überraschenden grafischen Wortmeldungen nicht durch ganz Paris hier und da Kontakt suchten, sondern mit geballter Kraft im innerstädtischen Universitätsviertel die Mauern zu Sendern machten. Die Außenmauern der Institute sollten zeigen und überzeugen. Die hinter diesen Mauern studierende Jugend aus Frankreich und der ganzen Welt wollte demonstrieren, dass es über den festgelegten Unterrichtsstoff hinaus um Erkenntnis und positive Veränderung der Welt zu gehen hat.

Die Kinder von Karl Marx und Coca Cola wollten einen neuen Versuch unternehmen, die dauernde Bevormundung durch Politik und Unternehmertum aufzubrechen. Dieser Wille findet in den rund 300 Plakaten und Aufrufen der Pariser Mai-Revolte schlagkräftigen Ausdruck. Nicht nur die 100 000 Studenten von Paris wurden wachgerüttelt, sondern quer durch alle Berufsorganisationen wurden sofortige Zusammenkünfte organisiert und verstaubte Regelungen aufgehoben und zeitgemäß neu gefasst.

Auslöser der Umkrempelung war die Schließung der Hochschule der Pariser Nachbargemeinde Nanterre, wo Daniel Cohn-Bendit mit seiner Uni-Gruppe überholte Regelungen in Frage gestellt hatte, so dass ein Umzug in das benachbarte Universitätsviertel von Paris notwendig wurde. Dort hatten die studentischen Führer ein ideales Kommandozentrum ausgespäht, nämlich das zentral gelegene »Théâtre Odéon«, das rundherum von Straßen begrenzt ist und daher als gut erreichbares Hauptquartier bestens bekannt und geeignet war.

Die Besetzung dieses Avantgarde-Theaters war für den Abend des 10. Mai 1968 geplant, wo nach der letzten Vorstellung alle Zu- und Ausgänge für die Besucher eines englischen Theaterstücks geöffnet und zugänglich waren. Ich studierte zu der Zeit in Paris und gehörte mit meinem Freund Emil-Maria Claassen, der damals als Privatdozent im Fach Finanzwissenschaft an der Pariser Universität lehrte, zu den Besuchern dieses Theaterstücks. Kaum war das Schauspiel zu Ende und die Besucher im Begriff, das Theater zu verlassen, als ich bemerkte, dass blitzschnell durch alle Theater-Zugänge Jugendliche in das sich leerende Theater eindrangen. Wir hatten sofort das Gefühl, dass irgendetwas im Schwange war. Wir setzten uns also wieder auf unsere Plätze und beobachteten, wie in Minutenschnelle alle Plätze des Theaters wieder besetzt waren. Ein wilder Endzwanziger war auf der Bühne erschienen und erklärte, das Theater sei besetzt und diene ab sofort als Hauptquartier der Vertriebenen aus Nanterre, die mit dem erstarrten französischen Universitätsbetrieb nicht mehr einverstanden seien. Der Widerhall im Publikum war enorm. Sekunden später bestieg der Hausherr des Theaters, Jean-Louis Barrault, die Bühne und appellierte an die Anwesenden, sich einen anderen Zufluchtsort zu suchen; immerhin hatten er und seine Ehefrau seit vielen Jahren die Avantgarde Frankreichs mit zukunftsweisenden Theater-Stücken inspiriert; er solidarisiere sich mit den Besetzern und erwarte, dass sie sich demzufolge ein anderes Hauptquartier suchen. Dies lehnte das Publikum mit gellenden Pfiffen und wilden Gesängen ab, so dass Barrault leichenblass von der Bühne stieg und sein Theater verließ – ohne die Polizei einzuschalten!

Dies hatte zur Folge, dass das Odéon besetzt blieb und der Staat sowie die Stadt dieses neue Widerstandszentrum hinnahmen!

In der Nachbarschaft des Odéon befindet sich die Universität, die am 4. Mai 1968 zum zweiten Mal in ihrer siebenhundertjährigen Geschichte geschlossen wurde. Das erste Mal geschah dies unter der Besetzung durch die Nationalsozialisten. Barrikaden und Straßenkämpfe waren diesmal die Folge. Nach der Barrikadennacht des 10. Mai und der Massendemonstration am 13. Mai stürmten die Studenten am 13. Mai die wiedereröffnete Sorbonne, an deren Eingang nunmehr geschrieben stand:

»Zum ersten Mal seit 1948 wird die Sorbonne entstaubt.«

Dies passt zur Parole auf dem Eisernen Vorhang im Odéon: »Dies ist nicht nur eine Revolution der Komitees, sondern auch die Eure!«

Zwei Millionen Arbeiter waren spontan in Frankreich in Streik getreten. Die Rote Fahne wehte auf der Pariser Oper und beim Film-Festival in Cannes.

Am Sonntag, den 19. Mai 1968 ruft de Gaulle seine Minister zusammen. Um 13:00 Uhr verlässt Minister Pompidou den Élysée-Palast und verkündet die beschlossene Marschrichtung:

»La réforme, oui; la chienlit, non.« Chienlit wird zum Codewort des Aufstandes, entspricht also dem deutsch-französischen Aphorismus: »Was dem einen sein Pinscher, ist dem anderen sein Bettscheißer.«

Dies ändert nichts daran, dass Frankreich seinen größten Streik erlebt, die Gefahr eines Bürgerkriegs an die Wand gemalt wird und sogar die Banken geschlossen werden. Selbst die Standesbeamten und die Totengräber streiken.

Die Mülleimer quellen über und die Stripperinnen des Crazy Horse Saloon ziehen sich an statt aus! Alle Lebensmittel sind ausverkauft und der Verkehr mangels Benzin lahmgelegt. Die Börse brennt und das Polizeikommissariat am Odéon wird restlos verwüstet.

Am Mittwoch, dem 29. Mai 1968, defilieren spontan Hunderttausende von Arbeitern in einem Protestmarsch vom Platz der Bastille zum Bahnhof Saint-Lazare.

Am Nachmittag verlässt de Gaulle heimlich zusammen mit seiner Ehefrau den Élysée-Palast.

Am 30. Mai 1968 um 16:31 Uhr hält er dann über Radio seine epochale Rede, in der er u. a. ausführt:

»Ich löse heute die Nationalversammlung auf. Ich habe dem Land ein Referendum vorgeschlagen, das den Bürgern die Möglichkeit gibt, für eine tiefgreifende Universitätsreform einzutreten und gleichzeitig zu sagen, ob sie mir ihr Vertrauen weiterhin schenken oder nicht, und zwar durch die einzig annehmbare Stimme, die der Demokratie. [...] Frankreich ist in der Tat von der Diktatur bedroht. Man will Frankreich zwingen, sich einer Macht zu beugen, die sich in dieser Situation der nationalen Hoffnungslosigkeit herbeidrängt. [...] Die Republik wird nicht abdanken. Das Volk wird sich wieder fangen. Der Fortschritt, die Unabhängigkeit und der Frieden werden zusammen mit der Freiheit den Sieg davontragen. Es lebe die Republik! Es lebe Frankreich!«

Als Reaktion auf diese Ansprache beginnt um 18:00 Uhr ein spontaner Marsch derjenigen, die ihre Hoffnung auf de Gaulle setzen. Von der Place de la Concorde zum Étoile marschieren die Bürgerlichen. Unmittelbar hinter dem Arc de Triomphe steht ein riesiger Baukran. Zwei Revolutionäre haben sich erkühnt, an höchster Stelle die Rote Fahne zu hissen. So marschiert eine Million Demonstranten auf die Rote Fahne zu. Besser kann man die neue Situation nicht auf den Punkt bringen.

Am nächsten Tag schreit ein Plakat auf den Mauern von Paris den Bürgern entgegen: »Laissons la peur du Rouge aux bêtes à Cornes.«

Tatsächlich hat der Pariser Mai 1968 Frankreich verändert. An der Außenwand der Pariser Kunstakademie war dies durch ein Graffito auf den Punkt gebracht:

»Die bürgerliche Revolution war eine juristische. Die proletarische Revolution war eine ökonomische. Die unsrige ist die Kulturrevolution.«

Drinnen, hinter den Wänden der École des Beaux Arts, vollzog sich diese kulturelle Revolution praktisch und es entstanden Werke, die prominenten Kritikern wie etwa Hans Magnus Enzensberger eine Zeitlang als letztmögliche Kunsterzeugnisse galten, bevor die Kunst erst die Wirklichkeit einholen und die Wirklichkeit dann auf der nächsten Stufe die Kunst überflüssig machen würde. Sieben Tage in der Woche war die Kunsthochschule geöffnet und es herrschte reger Betrieb. Im Eingangspavillon gab es Flugblätter, Pamphlete, Broschüren und ähnliches gegen Spenden für Farbe und Papier. Der Abwehr der vielen bloß Schaulustigen und Neugierigen, abschätzig »Touristen« genannt, galten vielfache Kontrollen, die ich problemlos überwinden konnte, indem ich wahrheitsgemäß angab, die begehrten Plakate für eine Ausstellung in der Kölner Universität sammeln zu wollen.

So kam ich nicht nur unschwer an die Ergebnisse, sondern lernte auch in Autopsie deren Entstehung in wirklich kollektiver Produktion kennen, wobei Fotografieren oder störende Gespräche mit den vielen Produzenten verboten waren. Etwa 200 Studenten waren hier insgesamt tätig, von denen 30 bis 60 ständig in Aktion waren, da man die »Agitationspropaganda in Permanenz« erklärt hatte – Schlafräume waren eingerichtet worden. Als die Polizei die Hochschule durchsuchte und schließen wollte, war die Antwort ein Plakat, auf dem es sinngemäß heißt: »Wenn die Polizei in der Hochschule der Künste erscheint, erscheinen die Künste eben auf der Straße.« Und ein anderes lautet: »Die Akademie der Künste wurde geschlossen, aber die revolutionäre Kunst geboren.«

Auf einer großen Tafel, von einem Komitee betreut, wurden solche Themen, Ideen, Slogans und Textentwürfe gesammelt, gemeinsam diskutiert und verbessert, schließlich über die Realisation abgestimmt, und ein »créateur« machte sich an die Arbeit. Anfangs bediente man sich noch des Holzschnitts, später dann der Lithographie und vor allem der Serigraphie oder des Schablonendrucks: Text und möglichst vereinfachte Zeichnung wurden aus einer Schablone ausgeschnitten, über die man die Farbe dann, direkt oder durch ein Sieb, mit einem Quast aufs Papier bringen konnte – entscheidende Kriterien für Auswahl und Realisierung waren »lisibilité« und »efficacité« – »Lesbarkeit« und »Wirksamkeit«. Etwa 350 Plakate mit einer Gesamtauflage von 120000 Exemplaren sind so an der École des Beaux Arts und verwandten Pariser Hochschulen entstanden. Die Ausgabe erfolgte dann unter strengster Kontrolle an die Vertreter der Aktionsbereiche, in die die Revolutionäre die Stadt eingeteilt hatten, die für die Plakatierung in ihren Bezirken und vor allem in besetzten Fabriken sorgten – schließlich sollten sie an öffentlichen Wänden wirken und nicht in privaten Schubladen von Sammlern verschwinden.

Dementsprechend wurden in Köln die Pariser Drucke auf Pappen geklebt und im Eingangsbereich der Kölner Universität auf die Wände gebracht.

Das Pariser Flair blieb jedoch ohne spürbare Wirkung.

Die Aufrufe in fremder Sprache und die unterschiedliche Studiensituation ließen keinen Funken überspringen.

Anders war es im Buchbereich. Mein bei Dumont erschienenes Werk *Kunst und Revolte* und das als dtv-report verlegte Taschenbuch *Rebellion in Frankreich. Die Manifestation der europäischen Kulturrevolution 1968* waren Renner und schnellstens ausverkauft.

Inzwischen sind 50 Jahre vergangen. Weder in der Bundesrepublik noch in Frankreich gibt es Anzeichen dafür, dass die studierende Jugend sich erhebt und mit Nachdruck für Veränderung zu sorgen bereit ist. Ein neuer zündender Funke ist nicht in Sicht. In Frankreich war für kurze Zeit die Phantasie an die Macht gelangt – ein Glücksmoment der Geschichte!

Weiterführende Literatur:
Claasen/Peters, Rebellion in Frankreich. Die Manifestation der europäischen Kulturrevolution 1968, dtv-report 1968.
Louis F. Peters, Kunst und Revolte. Das politische Plakat und der Aufstand der französischen Studenten, Köln 1968.

Fünfzig Jahre Pariser Mai-Plakate

Johano Strasser
L'80 – Zeitschrift für Literatur und Politik

Acht Jahre, von Anfang 1980 bis Ende 1987, lebten meine Frau Franziska Sperr und ich in der Niedstraße 13, dem Berliner Haus von Günter Grass. Das war Teil der Vereinbarung, die ich als Redakteur mit den Herausgebern der literarisch-politischen Zeitschrift *L'80* - außer mir Heinrich Böll, Günter Grass, Tomáš Kosta, Carola Stern und Heinrich Vormweg - getroffen hatte: 1000 DM Honorar im Monat und freies Wohnen. Ein formeller Vertrag war unter Freunden nicht nötig, Arbeitgeberbeiträge zur Rentenversicherung wurden nicht gezahlt, das Privatleben verschmolz mit dem beruflichen – damals wie heute übliche Bedingungen bei Projekten dieser Art. Die sozialen Konsequenzen werden den Betroffenen in aller Regel erst viele Jahre später bewusst, wenn sie auf ihre dürftige Rente aus der Künstlersozialkasse angewiesen sind.

Für mich waren es acht ereignisreiche, anstrengende und glückliche Jahre, in denen zwischen Büchern, Manuskripten und einer Unzahl von Besuchern unsere beiden Kinder heranwuchsen, in denen in meinem Leben die Literatur, vor allem die Belletristik, allmählich einen immer größeren Raum einnahm, ohne dass die Politik deswegen an den Rand gedrängt wurde. Mit dem Neuanfang der Zeitschrift und meinem Antritt als Redakteur wurde *L'76* in *L'80* umbenannt, die Heft-Nummerierung aber fortgeführt. Fast neun Jahre lang, von Heft 13 bis Heft 46, war ich zunächst zusammen mit Heinrich Vormweg, dann einige Jahre allein, später zusammen mit meiner Frau Franziska für den Inhalt der Zeitschrift verantwortlich.

Zwei Besonderheiten waren es, die die Zeitschrift *L'80* auszeichneten: In jedem Heft der Zeitschrift befanden sich literarische Beiträge, Gedichte, Erzählungen, Vorabdrucke von Romanen und Theaterstücken neben politischen Analysen und Essays; *und* alle namhaften Dissidenten des Ostblocks von Jürgen Fuchs und Robert Havemann über Václav Havel und Adam Krzemiński bis zu György Konrád und Lew Kopelew fanden hier ein Forum, das die Einheit Europas, lange vor der tatsächlichen Wiedervereinigung, zumindest im Geistigen behauptete. Das letzte Heft der Zeitschrift erschien im Juli 1988, als Franziska und ich schon an den Starnberger See umgezogen waren; es erinnerte an den Prager Frühling: *Prag vor 20 Jahren. Erinnerung an eine Hoffnung.*

Die Arbeit an der Zeitschrift nahm einen großen Teil meiner Zeit und Aufmerksamkeit in Anspruch, obwohl sie nur viermal im Jahr erschien. Aber jedes Heft war ein Buch von einhundertundachtzig Seiten. Dafür waren Heftthemen zu konzipieren, Beiträge einzuholen, Texte zu redigieren, Korrekturfahnen (die gab es damals noch!) zu lesen, Honorarlisten zu erstellen. Eine umfangreiche Korrespondenz mit den nicht immer einfachen Autoren füllte am Ende zwölf dicht gepackte Ordner. Ein Teil der Auflage ging auf Kurierwegen in die DDR, in die ČSSR, nach Ungarn, Polen und Rumänien. Sogar in der Sowjetunion gingen einzelne Hefte von Hand zu Hand. Die Honorare für die Autoren aus dem Ostblock konnten nur auf komplizierten Schleichwegen an ihre Empfänger gelangen, und weil manchmal ganze Familien davon leben mussten, mussten Autoren aus dem Westen dazu überredet werden, auf ihr Honorar zugunsten eines Ostautors zu verzichten. Das schmale Budget der Zeitschrift ließ mehr Großzügigkeit nicht zu.

Hergestellt wurde die Zeitschrift im gewerkschaftlichen Bund-Verlag in Köln, den damals Tomáš Kosta, ehemals Mitinitiator des Prager Frühlings und nun unser Mitherausgeber, leitete. Ohne ihn, seinen Sachverstand und seinen an Auschwitz und stalinistischer Verfolgung gestählten Lebensmut wäre es nicht gegangen. Denn wie bei allen anspruchsvollen literarischen und politischen Zeitschriften, die seit den Tagen Lessings und Wielands in Deutschland erschienen, war die Finanzierung von *L'80* von Anfang an ein Problem, und als schließlich die Zahl der Abonnenten allen Anstrengungen zum Trotz immer weiter sank und nach Tomáš Kostas Pensionierung auch der Bund-Verlag seine Unterstützung einstellte, war das Ende gekommen. Immerhin hatte es die Zeitschrift da aber, alles in allem, auf fast zwanzig Jahre mehr gebracht als Goethes und Schillers *Horen*. (Die vierteljährlich erscheinende 1955 von Kurt Morawietz gegründete Literaturzeitschrift gleichen Namens erscheint heuer allerdings im 67. Jahr.)

Die letzten Tage, bevor das Manuskript in Druck ging, waren immer die hektischsten. Auf dem großen Tisch im Esszimmer lagen dann die Umbruchfahnen ausgebreitet, Franziska und ich lasen noch einmal Korrektur, fügten bei den Autorennotizen das soeben erschienene neueste Buch der Schriftstellerin X oder des Schriftstellers Y hinzu, unser Layout-Mann Fritze Margull, der auch Günters graphische Arbeiten druckte, legte letzte Hand ans Layout, hier noch eine Leerzeile, dort die Bildunterschrift zwei Punkt kleiner, die Andrucke des Umschlags wurden begutachtet, zwischendurch kam Günter aus seinem Büro auf der anderen Flurseite herüber, um mit mir über eine Veranstaltungsreihe zu diskutieren, die er sich für die Akademie der Künste ausgedacht hatte: *Das Elend der Aufklärung*. Und immer wieder Autoren, die auf einen Tee oder Kaffee vorbeikamen, viele, die in West-Berlin lebten, manche auch aus der DDR oder anderen Ostblockländern, die überraschend eine Reiseerlaubnis erhalten hatten und dann meist auch in der Niedstraße auftauchten.

Ich erinnere mich, dass einmal mitten in all der Hektik plötzlich Lew Kopelew in der Tür stand. Franziska bat ihn herein, servierte Tee und Gebäck, Günter kam, setzte sich dazu, wir unterhielten uns über Goethe, Thomas Mann, über Puschkin und Döblin, den Kopelew offenbar weniger schätzte, und als Franziska in die Küche musste, um das Abendessen zu bereiten, setzte sie dem Gast unsere beiden Kinder auf den Schoß, weil sonst niemand da war, der sich um sie hätte kümmern können. Dem Gast war das recht und den Kindern offenbar auch. Mit Felix auf dem rechten und Therese auf dem linken Knie saß der schwere Mann mit dem weißen Rauschebart in einem Sessel und sang mit großväterlichem Brummbass russische Kinderlieder.

Günter Grass war es, der die Idee zu der Zeitschrift gehabt hatte. Und wer ihn kannte, weiß, dass er, wenn er eine Idee hatte, selten akzeptierte, dass sie nicht zu verwirklichen sein sollte. Er hatte Heinrich Böll und Tomáš zum Mitmachen überreden können, die wiederum Carola Stern gewinnen konnten. Sie gaben der Zeitschrift den Namen *L'76:* L für *Literární Listý,* die Zeitschrift des Prager Frühlings, 76 wegen des Jahres der ersten Ausgabe. Als Redakteur gewannen sie den Germanisten und Literaturkritiker Heinrich Vormweg. In seinem Vorwort zur ersten Ausgabe der Zeitschrift markiert Vormweg als ein wichtiges Ziel der Zeitschrift, der »traditionellen Kunstfeindlichkeit der Linken« entgegenzuwirken. Entsprechend enthielt jede Ausgabe neben Essays zu politischen Themen literarische Texte, später auch einige von Malern und Graphikern gestaltete Seiten. Günter Grass hatte nicht nur die Idee zu der Zeitschrift gehabt, er war auch derjenige, der das Projekt unermüdlich antrieb. Als *L'76* Ende der 70er Jahre schon einmal vor dem Aus stand, motivierte er auf einer Krisensitzung in Göttingen die anderen Herausgeber zum Weitermachen, holte mich als Redakteur hinzu, und wir starteten als *L'80* neu mit einem Heft zum Schwerpunktthema: *Die 80er Jahre: Orwells Jahrzehnt,* zu dem Günter einen Auszug aus seinem im selben Jahr erscheinenden Romanessay *Kopfgeburten oder die Deutschen sterben aus* beisteuerte.

Die Herausgebertreffen, zwei- bis dreimal im Jahr, fanden meist im Bund-Verlag in Köln, manchmal auch in der Niedstraße statt. Es wurden Schwerpunktthemen besprochen, Aufträge vergeben: »Wer kann wen für einen Beitrag, wer welchen Redakteur welcher Zeitung, welchen Senders für eine Besprechung gewinnen?«

Und dann die leidige Geldfrage: »Was kann man tun, um neue Abonnenten zu gewinnen? Bei welcher Institution sind Zuschüsse zu den hohen Übersetzungskosten zu bekommen?« Lutz Arnold, als Berater von Anfang an bei den Herausgebertreffen anwesend, schlägt eine Aktion zur Geldbeschaffung vor: Bekannte Schriftsteller, die für die Zeitschrift schreiben, gestalten Graphiken oder Plakate, die dann in limitierter Auflage gedruckt und zugunsten der Zeitschrift an Sammler verkauft werden. Böll, Dürrenmatt, Grass, Helmut Heißenbüttel, Christoph Meckel, Peter Rühmkorf machen mit, andere kommen später hinzu. Günter und ich werden auf unseren Wahlkampfreisen für die SPD Hefte der Zeitschrift verkaufen und Abonnenten werben. Eine Zeitschrift zu machen, ist ein mühevolles Geschäft, besonders wenn man dabei auf Qualität achtet.

Später, als die finanzielle Situation der Zeitschrift immer schwieriger wurde, liefen die Herausgebertreffen fast immer nach dem gleichen Muster ab. Es begann mit allgemeinem Wehklagen:

»So können wir nicht weitermachen.«

»Uns brechen die Leser weg.«

»Die Zahl der Abonnenten ist schon wieder gesunken.«

»Das Geld aus dem Verkauf der Plakate ist auch nur ein Tropfen auf dem heißen Stein.«

Und ganz grundsätzlich: »In Deutschland kann man eine anspruchsvolle politisch-literarische Zeitschrift nur machen, wenn man einen Mäzen findet, dem es auf eine Million mehr oder weniger nicht ankommt.«

Wenn alle nach einer Weile tief deprimiert schwiegen und Günter grimmig auf seiner Pfeife kauend immer häufiger kleine vulkanische Rauchwolken ausstieß, meldete sich meist Heinrich Böll, der sich alles angehört und inzwischen ein Päckchen Zigaretten verbraucht hatte, zu Wort: »Was machen wir denn nun im nächsten Heft?« Das war mein Stichwort. Ich berichtete über den Stand der Planung für die nächsten Hefte, und wie durch ein Wunder war die resignative Stimmung verflogen. Alle hatten Ideen, machten Vorschläge, kündigten eigene Beiträge an, es entspann sich eine hitzige Diskussion zu diesem oder jenem Thema, und niemand dachte mehr daran, dass all unsere Energie einem Projekt galt, dem wir soeben noch wortreich absolute Aussichtslosigkeit bescheinigt hatten.

Heinrich Böll. Als ich ihm bei den Herausgebertreffen von *L'80* begegnete, kannte ich ihn schon aus dem Schriftstellerverband (VS). Mich sprach er immer mit meinem Vornamen an und mit Sie: »Was halten Sie davon, Johano?« Nie wieder habe ich einen berühmten Schriftsteller erlebt, der so frei von Eitelkeit war. Er konnte zuhören, konnte lange dasitzen und schweigen, während andere redeten, und wenn er sich zu Wort meldete, sprach er mit leiser, aber eindringlicher Stimme, immer klar, immer eindeutig, aber niemals rechthaberisch, schroff, die Gesprächspartner verletzend. Manche glaubten, weil er freundlich war, mit ihm leichtes Spiel zu haben, und waren dann verblüfft, wenn sie ihn als zähen Kämpfer erlebten, der keinen Millimeter von seinen Grundsätzen abwich.

Das Heft 36 von *L'80,* erschienen im Dezember 1985, ist Heinrich Böll gewidmet, der am 16. Juli desselben Jahres starb. Heinrich Vormweg schreibt darin über ihn, Dorothee Sölle, Willy Brandt, Carl Amery, Jutta Bohnke und Carola Stern, Gerhard Köpf, Helmut Gollwitzer, Erich Fried, Günter Wallraff, Karl-Heinz Hansen und Milan Šimečka. Nachrufe und Erinnerungen von Freunden, verfasst für einen Freund. In meinem Vorwort schrieb ich: »Daß sein Tod zum Medienereignis werden würde, war zu erwarten und hinzunehmen. Aber daß diejenigen, die ihn als Lebenden diffamierten, ihn einen Wegbereiter des Terrors nannten, nicht wenigstens jetzt zu schweigen vermochten, bleibt ein besonderer Skandal. Ihr ausgewogenes Lob, ihre öffentlich zur Schau gestellte Anteilnahme hätten ihn wohl schwerer getroffen als ihre offene Feindschaft.« Vielleicht würde ich das heute so nicht mehr schreiben, in diesem Zusammenhang nicht von einem Skandal sprechen. Ich war unversöhnlicher damals. Heute würde ich vielleicht daran erinnern, dass man schon bei dem französischen Schriftsteller François de La Rochefoucauld nachlesen kann, wie wichtig für die Aufrechterhaltung ziviler Verhältnisse die »Verneigung des Lasters vor der Tugend« ist.

Der Tod von Heinrich Böll war ein Schlag, von dem sich die Zeitschrift nie wieder erholte. Wir publizierten zwar noch elf Ausgaben und einige Sonderhefte, modernisierten das Layout, gewannen eine große Zahl jüngerer Autoren als Mitarbeiter, aber als der Bund-Verlag sein Engagement für die Zeitschrift beendete, war kein neuer Verlag zu finden, der bereit gewesen wäre, die Zeitschrift herauszubringen. Dass die Zeitschrift, die über so viele Jahre hinweg den literarischen und politischen Dialog über den Eisernen Vorhang hinweg in Gang gehalten hatte, ausgerechnet im Jahr 1988 ihr Erscheinen einstellte, tut mir bis heute weh. In meinem Vorwort zur letzten Ausgabe von *L'80* schrieb ich:

»Die Zeitschrift, die 1976 von Heinrich Böll, Günter Grass und Carola Stern gegründet und 1980 nach vorübergehenden Schwierigkeiten wiederbegründet wurde, stellt ihr Erscheinen ein. Dass dies zu einem Zeitpunkt geschieht, da in jenem Teil der Welt, mit dem sich *L'80* besonders intensiv befasst hat, Osteuropa nämlich, dank Gorbatschow sich neues Leben regt, ist eine schmerzliche Ironie.

Aber alle Versuche, das leicht defizitäre Unternehmen finanziell abzusichern, einen Verlag zu finden, dem das Konzept der Zeitschrift, die um sie versammelten Autoren, die Funktion, die sie trotz ihrer bescheidenen Abonnentenzahl in unserer Öffentlichkeit hatte, wichtig genug gewesen wären, sind gescheitert.«

Die Jahre zusammen mit Günter im Grass-Haus in Berlin-Friedenau, die Zusammenarbeit an dem Projekt der politisch-literarischen Zeitschrift *L'80,* die vielen Wahlkampfreisen, die wir zusammen gemacht haben, die kleinen Triumphe und die großen Niederlagen, die wir zu verkraften hatten, die Nächte, in denen wir bei viel Rotwein die Welt aus den Angeln hoben und wieder zusammenfügten, all das hat mich dauerhaft geprägt.

Ich möchte an den Schluss meines Beitrags ein Gedicht setzen, das ich vor einigen Jahren geschrieben habe und das Günter Grass gewidmet ist:

Spiegel verkehrt
für Günter Grass

Da hockst du tief
In deinem Kopf versteckt
Und legst mit Worten lauter
Falsche Fährten
Ermunterst uns
Die wir nach Zeichen schrein
Doch unsern Umweg endlich anzutreten

Das hat Methode
Garn von langer Hand
Auf Schneckenspur
Beharrlich nachgezogen
Und gegen deinemeine Zeit gezwirnt

Wohin wir kommen
Stets bist du schon da
Kochmütze auf dem Kopf und Traueraugen
Die übern Brunnenrand
Ins Blaue spähn

(Linsen und Speck
Sind eine ernste Sache)
Und in die Pilze gehen wir
Der Märchen wegen

Bei aller Liebe
Bleibt ein dunkler Rest
Uns täuscht du nicht
Mit deinem faulen Zauber
Was da auf deiner Pfeife kaut
Bist du

(Eine gekürzte Fassung des Essays erschien in: *die horen. Zeitschrift für Literatur, Kunst und Kritik*, 58. Jahrgang, Ausgabe 250: »Pressköter und Tintenstrolche!« LiteraturZeitSchriften. Zusammengestellt von Sascha Feuchert und Jürgen Krätzer, 2. Quartal 2013, S. 88–92; wir danken dem Wallstein Verlag für die Abdruckgenehmigung.)

Johano Strasser
Fünfzig Jahre nach 1968
Zeit für eine Bilanz?

Wir kennen die Bilder: Teach-ins und Redeschlachten in überfüllten Hörsälen, Demonstrationen, Blockaden, Institutsbesetzungen, Langhaarige in Jeans und Parka, in der einen Hand die Milchtüte, in der anderen das Megaphon, davor die Phalanx der Polizisten und an den Fenstern rundum Männer und Frauen, die verdutzt und indigniert das Treiben der jungen Rebellen betrachten. Schon weitgehend verblasst die anderen Bilder: Alexander Dubček auf dem Parteitag der KP der ČSSR, fröhliche junge Leute auf dem Wenzelsplatz in Prag, schließlich die sowjetischen Panzer, denen sich waffenlose Männer in den Weg stellen.

Wie lange ist das her? Fünfzig Jahre. Und weil Fünfzig eine runde Zahl ist, erinnern wir uns daran, wie wir uns bei Gelegenheit anderer runder Zahlen des Kriegsendes erinnern oder seines Ausbruchs, des Baus der Berliner Mauer oder ihrer Öffnung, der Mondlandung oder des Reaktorunglücks von Tschernobyl. Die Studentenbewegung gehört mittlerweile zum Kostümfundus der Republik zusammen mit all den anderen Kuriositäten, die wir dann und wann hervorholen, um den Zeitablauf zu bebildern.

Aber die Geschichte ist kein Bilderbuch. Das Vergangene lebt fort, selbst dann, wenn es verdrängt, verleugnet oder verklärt, ins Museum verbannt wird. Was von den Achtundsechzigern und ihrer Zeit es verdient, im kollektiven Gedächtnis aufbewahrt zu werden, wie der Aufbruch der rebellischen Jugend interpretiert, welche Lehren daraus gezogen werden sollen, das ist zwischen den politischen Parteien und Lagern umstritten, ist längst Gegenstand der Geschichtspolitik. Die einen basteln unverdrossen an ihren legitimatorischen Legenden, die anderen an der Dämonisierung der Achtundsechziger. Und dann und wann bemühen sich Historiker und Zeitzeugen um ein halbwegs adäquates Bild der Zeit, das dann unweigerlich Licht und Schatten enthält. Denn das, was wir mit der Chiffre »68« bezeichnen, ist eine ziemlich bunte Mischung von Menschen, Temperamenten, politischen Ideen und Ereignissen.

Meine Politisierung setzte lange vor dem ominösen Jahr 1968 ein. Ich habe bereits 1960 an einer Dokumentation über Nazis auf deutschen Richterstühlen mitgearbeitet, weshalb ich, der ich es nie weiter als bis zum sozialdemokratischen Reformisten gebracht habe, von der Jungen Union als Kommunist denunziert wurde. In das Achtmannzimmer meines Studentenwohnheims wurde kurz darauf ein älterer Kommilitone einquartiert, der sich am Studium merkwürdig desinteressiert zeigte, umso eifriger aber meine Nähe suchte. Viel später legte der *Spiegel* offen, dass ich jahrelang vom Militärischen Abschirmdienst bespitzelt worden war.

Ich war älter als die große Mehrheit der Achtundsechziger, hatte mein Philosophiestudium 1967 mit der Promotion abgeschlossen und einige Semester lang an der Volkshochschule in Mainz Kurse über marxistische Philosophie gegeben, weil diese an der Universität nicht vorkam. Das Wichtigste aber war wohl: Ich hatte im Elternhaus nicht den üblichen Konflikt um das Verhalten in der Nazizeit. Ich war erst nach dem Krieg aus Holland nach Deutschland gekommen, meine Eltern waren Esperantisten und Pazifisten. Ich war mit ihnen, was die politische Orientierung anging, im Grundsatz einig. Außerdem stammte ich aus kleinsten Verhältnissen, hatte also von vornherein Vorbehalte gegen politische Spielereien, bei denen die einfachen Leute, wie so oft in der Geschichte, am Ende die Zeche hätten zahlen müssen.

Bin ich also ein typischer Achtundsechziger? Ich teilte von Anfang den antiautoritären Impuls der Bewegung; auch für mich ging es darum, die Demokratie des Grundgesetzes im Alltagsleben zur Geltung zu bringen. Ich lehnte mich auf gegen Bigotterie und Duckmäuserei, gegen die Anmaßung selbsternannter Gouvernanten, gegen die verbreitete Spießerei im Alltag und auf kulturellem Terrain. Aber ich war mir auch der Komplexität gesellschaftlicher Zusammenhänge bewusst und misstraute folglich allzu einfachen politischen Radikalkuren und romantischen Einheitssehnsüchten.

Über die Studentenbewegung und die Achtundsechziger ist unendlich viel geschrieben worden, das meiste über den zahlenmäßig eher unbedeutenden, aber wegen der spektakulären Aktionen und der martialischen Rhetorik besonders auffälligen Teil, der später dogmatische Kleinstparteien und sektiererische Zirkel bildete oder in die Gewalt abdriftete. In konservativen Kreisen ist es nicht selten bis heute üblich, die fünfziger und frühen sechziger Jahre als Zeitalter gesicherter Freiheit, des Bürgerfleißes und des verdienten Wohlstands für alle zu idyllisieren und im Studentenprotest nichts als das Zerstörungswerk gelangweilter Wohlstandskinder oder kommunistischer Unterwanderer zu erblicken. Zuweilen werden die Achtundsechziger auch für den stereotyp beklagten Werteverfall verantwortlich gemacht, als hätte es – von Inglehart bis Zapf – all die akribischen Untersuchungen über den Wertewandel gar nicht gegeben.

Waren durch die Achtundsechziger die Demokratie und die sie tragenden Werte in Gefahr? Ich habe die hier und da bis heute gepflegte Hysterie nie verstanden. Das Auffälligste ist doch die erstaunliche Integrationskraft der parlamentarischen Demokratie und ihre Fähigkeit, den jugendlichen Protest zu einem erheblichen Teil auf die Mühlen der Reformpolitik zu leiten. Und an diesem Prozess haben die Sozialdemokraten unter Willy Brandt zweifellos den größten Anteil.

Eine Zeitlang sind ergraute Achtundsechziger den Jüngeren mit ihren Veteranenlegenden auf den Wecker gefallen, was oft dazu führte, dass diese sich – ästhetisch und ideologisch – bewusst als Anti-Achtundsechziger inszenierten. Eine nicht unerhebliche Rolle dürften in diesem Zusammenhang auch Konflikte um die Elitenablösung gespielt haben. Als die Achtundsechziger ihr Studium abschlossen, trafen sie auf einen Arbeitsmarkt, der gerade in den qualifizierten Sektoren gewaltig expandierte. Als die Expansion zu Ende ging, belegten sie immer noch die Positionen, in die die nachfolgenden Generationen gerne nachgerückt wären, waren ihnen also im Weg. Es ist durchaus nichts Ungewöhnliches, dass im Grunde ganz simple Konflikte um die Elitenablösung ideologisch überhöht werden. Die bei den heute Vierzig- bis Fünfzigjährigen zuweilen anzutreffende pauschale Abneigung gegen die Achtundsechziger lässt sich zum Teil zumindest so erklären.

Nicht selten wird auch von ehemaligen Protagonisten der Bewegung der Eindruck erweckt, ein richtiger Achtundsechziger sei seinerzeit entweder Maoist oder Trotzkist oder Anarchist gewesen, habe Steine auf Polizisten geworfen, mit der RAF oder den Roten Zellen sympathisiert und bestenfalls Mitte der siebziger oder Anfang der achtziger Jahre gemerkt, dass er auf dem falschen Dampfer ist, habe sich dann flugs in einen braven Verfechter der parlamentarischen Demokratie verwandelt und damit das Recht erworben, jungen Leuten, die sich heute politisch engagieren wollen, schulterklopfend gute Ratschläge zu erteilen. Natürlich hat diese Darstellung die Funktion, eigenes Versagen in milderem Licht erscheinen zu lassen: Wenn damals angeblich alle mit Steinen warfen, mit Terroristen sympathisierten und kommunistische Diktatoren zu ihren Helden erkoren, dann war sozusagen die Zeit schuld und nicht man selber.

Ich halte von legitimatorischen Legenden der einen oder anderen Sorte wenig. Dafür erinnere ich mich nur zu gut daran, welche Engherzigkeit und Bigotterie in der Adenauerzeit herrschten, dass es mit der Freiheit im Alltag der frühen Bonner Demokratie nicht weit her war, dass überall selbsternannte Gouvernanten junge Leute meinten gängeln zu müssen, dass Duckmäuserei vor Autoritäten üblich und der für die Demokratie konstitutive kritische Geist eine Seltenheit war. Wie viele andere junge Leute schreckte auch mich der krude Materialismus der 60er Jahre ab, jener selbstgefällige Stolz des »Wir sind wieder wer.« Und auch daran erinnere ich mich genau, dass Fehlentwicklungen und dogmatische Verengungen in der Studentenbewegung von Anfang an innerhalb der Bewegung selbst kontrovers diskutiert wurden. Es kann gar keine Rede davon sein, *dass die Achtundsechziger insgesamt,* naiv und unerfahren wie sie waren, mehr oder weniger zwangsläufig zur Beute dogmatischer Heilslehren und eines simplen Freund-Feind-Denkens wurden. Die große Mehrheit von ihnen – die Jungsozialisten, die Gewerkschaftsjugend, die Falken, die vielen jungen Leute im liberalen Studentenbund LSD und in den evangelischen Studentengemeinden, die damals alle links waren – sprach sich von Anfang an dezidiert gegen Gewalt als Mittel der Politik aus und begab sich auf einen Weg der Reformen.

Für mich und Tausende anderer führte dieser Weg in die SPD. Mit dem Anspruch, die Partei programmatisch und in ihrer Praxis am demokratischen Sozialismus auszurichten, mit radikaldemokratischen Vorstellungen von innerparteilicher Demokratie, mit unbändiger Lust an kontroversen Diskussionen, aber zugleich in der Überzeugung, dass konkrete Veränderungen wichtiger sind als Rechthaberei und deswegen Kompromisse und kleine Schritte nicht des Teufels sind. Und als ich in den 70er Jahren Günter Grass kennenlernte, als wir schließlich zusammen mit Heinrich Böll, Tomáš Kosta, Carola Stern und Heinrich Vormweg die politisch-literarische Zeitschrift *L'80* herausgaben, in der kritische Geister aus Ost und West schrieben, und im Schriftstellerverband und im damals noch west-deutschen PEN für die Freiheit des Wortes und die Solidarität mit den Dissidenten des Ostblocks kämpften, war dies für mich nichts anderes als die Fortführung des ursprünglichen antiautoritären Impulses der frühen 68er Bewegung.

Zwar ist von der einstigen Begeisterung für die sozialistische Idee und den Befreiungskampf der Völker der ›Dritten Welt‹ bei den meisten nicht viel übrig geblieben. »Nur wer den Stillstand im Fortschritt kennt und achtet«, schrieb Günter Grass damals im *Tagebuch einer Schnecke,* »wer schon einmal, wer mehrmals aufgegeben hat, wer auf dem leeren Schneckenhaus gesessen und die Schattenseite der Utopie bewohnt hat, kann Fortschritt ermessen.« Dennoch: Umsonst war der Aufstand gegen die spießige Enge des Adenauer-Staats und seine allzu selbstgefälligen Autoritäten nicht. Auch nicht die Empörung über Unrecht, die überschießende Lust an der Utopie. 1968 hat – das kann kaum jemand leugnen, der unvoreingenommen urteilt – einen erheblichen Anteil daran, dass die Bundesrepublik in den 70er und 80er Jahren eine nach westlichen Maßstäben relativ normale Demokratie geworden ist. Dass Menschen auf die Straße gehen, um ihrem Protest sichtbaren Ausdruck zu geben, dass Macht in Staat und Gesellschaft sich rechtfertigen muss, dass Bürger sich in Initiativen zusammenschließen und sich behördlichen Anordnungen widersetzen, die sie für falsch und ungerecht halten – dies alles wurde in Deutschland erst in der Folge der Studentenbewegung allmählich Bestandteil der politischen Kultur.

Nun kann man der Ansicht sein, dass früher oder später eine solche Modernisierung der Gesellschaft ohnehin gekommen wäre. Aber daraus ein Argument gegen die Achtundsechziger zu machen, ist nicht sehr überzeugend, es sei denn man hinge der geschichtsmetaphysischen Auffassung an, dass gesellschaftliche Veränderungen sich unter Umgehung der Köpfe der realen Menschen auf geheimnisvoll untergründige Weise durchsetzen. Für die unruhige Zeit vom Ende der 60er bis zum Ende der 70er Jahre (und in mancher Hinsicht auch noch darüber hinaus) waren die Achtundsechziger neben manchem anderen tatsächlich auch die entscheidenden Träger einer gewiss fälligen, aber sich eben nicht von selbst einstellenden, demokratischen und lebensweltlichen Modernisierung der Bundesrepublik. Die, die den Marsch durch die Institutionen tatsächlich antraten, haben in der Tat – nicht selten bis heute – als Träger der Modernisierung von Staat und Gesellschaft gewirkt.

Natürlich, es gab schon sehr bald den Dogmatismus linker Sekten, die Verachtung für die formale Seite der Demokratie, den fahrlässigen Umgang mit Begriffen wie ›Gewalt‹ und ›Faschismus‹, den Terrorismus von links. Aber diese Fehlentwicklungen, für die die 68er, ob sie wollen oder nicht, eine Teilverantwortung tragen, schmälern nicht die Bedeutung des Aufbruchs, dessen Grundimpuls ein humanistischer und radikaldemokratischer war. Statt die Bewegung pauschal zu verklären oder zu dämonisieren, wäre es sinnvoll, nach den Ursachen solcher Fehlentwicklungen zu fragen, durchaus in der Absicht, in Zukunft ähnliche Irrwege nach Möglichkeit zu vermeiden.

Da ist einmal daran zu erinnern, dass auf die anfänglich zumeist völlig gewaltfreien Demonstrationen die Gesellschaft als ganze und besonders die Polizei völlig unangemessen reagierte. Der erste Tote, Benno Ohnesorg, war ein friedlicher Student. Geprügelt wurde – vor allem in Berlin – nur vonseiten der Polizei. Eine kluge Polizeiführung, die auf Deeskalation gesetzt hätte, hätte sicher manche brutale Gegenreaktion verhindern können. Was viele junge Leute damals verstörte, war die Tatsache, dass nicht wenige Nazi-Verbrecher in den sechziger Jahren – nicht selten unter ihrem richtigen Namen – unbehelligt in Deutschland lebten, dass sie, wenn sie überhaupt angeklagt wurden, oft mit äußerst milden Strafen davonkamen. Daraus zu schließen, wie es einige taten, die Bonner Demokratie sei im Grunde ein demokratisch getarnter Faschismus, war sicher eine gefährliche Dummheit. Aber richtig ist, dass Politik und Gesellschaft der Bundesrepublik damals keinen großen Eifer zeigten, sich der verbrecherischen Vergangenheit der Deutschen zu stellen.

Die Enttäuschung über die USA und ihre Rolle in Vietnam. Das Land, dessen Alltagkultur, vor allem Film und Musik, die damalige Jugend verehrte, entpuppte sich als eine Macht, die einen brutalen Vernichtungskrieg mit deutlich rassistischen Zügen gegen ein kleines Land führte, das soeben die französische Kolonialmacht abgeschüttelt hatte. Und die Bundesrepublik wurde aus falscher Bündnishörigkeit zum Komplizen. Mit ›Antiamerikanismus‹ hatte diese Kritik nichts zu tun, bei mir schon gar nicht. Die Hälfte meiner Familie lebte in den USA, ich kannte das Land und wusste aus eigener Anschauung, dass der Protest gegen den Vietnam-Krieg in den USA nicht weniger heftig war als in Europa.

Aber es gibt auch Ursachen für Fehlentwicklungen, die die Akteure der Studentenbewegung selbst zu verantworten haben. Zu den großen Irrtümern, die ich damals mit vielen Intellektuellen und Gewerkschaftern teilte, gehört die Fehleinschätzung der ›Notstandsgesetzgebung‹, die vor allem in der schließlich verabschiedeten überarbeiteten Fassung tatsächlich keine Bedrohung der Demokratie darstellte. Aber damals sahen das auch eher konservative Hochschullehrer wie der Politologe Erwin Scheuch anders. Hinzu kam die Neigung zu einer martialischen Sprache und zu verbaler Herabsetzung politischer Gegner, die bei nicht wenigen zu beobachten war. Sprache ist nicht unschuldig, schlampige Sprachgewohnheiten können den Weg zu entsprechender Praxis ebnen. Verheerend wirkte meiner Meinung nach auch die vulgär-marxistische Auffassung, dass nur die Zuspitzung der Widersprüche Fortschritt erzeuge, dass also alles Vermittelnde, die Konfliktlinien Überbrückende, zuerst und vor allem beseitigt werden müsse. Diese damals verbreitete Ansicht verführte dazu, Kompromisse und Teillösungen zu verteufeln und auf die Radikalisierung von Konflikten zu setzen. Dies ist im Übrigen auch der Grund dafür, dass gerade gemäßigt linke Professoren, Sozialdemokraten wie Löwenthal, Schwan und Sontheimer, von den radikalen Gruppen zu ihren Erzfeinden erklärt wurden.

Die Übertragung von Revolutionsmodellen, die für diktatorische Regime entwickelt worden waren, auf demokratische Verhältnisse, gehörte zu den akademischen Irrtümern, die dem linken Terrorismus eine Scheinlegitimation verschafften.

Wo die Meinungsfreiheit unterdrückt wird und demokratische Willensbildung keine Chance hat, mag der gewaltsame revolutionäre Kampf angemessen sein; legitim ist er unter solchen Umständen allemal. Aber in der Bundesrepublik konnte man ja seine abweichende Meinung äußern, den Versuch machen, gewaltlos die Mehrheit für die eigenen Ideen zu gewinnen.

Wohl auch, weil dies ein absehbar mühsames Geschäft war, ließen sich einige der auf Veränderung drängenden jungen Menschen zu vermeintlichen Abkürzungswegen verführen, die schließlich in unentschuldbarer Gewalt, in Mord und Terror endeten. Dass es auch in demokratischen Gesellschaften Situationen geben kann, in denen begrenzte Regelverletzungen nicht von vornherein als kriminelle Anschläge auf die Demokratie zu werten sind, ist nicht zu leugnen. Die amerikanische Tradition des *Civil Disobedience* ist eine durchaus ehrenwerte. Allerdings nur, wenn sie strikt gewaltfrei bleibt und ihre Akteure die Folgen der um der aufklärenden Wirkung willen notwendigen Regelverletzung auf sich nehmen.

Es ist nicht zu übersehen, dass ein erheblicher Teil der Achtundsechziger zumindest zeitweise romantischen Vorstellungen anhing. Romantisch war zweifellos die Überschätzung der Jugendlichkeit, die etwa in der aus den USA übernommenen Losung »Trau keinem über dreißig« zum Ausdruck kam. Sozialromantisch war das von Teilen der Bewegung beschworene Konzept einer direkten Demokratie, von der man erwartete, dass es alle unleugbaren Defizite der parlamentarischen Demokratie auf einen Schlag beseitigen würde. Sozialromantisch war auch die vorübergehende Begeisterung für Konzepte der Rätedemokratie sowie die vagen Vorstellungen von einem »revolutionären Prozess«, der in einigen sektiererischen Gruppen das Nachdenken über konkrete Schritte zum Aufbau einer anderen, besseren Gesellschaft ersetzte. Verheerend wirkte auch der Einfluss einer vulgarisierten Hegel-Marxschen Geschichtsmetaphysik, die Vorstellung also, dass die Geschichte von sich aus auf die große Befreiung programmiert sei und es daher für die progressiven Kräfte nur darauf ankomme, »versteinerte Verhältnisse zu verflüssigen«, damit das universalgeschichtliche Erlösungswerk seinen Gang gehen könne. Wer dies glaubte, neigte auch dazu, sich an den kniffligen Fragen, wie denn nun die bessere Gesellschaft im Einzelnen zu organisieren sei, vorbeizumogeln.

Ich erinnere mich, dass ich schon früh, nämlich 1970, ein Buch des amerikanischen Politikwissenschaftlers Robert A. Dahl in die Hände bekam, das die hier zutage tretende Schwäche der rebellischen Jugend offenlegte: *Und nach der Revolution? Herrschaft in einer Gesellschaft freier Menschen*. Die deutsche Ausgabe erschien leider erst fünf Jahre später. Dahl zeigte überzeugend, dass es zeitökonomische

Grenzen einer Radikalpolitisierung gibt, dass Delegation von Macht in jeder komplexen Gesellschaft unvermeidlich ist, dass auch ein Rätesystem keine verlässliche Gewähr gegen die Entfremdung höherer Entscheidungsebenen von der Basis bietet etc. Dieses Buch bestätigte meine Abneigung gegen die politische Romantik von links.

Dass nicht wenige derjenigen, die einst als Antiautoritäre und Radikaldemokraten aufgebrochen waren, sich zumindest vorübergehend für Gesellschaftssysteme begeistern konnten, in denen eine selbsternannte revolutionäre Parteielite sich anmaßte, den Gang der Geschichte im Detail zu kennen, und daraus für sich das Recht ableitete, die freie Meinungsäußerung gewaltsam zu unterdrücken, Andersdenkende willkürlich zu Feinden zu erklären und bei Bedarf zu liquidieren, ist ein bis heute nicht gründlich aufgearbeiteter Skandal. Zwar wollen die meisten dieser ehemaligen dogmatischen Besserwisser sowjetischer oder maoistischer Provenienz heute nichts mehr von ihren einstigen Überzeugungen wissen, aber eine ehrliche Auseinandersetzung mit dem eigenen Irrweg und mit den Beweggründen, die sie damals leiteten, hat kaum je stattgefunden.

Aus dem Abstand von fünfzig Jahren können wir heute gelassener beurteilen, was an dem Aufbruch der Studenten richtig und fruchtbar war und was in gefährliche Sackgassen führte. Wohlfeile Rezepte für die heutige Jugend lassen sich aus einer solchen Bilanz aber wohl nicht destillieren. Jede neue Generation wird ihren eigenen Weg suchen müssen. Man sollte allerdings nicht glauben, die heutige Jugend habe sich damit abgefunden, dass die Welt ist, wie sie ist. Wenn Studenten heute weniger oft demonstrieren, sich nur noch selten politisch engagieren, so vor allem deshalb, weil sich für sie die Bedingungen geändert haben: Der Arbeitsmarkt ist nicht mehr sperrangelweit offen wie seinerzeit 1968, und die Verschulung des Studiums, Regelstudienzeiten, Studiengebühren und eine oft sinnlose Stoffhuberei erschweren politisches Engagement. Aber das heißt nicht, dass die jungen Leute mit dem Gang der Dinge einverstanden wären, dass ein erneuter Aufstand der Jugend ein für allemal ausgeschlossen ist.

Gerade heute, angesichts der sozialen und kulturellen Verheerungen, die der entfesselte Kapitalismus überall auf der Welt anrichtet, scheint mir, dass da im Sinne Ernst Blochs noch etwas ›unabgegolten‹ ist, das nach Fortsetzung verlangt und nach Übersetzung in die Sprache und die Bilder unserer Zeit. Die heutige Jugend ist keineswegs so unpolitisch, wie sie manchem nostalgischen Achtundsechziger erscheint. Die überwältigende Resonanz, die Stéphane Hessels Aufruf *Empört Euch!* gerade bei den Jüngeren fand, das weltweit seit Jahren anwachsende große

Engagement junger Menschen in karitativen Organisationen, Bürgerinitiativen und NGOs und nicht zuletzt die gewaltigen Demonstrationen gegen die von den kapitalistischen Eliten geplanten angeblichen Freihandelsabkommen wie CETA und TTIP zeigen, dass ein erneuter Aufstand der Jugend keineswegs ausgeschlossen ist.

Er wird nicht im Kostüm, mit der Sprache und den Gesten der Achtundsechziger daherkommen. Er wird andere Themen auf die Tagesordnung setzen und andere Vorgehensweisen bevorzugen. Die ökologischen Fragestellungen, die seinerzeit kaum eine Rolle spielten, werden neben Fragen einer gerechteren Verteilung vermutlich im Mittelpunkt stehen. Ich hoffe, dass die jungen Europäer begreifen, dass die Einigung Europas die letzte konkrete Utopie ist, die uns geblieben ist, dass sie, wenn sie ihre Zukunft in einer unaufhebbar globalisierten Welt selbst gestalten wollen, dies als kosmopolitisch gesonnene Europäer tun müssen, die sich gegen die nationalistische Kleinkrämerei ebenso entschieden zur Wehr setzen wie gegen die neoliberale Verblendung und Kompetenzanmaßung in Teilen der Europäischen Kommission. Ihr Projekt muss die Vollendung der europäischen Einigung sein, ein föderales und subsidiär organisiertes Europa mit einem richtigen Parlament mit Gesetzesinitiative und Budget-Recht, mit einem zur Zweiten Kammer umgebauten Europäischen Rat und mit einer gewählten Regierung.

Eine lebenswerte Zukunft muss erstritten werden. Das ist nicht immer angenehm, aber es kann dem eigenen Leben auch Sinn geben. Ich bin sicher, dass eine Mehrheit der jungen Menschen heute wie zu allen Zeiten sich nach einem solchen sinnvollen Engagement sehnt.

Insofern macht es heute auch *praktisch* Sinn, dem Aufstand der unruhigen Jugend von 1968 zu gedenken, deren Kinder und Enkel, auch wenn sie dies manchmal zu vergessen scheinen, sich *ihre* Welt erst noch werden erkämpfen müssen.

Otto Pankok (1893–1966)

Otto Pankok mit seinen Bronzeskulpturen
Hilda, Hände auf dem Rücken (links) und *Gaisa II*,
skulpturale Varianten seiner ›Zigeuner‹-Motive,
in Düsseldorf um 1948

Norbert Fasse

»Mehr Gehalt, mehr Wahrhaftigkeit«
Innerer Kompass, künstlerisches Arbeiten und widerständiges Handeln bei Otto Pankok

Günter Grass, Otto Pankok und die Kunstakademie Düsseldorf
in den ersten Nachkriegsjahren

Als Günter Grass an der Kunstakademie Düsseldorf Anfang 1951 in die Klasse von Otto Pankok wechselte, war er 23 Jahre alt und hatte nicht nur zwei Studienjahre bei dem Bildhauer Prof. Sepp Mages hinter sich, sondern – als Kind, Jugendlicher und junger Erwachsener – bereits die generationstypische Sozialisation von »Hitlers ehemaligem Jungvolk«[1], den Dienst als führergläubiger Hitlerjunge, Flakhelfer und Reichsarbeitsdienstmann sowie den Kriegseinsatz als 17-jähriger Panzerschütze in einer SS-Division an der Ostfront. Nur knapp hatte er im Frühjahr 1945 einen schweren Beschuss durch sowjetische Raketenwerfer überlebt, bei dem über die Hälfte seiner Kompaniekameraden – die meisten ebenfalls erst 17 Jahre alt – getötet oder verstümmelt worden waren. Bis ganz zum Schluss hatte er gedacht, »daß unser Krieg richtig war«.[2] Verzögert erst stellte sich das Gefühl ein, nur zufällig überlebt zu haben; es sollte ihn nicht mehr verlassen.[3]

Im April 1945 verwundet und schließlich in amerikanische Kriegsgefangenschaft geraten, hatte er sich – wie viele Kameraden mit ihm – zunächst geweigert, der alliierten Aufklärung über die nationalsozialistischen Verbrechen zu glauben. Erst das Geständnis und die Verurteilung des ehemaligen ›Reichsjugendführers‹ Baldur von Schirach im Nürnberger Prozess gegen die Hauptkriegsverbrecher hatten ihm im Jahr 1946, so Grass in seinen Erinnerungen, nach und nach die Augen geöffnet.[4]

Gut vier Jahre waren seither vergangen, geprägt von dem allgegenwärtigen Mangel einer Not- und Trümmergesellschaft, von der Suche nach seiner aus Danzig vertriebenen Familie, von geistig-moralischer Desillusionierung und lebenshungriger Neuorientierung und von Grass' Entschluss, ein Kunststudium anzustreben. Zunächst hatte er – da die Kunstakademie vorerst nur wenige neue Studenten aufnehmen konnte – in Düsseldorf ein Praktikum als Steinmetz und Steinbildhauer absolviert, erst danach begann er zum Wintersemester 1948/49 sein Studium.[5]

Otto Pankok:
Christus zerbricht das Gewehr
(1950, Holzschnitt)

Als Otto Pankok ein Jahr zuvor, am 1. Oktober 1947, als Professor für Graphik an die Akademie berufen wurde,[6] waren dort politische Grundentscheidungen längst getroffen worden. Prof. Ewald Mataré, der nach seiner Entlassung durch die Nationalsozialisten im Oktober 1945 rehabilitiert und als kommissarischer Akademiedirektor eingesetzt worden war, hatte nachdrücklich den Verbleib nationalsozialistisch belasteter Professoren beanstandet und für die Entlassung des bisherigen Kollegiums plädiert, um gründliche Reformen und einen substanziellen Neuanfang herbeizuführen. In der Professorenschaft des Jahres 1945 stieß er jedoch »auf erbitterten Widerstand«.[7] Auch der Düsseldorfer Regierungspräsident sowie der rheinische Oberpräsident ließen es an Unterstützung fehlen, und die britische Besatzungsbehörde drängte auf eine baldige Wiedereröffnung der Kunstakademie; »man will anstelle von notwendiger Revolution Ruhe«, bilanzierte Mataré in seinem Tagebuch im Dezember 1945.[8] Bereits Mitte Januar 1946 wurde er von Prof. Werner Heuser abgelöst und war mit Blick auf die Eröffnungsfeier zwei Wochen später letztlich »heilfroh, in der Menge sitzen zu können und nicht auf das Podium treten zu müssen, um als Direktor diesen Akt noch durch eine Rede unterstreichen zu müssen!«[9] Zwar waren noch im Dezember 1945 sechs politisch besonders belastete Professoren entlassen worden,[10] doch fünf der zehn Lehrkräfte, die nun den Dienst aufnahmen, hätten der NSDAP angehört oder ihr nahegestanden, notierte Ewald Mataré bitter: »Welch ein Erfolg gegen mich und meine Absichten!«[11]

Zu den Kollegen, die gegen Mataré opponiert hatten, zählte als Mitglied des dreiköpfigen Vertrauensrats der Professoren offenbar auch Sepp Mages. Er hatte für das Berliner Olympia-Gelände 1936 eine monumentale Skulptur mit dem Titel *Sportskameraden* geschaffen, deren archaisch-heroische Figuren eine nationalistische Kriegerdenkmal-Ästhetik ausstrahlten.[12] Zwei Jahre später, 1938, war Mages in Düsseldorf an eine Akademie berufen worden, die seit 1933 mittels Zwangsmaßnahmen und Entlassungen Zug um Zug ›gleichgeschaltet‹ worden war. Spätestens seit der Ernennung des ehrgeizigen, politisch wendigen Architekten Emil Fahrenkamp zum Akademie-Direktor (1937) war die Kunstakademie dem Nationalsozialismus quer durch alle künstlerischen Disziplinen dienstbar. Fahrenkamp war kurz zuvor in die Partei eingetreten und als Referent für Städtebauwesen in den Stab des NSDAP-Gauleiters Friedrich Karl Florian berufen worden, vertrat »in besonderer Weise die Monumentalarchitektur« des Nationalsozialismus, plante in der Manier eines Albert Speer eine großflächige Umgestaltung der Düsseldorfer Altstadt samt Gauforum und realisierte eine Reihe von Repräsentationsbauten.[13] In seiner Rede zur Eröffnung des Sommersemesters 1939 tönte Fahrenkamp: »Bei den großen Bauvorhaben des Dritten Reiches ist der ganze Einsatz der bildenden Künste in ihrer Gesamtheit erforderlich. Die Künste [...] sind auch wieder auf hervorragende Weise Diener an unserer Volksgemeinschaft und Diener des neuen Staatswesens geworden.«[14]

Bei den großen Bauvorhaben waren auch die Bildhauer der Akademie gefragt. Als 1939 nach einem Entwurf Fahrenkamps zur Internationalen Wasserbauausstellung in Lüttich zum Beispiel das ›Deutsche Haus‹ entstand, das »die nationalsozialistische Architektur mit einem monumentalen Pfeilereingang in bezeichnender Weise repräsentierte«, hatte Sepp Mages das große steinerne Hoheitszeichen gestaltet – einen stolzen Adler mit dem Hakenkreuz in den Fängen.[15]

Die Entlassungsmaßnahmen des Dezembers 1945 hatte Mages – da vergleichsweise geringer belastet – nun bereits überstanden, und auch die zweite Phase der Entnazifizierung fiel an der Akademie im Laufe des Jahres 1946 recht glimpflich aus. Endgültig verstrichen schien, zumindest aus Sicht von Ewald Mataré, »eine Gelegenheit, die so leicht nicht wieder kam, dieses Institut auf eine neue Grundlage zu stellen und ihm einen Wert zu geben«.[16] Sepp Mages lehrte nun weiterhin den Schwerpunkt Architekturplastik, beschränkte sich aber in konventionell-konservativer Manier offenbar ganz auf unideologisch-gestalterische und handwerklich-technische Fragen.[17]

Bei der Berufung weiterer Professoren setzte die Akademieleitung nun immerhin auf unbelastete, von den Nationalsozialisten ehedem drangsalierte und verfemte Persönlichkeiten wie Heinrich Kamps, Theo Champion und Otto Pankok. Künstlerisch spiegelten die Neuberufungen wider, »dass man in Düsseldorf – wie vielerorts in Deutschland – in erster Linie an der Wiederherstellung einer Kontinuität, dem Anschluss an die Kunst der Zeit vor 1933 interessiert war [...]. Bei aller Individualität der einzelnen Positionen war der künstlerische Grundtenor ganz allgemein der einer gemäßigten Moderne.«[18]

Mit Pankoks Berufung als Betreuer der Zeichenklasse und der monumentalen Komposition verband die Akademieleitung hohe Erwartungen: »Er wird die Zeichnung wieder im Sinne der Erschließung der künstlerischen Grundlagen lebendig machen können«, hieß es im Jahresbericht der Akademie. »Über allem wird aber die souveräne Entfaltung der künstlerischen Phantasie stehen und das künstlerische Gewissen, das in diesem Fall das ganze Gewissen einschließt, dem der Künstler immer auf einzigartige Weise treu geblieben ist.«[19]

In geistig-moralischer Hinsicht wurde Pankok an dieser Stelle hervorgehoben wie kein anderer – in einem Tenor freilich, der das noch weit verbreitete Unvermögen zur nüchternen Selbstreflexion wortreich übertünchte: »So hat er in den unheilvollen Jahren der jüngsten Vergangenheit in bedeutsamen Zeichnungen von dem Inferno gekündet, in das wir hinabgestürzt wurden. Er hat in erschütternden Gesichten die Marter der Konzentrationslager geschaut und mit einer Eindruckskraft, die eine starke Bestätigung für die Präzision einer vom Geiste gebändigten Phantasie ist, in monumentalen Kompositionen aufgezeichnet.«[20]

Pankok nutzte seine neue Position schon bald in kritischer Absicht und nahm kein Blatt vor den Mund. So postulierte er im Mai 1948 gegenüber der *Westdeutschen Rundschau:* »Es ist an der Zeit, daß die Akademien das Kasernenhafte ablegen, daß also nicht mehr Massen von Schülern dressiert werden wie Kompanien, die Griffe kloppen. [...] Dieses dauernde Belauern und Examieren ihrer Gedanken und Taten, dieses Nazitum muß heraus aus den Akademien! Ich möchte den Jungen helfen, daß sie den Weg finden zu Bildern, die ganz aus ihrer eigenen Persönlichkeit aufwachsen. [...] Kunst ist immer ein Wagnis, ein Abenteuer, bei dem man Mut zu haben hat, sich selber einzusetzen.«[21] Wohl nicht von ungefähr rebellierte im selben Jahr genau seine Klasse gegen »die noch verbliebenen Professoren mit nationalsozialistischer Vergangenheit«.[22]

Als Günter Grass Anfang 1951 in die Klasse von Otto Pankok wechselte, kam ihm dieser zunächst wohl etwas entrückt vor. Folgt man seinen Erinnerungen, wie er sie in *Beim Häuten der Zwiebel* im Abstand von sechs Jahrzehnten rekapituliert hat, so mochte ihm Pankok »Mitte fünfzig sein, sah aber mit früh ergrautem Vollbart älter und in seiner geballten Würde ein wenig wie Gottvater aus, wenngleich ihm keine biblische Strenge nachzusagen war, eher ein laxer, duldsamer Umgang mit seinen Schülern, die ihn weniger als Lehrer, mehr als prägende Gestalt erlebten«.[23]

Grass war nicht ganz freiwillig zu Pankok gewechselt. Auslöser war ein Konflikt mit seinem bisherigen Akademielehrer Prof. Sepp Mages gewesen, bei dem er – wie erwähnt – nahezu fünf Semester Bildhauerei studiert hatte. Der Wechsel bedeutete für Grass auf den ersten Blick eine deutliche Schwerpunktverlagerung, da Otto Pankok vornehmlich das Fach Zeichnen unterrichtete, selbst daneben druckgrafisch arbeitete und anscheinend nur in dritter Linie Bronzeskulpturen schuf. Doch wie sich schnell gezeigt haben dürfte, hielt Pankok wenig von einer »Scheidung in einzelne Fächer« und unterrichtete seine Schülerinnen und Schüler auch in Malerei, Bildhauerei und Grafik.[24] Für Günter Grass zählte, wie er noch im späten Rückblick erinnerte, ein weiterer Aspekt: Pankok habe Schüler angezogen, »die sich expressiv ausdrücken wollten und die, wie neuerdings ich, auf Eigensinn setzten«.[25]

Für ›Eigensinn‹ war Pankok selbst bekannt. Grass wusste natürlich, dass über ihn während der nationalsozialistischen Herrschaft Mal- und Ausstellungsverbot verhängt worden war. Erst 1947 an die Düsseldorfer Akademie berufen, zählte er zu denjenigen Künstlern, die sich – anders als etwa Sepp Mages und andere Düsseldorfer Akademieprofessoren – den Nationalsozialisten nicht angepasst und angedient hatten, sondern – als »entartet« verfemt – teils in die äußere, teils in die innere Emigration gegangen waren.

Grass wusste auch von Pankoks oppositioneller Grundhaltung und seinem widerständigen künstlerischen Schaffen in diesen zwölf Jahren: »Er, der zeitweilig mit Zigeunern gelebt hatte und mit ihnen auf Reise gegangen war, hat das Leben dieser von alters her verfolgten, schließlich dezimierten Minderheit in unzähligen Holzschnitten und Kohlezeichnungen zu Bildern verdichtet. Weil er seine Zigeuner kannte, konnte er deren Nöte und Ängste in die Bildfolge der Passion Christi übertragen: großformatige Blätter voll unendlich vieler Grauwerte zwischen schwarz und weiß.«[26]

Für seine Studenten unübersehbar, arbeitete Pankok in den frühen Nachkriegsjahren an diesem Sujet weiter. Grass rekapitulierte: »Zigeuner, jung und alt, waren sein Personal. Und so gingen nicht nur in Otto Pankoks Atelier, sondern auch in den Werkstätten seiner Schüler die Überlebenden von Auschwitz-Birkenau als geminderte Sippe ein und aus. Sie gehörten zur unübersichtlichen Pankokfamilie. Sie waren mehr als nur Modell. Mit uns lebten sie in einer Zeit, in der zusehends die alten, wie wir gehofft hatten, zertrümmerten Ordnungsprinzipien wieder erneut aufpoliert zur Geltung kamen; wir aber verhielten uns wie der Restauration mißratene Kinder.«[27]

Grass zählte offenbar bald zu Pankoks bevorzugten Studenten, durfte zusammen mit einigen Kommilitonen in einem der kleineren Akademie-Ateliers arbeiten, intensivierte das Zeichnen und lernte bei Pankok das Radieren, eine grafische Technik, die er dauerhaft praktizieren sollte.[28] Auch wenn Grass' »Häutungen« für die zwei Jahre, die er in Pankoks Klasse verbrachte, kein sonderlich deutliches Bild mehr zutage fördern und der junge Kunststudent sich außerhalb der Akademie nun offenbar verstärkt anderen Dingen gewidmet hatte, bezeichnete er sich doch in der Retrospektive noch als »Pankoks saugfähigsten Eleven«.[29]

Pankoks Wirkungen auf sich selbst empfand Grass eher als indirekt, in mancher Hinsicht aber durchaus prägend: »Etwas sanft Revolutionäres ging von ihm aus. Deshalb ist mir sein pazifistisches Credo, das in dem gegen die Wiederbewaffnung der Deutschen gerichteten Holzschnitt *Christus zerbricht das Gewehr* Ausdruck und als Plakat weitverbreitete Verwendung fand, über lange Zeit vorbildlich gewesen, das heißt, bis hin zu den Protesten gegen sowjetische und amerikanische Mittelstreckenraketen in den achtziger Jahren, nein weiterhin noch: denn als ich gegen Ende des letzten Jahrhunderts aus überschüssigem Preisgeld eine Stiftung zugunsten des Volkes der Roma und Sinti finanzierte, lag es nahe, den alle zwei Jahre zu vergebenden Preis der Stiftung nach Otto Pankok zu benennen.«[30]

Noch in anderer, ebenfalls gewichtiger Hinsicht müsste Pankok für Grass eigentlich hervorgetreten sein: als entschiedener Gegner der abstrakten Kunst, die – unter dem Eindruck des Zweiten Weltkriegs vornehmlich von New York ausgehend – in den ersten Nachkriegsjahren zur international vorherrschenden Richtung aufstieg und auch in Westdeutschland mehr und mehr Protagonisten und Anhänger fand. Schon im *Jahrbuch der Staatlichen Kunstakademie Düsseldorf* für die Jahre 1948–1950 hatte Pankok unter dem Titel *Unser Glaube an das Leben* eine außerordentlich engagierte Gegenposition eingenommen. Als Einziger aus dem Professorenkollegium lieferte er damit einen frühen Beitrag zu einer andernorts bald immer heftiger geführten Debatte, von der sich die Düsseldorfer Akademie in den frühen Jahren des Wiederaufbaus indes »wenig bewegen oder gar aufregen« ließ.[31]

Pankok argumentierte: »Der Maler abstrakter Bilder begibt sich in einen Raum, in welchem anscheinend die Freiheit herrscht, aber es ist nur die Willkür, die sich anmaßt, Freiheit zu heißen. Es ist Freiheit in einem leeren Raum, in einem menschenleeren Land.« Bezugnehmend auf die aktuelle Debatte verwahrte er sich dagegen, einen Künstler wie Marc Chagall – wie zuvor offenbar in der Zeitschrift

Das Kunstwerk geschehen – »in die Abstrakten« einzureihen: »Es ist selbstverständlich ein Unding, eine solche, den zartesten und tiefsten Dingen des Lebens zugewandte Kunst mit den New Yorker Fabrikanten totgeborener Arrangements von Kreisen und Vierecken in einen Topf zu werfen.« Demgegenüber hätten »die neu entstehenden Kunstschulen die Pflicht, die Kunst wieder in die ewige Ordnung des Lebens einzubauen« und das Wahrhaftige zu fördern. Aus einer christlich-universalistischen Grundhaltung argumentierte der konfessionslose Pankok sodann in einer Diktion, die heute teilweise fundamentalistisch anmuten mag:

»Es ist dies ein ungeheures Phaenomen, wenn ein Geschöpf Gottes beginnt, den Garten des Paradieses aus freiem Willen zu verlassen, denn nicht der Engel ist es, der ihn mit dem lodernden Schwert hinaustreibt. [...] Er ist es selbst, der sich absondert von der unerschöpflichen Fülle der Dinge und des Menschenlebens, denn er erträgt nicht mehr ihr ungeheures Dasein. [...] Er läßt das Meer hinter sich zurück und die Ebenen, den Mond und die Sterne. Er wischt die Schöpfung aus. Er verläßt den Garten und er begibt sich auf einen dürren, steinigen Acker, in ein Land der Kälte und der eisigen Mathematik.«[32]

Christlichen Grundorientierungen stand der katholisch sozialisierte Günter Grass, wiewohl mittlerweile existenzialistisch orientiert, nicht fremd und gänzlich ablehnend gegenüber, zumal er in Düsseldorf-Rath vorerst noch in einem von Franziskanern geleiteten Caritas-Heim wohnte und mit den beiden leitenden Patres intensive philosophische Gespräche führte.[33] Folgt man Grass weiter beim autobiografischen »Häuten der Zwiebel«, so hat er an der Grundsatzdebatte um Figuration und Abstraktion jedoch noch nicht in Düsseldorf Anteil genommen, sondern erst, als sie sich wenige Jahre später in Berlin zuspitzte.

Sein »noch ungenauer Wunsch, das wirtschaftswunderliche Düsseldorf, dessen bierseligen Altstadtbetrieb und den Genierummel der Kunstakademie zu verlassen« und sich einen stärker fordernden Lehrer zu suchen, hatte gegen Ende einer ausgedehnten Frankreichreise im Spätsommer 1952 »unerwarteten Auftrieb« erfahren, als er in der Schweiz seine spätere Frau, die angehende Ballett-tänzerin Anna Schwarz kennengelernt hatte, die im Begriff war, nach Berlin zu ziehen, um bei der berühmten Mary Wigman Ausdruckstanz zu studieren.[34] Grass bewarb sich bald nach seiner Rückkehr an der Berliner Hochschule der Bildenden Künste (HdBK) bei dem Professor für Bildhauerei Karl Hartung, erhielt im Spätherbst eine Zusage und verließ Düsseldorf am Neujahrstag 1953.[35]

Etwa eineinhalb Jahre später, im Herbst 1954, brach – so Grass – in Berlin »ein Kunststreit aus, der bis ins nächste Jahr, nein länger, bis über Karl Hofers Tod hinaus dauerte und selbst heute noch die Avantgardisten von einst irritieren müßte, so grundsätzlich wurde mit Anspruch auf ›die Moderne‹ gestritten; dabei ergriff ich vom Rand her Partei«.[36]

Zugespitzt ausgetragen wurde die heftige Kontroverse in Berlin seit Januar 1955 zwischen dem Kunsthistoriker Will Grohmann, der schon in den zwanziger Jahren als engagierter Neuerer in allen Fragen der Kunst hervorgetreten war,[37] vielen nun als der führende westdeutsche Kunstkritiker galt und an der HdBK eine Professur für Kunstgeschichte innehatte, und dem als Vertreter des deutschen Expressionismus und expressiven Realismus der Weimarer Zeit hochangesehenen, mittlerweile 76-jährigen Karl Hofer, seit 1945 Rektor der HdBK, zugleich Vorsitzender des wiedergegründeten Deutschen Künstlerbundes.

Während Grohmann als leidenschaftlicher Befürworter der Abstraktion auftrat und Hofer als »gegen Windmühlenflügel kämpfenden Don Quichotte« attackierte, der die Kunst der Gegenwart aus einer »geradezu rätselhaften Haßpsychose« heraus angreife, kritisierte Hofer, Grohmann diene sich gänzlich unkritisch einer »Benzin- und Wellblech-Kultur« an, und verfocht demgegenüber einen »vermenschlichten« neuen Realismus.[38] Grass schrieb rückblickend:

»Wenn ich mir von heute aus diesen Streit zurückrufe und ihn gewichte, wird deutlich, wie sehr der Zwist zwischen Hofer und Grohmann, dem strengen Menschenbildner und dem Kunstpapst jener Jahre, meiner bildkünstlerischen Arbeit Richtung gegeben hat; wie beim Streit zwischen Camus und Sartre, der meine spätere politische Haltung bestimmte, indem ich zu Camus' Parteigänger wurde, entschied ich mich für Hofer. [...] Und wenn er uns Kunstschülern der frühen fünfziger Jahre zu verstehen gab, ›das Zentralproblem der bildenden Kunst ist und bleibt der Mensch und das menschliche, das ewige Drama‹, hallt sein Appell, so pathetisch er orgelt, bis in meine alten Tage.

Wohl deshalb erinnere ich mich annähernd genau, wie folgenreich dieser Streit, der die Lehrer und Schüler der Hochschule bis nach Hofers Tod und bis zur Wahl des Nachfolgers jeweils in Parteien spaltete, für mich wurde, und das nicht nur, weil ich mich beim Studentenstreik gegen die Wahl einer künstlerischen Null als Hofers Nachfolger beteiligte.«[39]

Auch für Grass hatte diese Auseinandersetzung, in deren Verlauf Ernst Wilhelm Nay, Willi Baumeister und Fritz Winter aus dem Deutschen Künstlerbund auszutreten,[40] spürbare Folgen: »Als Karl Hartung meinte, es sei an der Zeit, einige meiner Kreidezeichnungen, zu denen Blätter wie *Heuschrecken über der Stadt* und *K, der Käfer* gehörten – Bilder, denen Gedichte zugrundelagen –, beim Künstlerbund einzureichen, damit sie in der bevorstehenden Jahresausstellung zu sehen seien, mußte er nach wenigen Wochen unter Bedauern berichten, die Jury habe zwar die Qualität der Zeichnungen erkannt, aber dennoch als ›zu gegenständlich‹ ausjuriert.

Ab dann hielt ich mich von allen dogmatischen Einengungen fern, verlästerte alle Päpste, so später auch jenen, der medienwirksam erhöht den literarischen Himmel einzig nach seiner Elle vermessen wollte, und befreundete mich mit dem Risiko, als Außenseiter dem jeweiligen Zeitgeist widerstehen zu müssen. [...] Schon ab dem ersten Berliner Jahr ging ich eigene Wege.«[41]

Damit ist ein zeitgenössisches Tableau aufgespannt, das einige wesentliche Affinitäten und zeitversetzte Analogien zwischen der Biografie und dem Selbstverständnis Otto Pankoks und dem späteren künstlerischen, literarischen und öffentlichen Wirken seines zeitweiligen Schülers Günter Grass verdeutlichen mag: die aus je eigener Kriegserfahrung gewonnene pazifistische Grundhaltung, die – von Pankok schon unmittelbar zeitgenössisch geführte – grundsätzliche Auseinandersetzung mit dem Nationalsozialismus, eine eindeutig gegenständliche Ausrichtung des eigenen künstlerischen Schaffens und der Wille und die Bereitschaft, dem wohlfeilen Zeitgeist zu widerstehen und erforderlichenfalls gegen den Strom zu schwimmen – bei Pankok schon früh gereift und zu einer lebenslangen Praxis geworden, bis in seine Düsseldorfer Lehrtätigkeit hinein.

Grass selbst sollte Pankok denn auch 1991 als einen Akademielehrer beschreiben, »der mich durch seine konsequente politische Haltung – Pankok war bis in seine Holzschnitte hinein ein deutlicher Pazifist – mehr geprägt hat, als ich damals wahrhaben wollte«.[42] Wer also war dieser Otto Pankok, 34 Jahre und einen Weltkrieg älter als Grass, was hatte ihn geprägt, wie hatte er sich mit seiner Kriegserfahrung 1914–1918, mit der vitalen avantgardistischen Kunstszene der Weimarer Republik und mit der nationalsozialistischen Herrschaft auseinandergesetzt und wie agierte er seit 1945 als Künstler, politischer Zeitgenosse und Akademielehrer?

Otto Pankok – Jugend und Ausbildung

Geboren 1893, zählt Otto Pankok zu denjenigen Künstlern, die im wilhelminischen Kaiserreich sozialisiert und durch den Ersten Weltkrieg in ihrer Entwicklung tiefgreifend beeinträchtigt worden waren.[43] Bis zum Sommer 1914 hatte er bereits – wenn auch nur vorübergehend – zwei Kunstakademien besucht und die aktuells-

Otto Pankok:
*Mülheimer Hausierer
mit Schirmmütze*
(1911, Kohle auf Papier)

ten Kunstströmungen der Zeit kennengelernt. Mit 21 Jahren war er ein erstaunlich selbstbewusster Kopf, folgte einem eigenen künstlerischen Kompass und prüfte genau, wer und was ihn weiterbrachte und was nicht. Der Krieg unterbrach diesen Weg abrupt, und erst nach und nach fand er in der vergleichsweise kurzen Weimarer Zeit zu einer konstanten künstlerischen Ausrichtung zurück.

In der kleinen Gemeinde Saarn nahe Mülheim an der Ruhr geboren, war er als drittes Kind des Arztes und Sanitätsrates Dr. Eduard Pankok und seiner künstlerisch gebildeten Ehefrau Marie in gutbürgerlichen Verhältnissen aufgewachsen. Die Familie bewohnte ein ehemaliges, zu dem säkularisierten Kloster Saarn gehörendes Äbtissinnenhaus, das von einem großen Park umgeben war. Der Vater behandelte und betreute – so manches Mal unentgeltlich – auch viele arme Unterschichtspatienten aus dem ländlichen Milieu.[44] Gefördert insbesondere von der Mutter, entfaltete Otto Pankok seine künstlerische Begabung schon während der Schulzeit und konzentrierte sich ganz auf die unverstellte Darstellung von Mensch, Natur und Landschaft. Mit 17 Jahren zeichnete er bereits ausdrucksvolle Porträts, Milieu- und Physiognomie-Studien.[45]

Seit er 16 Jahre alt war, reiste er – wie seit den 1880er Jahren viele rheinische Landschaftsmaler[46] – in den Ferien nach Holland, um zu zeichnen und in Museen und Ausstellungen Werke von Rembrandt, Vincent van Gogh und den zeitgenössischen Niederländern zu studieren. Daneben schärften der französische Maler Jean-François Millet, einer der führenden Künstler der *Schule von Barbizon,* und der belgische Dichter Émile Verhaeren, Mitbegründer der literarischen Bewegung *La jeune Belgique,* Pankoks Sinne für die elementare Natur und Landschaft und für die einfachen Menschen. Bei Rembrandt beeindruckte ihn das Geheimnis des aus Licht und Dunkelheit gebildeten Raumes, bei Millet das »Große und Einfache der Dinge und Menschen« und die »Einheit von Mensch und Natur«. Bei van Gogh frappierte ihn, dass er die Bilder Millets »in die Sprache unserer Zeit übersetzt« zu haben schien.

Von den Dichtungen Verhaerens ergriff ihn vor allem der Zyklus *Traumlandschaften,* der die vertraute Welt als Raum elementarer Natur beschwor, in dem Lichtfluten, Sturm, Regengüsse und Schneefall unbezähmt wirkten. »Ich fühlte«, sollte er in seiner biografisch-programmatischen Zwischenbilanz *Stern und Blume* im Jahr 1930 schreiben, »daß es meine Aufgabe sein würde, diese Lücke in der Malerei auszufüllen. Was in der Dichtung vorhanden war: in der Malerei, die ich kannte, fehlten diese Bilder. Diese Verse trafen mit jedem Wort, jedem Komma.«[47] Dieser Ausrichtung sollte er – jenseits einer dezidiert expressionistischen Ausrichtung in den ersten Weimarer Jahren – über alle Schaffensphasen hinweg weitgehend verbunden bleiben.

Nach dem Abitur im Frühjahr 1912 schrieb sich Pankok an der Königlich-Preußischen Kunstakademie Düsseldorf ein. Zu diesem Zeitpunkt hatte er sich bereits entschieden, auf den Einsatz von Farbe ganz zu verzichten,[48] und arbeitete in großen Formaten, wie sie eher in der Malerei üblich waren. Seine Technik, mit Kohle zu zeichnen, hatte er »schon so weit perfektioniert, dass er mit einer breiten Palette unterschiedlichster Grauwerte eine überzeugende Lebendigkeit in seinen Bildern hervorrufen« konnte.[49]

An der Kunstakademie, die noch den Geist der klassischen Genre- und Landschaftsmalerei atmete, besuchte Otto Pankok die Malklasse von Prof. Adolf Männchen und den Abendkurs Akt. Doch schon bald gewann er den Eindruck, dass ihn das nicht weiterbrachte. Enttäuscht und entnervt verließ Pankok bereits nach sechs Wochen die Akademie und reiste, um Abstand zu gewinnen, erneut in die Niederlande.[50]

Im Sommer 1912 besuchte er in Köln die große internationale Ausstellung des Sonderbunds westdeutscher Kunstfreunde und Künstler. Geleitet von Karl Ernst Osthaus, dem Gründer des Folkwang-Museums, hatte der Sonderbund eine außergewöhnliche Schau der modernsten europäischen Kunst organisiert, um – wie es im Katalog heißt – »die vielumstrittene Malerei unserer Tage« vorzustellen. Für den jungen Pankok dürfte diese Ausstellung ein außergewöhnliches Erlebnis gewesen sein, denn in 29 Sälen waren über 600 Werke zu studieren, allein über 100 Gemälde von van Gogh, eigene Räume für Cézanne, Picasso, Gauguin und Munch. Ebenso vertreten waren Werke von Matisse, Braque, Derain, Mondriaan und El Greco, und auch die deutschsprachigen Expressionisten waren von dem frühen Karl Hofer bis Max Pechstein einschlägig repräsentiert.

Im Oktober 1912 setzte Pankok sein Studium an der Hochschule für Bildende Kunst in Weimar fort, die als fortschrittlich galt. Zunächst besuchte er die Klasse von Fritz Mackensen, des Mitbegründers der Worpsweder Malerkolonie, wechselte aber – da Mackensen krank wurde – zu dem österreichischen Professor Albin Egger-Lienz, bei dem er auch nach Mackensens Rückkehr blieb.

Im Frühjahr 1913 wurde er jedoch auch der Weimarer Hochschule überdrüssig. Die Studienbedingungen hatten sich verschlechtert, die Klasse von Egger-Lienz – der ohnehin bald nach Österreich zurückkehren wollte – war überfüllt, und als sein Antrag auf ein Atelier abgelehnt wurde, entschied er sich Mitte Mai 1913, auch die Weimarer Hochschule zu verlassen.[51] Im Jahr 1930 schrieb er über Egger-Lienz: »Es war mir ärgerlich, daß er von Monumentalität redete wie die Hausfrau von Butter und es meist doch nur zur vergröberten Dekoration brachte, daß er eine wichtige Seite nicht kannte, eine Seite des Lebens, die ich längst gefunden hatte. […] Er verbannte alles Einmalige, Wunderbare und nannte es Zufälligkeit. Er kannte nur das Prinzip der Form.«[52]

Bald darauf zog Pankok nach Dötlingen im Landkreis Wildeshausen, neben Worpswede und Dangast eine der drei Künstlerkolonien im Raum Bremen. Hier glaubte der Zwanzigjährige alles zu finden, was er zum Malen brauchte: Ruhe und Konzentration, eine ursprüngliche Landschaft und unverstellte, einfache Menschen.[53] In *Stern und Blume* sollte er über diese Zeit in etwas manierierter Weise schreiben:

»Endlich allein. Es begann ein herrliches Jahr in einem oldenburgischen Dorf in ungeheurer Einsamkeit, ein Schwelgen in Kohle und Papier, ein Suchen nach dem Wesen des Menschlichen bei armen abgetriebenen Weibern und Tagelöhnerinnen, die wie aus dem Sandboden aufgewachsen waren, fraßen, was sie der Erde abrangen, in Tuberkulose und Schmutz hinstarben und wieder völlig zu Erde wurden. Ich suchte der Natur und den Elementen so nahe zu sein wie diese einfachen Menschen in ihren Hütten und auf ihren Feldern«.[54]

Pankok war nun ungeheuer konzentriert und produktiv. Für Abwechslung sorgten nur zeitweilige Besuche einiger Künstlerfreunde und Malaufenthalte in den Niederlanden. Im Januar 1914 reiste er zudem für zwei Monate nach Paris und besuchte die öffentlichen Abendaktkurse zweier Akademien. Insgesamt vollzog Pankok in diesem Jahr – so sein Biograph Rainer Zimmermann – den »Durchbruch zum eigenen Schaffen«.[55] Mit einer ersten größeren Einzelausstellung in einer Oldenburger Galerie tat er den Schritt in die Öffentlichkeit.

Der Krieg als Zäsur

Vom Auslöser des Ersten Weltkrieges, dem Attentat auf den österreichischen Thronfolger in Sarajevo, erfuhr Otto Pankok, als er mit seinem Weimarer Studienfreund Carl Lohse im Juni 1914 von Dötlingen erneut in die Niederlande gereist war. Beide kehrten sofort zurück, Lohse in seine Heimatstadt Hamburg, Pankok zu den Eltern nach Mülheim-Saarn.

In der nationalistisch aufgeheizten Stimmung des August 1914, die selbst arrivierte Künstler wie August Macke, Franz Marc und Max Liebermann erfasste,[56] erwies sich vorerst als Glück, dass Otto Pankok seine militärische Grundausbildung seit dem Abitur mehrmals hatte aufschieben können. Sein Schul- und Künstlerfreund Werner Gilles dagegen meldete sich als Kriegsfreiwilliger, Gert Wollheim, ein Freund aus Weimarer Tagen, wurde eingezogen, Hermann Hundt, ein weiterer Künstlerfreund aus Mülheim, leistete ebenfalls von 1914 an Kriegsdienst, Carl Lohse traf es im Frühjahr 1915.[57]

Im Dezember 1914 wurde Pankok zur Grundausbildung beim Ersatz-Bataillon eines Infanterie-Regiments in Wesel einberufen. Das Regiment selbst befand sich im Kampfeinsatz an der Westfront, das in Wesel verbliebene Ersatzbataillon hatte die Aufgabe, durch die Ausbildung von Rekruten den menschlichen Nachschub, den Ersatz für die Gefallenen des Regiments zu liefern. Die Karten und Briefe, die er nun an die Eltern schrieb, verraten keinen patriotischen Eifer, keine Identifikation mit der deutschen Kriegsführung und keinen Drang, möglichst bald ›ins Feld‹ zu kommen.[58] Von Mitte Februar bis Mitte April 1915 absolvierte er – da mit dem Abitur ausgestattet – auf dem Truppenübungsplatz Döberitz westlich von Berlin einen Unteroffizierslehrgang, den er als Vizefeldwebel verließ. Aus vielen Briefen spricht nun eine ironische Distanz zum Militärischen.

Ende Mai 1915 erhielt Otto Pankok mit vielen weiteren Kameraden seines Wese-

Aus Pankoks Skizzenbuch:
Lotz (sein ›Putzer‹, der kurz darauf
sein Leben lässt) *im Unterstand*
(12. September 1915)

ler Ersatzbataillons den Marschbefehl ins Hinterland der stark umkämpften französischen Stadt La Bassée im Département du Nord. Da er als Vizefeldwebel bereits einen Unteroffiziersrang bekleidete, wurde ihm ein ›Bursche‹, ein sogenannter Putzer, zugeordnet. Der erste namens Lotz kam gegen Ende September zu Tode, der zweite, Peter Grundmann, sollte Pankok kurz darauf das Leben retten.

Am 5. August wurde das Regiment an die vorderste Front beordert und geriet in eine der ersten Material- und Dauerschlachten, die fortan das Kriegsgeschehen in Frankreich bestimmen sollten. Otto Pankok überstand in seiner 6. Kompanie schweres britisches Artillerie-Trommelfeuer, Handgranatenschlachten und Gasangriffe, mehrere ehemalige Klassenkameraden sah er elend sterben.[59]

Pankok selbst wurde bei einer Grabensprengung verschüttet, »und nach seiner Befreiung aus dem Schutt war er unfähig, ein Glied zu rühren. Aber er hörte«, so sein Jugendbiograf Aloys Greither, »daß man ihn für einen Toten hielt, den man bei dem notwendig gewordenen Rückzug liegen lassen wollte.« Er konnte sich bemerkbar machen, »Grundmann sah es, packte ihn auf seine Schulter und trug ihn aus der Gefahrenzone heraus«.[60]

Die mörderischen Fronterfahrungen hinterließen zwar keine dauerhaften körperlichen Verletzungen, aber sie hatten traumatische Wirkungen. Die folgenden ein bis anderthalb Jahre verbrachte Pankok – dekoriert mit dem Eisernen Kreuz für Tapferkeit vor dem Feind – überwiegend in Lazaretten und Sanatorien. Neben chronischen Kopfschmerzen litt er, wie die Ärztin eines Offiziersgenesungsheims Ende Mai 1916 schrieb, vor allem an einer »schweren Depression« darüber, daß seine Fähigkeit zur künstlerischen Produktion »für immer verloren sei«.[61]

Otto Pankok war bekanntlich kein Einzelfall. Eine rapide wachsende Zahl von Soldaten erlitt psychische Zusammenbrüche, teilweise mit erheblichen körperlichen Auswirkungen. Auch bei anderen Künstlern hatten die existentiellen Kriegserfahrungen traumatisierende Wirkungen – so etwa bei George Grosz, Ernst Ludwig Kirchner oder Oskar Schlemmer. Im April 1917 wurde Otto Pankok schließlich aus der Armee entlassen. Noch vor Kriegsende trat er aus Protest dagegen, dass ihre Geistlichen die Kriegsführung unterstützt und die deutschen Waffen gesegnet hatten, aus der evangelischen Kirche aus.[62]

Nach zeitweiligem Aufenthalt in Berlin zog Pankok offenbar im Spätsommer 1917 nach Vechta ins Oldenburger Münsterland, wo er mit mäßigem Erfolg versuchte, an seine früheren Menschendarstellungen anzuknüpfen. Hier erlebte er im Herbst 1918 das Kriegsende und einige provinzielle Reaktionen auf die Novemberrevolution, in die er sich mit einem als Flugblatt verbreiteten ironischen Holzschnitt einmischte, der gegen die katholische Geistlichkeit gerichtet war.[63]

»Einbruch des Expressionismus und Ausbruch der Kriegsnerven«

Zu Jahresbeginn 1919 reiste Pankok mit dem aus der Armee entlassenen Hermann Hundt in das ostfriesische Dorf Remels, um Alfred (Ulfert) Lüken, einen Kommilitonen aus Düsseldorfer Akademietagen, in seinem Heimatort zu besuchen. Da auf dem Land eine deutlich bessere Versorgungslage als in der Stadt herrschte, blieben sie schließlich bis zum Spätherbst. Unter dem Titel *Museum und junge Kunst* sandte Pankok bereits im Januar 1919 eine Stellungnahme an den *Düsseldorfer Stadtanzeiger*, mit der er vor dem Hintergrund der einschneidenden Kriegserfahrungen vehement eine andere Kunstpolitik forderte: »Soll Düsseldorf auch weiterhin nur der kurze Aufenthaltsort der großen Künstler sein, der Ort der Reaktion und Stagnation? Ihr Freunde und Förderer der Kunst, fort mit diesem Zagen und Zaudern! Eins tut uns not: Jugend, Jugend und Jugend! Mag sie sich wild gebärden, mag sie lallen, es sind doch neue Worte, die aus ihrem Munde erklingen.«[64]

Der Text blieb natürlich ungedruckt. Nach Remels zog auch Gert Wollheim, der im Krieg eine schwere Bauchverwundung erlitten hatte und von den Kriegserfahrungen nicht minder gezeichnet war. Bald kam aus Hamburg Carl Lohse hinzu, der aus britischer Gefangenschaft entlassen worden und offenbar noch nachhaltiger aus der Bahn geworfen war als die anderen. Gemeinsam mit den Kollegen verlegte sich Pankok nun mit Verve auf expressionistische, zeitweise auch kubistische und dadaistische Gestaltungsmittel und apokalyptisch gestimmte Motive.

»1919 Einbruch des Expressionismus und Ausbruch der Kriegsnerven. 1920 Explosion derselben«, mit diesen Stichworten sollte Pankok diese Jahre später charakterisieren.[65] Während Gert Wollheim seine traumatischen Erfahrungen unter anderem in einem großen Triptychon *Der Verwundete* verarbeitete, wählte Pankok die elementaren Metaphern einer lebensfeindlichen, unbarmherzig brennenden Sonne und des gefällten Waldes, die er in vielen Variationen gestaltete.[66] Sein im August 1919 begonnenes Tagebuch spiegelt eine schwankende, vom Krieg nachhaltig beeinträchtigte geistig-seelische Verfassung wider, der er auch in Gedichten frappierenden Ausdruck gab.

Zugleich rang er um eine künstlerische Standortbestimmung und eine Ausdrucksweise, die den kriegsbedingten Erschütterungen der Zeit, der eigenen Generation und ihm selbst gerecht wurde. So notierte er im Tagebuch: »Wir sind zerrissener als die Alten. Wir sind gepeinigt bis aufs Blut, bis zum Wahnsinn. Was kommt, weiß niemand. Alles aber wird neu und ist alienum unter der alten Sonne. Die Geschichte wiederholt sich nie!! Es werden Schreie werden, Todesschreie, wo früher mildes warmes Tränenfließen war.«[67]

Die bürgerliche Gesellschaft und ihre überkommenen Institutionen, die die kaiserliche Kriegsführung und Durchhaltepropaganda weitgehend getragen hatten und kulturpolitisch auch jetzt noch auf Konservierung aus waren, hatten in den Augen der Jungen ihre Legitimation verspielt. Die politischen und kulturellen Entwicklungen im Rheinland verfolgten die Malerkollegen von Remels aus durchaus aufmerksam.

Düsseldorf 1920–1922: Neues Rheinland, Aktivistenbund und »Mutter Ey«

Zur Jahreswende 1919/20 siedelten Otto Pankok, Gert Wollheim und Hermann Hundt nach Düsseldorf über. Um gegenüber der konservativen Enge des Düsseldorfer Kulturbetriebs eine ›Neue Kunst‹ zur Geltung zu bringen und eigene Ausstel-

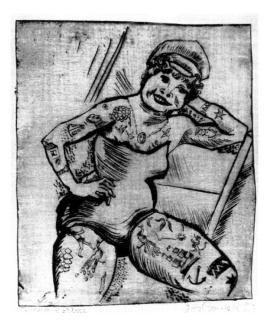

Otto Pankok:
Tätowierte Dame
(1923, Radierung)

lungsmöglichkeiten zu erstreiten, hatten sich junge Künstler und Kulturschaffende bereits im Februar 1919 zur Vereinigung *Das Junge Rheinland* zusammengeschlossen. Linksorientierte, pazifistische, vielfach revolutionär gesonnene Schriftsteller, Maler, Schauspieler und Journalisten gründeten nach Vorbildern aus anderen Großstädten im Juni den *Aktivistenbund 1919*. Beiden Gruppen schlossen sich Wollheim, Pankok und Hundt Anfang 1920 an und gewannen Kontakt zu vielen gleichgesinnten Künstlerkollegen.[68] Im *Aktivistenbund 1919* wurden der engagierte Otto Pankok und der umtriebige, als radikales Enfant terrible auftretende Gerd Wollheim schon bald zu den Hauptgestaltern dreier programmatischer ›Bücher‹, die im Jahr 1920 erschienen. Im *Buch Eins* veröffentlichte Pankok ein Gedicht »An Rosa Luxemburg«, die im Januar 1919 in Berlin ermordet, deren Leichnam aber erst im Mai aus dem Landwehrkanal geborgen worden war.[69]

Zwar förderte die Ostern 1919 wiedereröffnete Düsseldorfer Galerie Alfred Flechtheim neben der französischen Avantgarde auch junge, expressionistische Künstler des Rheinlands, so manche waren Flechtheim aber politisch und künstlerisch zu radikal. Zur Alternative wurde daher Johanna Ey, die nahe der Kunstakademie schon vor dem Krieg eine Kaffeestube betrieben und »ein unmittelbares Gespür für die künstlerischen Anliegen« der aus dem Krieg zurückgekehrten Maler hatte, »weil sie deren menschliche und persönliche Ernsthaftigkeit spürte, schätzte

Otto Pankok:
Straßenecke
(1921, Radierung)

und bewunderte«.[70] Sie erweiterte ihre Kaffeestube zu einer Kunsthandlung, die bald unter *Neue Kunst Frau Ey* firmierte, sich schnell zu einem ständigen Treffpunkt entwickelte, 1921 zur Geschäftsstelle des *Jungen Rheinlands* wurde und früh die Empörung des bürgerlichen Publikums provozierte. Zwei weitere Zeitschriften wurden ins Leben gerufen: *Das Ey* und *Das Junge Rheinland,* an denen Wollheim und Pankok ebenfalls mitwirkten. Auf Initiative der beiden Freunde zogen später Otto Dix und Conrad Felixmüller aus Dresden zu und stellten bei ›Mutter Ey‹ aus, Max Ernst kam nun regelmäßig aus Köln.

Das *Junge Rheinland* trug mit hochkarätigen Ausstellungen weit über das Rheinland hinaus dazu bei, die zeitgenössische Avantgarde in die Öffentlichkeit zu tragen. Zugleich suchte man die Zusammenarbeit mit gleichgesinnten Vereinigungen in Deutschland und darüber hinaus. Ein vorläufiger Höhepunkt war die von Arthur Kaufmann, Gert Wollheim und Adolf Uzarski im Jahr 1922 organisierte *1. Internationale Kunstausstellung* im Düsseldorfer Kaufhaus Tietz, an der über 300 Künstler aus 19 Ländern teilnahmen, darunter Marc Chagall, Alexander Archipenko, Giorgio de Chirico, Lyonel Feininger, Ernst Haeckel, Ernst Ludwig Kirchner, Wilhelm Lehmbruck und Pablo Picasso. Zeitgleich richtete *Das Junge Rheinland* den *Ersten Kongreß der internationalen fortschrittlichen Künstler* aus und leitete die Gründung der *Union fortschrittlicher Künstler* in die Wege.[71]

Künstlerisch favorisierte Otto Pankok in dieser Zeit die Radierung, daneben entstanden Holzschnitte, weiterhin aber auch Kohlezeichnungen. Motivisch konzentrierte er sich dezidiert expressionistisch auf eine mehr oder weniger apokalyptische Interpretation von Landschaftsmotiven und auf von Zerrissenheit gekennzeichnete Porträtstudien, gestaltete aber auch – in thematischer Korrespondenz mit Künstlerfreunden – mancherlei Großstadtmotive.[72]

Bereits 1920 hatte er bei einer Ausstellungseröffnung in der Kunsthalle Düsseldorf die zwei Jahre jüngere Journalistin Hulda Droste kennengelernt. Diese war schnell von Otto Pankok eingenommen gewesen, weil »unser aller Rebellentum uns damals sofort vereinte«.[73] Hulda hatte nach dem Abitur an der Universität Jena Literaturwissenschaft und Kunstgeschichte studiert, danach kurz als Bibliothekarin gearbeitet und im September 1919 ein Angebot ihres Bruders, des Verlegers Heinrich Droste, angenommen, an seiner Zeitung *Düsseldorfer Stadtanzeiger* mitzuarbeiten. Für die neu geschaffene Ausgabe *Der Mittag* war sie als Feuilletonredakteurin für Buch- und Theaterkritik und für die Frauenbeilage zuständig. Auch sie war aus pazifistischem Protest aus der evangelischen Kirche ausgetreten.[74]

In den Folgejahren entwickelte sie eine freundschaftliche Beziehung zu der gut 30 Jahre älteren Schauspielerin und Theaterintendantin Louise Dumont,[75] die mit ihrem Mann Gustav Lindemann 1904 das Düsseldorfer Schauspielhaus gegründet hatte. Beide gehörten ebenfalls dem *Jungen Rheinland* an, und durch Louise Dumont lernte Hulda Droste auch Else Lasker-Schüler kennen.[76] Bald führte Otto Pankok sie bei Johanna Ey in die junge, aktivistische Künstlerszene des *Jungen Rheinlands* ein, und im April 1921 heiratete das Paar.[77] Auf ihrer Hochzeitsreise besuchten sie Arthur Fischer, Pankoks jüdischen Freund aus Weimarer Studienzeiten, im tschechoslowakischen Jičin[78] sowie Conrad Felixmüller und Otto Dix in Dresden. Wie erwähnt, kam Dix schon im Oktober darauf nach Düsseldorf, nahm hier ein Jahr später seinen Wohnsitz, trat dem *Jungen Rheinland* bei und schaffte in den folgenden Jahren dank wirksamer Unterstützer und dank des anregenden Austausches mit Wollheim und Pankok den künstlerischen Durchbruch.[79]

Otto Pankok indes wurde die Düsseldorfer Szenerie manches Mal zu turbulent. Letztlich von besonnenem Naturell, suchte er auf dem Land immer wieder für längere Zeit die Ruhe und Einsamkeit der Natur. Sein Ringen um einen adäquaten künstlerischen Weg führte neben äußeren Konflikten schließlich zur Entzweiung mit Wollheim und dem Vorstand des *Jungen Rheinlands;* im Sommer 1922 trat er aus der Vereinigung aus.[80] Zuvor hatte Pankok ein vorläufiges programmatisches Resümee formuliert, das im April 1922 im siebten Heft des *Jungen Rheinlands* als *April-*

predigt erschien und mit einem Bekenntnis zum Expressionismus begann. Doch Pankok übte zugleich Kritik an fragwürdigen Tendenzen und Mechanismen, die ihm allzu sehr in die Kunstszene eingedrungen waren, und forderte Ernsthaftigkeit:

»Die Kunst kann Radau vertragen […], aber sie ist nicht Radau! […] Es gilt, was Merimée über die Russen sagte: ›Eure Dichter suchen vor allen Dingen die Wahrheit, und die Schönheit kommt dann ganz von selbst; die unsrigen gehen aber einen entgegengesetzten Weg: sie streben vor allem nach Effekt, Esprit und Glanz, und wenn sich dabei die Gelegenheit bietet, die Wahrscheinlichkeit nicht zu verletzen, so nehmen sie unter Umständen das mit in Kauf.‹ Das gilt auch für die Malerei von heute. Effekt, Glanz, Esprit. Man sucht nach Malerei und nicht nach Wahrheit. Auf die Wahrheit aber kommt es an, und Malerei kommt dann ganz von selbst. Nach diesem blufflosen Ausdruck der Wahrheit muß gesucht werden, nach dieser Idee, sie ist Fundament und Baumaterial. Unser Glaube ist hin, unser Wissen zerschmolz. Für uns blieb nur eins: Handeln, auf die Wahrheit losgehen. Und ob das schön ist? – Was soll uns das?«[81]

»Viele Experimente sind nötig gewesen« – Vergewisserungen auf Reisen

Nach seinem Austritt aus dem *Jungen Rheinland* reiste Otto Pankok für rund fünf Monate an die Flensburger Förde.[82] Aus der Distanz reflektierte er in seinem Tagebuch:

»Es ist ein allgemeines Ruhigwerden zu spüren. Die Originalitätssüchigen sind entweder verschwunden oder doch sind sie weniger auffallend, da die möglichen Mittel von ihnen erschöpft sind. Und die anderen, die oft entsetzlich langweilig waren, sind jetzt oft blühend originell und frei. Die Kunst tritt in ein Stadium klarer Besinnung ein. […] Viele Experimente sind nötig gewesen, um die ganze Freiheit der Kunst auskosten und begreifen zu können. […]

Diejenigen, die hierbei an den Selbstzweck der Kunst geglaubt haben, haben sich jetzt als vor die Hunde gegangen herausgestellt. Jetzt aber ist man daran, […] in voller Freiheit, mit allen Kräften unserer Persönlichkeit aufzubauen. Nicht sozial, im Hinblick auf Klassen und Massen, nicht egoistisch oder übermenschlich wie Nietzsche, sondern: menschlich.«[83] Kunst als Selbstzweck und Selbstbespiegelung – L'art pour l'art im negativen Sinne –, dieser Orientierung sollte er dauerhaft entgegentreten. Während eines mehrmonatigen Friesland-Aufenthaltes im Sommer 1923 notierte Pankok im Tagebuch, welche Sujets ihn nun bewegten:

Otto Pankok: *Blick aufs Meer,* entstanden während seiner Spanienreise 1929 (Kohle auf Papier)

»Rußland in meinem Herzen und New York. Das krachende Meer in meinem Herzen und die Jazzbands. Kirchhöfe aller Städte in meinem Herzen und Sonnen afrikanischer Steppe. Aufsteigende Monde in meinem Herzen, Wind, Wind in meinem Herzen. Pariser Métro in meinem Herzen und krampfiges Schluchzen alter Mütter. [...] Armseliger Nordwind an grauen Küsten in meinem Herzen, blutige Sonnen im Trommelfeuer der Fronten. Ihr krummnasigen Caféhauspflanzen in meinem Herzen, ihr frierenden Köter in meinem Herzen. Armseliger Kitsch an Stuckfassaden, Rosa Luxemburg und Stinnes in meinem Herzen. Und Revolution aller Geknechteten in meinem Herzen [...]

Die moderne Musik hat von den Jazzbands viel zu lernen. Alle Kunst sollte von ihnen lernen, nämlich dies: Kunst erfreue des Menschen Herz. Alles in der Kunst sei Freude. Auch der Schmerz. Fort mit dem Intellektualismus, den unfreudige Menschen wie Kandinsky predigen. [...] Wir leiden, leiden, leiden, aber schließlich hat sich doch etwas angesammelt an Klarheiten und krach springt es heraus.«[84]

Seine Frau Hulda – weiterhin engagiert als Journalistin tätig – akzeptierte die monatelange Abwesenheit, die Pankok in den folgenden Jahren weiter praktizierte, zum einen, weil sie um die innere Notwendigkeit wusste, die sie für ihn hatte, zum anderen, weil sie sich zugleich der großen Bedeutung gewiss sein konnte, die sie für ihn als geistig-emotionaler Fix- und Ankerpunkt besaß.[85] Ihre Beziehung erwies sich mehr und mehr als eine Verbindung, die von großer Übereinstimmung in den Grundhaltungen getragen war. Dies sollte von 1933 an von gesteigerter Bedeutung sein. Zudem übernahm Hulda offenbar schon bald die Vertretung von Pankoks geschäftlichen und ausstellungsbezogenen Belangen.

Dem *Jungen Rheinland* blieb Pankok nicht konsequent fern, vielmehr war er an den Ausstellungen der Vereinigung und ihrer Nachfolge-Gruppierungen seit 1923 wieder beteiligt, von 1926 bis 1932 durchgehend.[86] Teils als Wanderausstellungen konzipiert, teils als Sektionen innerhalb größerer Präsentationen, erzielten sie deutschlandweite Resonanz und trugen zur Durchsetzung und Etablierung der künstlerischen Moderne bei.

Davon blieb auch die Kunstakademie Düsseldorf nicht unberührt. War bereits im Jahr 1921 mit Heinrich Nauen ein Gründungs- und Vorstandsmitglied des *Jungen Rheinlands* auf eine Professur berufen worden, so wurde mit der Ernennung des Kunsthistorikers Walter Kaesbach zum Rektor 1924 »ein bewusster Bruch« mit der bisherigen konservativ-konventionellen Ausrichtung und »eine grundlegende Erneuerung« angestrebt.[87] Mit einer »überlegten Berufungspolitik« brachte Kaesbach nun »den fortschrittlichen Geist der Moderne auch in die künstlerische Lehre« ein.[88] Heinrich Campendonk (1926), Paul Klee (1931), Ewald Mataré und Ewald Moll (1932) erhielten Professuren, Theo Champion wurde als weiteres Gründungsmitglied des *Jungen Rheinlands* 1932 als Lehrbeauftragter eingestellt.

Mit der wachsenden öffentlichen Akzeptanz der jungen Avantgarde sank die Bedeutung der freien Künstlerassoziationen. Einige politisch Engagierte – darunter Mathias Barz, Carl Lauterbach, Julo Levin, Peter Ludwigs und Carl Schwesig – sollten sich 1928 zur Düsseldorfer Gruppe der *Assoziation Revolutionärer Bildender Künstler Deutschlands* (*ARBKD* bzw. *Asso*) zusammenschließen, einer KPD-nahen Bewegung, der in Berlin etwa John Heartfield, George Grosz, Käthe Kollwitz und Otto Dix angehörten. Die Düsseldorfer Mitglieder kannte Otto Pankok aus dem *Jungen Rheinland* und dem Kreis um Johanna Ey. Er pflegte manch persönliche Freundschaft zu Künstlerkollegen, auch zu politisch dezidiert linksorientierten. Zum gemeinsamen Freundeskreis des Ehepaares Pankok zählten in den zwanziger Jahren der pazifistische Schriftsteller Ludwig Renn und wohl auch der anarchistische Pazifist Ernst Friedrich, der mit seinem viersprachigen Werk *Krieg dem Kriege!* »das erste Buch herausgab mit Fotos von zerschossenen Menschen aus dem Ersten Weltkrieg«.[89]

Von der Umtriebigkeit des städtischen Lebens suchte sich Pankok indes mehr und mehr zu lösen. Seit 1924 konzentrierte er sich auf den mediterranen Süden und überwiegend auf großformatige Landschaftsmotive, die bis zu 100 mal 150 cm maßen.[90] In zeitweiliger Begleitung von Künstlerfreunden und seiner Frau Hulda reiste er 1924/25 über Florenz, Rom, Neapel und Capri nach Sizilien und Sardinien, 1927 nach Südfrankreich. Ein paar Jahre später sollte er resümieren, der Süden sei keineswegs »süß und kitschig«, seine Städte und Dörfer keineswegs »eine langweilige Auftürmung von Schachteln« wie bei den Kubisten: »Er ist erschreckend mit seiner Sonne, seinen harten Gewächsen und seinen trunkenen Bewohnern mit ihrer rauhen, lauten Sprache, aber er ist brennendes Leben.«[91]

Im Juli 1925 wurde in Düsseldorf Tochter Eva geboren. Bald darauf bezog die Familie im Stadtteil Oberkassel ein eigenes Haus, das sie bis zur Ausbombung im Zweiten Weltkrieg und nach dem Wiederaufbau bis 1958 bewohnen sollte.

Im Münchner Piper Verlag erschien 1927 eine Mappe von 24 Zeichnungen, die einen Großteil der von Pankok bevorzugten Sujets widerspiegelten: Landschafts-, Natur- und Tiermotive sowie Aspekte des menschlichen Schicksals. Das Vorwort schrieb der einflussreiche linksliberale Kunsthistoriker Wilhelm Worringer, außerordentlicher Professor am Kunsthistorischen Institut der Universität Bonn. Worringer war beeindruckt von den »unzivilisierten Riesenformate[n], die jedes Zimmer sprengen«, und zählte die versammelten Zeichnungen zur Kategorie von Kunstwerken, die eigentlich kein Vorwort benötigten. Doch nicht nur die außergewöhnlichen Formate, auch dass sich Pankok jeder Zuordnung zu einer Stilrichtung entziehe, mache ihn – so Worringer – »zeitungemäß«: »Das Publikum sagt vor seinen Bildern: ›antiquierter Expressionismus à la van Gogh.‹ Und geht weiter. Ein Nachahmer van Goghs? Nein, ein Blutsverwandter aus einer jüngeren Linie [...]. Unabänderlich als Ausdruckszwang einer typischen und überzeitlichen Haltung des Natur- und Welterlebens.«[92]

Im modischen Sinne unzeitgemäß und doch von einer überzeitlichen Grundauffassung geleitet zu sein, so verstand sich Pankok auch selbst. Als Hulda Pankok den Auftrag zu einer Rundfunkserie über den spanischen Maler El Greco (1541–1614) erhielt, reisten die Pankoks im Frühjahr 1929 auf den Spuren El Grecos zunächst gemeinsam durch Spanien. Otto Pankok blieb von Ende April bis Oktober allein in dem katalanischen Fischerdorf Cadaqués, wo er auf Menschen traf, die in Not und

Armut lebten und für ihn eine Offenbarung waren.[93] Nun rückte die Darstellung von Menschen wieder ganz ins Zentrum seiner Arbeit. In diesen sechs Monaten entstanden annähernd zweihundert großformatige Blätter, größtenteils Porträts von Dorfbewohnern, mit denen sich Pankok schnell angefreundet hatte.[94] Im selben Jahr erschien das Buch *Das Menschengesicht* des schweizerischen Schriftstellers Max Picard (1888–1965), in dem Pankok das eigene Bild vom Menschen seiner Zeit vollauf bestätigt sah. Es entspann sich ein Briefwechsel, und wenige Jahre später kam es zu persönlichen Begegnungen.[95]

Der Freihochschulbund Düsseldorf bot Pankok 1929/30 an, eine Werkschau mit einer Auswahl eigener Bilder und einem eigenen Text zu publizieren. In Anlehnung an Verse von Clemens Brentano wählte Pankok den Titel *Stern und Blume*.[96] Auf 32 einleitenden Seiten formulierte er ein Bekenntnis, das biografische Selbstvergewisserung und programmatisches Manifest in einem war; auf 126 Abbildungsseiten gab er zugleich einen Überblick seines Schaffens aus den Jahren 1924 bis 1930. In diesem Zusammenhang sind am ehesten folgende Aspekte von Belang: Pankoks Rückbesinnung auf die in Kindheit und Jugend erfahrenen Inspirationen, sein Beharren auf Individualität, Authentizität und Wahrhaftigkeit, die kritische Distanz zur industriellen Moderne mit ihren fragwürdigen gesellschaftlichen Implikationen und modischen künstlerischen Richtungen, die Ablehnung des bürgerlichen Spießers und das Bekenntnis zu den unverfälschten Lebenszusammenhängen des Menschen mit der elementaren Natur. Er insistierte:

»Wir Maler bleiben bei der Stange. Die Akademien treiben uns nicht ins Kunstgewerbe, in die Werbekunst, in die Porzellanmanufaktur. Wir bleiben, die wir sind, denn die Zukunft ist unser. Und sehen wir uns um, so grüßen uns im Lande Poincarés und Citroëns ein Matisse, ein Dufy, ein Utrillo; Deutschland mit seiner AEG, seinen IG-Farbwerken, seinen Hitlertruppen beherbergt Max Ernst, Werner Gilles, Mies van der Rohe, Gerhard Marcks; das traktoren- und amerikabegeisterte Rußland hat lebensstrotzendes Theater und starke Filme; das heißgelaufene Amerika gar erscheint plötzlich mit einem Dutzend kraftvoller Schriftsteller. Über ausgeleiertes Bürgertum des alten Europa, über die in ihrer Abgefeimtheit erkannte Mechanisierung Amerikas erhebt sich der Mensch, der alte Mensch in neuer Form.

Für den Maler heißt dies nichts anderes als: genug Organisation, genug Witze, genug Erfindungen, genug Wichtigtuerei, genug Eitelkeit, genug Doesburg, genug Marinetti, genug surréalisme – und mehr Gedanken, größere Dichte, mehr Gehalt, mehr Wahrhaftigkeit.«[97]

Das 1930 erschienene Buch fand ein großes Echo und machte Pankok über den

Otto Pankok: *Tutta mit Kind*, eines der vielen, auf dem Heinefeld entstandenen Porträts (1933, Kohle auf Papier)

westdeutschen Raum hinaus bekannt. In Düsseldorf lud ihn die Städtische Kunsthalle unter Leitung von Carl Murdfield für die folgenden Jahre jeweils zu großen Winterausstellungen ein; zum Auftakt wurden unter dem Titel *Spanische Bauern* die in Cadaqués entstandenen Kohlegemälde gezeigt.[98]

Im Februar 1931 reiste Pankok nach Frankreich und begegnete in Les Saintes-Maries-de-la-Mer französischen ›Zigeunern‹[99], die hier zu einem großen Fest zusammenkamen. Pankok war berührt von ihrer unbehausten, gänzlich unbürgerlichen Lebensweise und schuf erste Kohlezeichnungen. Im Herbst zurückgekehrt, erfuhr er durch Louise Dumont von einer kuriosen Hüttensiedlung am Rand des Düsseldorfer Stadtteils Lohhausen. Auf dem Areal eines ehemaligen Schießplatzes, den die französische Armee im Zuge der französisch-belgischen Ruhrbesetzung 1923 eingerichtet und 1925 aufgegeben hatte, ohne ihn der Stadt Düsseldorf zurückzugeben, war quasi ein rechtsfreier Raum entstanden. Auf diesem »Heinefeld« hatten sich Arbeits- und Mittellose kleine Häuser und Wohnlauben gebaut. »Gern hätte die Stadtverwaltung dieses anarchistische, unvorschriftsmäßige Gemeinwesen, das neben dem frech pompösen Schlagetermonument sich erstreckte, wo die ersten Nazitreffen bereits arrangiert wurden, dem Erdboden gleichgemacht,« schrieb Otto Pankok 1947, »doch es gab damals in Deutschland noch Gesetz und Rechtsprechung, und juristisch war den Bewohnern des Heinefeldes nicht beizukommen, [...] die ständigen Bewohner lehnten jede polizeiliche Einmischung und Einschüchterung lachend und erfolgreich ab.«[100]

Pankok konnte sich auf dem Heinefeld ein behelfsmäßiges Atelier einrichten. Offenbar kurz darauf ließen sich hier im Herbst 1931 auch Sintifamilien, die im Stadtgebiet argwöhnisch polizeilich kontrolliert wurden, mit ihren Wohnwagen nieder und bildeten ein ›Zigeunerlager‹. Für Pankok waren sie der Inbegriff des ursprünglichen Menschen: »Dem ewigen Spießer bleiben sie ein Greuel, sie, die schwarzen Lieblinge der Freiheit«.[101] In den folgenden Monaten porträtierte er sie in einer Vielzahl großformatiger Kohlezeichnungen.

Nachdem er in der Städtischen Kunsthalle über die Jahreswende 1931/32 die im niederländischen Giethorn entstandenen Kohlegemälde ausgestellt hatte, präsentierte er seit Januar 1932 eine Auswahl seiner ›Zigeunerbilder‹ und lud die porträtierten Familien des Heinefelds zur Eröffnung ein.[102] Pankok sollte auf dem Heinefeld mit einigen Unterbrechungen bis weit in das Jahr 1934 arbeiten. Daraus entstanden auch viele Radierungen und Lithografien, und aufgrund der immer brutaler werdenden nationalsozialistischen Verfolgung sollten die ›Zigeuner‹ – auch über 1945 hinaus – zu einem seiner wichtigsten Sujets werden.

Wie Otto Pankok dem seit September 1930 aufsteigenden Nationalsozialismus gegenübergestanden hat, lässt sich unter anderem an einem vierten künstlerischen Genre ablesen, in dem er tätig war. Vermittelt durch seine Frau Hulda, schuf er seit 1924 Pressezeichnungen für die Tageszeitung *Der Mittag,* größtenteils »Porträts mehr oder minder prominenter Personen: Politiker des In- und Auslandes, Schauspieler, Musiker, Wissenschaftler, Schriftsteller, aber auch Zirkusartisten, Filmstars, Rennfahrer und Sportler«.[103] Bis 1937 entstanden rund 4000 Zeichnungen, die belegen, dass Pankok – bei aller kritischen Distanz – das politisch-gesellschaftliche und kulturelle Leben seiner Zeit aufmerksam beobachtete. Seit 1930 zeichnete er die führenden NSDAP-Funktionäre in entlarvender, karikierender Manier, so in vielen Varianten Hitler und Goebbels, aber auch Göring, Himmler, Hess, Röhm und Rosenberg.[104]

»... die Welt treibt höllenwärts« – Pankok unter dem Nationalsozialismus

Nur einen Tag nachdem Hitler am 30. Januar 1933 die Regierungsgewalt übertragen worden war, verkündete der rheinische NSDAP-Gauleiter Friedrich Karl Florian: »Nationalsozialisten, unsere Aufgabe heißt: als Träger des neuen deutschen Volksgeistes die undeutsche Geisteswelt in unserem Vaterland zu vernichten«.[105]

Dementsprechende Maßnahmen ließen nicht lange auf sich warten und richteten sich als erstes gegen die Kunstakademie. Seit Mitte März bereitete die Düsseldorfer NS-Zeitung *Volksparole* propagandistisch deren ›Säuberung‹ vor, unterstellte dem Rektor Walter Kaesbach »Kunstzersetzung, Bolschewismus und Separatismus«, den »Geist der Novemberverbrecher« und die Bevorzugung von Juden und Kommunisten.[106] Kaesbach wurde am 29. März geschasst, bald darauf wurden weitere sechzehn Kunstprofessoren und Lehrbeauftragte, darunter Ernst Aufseeser, Heinrich Campendonk, Werner Heuser, Paul Klee, Ewald Mataré, Oskar Moll und der Kunsthistoriker Richard Klappheck, entlassen.[107]

Noch bevor der NS-Studentenbund Bücherverbrennungen im ganzen Land durchführte, organisierte die Düsseldorfer Hitlerjugend vor dem Planetarium (der späteren Tonhalle) bereits am 11. April 1933 eine solche schändliche Propaganda-Aktion.[108] Damit vollzogen die Nationalsozialisten schon bald nach der reichsweiten Boykottaktion gegen jüdische Geschäfte und Arztpraxen vom 1. April eine weitere radikale Drohgebärde. Offenbar bei einer zweiten Bücherverbrennung auf dem Düsseldorfer Rathausplatz wurden wenige Wochen später auch Bilder ver-

Otto Pankok: *Mein Gott, mein Gott, warum hast Du mich verlassen?* – Blatt 54 aus dem Zyklus *Die Passion in 60 Bildern* (1933, Kohle auf Papier)

Otto Pankok: *Die Geißelung* – Blatt 43 aus der *Passion* (1933, Kohle auf Papier)

brannt, unter anderem Werke der *Asso*-Mitglieder Mathias Barz und Carl Lauterbach, die Otto Pankok gut kannte.[109] Das nationalsozialistische Verdikt, ›entartete‹, ›kulturbolschewistische‹ oder ›verjudete‹ Kunst zu produzieren, traf nun den Großteil der ehemaligen Mitglieder des *Jungen Rheinlands*.

Von Repressalien und von Verhaftung bedroht waren insbesondere jüdische und explizit linksgerichtete Künstler, so dass viele aus Pankoks Umfeld schon 1933 ins Ausland emigrierten, darunter etwa Gert Wollheim und Jankel Adler (beide nach Paris), Arthur Kaufmann (in die Niederlande, 1936 weiter in die USA), Else Lasker-Schüler (in die Schweiz) und Ludwig und Fritzi Rosenwald (in die Provence).[110] Auch Alfred Flechtheim, der »als Jude und bekannte Persönlichkeit des öffentlichen Lebens um seine Zukunft in Deutschland fürchtete«, gab seine Galerie in die Hände eines Mitarbeiters und flüchtete ins Ausland.[111] Karl Schwesig, der 1932 der KPD beigetreten war und sein Atelier nun für geheime Zusammenkünfte eines kommunistischen Widerstandszirkels zur Verfügung stellte, wurde im Juli 1933 von der SA verhaftet, in den berüchtigten Düsseldorfer ›Schlegelkeller‹ verschleppt, misshandelt und gefoltert, wegen ›Hochverrats‹ verurteilt und erst Ende 1934 aus dem Gefängnis entlassen; im Frühjahr 1935 gelang ihm schließlich die illegale Emigration nach Antwerpen.[112]

In dem sich verdichtenden Klima der ›Gleichschaltung‹ und Repression meldete sich Otto Pankok bereits am 19. April 1933 im Düsseldorfer *Mittag* zu Wort. In seinem Beitrag *Nationale Malerei* verteidigte er die Werke von Ernst Barlach, Lovis Corinth, Otto Dix, Werner Gilles, Alfred Kubin, Max Liebermann, Gerhard Marcks, Emil Nolde, Christian Rohlfs und Max Slevogt gegen die Angriffe des nationalsozialistischen *Kampfbundes für Deutsche Kultur*. Noch »verkannte er die Entschlossenheit des Regimes, der Kunst jeden Spielraum zu nehmen«[113], und postulierte, dass es keine schematische Einengung des Begriffs »deutsche Kunst« geben dürfe; »was sie vereint, was uns erlaubt, von deutscher Kunst zu sprechen, das ist die Verschiedenheit der Schaffenden«.[114]

Inmitten der ›Zigeuner‹-Darstellungen, denen er sich weiterhin widmete, begann Pankok mit einem Zyklus großformatiger Kohlezeichnungen zur *Passion*, der am Ende 60 Motive umfasste und im März 1934 abgeschlossen war.[115] Obgleich er mit der Leidensgeschichte Christi ein traditionsreiches, bis Dürer zurückreichendes Zentralmotiv der christlich-abendländischen Kunst aufgriff, wich Pankok insofern davon ab, als er seinen Zyklus nicht mit der Auferstehung als Zeichen der Hoffnung enden ließ, sondern mit der Grablegung. Vor allem aber nahm er in die Passionsszenen verarmte und leidende Menschen der unmittelbaren Gegenwart auf, insbesondere Bewohnerinnen und Bewohner des Heinefelds.

So ist die Gottesmutter Maria durchweg der Sintiza Ringela nachempfunden, die ihr als *Frauen am Kreuz* Beistehenden tragen die Züge der jungen Sinti-Frauen Dinili und Gaisa, im reuigen Petrus ist ein alter Russe aus dem Heinefeld mit Vornamen Konstantin porträtiert, und der am Kreuz sterbende Christus trägt, angereichert mit ›jüdischen‹ Attributen, die Gesichtszüge des von der Gestapo gefolterten Malerkollegen Karl Schwesig. Weitere Pankoksche ›Zigeuner‹-Modelle lassen sich ebenso wiedererkennen wie die beiden Hauptpersonen seiner Cadaqués-Porträts.[116]

Da er vorerst noch erwartete und beanspruchte, dass auch unter nationalsozialistischen Herrschaftsverhältnissen im öffentlichen Ausstellungsbetrieb eine gewisse Pluralität respektiert werde, reichte Pankok offenbar im Spätsommer erste Blätter aus dem Passionszyklus für die vom *Kampfbund für Deutsche Kultur* kontrollierte Ausstellung *Westfront* im Museum Folkwang in Essen ein. Als fünf der großformatigen Blätter noch vor der Eröffnung von einem Kampfbund-Mitarbeiter namens Dr. Eckart wieder entfernt wurden, protestierte Pankok Mitte Oktober 1933 beim führenden NS-Ideologen und Reichsführer des Kampfbundes Alfred Rosenberg und schrieb:

»Wenn diese meine Bilder das Licht des Tages scheuen müssen, dann muss auch die große Vergangenheit ausgelöscht werden, dann muss das Volk vor Cranach, Dürer, Grünewald und Konrad Wirz geschützt werden. Dann sind die Dome und Museen zu schließen. [...] Sollen sich die Künstler weiterhin vor dem ewigen deutschen Spießer beugen und ihre Lebensarbeit darin sehen, ihm seine Kleinbürgerwohnung mit hübschen Stilleben und Sonnenuntergängen zu dekorieren, so ist Dr. Eckart auf dem richtigen Wege gewesen. Sieht man in der Kunst aber einen Niederschlag des großen Lebens und der großen Ideen der Zeit, sollen in ihr die Mitlebenden sich selbst, ihre Freuden und Leiden, Klärung und Tröstung finden, so geschieht hier Unrecht und Sünde gegen den Geist der Kunst, und damit gegen das Volk.«[117]

Daraufhin wurde Pankok anheimgestellt, auch seine noch in der Ausstellung belassenen Bilder selbst zu entfernen. Nicht nur diese persönliche Erfahrung, auch die rasche Durchsetzung des nationalsozialistischen Herrschaftsanspruchs in nahezu allen gesellschaftlichen Bereichen dürften Pankok dazu gebracht haben, die Arbeit an dem Passionszyklus als eine immer kategorischere Auseinandersetzung aufzufassen. In düsterer, apokalyptisch anmutender Weise zeichnete er den Leidensweg Christi und machte mit großer Intensität »die Erfahrung und Ahnung des Leidens als erlebte Gegenwart« anschaulich:[118]

»Er lagert um die erregte Warnung des predigenden Täufers die träge Masse der Gleichgültigen; er macht die kalte Pflichterfüllung des Henkers sichtbar, der Johannes das Haupt abgeschlagen hat; er erinnert an die Nächstenliebe des einsam handelnden Samariters und er läßt die Heil schreiende Menge beim Einzug Christi in Jerusalem schon als dieselbe erkennen, die bald das ›Kreuzige ihn‹ brüllen wird; und jenen, die Jesus mit sadistischem Eifer ans Kreuz nageln oder mit unmenschlicher Teilnahmslosigkeit dem Spektakel zuschauen, ihnen gibt er so viel von den Zügen der ›blonden Herrenrasse‹ wie er dem geschundenen, dunkelhaarigen Christus von der Erscheinung eines Zigeuners verleiht.«[119]

Damit stellte der Passionszyklus eine kaum verhohlene Anklage gegen das NS-Regime dar. Mutig zeigte das Städtische Museum Mülheim an der Ruhr unter Leitung von Dr. Werner Kruse mit Rückendeckung des Bürgermeisters Hasenjäger zu Pfingsten 1934 den ersten Teil der Pankokschen Passion, Anfang Juni 1934 den zweiten. Der Westfälische Kunstverein in Münster präsentierte unter dem couragierten Prof. Martin Wackernagel 1935 den gesamten Zyklus, wobei es zu heftigen Ausschreitungen kam, und auch das Mülheimer Museum wagte im Anschluss eine komplette Ausstellung, die von der Gestapo jedoch nach wenigen Tagen geschlossen wurde. Nur mit Mühe konnte Dr. Kruse verhindern, dass das Werk vollständig beschlagnahmt wurde.[120]

Otto und Hulda Pankok hatten offenbar von Anfang an mit Repressalien gerechnet und daher früh eine Buchausgabe der *Passion* ins Auge gefasst. Anfang April 1934 hatte Pankok dem befreundeten katholischen Publizisten Friedrich Muckermann SJ (1883–1946) vorübergehend die 60 großen Kohlezeichnungen zugesandt und angefragt, ob er ein Vorwort schreiben könne. Dabei hatte Pankok ihm skizziert, welches Verständnis von den Zeitverhältnissen ihn bei der Gestaltung geleitet habe: »Das Böse, bisher im Zaum gehalten, ist heute losgelassen, die Welt treibt höllenwärts. Was man täglich erlebte, war Folterung, Menschenjagd, Knebelung, Lüge, Raub, d.h. die Sünde in monumentalster Gestalt.«[121] Muckermann antwortete umgehend mit einem Entwurf, der in den Sätzen gipfelte: »Sie sammeln ihre Könige, ihre Politiker, ihre Führer. Sie peitschen ihre Massen auf. Sie werden das Recht vergewaltigen. Sie werden alle Foltern ihrer Grausamkeit spielen lassen. Sie werden den Tod selbst in ihr Kommado nehmen, damit er ihr Werk vollende am Marterholz.«[122]

Im Juni 1934 hatte Hulda Pankok mit dem Verlag R. Piper (München) Kontakt aufgenommen. Inhaber Reinhard Piper zögerte die Entscheidung über die Herausgabe einer Buchausgabe jedoch immer wieder hinaus und lehnte erst im Juni 1935 ab. Mit Unterstützung des Evangelischen Kunstdienstes konnte schließlich der Verlag Gustav Kiepenheuer (Berlin) gewonnen werden, der bis 1933 kritische, eher linksorientierte Autoren gefördert hatte und die *Passion* schließlich Ende 1936 publizierte.[123] Den Druck hatte Hulda Pankoks Bruder Heinrich Droste, wiewohl der NSDAP beigetreten, in seinem Düsseldorfer Druck- und Verlagshaus besorgt. Da Friedrich Muckermann jedoch noch 1934 in die Niederlande hatte fliehen müssen und als Autor mittlerweile ausgefallen war und da auch der befreundete Schweizer Philosoph Max Picard übervorsichtig zauderte, schrieb Pankok das Vorwort selbst.[124] Darin warf er die Frage auf: »Ist Gott oder ist das Tier des Menschen Ebenbild? In jedem drängt diese Frage zur Entscheidung. Aber schon in der Frage liegt die Entscheidung zur Liebe, zur unerschütterlichen Anständigkeit, zur ›von Natur aus christlichen Seele‹. Es ist die Entscheidung in dem modernsten und aktuellsten aller Probleme. Es ist die Stellungnahme im Kampf gegen alles das, was das Leben gemein, sinnlos und eng macht.«[125]

Parallel zur Buchfassung gewann Pankok einen kleinen Betrieb im westfälischen Erkenschwick dafür, zu seiner *Passion* auch einen Film zu produzieren.[126] Nachdem erste Rezensionen der Buchfassung durchaus positiv ausgefallen waren, attackierte das SS-Presseorgan *Das Schwarze Korps* den Film und die Verlagsausgabe der *Passion* am 21. Januar 1937 frontal und verunglimpfte das Werk als »sadistische Pornographie«, Gotteslästerung und »Anblick der übelsten philosemitischen Malerei«. Bewusst sei Christus »als Jude mit allen rassischen Merkmalen dieser Rasse dargestellt«; der Artikel endete mit unverhohlenen Drohungen gegen Künstler und Verlag.[127] Schon einen Tag später war die Gestapo im Begriff, bei dem Filmproduzenten in Erkenschwick einzuschreiten, der daraufhin die Negative und die 90 Kopien vernichtete.[128]

Nachdem die Reichskulturkammer die Buchfassung am 5. Februar auf die »Liste des schädlichen und unerwünschten Schrifttums« gesetzt hatte, erhielt die Düsseldorfer Gestapo von ihrer Berliner Zentrale die Anweisung, alle in Umlauf befindlichen Exemplare zu beschlagnahmen; daraufhin wurden nicht nur die Räume des Kiepenheuer Verlags in Berlin durchsucht, sondern auch die Droste-Druckerei und das Haus des Künstlers. Wohlweislich hatten Otto und Hulda Pankok die Originalzeichnungen des Passionszyklus, die zuhause gelagerten Buchexemplare und die Druckplatten mit Unterstützung von verlässlichen Freunden rechtzeitig in Verstecken untergebracht. Hulda Pankok konnte mit couragiertem Auftreten offenbar die befürchtete Verhaftung ihres Mannes abwenden.[129]

Dies waren nicht die ersten polizeilichen Repressalien gewesen, denn bereits 1935 hatte die Gestapo Düsseldorf gegen das Ehepaar Pankok ermittelt, da die Haushälterin der Familie, mittlerweile Mitglied der NS-Frauenschaft, das Ehepaar denunziert hatte, kommunistisch eingestellt zu sein und auf Reisen Verbindung mit russischen Spionen aufgenommen zu haben.[130] Das Einschreiten gegen die *Passion* war nun auf einen für Pankok großen und zentralen Werkzyklus gerichtet, mit dem er das öffentliche Fortwirken unabhängiger Kunst auch gegen die immer herrischere NS-Kulturpolitik zu behaupten versucht hatte.

Diese Zielsetzung ließ sich, so musste er nun erkennen, unter den gegebenen Herrschaftsverhältnissen nicht mehr aufrechterhalten, die Machthaber hatten seine Versuche radikal unterbunden. Weitere Maßnahmen folgten bzw. waren schon vorausgegangen: Hausdurchsuchungen, die Beschlagnahme einer ganzen Lastwagenladung voll Gipsmodellen, Plastiken, Kohlegemälden und Grafiken, polizeiliche Observation, Postüberwachung, schließlich Malverbot (1936) und Entzug der Reisepässe des Ehepaars Pankok (1937).[131]

Pankoks Kohlezeichnung *Volltreffer*, sein erstes unmittelbares Kriegsmotiv, 1937 als Warnung verstanden

Nachdem Hitler und Goebbels die ›gleichgeschaltete‹ Reichskunstkammer ermächtigt hatten, in Museen und Galerien in großem Stil ›entartete Kunst‹ zu beschlagnahmen, wurden schließlich auch 56 Werke von Otto Pankok konfisziert. In der berüchtigten Propaganda-Ausstellung *Entartete Kunst*, am 19. Juli 1937 in München eröffnet und im Juni 1938 mit rheinischen Ergänzungen im Kunstpalast Düsseldorf gezeigt, wurde auch Pankok öffentlich diffamiert.[132]

Drangsaliert und verfemt, zog sich der Künstler wohl oder übel aus der Öffentlichkeit zurück, versteckte die eigenen Werke bei Freunden,[133] wich im Sommerhalbjahr nicht mehr freiwillig, sondern gezwungenermaßen in ländliche Regionen aus, hielt aber stets diskreten Kontakt zu Gleichgesinnten und korrespondierte zum Beispiel mit Ernst Barlach, der sich ebenfalls im Zustand »innerer Emigration« befand.[134] Künstlerisch suchte Pankok die Selbstbehauptung, arbeitete klandestin und gestaltete neben düster werdenden Natur- und Landschaftsmotiven weitere widerständige Sujets, um nationalsozialistischem Terror, dem Leiden der Verfolgten und der steigenden Kriegsgefahr Ausdruck zu geben.

Im Jahr 1936 entstand mit *Judenfriedhof* die erste Kohlezeichnung zum jüdischen Schicksal, im Jahr darauf schuf er die Arbeiten *Ausgelöscht* und *Volltreffer*.

Otto Pankok: *Das Judenhaus,*
eine große Kohlezeichnung aus dem Jahr 1945,
dem viele Arbeiten zum ›jüdischen Schicksal‹
vorausgegangen waren

Letztere stellte in warnender Absicht Pankoks erste direkte und schonungslose Darstellung einer Kriegsszene dar. Die wenig bekannte Kohlezeichnung *Sperber an der Wand* (1938), die einen toten Greifvogel mit ausgebreiteten Flügeln an eine Holzwand genagelt zeigt, lässt sich als Allegorie auf den deutschen Reichsadler begreifen.[135] Das jüdische Thema rückte von 1939 an immer stärker in den Fokus – *Wartende Männer (Ghetto), Zerstörte Synagoge, Pogrom, Pogrom mit SS-Mann* lauten nur die prägnantesten Titel.

Hulda Pankok hatte, weitmöglich geschützt durch ihren Bruder Heinrich Droste, in dessen Verlag zunächst journalistisch weiterarbeiten können, bis die nationalsozialistischen Behörden 1937 auch gegen sie ein Schreibverbot verhängten. Dennoch konnte sie im Verlagshaus heimlich als Redakteurin tätig sein und unter Pseudonym für Kirchenzeitungen schreiben.[136]

Im Frühjahr 1938 kam die Familie Pankok zu der Überzeugung, sich weiteren drohenden Gestapo-Repressalien entziehen zu müssen und Düsseldorf zu verlassen. Offenbar im Mai reiste Otto Pankok ins Emsland, mietete in dem kleinen Ort Bokeloh bei Meppen mehrere kleine Zimmer an und holte seine Frau und die mittlerweile dreizehnjährige Tochter Eva, die fortan die kleine örtliche Schule besu-

Otto und Hulda Pankok mit Tochter Eva im Jahr 1938

chen sollte, nach. Hulda Pankok pendelte regelmäßig nach Düsseldorf, um auch weiterhin heimlich Schreibaufträge zu übernehmen.

Im Frühling 1939 lernte Pankok einen vermeintlichen Schweizer Architekten namens Walter Biegler kennen, der in sehr vertrauenswürdiger Manier anbot, den Verkauf von Kunstwerken in der Schweiz zu vermitteln, den Pankoks mit Hilfe von Schweizer Behörden neue Reisepässe zu verschaffen und auf diese Weise eine Emigration zu ermöglichen. Pankok gab ihm daraufhin ein großes Konvolut mit 200 Kohlezeichnungen mit, darunter die komplette *Passion*. Die Pässe trafen tatsächlich ein, die Familie Pankok reiste Anfang Juni ab, doch Biegler erwies sich als polizeilich bekannter Schwindler, und nur mit großer Mühe konnte Pankok unter Einschaltung der Schweizer Kriminalpolizei seine Werke schließlich zurückerhalten. Ein weiterer Verbleib im neutralen Nachbarland erwies sich nun als nicht finanzierbar, so dass man Anfang September 1939 wieder zurückkehrte – zunächst nach Düsseldorf, dann nach Bokeloh.[137]

Dort lebte Familie Pankok schon bald Tür an Tür mit polnischen Kriegsgefangenen, die nach Hitlers Überfall auf Polen ins Emsland verbracht und in einem unmittelbar angrenzenden Lager untergebracht wurden.[138] In der Umgebung trafen die Pankoks mittlerweile auf Häftlingskolonnen aus dem KZ Börgermoor, und offenbar erfuhren sie durch Wehrmachtsurlauber bald von der Einrichtung von Ghettos in polnischen Städten und von der Vertreibung der jüdischen Bevölkerung aus ihren Wohnorten, später auch von dem nationalsozialistischen Mord an Behinderten und von den Massenerschießungen von Juden auf der Krim.[139]

Regelmäßige Stippvisiten in Düsseldorf, die der Sorge um das eigene Haus galten, nutzten die Pankoks zugleich für heimliche Zusammenkünfte mit gleichgesinnten Freunden und zuverlässigen Bekannten. Der italienische Literaturwissenschaftler, Publizist und Antifaschist Berto Perotti, der seit 1937 in Deutschland lebte, im November 1938 die Pogromnacht erlebt hatte und Pankok im April 1939 kennenlernte, nahm regelmäßig daran teil, auch die Malerkollegen Carl Lauterbach und Mathias Barz, der trotz Pressionen unbeirrt seine jüdische Frau Brunhilde (geb. Stein) stützte, oder etwa Ex-Theaterdirektor Gustav Lindemann.[140] Während eines Aufenthalts im August 1940 zeigte Pankok in seinem Privathaus unter dem Siegel der Verschwiegenheit dem Kunsthistoriker Will Grohmann und dem Kunstakademie-Professor Otto Coester neue Arbeiten zum jüdischen Schicksal.[141]

Im Jahr 1941 zog Familie Pankok zunächst nach Iversheim bei Bad Münstereifel, im Sommer 1942 in ein unter Kriegsbedingungen mühsam renoviertes Haus in dem Eifeldorf Pesch. Die Pankoks hörten illegal die ausländischen Radiosender, um sich ein möglichst objektives Bild von der Kriegslage zu machen, und hofften auf militärische Erfolge der Alliierten. Im Zuge der zunehmenden Luftangriffe auf Düsseldorf wurde das Gebäude des Droste Verlags bis auf die Grundmauern zerstört, schließlich wurde auch das eigene Haus in der Brend'amourstraße getroffen. Pankok war bemüht, selbst unter den eskalierenden Kriegseinwirkungen »mit Ruhe auf seinem Posten« zu bleiben.[142] Die unbedingte Zuverlässigkeit seiner ihm Nächsten – seiner Frau Hulda und seiner unter Kriegsbedingungen erwachsen werdenden Tochter – wurde für Pankok nun noch wichtiger als in den Jahren zuvor. Hatte er dem bereits 1938 in der Kohlezeichnung *Das Familienschiff* Ausdruck gegeben, so ging es nun offenbar, wie jedenfalls die Arbeit *Fliehen – wohin?* zeigt, um gemeinsames Ausharren.[143]

Als Otto Pankok im Herbst 1944 einen Gestellungsbefehl für den ›Volkssturm‹, Hitlers letztem Aufgebot der 16- bis 60-Jährigen, erhielt, gelang es Hulda mit Chuzpe, seine Einberufung abzuwenden.[144] Als die Alliierten immer näher auf die Eifel vorrückten und Pankok als ehemaliger Offizier des Ersten Weltkriegs Anfang 1945 zur Musterung nach Schleiden befohlen wurde, markierte er vor den Offizieren mit schauspielerischem Geschick geistige Untauglichkeit.[145]

Im Dezember 1944, als sich die Frontlinie bereits auf Pesch zubewegte, suchten der verfemte Malerkollege Mathias Barz und seine jüdische Frau Brunhilde, die sich auf der Flucht befanden, verzweifelt Unterschlupf bei den Pankoks. Unter Einbeziehung der neunzehnjährigen Eva Pankok entschied die Familie ohne Zögern, das Ehepaar Barz im unscheinbaren Dachzimmer des Hauses zu verstecken. Anfang Februar 1945 jedoch erhielten sie eine zwangsweise Einquartierung eines Trupps deutscher Soldaten, deren junger, ehrgeiziger Offizier schließlich auch die Kammer unter dem Dach beanspruchte. Nur mit viel Glück und Geschick gelang es, ihn auf den folgenden Tag zu vertrösten, Mathias und Brunhilde Barz nachts heimlich aus dem Haus zu schmuggeln und in dem Nachbardorf Kirchheim bei einem den Pankoks bekannten katholischen Pfarrer namens Joseph Emons unterzubringen. Emons hatte Verbindung zu heimlichen Widerstands- und Helferkreisen und bereits vor dem Krieg mehreren Verfolgten zur Flucht nach Belgien verholfen.[146]

Otto, Hulda und Eva Pankok sowie Pfarrer Emons trugen – neben späteren Helfern in Düsseldorf – maßgeblich dazu bei, dass das Ehepaar Barz überlebte. In den fünfziger Jahren sollte Mathias Barz dem befreundeten Berto Perotti über die Zeit der nationalsozialistischen Verfolgung berichten und über die Endphase des Krieges schreiben: »In den letzten acht Monaten wechselten wir wie gehetzte Hunde von einem Versteck zum anderen. Die längste Zeit, zwei Monate, verbrachten wir bei Otto Pankok.«[147] Die Pankoks machten später kein Aufhebens von dieser für sie selbstverständlichen Hilfeleistung, doch im Dezember 2014 verlieh die israelische Holcaust-Gedenkstätte Yad Vashem Otto und Hulda Pankok sowie Pfarrer Emons posthum den Ehrentitel »Gerechter unter den Völkern«.[148]

Nach der Befreiung: Engagement und Appell

Befreit von dem Alpdruck der nationalsozialistischen Herrschaft und den unkalkulierbaren Gefahren der Kriegsendphase, suchte Otto Pankok mit Huldas Unterstützung nun die öffentliche Stellungnahme. Im Juni 1945 formulierte er einen Aufruf *An die deutschen Maler!* und schrieb: »Nun aber, nachdem das Gewitter über uns alle niedergegangen ist, wollen wir, die wir diese langen Jahre als Vogelfreie und Verpestete verschrieen waren, das Unsere dazutun, daß die, die sich nicht bewährten, die dem Bösen die Kommißstiefel geleckt haben, die für Geld jede Anständigkeit verraten haben, nicht wieder, mit einem neuen Mäntelchen behängt, sich in unser künstlerisches Reich hineindrängen. Wir sind uns dessen klar bewußt, daß diese gestaltlosen Schlaumeier schon seit Stalingrad auf der Lauer liegen und mit

List darauf warten, wann für sie der passende Augenblick erscheint, hinüberzuschleichen auf die andere Seite.

Wir Künstler werden darüber wachen, daß weder ein SS-Mann noch ein SA-Mann [...], daß weder einer, der für München Konjunktur malte, noch wer für Görings Luftfahrtministerium oder für die Kasernen Wandbilder anfertigte, wer für Goebbels' Presse Karikaturen und heroische Kriegsschilderungen lieferte, wer Hitlerbüsten fabrizierte oder sonstwie seine Hände beschmutzte, in unseren Reihen zu finden sein wird.« Pankok schloss mit dem Appell an die Kollegen, in ihren Ateliers und Treffpunkten »den Plan zu einem neuen Bund der Künstler zu besprechen und zu beraten«.[149]

Anfang Juli 1945 sandte Hulda Pankok der deutschsprachigen Redaktion der BBC in London einen Aufruf ihres Mannes »an die deutsche Jugend«. In ihrem Begleitschreiben insistierte sie, dass Deutschland entgegen häufig falscher Darstellungen »seine geistigen Kämpfer nicht verloren« habe. Ihr Mann habe »den Kampf gegen den Nationalsozialismus mit der Tapferkeit seines Herzens« aufgenommen und versucht, »den Widerstand zu stärken und die Menschen zum Nachdenken zu zwingen und zur Erkenntnis der Gefahren, die der Ungeist der Naziteufel über die Welt bringen mußte«. Sie übersende den Aufruf, damit die Welt erfahre, »was für Kräfte hier in der Stille weitergewirkt haben«, und schloss: »Äußerlich noch gefesselt, richten sich unsere Blicke auf die Freunde in aller Welt.«[150]

Zum Jahreswechsel 1945/46 schrieb Otto Pankok für die BBC eine weitere, am 25. Januar 1946 gesendete Rede, skizzierte die in der deutschen Kunst aktuell herrschenden Frontstellungen und griff diejenigen an, die sich in den zwölf Jahren nationalsozialistischer Herrschaft opportunistisch angepasst hatten: »Diese l'art pour l'art-Naturen sind dieselben Menschen, die auch darüber murren, daß man über die Greuel von Buchenwald und Auschwitz spricht. Es sind diejenigen, die 12 Jahre zusehen konnten, denn ihnen selbst ging es gut. Es sind diejenigen, die zusahen, als Alfred Mombert nach Theresienstadt gebracht wurde, die zusahen, als Ernst Barlach aus seinem Atelier fliehen mußte«.[151]

Bereits im Sommer 1945 konnte Pankok im Aachener Reiff-Museum in einer ganzen Ausstellungsreihe seine in den zurückliegenden Jahren entstandenen antifaschistischen Arbeiten zeigen. In den folgenden beiden Jahren stellte er »so oft und so viel aus wie nie zuvor«.[152] Hulda Pankok gründete von Pesch aus in Düsseldorf den Drei-Eulen-Verlag und suchte mit der Herausgabe preiswerter Ausgaben klassischer und von den Nationalsozialisten verbotener, auch internationaler Literatur sowie von Kunstbänden der ideologisch irregeleiteten Jugend der NS-Zeit neue

Orientierungen nahezubringen. Erst 1946, als das kriegsbeschädigte Wohnhaus in der Brend'amourstraße wiederhergestellt war, konnte die Familie nach Düsseldorf zurückziehen.

Im Jahr 1947 erschien im Drei-Eulen-Verlag Otto Pankoks Band *Zigeuner* mit über hundert großformatigen Reproduktionen der zu diesem Sujet seit 1931 entstandenen Werke. Zugleich konnte er in der Düsseldorfer Kunsthalle eine große Auswahl seiner *Zigeuner*-Werke zeigen. Pankok setzte sich für die wenigen überlebenden Sinti ein, die nach Düsseldorf zurückgekehrt waren, und half ihnen, ihre Ansprüche auf Unterstützung und Entschädigung geltend zu machen. Regelmäßig fuhr er in den folgenden Jahren, teils mit Akademie-Studenten, in das sogenannte Zigeunerlager am Höherweg, in dem die Sinti notgedrungen wieder lebten, um dort zu zeichnen, so dass zu dieser Motivgruppe viele weitere Arbeiten entstanden.[153]

»Lasst Euch nichts vormachen« – Pankok als Lehrender und engagierter Künstler

Obwohl konsequent unbequem und keineswegs überall wohlgelitten, wurde Pankok Anfang Oktober 1947 auf eine Professur an der Kunstakademie Düsseldorf berufen und in verschiedene Kommissionen und Gremien gewählt. Stellte er jedoch fest, dass der Versammlungsraum überwiegend mit ehemaligen ›Parteigenossen‹ gefüllt war, erklärte er mit Aplomb sogleich seinen Austritt.[154] So gesehen, mochte die nachdrückliche Hervorhebung seiner politisch-moralischen Grundhaltung, wie sie im Jahresbericht der Akademie für die Jahre 1945–1947 nachzulesen ist, auch von vorsorglichen Beschwichtigungsbedürfnissen geleitet gewesen sein.

Berücksichtigt man Pankoks Agieren in den ersten zwei Nachkriegsjahren, so erscheint es fast folgerichtig, dass insbesondere seine Akademieklasse im Jahr 1948 gegen »die noch verbliebenen Professoren mit nationalsozialistischer Vergangenheit rebellierte«. In der historischen Rückschau des Jahres 2014 weiß die Akademie dies wohl zu schätzen: »In diesem Aufbegehren gegen die Auswirkungen der nationalsozialistischen Vergangenheit liegen entscheidende Impulse, die die Kunstakademie in eine unbelastete Zukunft geleiten sollten.«[155]

Seinen Studentinnen und Studenten gegenüber verhielt sich Pankok geduldig und aufmerksam und suchte sie je individuell zu fördern und ihnen zu »helfen, daß sie den Weg finden zu Bildern, die ganz aus ihrer eigenen Persönlichkeit aufwachsen«.[156] Dieses Rollenverständnis des Lehrenden findet sich vielleicht auch gespie-

Otto Pankok: *Von Auschwitz zurück (Für Gaisa)*, 1948, Kohle auf Papier

gelt in den frühen Düsseldorfer Arbeiten von Günter Grass, die im Jahr 2013 ans Licht gekommen sind. Insbesondere die während seiner Zugehörigkeit zur Pankok-Klasse entstandenen Aquarelle und Tuschezeichnungen zeugen von einer freien und tastenden Suche nach einer eigenen Gestaltungs- und Ausdrucksweise, die Anleihen an den Surrealismus, die Art Brut und die Neue Sachlichkeit einschloss.[157]

Aufschlussreich ist auch, was der Bildhauer Bert Gerresheim, der im Jahr 1956 sein Studium bei Pankok begann, in Gesprächen berichtet hat: »[...] in der Pankok-Klasse waren ja vor allem diejenigen, die noch im Krieg gewesen waren und deshalb die Klasse hatten verlassen müssen. Das waren Leute wie Günter Grass, der hatte sein Studium allerdings bereits 1952 abgeschlossen. Als ich anfing, war auch Günther Uecker bereits fast fertig und schon so gut wie weg [...] Die waren zwar nur fünf oder sechs Jahre älter als ich, aber sie waren wegen der Kriegserlebnisse doch eine andere Generation. Sie hatten noch so eine Revoluzzer-Haltung, so eine schöpferische Unruhe hinterlassen, die ich vorfand, als ich an die Akademie kam – und der Pankok schürte das noch, durch seine Art. Er sagte: ›Laßt Euch nichts vormachen vom Modernismus und all dem Chichi!‹ Es ging ihm immer um das eigene Erleben der Wirklichkeit. Das sollten wir finden: Den Zugang zur Wirklichkeit.«[158]

Schon zu Gerresheims Studienbeginn hatte der Konflikt zwischen den Vertretern der gegenständlichen und denen der abstrakten Kunst jedoch auch die Kunstakademie Düsseldorf erreicht, denn im Jahr zuvor (1955) war mit Georg Meistermann erstmals ein Verfechter der Abstraktion auf eine Professur berufen worden, 1958/59 sollte diese ›Fraktion‹ mit Joseph Fassbender und Karl Otto Götz weiter verstärkt werden.[159] »Das war tatsächlich in dieser Zeit eine offene Kampfsituation«, erinnert sich Bert Gerresheim. »Die Fronten waren klar: Auf der einen Seite standen – um nur einige Namen zu nennen – Pankok, Mataré, Bindel und Székessy. Diese Professoren hielten am Gegenständlichen fest, allerdings natürlich – was die formale Gestalt betrifft – sehr offen. [...] Die andere Seite stand gleichsam vor der Tür und trat dann schließlich mit Meistermann auch ein. [...] Wenn man draußen die Kunstpolitik in den Galerien sah, so zeichnete sich bereits ab, daß das Gegenständliche erst einmal keine Chancen mehr hatte. In der Akademie galt die Parole: ›Das menschliche Antlitz [...] und die menschliche Figur sind aus der Kunstgeschichte ausgeschieden.‹«[160]

Weil sie sich davon nicht ins Abseits drängen lassen wollten, gründeten die Pankok-Schüler Hans-Günther Cremers und Hannelore Köhler im Jahr 1956 die Gruppe der *Jungen Realisten,* und auch Gerresheim trat bei.[161] Günter Grass erlebte Gerresheim nur noch als Besucher der Akademie und Gast von Ausstellungseröffnungen: »Das war die Zeit, als die ›Blechtrommel‹ gerade auf den Buchmarkt gekommen war. Es war oft ein wenig schwierig mit Hulda Pankok – die hatte entdeckt, daß in dem Roman ein ›Professor Kuchen‹ vorkommt. Und natürlich war klar, daß das Pankok sein sollte. Pankok gleich ›Pfannkuchen‹! Ihn selber rührte das nicht.«[162]

Ob und in welchem Maße Günter Grass aus der Distanz Otto Pankoks weiteres künstlerisches Arbeiten, sein pazifistisches Engagement der späteren 1950er Jahre, seine nonkonformen Verbindungen nach Ost-Berlin und seine erneut ausgedehnten Reisen verfolgt hat, müssten weitere eingehende Quellenstudien ausloten. Hulda Pankok hatte Anfang der fünfziger Jahre eine gegen die Wiederbewaffnung der Bundesrepublik gerichtete Frauenpartei gegründet. Da etwa zeitgleich, 1952, Gustav Heinemann und die entschiedene Aufrüstungsgegnerin Helene Wessel die ge-

Pankoks Beitrag zu einer
Anti-Apartheid-Ausstellung in London,
dem farbigen amerikanischen
Schriftsteller Langston Hughes
gewidmet (1964, Holzschnitt)

gen die Wiederbewaffnung eintretende Gesamtdeutsche Volkspartei (GVP) ins Leben riefen, beschlossen Hulda Pankok und ihre Parteifreundinnen, mit der GVP zu fusionieren.[163] Zu den weiteren GVP-Mitgliedern zählten Carl Amery, Erhard Eppler, Diether Posser, Johannes Rau und Jürgen Schmude.

Otto Pankok schrieb im Januar 1958 einen Rundfunkbeitrag gegen die drohende atomare Bewaffnung der Bundesrepublik, engagierte sich in einer Arbeitsgemeinschaft gegen Atomrüstung und trat im Juni 1958 gemeinsam mit Hulda bei einem Anti-Atom-Kongress in Gelsenkirchen auf. Beteiligt war übrigens auch der Akademie-Kollege und erste Grass-Lehrer Sepp Mages, der sich unter nationalsozialistischer Herrschaft in erheblichem Maße angepasst hatte.[164]

Auch nach seiner Emeritierung und der Übersiedlung der Familie nach Haus Esselt (Hünxe-Drevenack, Kreis Wesel) im Jahr 1958 beteiligte sich Pankok mit künstlerischen Mitteln an politischen Initiativen. Im November 1964 schuf er für eine gegen das südafrikanische Anti-Apartheid-System gerichtete Londoner Ausstellung einen Holzschnitt, der dem amerikanischen Schriftsteller Langston Hughes gewidmet und mit einem Zitat aus einem Hughes-Gedicht versehen war: »Besides, / They'll see how beautiful I am / And be ashamed«.[165] Auch als die Akademie der Künste in Ost-Berlin im September 1966 unter der Regie von Anna Seghers, Fritz

Haltet ein! Pankoks Beitrag zur Finanzierung einer gegen den Vietnamkrieg gerichteten Publikation der Akdademie der Künste in Ost-Berlin (1966, Holzschnitt)

Cremer und Pankoks langjährigem Freund Otto Nagel eine Publikation *Vietnam in dieser Stunde* plante und zur Finanzierung alle korrespondierenden Akademie-Mitglieder um eine Grafik bat, zögerte Pankok nicht und schuf den Holzschnitt *Haltet ein!*[166]

Der allergrößte Teil seiner künstlerischen Arbeit galt jedoch auch in der Nachkriegszeit der elementaren Natur und Landschaft und den Menschen, deren Lebensweise damit eng korrespondierte. Dies zeigen allein schon die Werke, die auf ausgedehnten Jugoslawien-Reisen zwischen 1953 und 1956 entstanden sind. Die Vorherrschaft der abstrakten Kunst registrierte er mit zunehmender Resignation, die Aktionskunst eines Joseph Beuys, der von 1952 bis 1954 Meisterschüler seines Kollegen Ewald Mataré gewesen und an der Kunstakademie Düsseldorf seit 1961 als Außerordentlicher Lehrer für Bildhauerei tätig war, verwarf er offenbar vollends.[167] Als ihm im Sommer 1964 der Ehrenvorsitz der wiedergegründeten *Rheini-*

schen Sezession angetragen wurde, machte er zur Bedingung, dass die Kollegen »den Kampf gegen Pop etc. aufnehmen« müssten.[168] Seinem Biographen Zimmermann, der gerade seine umfangreiche Bilanz von Leben und Werk abgeschlossen hatte, schrieb Pankok im August desselben Jahres, dass »dieses Werk der Endpunkt einer Epoche ist, nämlich die letzte Einheit von Natur und Mensch«.[169] Zwei Jahre später, am 20. Oktober 1966 verstarb Otto Pankok im Alter von 73 Jahren im Krankenhaus in Wesel.

Anmerkungen

1 Grass' eigene Bezeichnung zit. nach Volker Neuhaus, Günter Grass. Schriftsteller – Künstler – Zeitgenosse. Eine Biographie, Göttingen 2012, S. 13 (künftig zitiert als Neuhaus, Grass-Biographie).
2 So Grass im April 1970 gegenüber dem Nachrichtenmagazin Time, zit. nach Volker Neuhaus, Günter Grass, 3., aktualisierte u. erweiterte Aufl., Stuttgart/Weimar 2010, S. 254 (künftig zitiert als Neuhaus, Grass); ergänzend Neuhaus, Grass-Biographie, S. 87–92.
3 Ebd., S. 78 u. 92; vgl. dazu Günter Grass, Beim Häuten der Zwiebel, Göttingen 2006, S. 72 u. 140–143.
4 Grass, Beim Häuten, S. 220–222; Neuhaus, Grass-Biographie, S. 87 f.
5 Ebd., S. 108; Grass, Beim Häuten, S. 329–331 (Studienbeginn).
6 Jahresbericht der staatlichen Kunstakademie Düsseldorf 1945–1947, Düsseldorf o. J. [1948], S. 29 u. S. 100.
7 Kunibert Bering, Die Akademie während der Zeit des Nationalsozialismus 1933–1945, in: Die Geschichte der Kunstakademie Düsseldorf seit 1945, hg. von der Kunstakademie Düsseldorf, München 2014, S. 20–36, hier S. 33; Ewald Mataré, Tagebücher 1915 bis 1965, hg. von Sonja Mataré und Sabine Maja Schilling, Köln 1997, Zitate S. 323 u. S. 325.
8 Ebd., Eintrag vom 7. 12. 1945, S. 329.
9 Ebd., Eintrag vom 2. 2. 1946, S. 330.
10 Bering, Die Akademie während der Zeit des Nationalsozialismus, S. 34.
11 Mataré, Tagebücher, Eintrag vom 2. 2. 1946, S. 332.
12 Bering, Die Akademie während der Zeit des Nationalsozialismus, S. 27. u. S. 29; Guido Reuter, Die künstlerische Ausbildung in den Jahren des Wiederaufbaus, in: Die Geschichte der Kunstakademie Düsseldorf seit 1945, S. 132–155, hier S. 139. Über Sepp Mages (*6. 10. 1895, †18. 11. 1977) ist relativ wenig bekannt; siehe die Kurzbiografie ebd., S. 139 f. u. im selben Sammelband S. 462.
13 Bering, Die Akademie während der Zeit des Nationalsozialismus, S. 26–28; weiterführend die Dissertation von Christoph Heuter, Emil Fahrenkamp (1885–1966) – Architekt im rheinisch-westfälischen Industriegebiet, Berlin 2002.
14 Zitiert nach Bering, Die Akademie während der Zeit des Nationalsozialismus, S. 28.
15 Ebd., S. 27 und Abbildung 9, S. 28.
16 Mataré, Tagebücher, Eintrag vom 2. 2. 1946, S. 333.
17 Siehe Sepp Mages, Zur Architekturplastik, in: Jahrbuch der Staatlichen Kunstakademie Düsseldorf 1948–1950, hg. von Akademiedirektor Prof. H. Kamps, Düsseldorf o. J. [1951], S. 47; Reuter, Die künstlerische Ausbildung in den Jahren des Wiederaufbaus, S. 139 f., Kurzporträt von Mages.
18 Reuter, Die künstlerische Ausbildung in den Jahren des Wiederaufbaus, S. 147.
19 Jahresbericht der Kunstakademie Düsseldorf 1945–1947, S. 28 f., Zitat S. 29.
20 Ebd., S. 28.

21 Sie malen wieder. Düsseldorfer Atelier-Gespräche und Künstler-Porträts, in: Westdeutsche Rundschau vom 15. Mai 1948, zit. nach: Reuter, Die künstlerische Ausbildung in den Jahren des Wiederaufbaus, S. 148.
22 Bering, Die Akademie während der Zeit des Nationalsozialismus, S. 34, ohne Quellenangabe.
23 Grass, Beim Häuten, S. 349.
24 Reuter, Die künstlerische Ausbildung in den Jahren des Wiederaufbaus, S. 148, dort auch das Zitat aus einem Artikel von Anna Klapheck, 1952–1964 erst Dozentin, dann Professorin für Kunstgeschichte an der Kunstakademie Düsseldorf, mit dem Titel ›Blick auf Otto Pankok. Zum 60. Geburtstag am 6. Juni‹, in: Rheinische Post vom 6.6.1953.
25 Grass, Beim Häuten, S. 348.
26 Ebd., S. 349.
27 Ebd., S. 350.
28 Ebd., S. 387; Neuhaus, Grass-Biographie, S. 120.
29 ›Beim Häuten‹ schrieb Grass: »So muß zugegeben werden, daß es mir nunmehr schwerfällt, meine damalige Zeitweil auf nachweisbare Tatsachen abzutasten« (S. 352); die letztgenannte Selbsteinschätzung von Grass ebd., S. 351. Zum künstlerischen Schaffen dieser Jahre aufschlussreich der Beitrag von Vikoria Krason, Erste Bilder und Plastiken von Günter Grass – eine Fundsache aus Düsseldorf, in: Freipass. Forum für Literatur, Bildende Kunst und Politik, Band 2, Berlin 2016, S. 110–131.
30 Grass, Beim Häuten, S. 348 f.
31 Walter Romain, »Nicht beim Alten bleiben!«. Die Düsseldorfer Kunstakademie in den Jahren nach dem Krieg, in: Klaus Honnef/Hans M. Schmidt (Hg.), Aus den Trümmern. Kunst und Kultur im Rheinland und Westfalen 1945–1952. Neubeginn und Kontinuität, Ausstellungskatalog Bonn/Düsseldorf/Bochum, Köln 1985, S. 419–421, zitiert nach Reuter, Die künstlerische Ausbildung in den Jahren des Wiederaufbaus, S. 149.
32 Otto Pankok, Unser Glaube an das Leben, in: Jahrbuch der Kunstakademie Düsseldorf 1948–1950, S. 25–28, Zitate S. 26 f. Da in dem Jahrbuch studentische Arbeiten aus allen Akademie-Klassen vorgestellt wurden und von Günter Grass die ›Broncplastik [sic] für das Haus eines Sammlers‹ abgebildet war (S. 50, Abb. 110), dürfte Grass das Jahrbuch samt Pankok-Beitrag durchaus zur Kenntnis genommen haben, zumal die Plastik zusammen mit der Arbeit einer Mitstudentin als Semesterarbeit ausgezeichnet worden war; siehe Grass, Beim Häuten, S. 337 f.
33 Neuhaus, Grass-Biographie, S. 102 u. 105–108; Grass, Beim Häuten, S. 289–294, S. 310. Zur katholischen Sozialisation siehe Neuhaus, Grass-Biographie, S. 51–53, zum motivischen Fortwirken seiner »christlichen Erblast« im Werk siehe Dieter Stolz, Günter Grass, der Schriftsteller. Eine Einführung, Göttingen 2005, S. 22–24.
34 Grass, Beim Häuten, Zitat S. 384, insgesamt S. 382–385.
35 Ebd., S. 385; Neuhaus, Grass-Biographie, S. 114.
36 Grass, Beim Häuten, S. 423.
37 Wassily Kandinsky hatte ihm 1926 das Gemälde ›Hommage à Grohmann‹ gewidmet.
38 Erstes und drittes Zitat nach Der Spiegel Nr. 16 vom 13.4.1955, S. 50, mit »Hofer« überschriebener Artikel zum Tod des HdBK-Präsidenten, zweites Zitat nach https://de.wikipedia.org/wiki/Karl_Hofer, Zugriff vom 17.04.2017.
39 Grass, Beim Häuten, S. 424 f.
40 Ausführlich dazu Myriam Maiser, Der Streit um die Moderne im Deutschen Künstlerbund unter dem ersten Vorsitzenden Karl Hofer. Eine Analyse der Ausstellungen von 1951 bis 1955, Berlin 2007, insbes. S. 206–235, online unter http://www.diss.fu-berlin.de/diss/servlets/MCRFileNodeServlet/FUDISS_derivate_000000003075/5_maiser_kap5.pdf?hosts= (Download vom 17.4.2017).
41 Grass, Beim Häuten, S. 424 f.

42 Günter Grass, Vier Jahrzehnte, Darmstadt 1991, zit. nach Rolf Jäger (Bearb.), Biographie, in: Otto Pankok 1893–1966. Retrospektive zum 100. Geburtstag, hg. von Rainer Zimmermann, Bernhard Mensch u. Karin Stempel, Oberhausen 1993, S. 288–305, hier S. 303.

43 Zu den Lebenswegen seiner Künstlergeneration siehe Rainer Zimmermann, Expressiver Realismus. Malerei der verschollenen Generation, München 1994, S. 11.

44 Aloys Greither, Der junge Otto Pankok. Das Frühwerk des Malers, Düsseldorf 1977, S. 13–16; Eva Pankok, Mein Leben, Düsseldorf 2007, S. 10–14; Jörg Schmitz, Otto Pankoks künstlerischer Werdegang bis 1921, in: Beate Reese (Hg.), Otto Pankok zum 120. Geburtstag. Kohlebilder und Grafiken aus der Sammlung des Kunstmuseums Mülheim an der Ruhr, Ausstellungskatalog, Mülheim a. d. R./Leipzig 2013, S. 89–103, hier S. 89 f.

45 Anja Bauer, Wenn aus Zeichnungen Gemälde werden, in: ebd., S. 8–33, hier S. 15.

46 Nicole Roth, Die Künstler der Zeitschrift »Die Rheinlande« – nördliche Rheinprovinz und Westfalen, in: Städtische Wessenberg-Galerie Konstanz/Museum Giersch Frankfurt am Main/Stadt Karlsruhe – Städtische Galerie (Hg.), Die andere Moderne. Kunst und Künstler in den Ländern am Rhein 1900 bis 1922, Konstanz/Frankfurt am Main/Karlruhe 2013/14, S. 83–97, hier S. 86–88.

47 Otto Pankok, Stern und Blume. Nachdruck des vom Freihochschulbund Düsseldorf 1930 herausgegebenen und verlegten Textes, als Begleitheft zur Ausstellung ›Otto Pankok‹ Das Jugendwerk (29. 3. bis 3. 5. 1987), hg. vom Städtischen Museum Mülheim, Mülheim an der Ruhr 1987, S. 10, Abschnitt »Die Wahlverwandten«. Siehe auch Rainer Zimmermann, Bilder gegen den Zeitgeist. Zum Werk Otto Pankoks, in: Zimmermann u. a., Retrospektive, S. 13–31, S. 13 f.; ders., Expressiver Realismus, S. 239.

48 Pankoks weitestgehende Beschränkung auf Schwarz- und Grautöne ist Kritikern offenbar schon früh so ungewöhnlich erschienen, dass die unzutreffende Vermutung in Umlauf gebracht wurde, Pankok sei farbenblind; siehe Zimmermann, Expressiver Realismus, S. 239, Anm. 2, zugehöriger Anm.-Text S. 340 mit einen Nachweis aus dem Jahr 1935.

49 Jörg Schmitz, Otto Pankoks künstlerischer Werdegang, S. 94.

50 Pankok, Stern und Blume, S. 11 f.

51 Cyrus Overbeck/Oliver Müller, Otto Pankok. Maler, Grafiker, Bildhauer. Eine Biographie, Düsseldorf 1995, S. 49–52.

52 Pankok, Stern und Blume (Anm. 18), S. 12.

53 Schmitz, Otto Pankoks künstlerischer Werdegang, S. 94.

54 Pankok, Stern und Blume, S. 12.

55 Rainer Zimmermann. Otto Pankok. Das Werk des Malers, Holzschneiders und Bildhauers, Berlin, 2. [ergänzte] Aufl., 1972, S. 15 (1. Aufl. 1964, unter Mitwirkung des 1966 verstorbenen Künstlers entstanden; künftig zitiert als Zimmermann, Pankok-Biographie).

56 Uwe M. Schneede, Die Avantgarden im Kampf, in: 1914. Die Avantgarden im Kampf, Katalog der Bundeskunsthalle Bonn zur gleichnamigen Ausstellung, 8. 11. 2013–23. 2. 2014, Köln 2013, S. 20–33.

57 Zum Folgenden siehe ausführlicher Norbert Fasse, Otto Pankok und der Erste Weltkrieg. Eine historisch-biografische Collage, hg. von der Otto-Pankok-Gesellschaft e.V., Hünxe 2014; Overbeck/Müller, Pankok, S. 65–72.

58 Die Briefe Pankoks befinden sich im Otto-Pankok-Archiv auf Haus Esselt, Hünxe-Drevenack.

59 Pankok in einem Brief an seinen ehemaligen Klassenkameraden Dr. Otto Berger vom 21. 10. 1960, als Faksimile gedruckt in: Greither, Der junge Otto Pankok, S. 28 f.

60 Ebd., S. 63.

61 Arztbrief von Dr. von Kemnitz aus einem Offiziersgenesungsheim in Garmisch vom 27. 6. 1916 an den Vater, als Original im Pankok-Archiv, Haus Esselt; Overbeck/Müller, Pankok, führen auf Basis einer quellenmäßig nicht nachgewiesenen späteren Aussage von Pankok an, dass es sich um eine Ärztin handelte (S. 85–87).

62 Eva Pankok, Mein Leben, Düsseldorf 2007, S. 20.
63 Overbeck/Müller, Pankok, S. 95–97 u. Abb. 17, S. 96; Otto Pankok, Die Holzschnitte. Werkverzeichnis Bd. 1, bearb. u. eingeleitet von Rainer Zimmermann, Mitarb.: Rolf Jäger, hg. von Hulda u. Eva Pankok und der Otto-Pankok-Gesellschaft, Düsseldorf 1985, WH 18 (1918), S. 41.
64 Das Schreiben ist vollständig dokumentiert bei Jäger, Biographie, S. 291f. Zum Aufenthalt in Remels siehe Günter Goebbels, Von Remels nach Düsseldorf: Ein Künstlertreffpunkt in Ostfriesland 1919, in: Gertrude Cepl-Kaufmann/Gerd Krumeich/Ulla Sommers (Hg.), Krieg und Utopie. Kunst, Literatur und Politik im Rheinland nach dem Ersten Weltkrieg, Essen 2006, S. 75–83; Fasse, Pankok und der Erste Weltkrieg, S. 27–30.
65 Otto Pankok in einem späteren, für Ausstellungszwecke geschriebenen handschriftlichen Lebenslauf (Otto-Pankok-Archiv, unsigniert).
66 Wollheims Tryptichon sollte der Dramatiker und Publizist Gerth Schreiner noch 1939 eindrucksvoll in seinem niederländischen Exil beschreiben; siehe ders., Die Republik der vierzehn Jahre, Bilthoven 1939, zit. nach: Am Anfang: Das Junge Rheinland. Zur Kunst- und Zeitgeschichte einer Region 1918–1945, hg. von Ulrich Krempel, Ausstellungskat. Städtische Kunsthalle Düsseldorf, 1985, Buchausgabe des Verlags Claassen o. O., S. 22f., hier S. 23. Zu Wollheims und Pankoks Arbeiten des Jahres 1919 siehe auch Martina Padberg, Der »apokalyptische Ton«. Anmerkungen zu einem expressionistischen Bildmotiv, in: Cepl-Kaufmann u. a., Krieg und Utopie, S. 194–204.
67 Otto Pankok, Tagebuch 6. August 1919 bis 16. Oktober 1919, Eintrag vom 26.8.1919.
68 Zur Einführung siehe Christoph Wilhelmi, Künstlergruppen in Deutschland, Österreich und der Schweiz seit 1900. Ein Handbuch, Stuttgart 1996, S. 52f. u. 188–194; darüber hinaus: Das Junge Rheinland. Künstler – Werke – Dokumente, hg. von der Galerie Remmert und Bath, Düsseldorf 1996; Susanne Anna/Annette Baumeister (Hg.): Das junge Rheinland. Vorläufer, Freunde, Nachfolger, Ostfildern 2008; Dix – Pankok – Wollheim. Freunde in Düsseldorf 1920–1925. Mit Texten von Johanna Ey, Conrad Felixmüller, Otto Pankok, Gerth Schreiner, Paul Westheim u. Gert Wollheim, hg. von der Galerie Remmert und Bath, Düsseldorf 1989; Krempel, Am Anfang; ferner folgende drei Beiträge in dem Sammelband von Cepl-Kaufmann u. a., Krieg und Utopie: Stephan von Wiese, Gert H. Wollheim. Kunst und Politik im Umkreis des »Jungen Rheinland« (S. 84–92); Rudolf Schmitt-Föller, Die Düsseldorfer Künstlergruppe »Aktivistenbund 1919« (S. 93–103); Martina Padberg, Der »apokalyptische Ton«. Anmerkungen zu einem expressionistischen Bildmotiv (S. 194–204); Peter Barth, Wegbereiter der Neuen Kunst – Kunsthändler im Rheinland: Alfred Flechtheim, Hans Koch, Johanna Ey, Karl Nierendorf (S. 373–383).
69 Abgedruckt bei Friedrich W. Heckmanns, Otto Pankok. »Seine Düsseldorfer Jahre«, in: Zimmermann u. a., Retrospektive, S. 53–65, hier S. 59; siehe auch von Wiese, Gert H. Wollheim, S. 84–92.
70 Peter Barth, Wegbereiter der Neuen Kunst, S. 379.
71 Deren Gründungsaufruf unterzeichneten unter anderem die Dresdner Sezession, die Novembergruppe Berlin, die Darmstädter Sezession sowie Wassily Kandinsky, Oskar Kokoschka, Christian Rohlfs, der französische Literaturnobelpreisträger und Pazifist Romain Rolland und die Dichterin Else Lasker-Schüler. Der Gründungsaufruf vom Frühjahr 1922 ist dokumentiert in: Krempel, Am Anfang, S. 57.
72 Siehe Otto Pankok, Werkverzeichnis 1: Die Holzschnitte, für die Jahre 1920–1923 WH 40–69; Werkverzeichnis 2: Die Radierungen, eingeleitet von Rainer Zimmermann, hg. von Eva Pankok und der Otto-Pankok-Gesellschaft, Düsseldorf 1990, WR 204–334; Werkverzeichnis 3: Die Lithographien, Steinätzungen und Monotypien, bearb. von Susanne Timm, hg. von Eva Pankok, Düsseldorf 1995, WL 1–4.
73 Zu den Umständen des Kennenlernens siehe Berto Perotti, Begegnung mit Otto Pankok, Düsseldorf 1959, S. 13 auf Basis von Notizen Hulda Pankoks; Zitat: Hulda Pankok rückblickend in ihrer Grabrede für Johanna Ey (1947), zitiert nach Zimmermann, Pankok-Biographie, S. 19.

74 Eva Pankok, Mein Leben, S. 8 u. S. 20.
75 Ebd., S. 19.
76 Ebd., S. 23.
77 Heiratsdatum nach Overbeck/Müller, Pankok, S. 121.
78 Hulda Pankok, Erinnerungen, aus dem unvollendeten Manuskript zitiert von Greither, Der junge Pankok, S. 41.
79 Dix – Pankok – Wollheim, hg. von der Galerie Remmert u. Barth, S. 8 u. 13 f.; Eva Karcher, Otto Dix, in: Krempel, Am Anfang, S. 318–320; Barth, Wegbereiter der Neuen Kunst, S. 380–382; Friedrich W. Heckmanns, Freunde in Düsseldorf. Otto Pankok – Gert Wollheim – Otto Dix, in: Krempel, Am Anfang, S. 42–49, insbes. S. 47 f.
80 Overbeck/Müller, Pankok, S. 137.
81 Dokumentiert in: Krempel, Am Anfang, S. 33 f.; Zimmermann u. a., Retrospektive zum 100. Geburtstag, S. 79–81.
82 Entgegen der überwiegenden Datierung der Reise auf das Jahr 1923 siehe Otto Pankok, Tagebücher, Buch 5: 27. Mai 1922 bis 25. IX. 1923, Eintrag S. 48, überschrieben mit »Langballig Juli 1922«.
83 Ebd., S. 16–20.
84 Ebd., undat. Eintrag, S. 177–181.
85 Ebd., undat. Eintrag, S. 154.
86 Siehe die tabellarische Übersicht in: Galerie Remmert und Barth, Das Junge Rheinland, S. 157–171, zu Pankok S. 166 f.
87 Johannes Myssok, Die Geschichte der Düsseldorfer Kunstakademie bis 1933, in: Die Geschichte der Kunstakademie Düsseldorf seit 1945, S. 10–19, hier S. 17.
88 Ulrich Krempel, Am Anfang: Das Junge Rheinland, in: ders., Am Anfang, S. 8–18, hier S. 16.
89 Eva Pankok, Mein Leben, S. 9; Ernst Friedrich, Krieg dem Kriege! Guerre à la guerre. War against War! Oorlog aan den Oorlog!, 2 Bände, Berlin 1924 und 1926, neu hg. von der Bundeszentrale für politische Bildung, Bonn 2016, mit einer Einführung von Gerd Krumeich u. einem Lebensbild Ernst Friedrichs von Tommy Spee u. Patrick Oelze.
90 Siehe Otto Pankok. Zeichnungen, Grafik, Plastik, hg. von Karl Ludwig Hofmann, Christmut Präger, Barbara Bessel, Berlin, 1982, S. 12.
91 Pankok, Stern und Blume, S. 20.
92 Wilhelm Worringer, Vorwort zu Otto Pankok, Zeichnungen, München 1927, zit. nach Daniele Schmidt, Unzeitgemäß zeitgemäß? Anmerkungen zum Werk Otto Pankoks (Stadtmuseum Borken – Expotexte 3), Borken 2002, S. 16.
93 Zimmermann, Pankok-Biographie, S. 28; siehe auch Pankok, Stern und Blume, S. 27–34.
94 Overbeck/Müller, Pankok, S. 168.
95 Pankok suchte Picard 1932 in Bayern auf und traf mit ihm 1933 in der Schweiz zusammen; siehe Zimmermann, Pankok-Biographie, S. 128, Anm. 18.
96 Es handelt sich um Brentanos Gedicht »Erntelied«, das mit der Zeile »Es ist ein Schnitter, der heißt Tod« beginnt; die ersten beiden Zeilen der letzten Strophe lauten: »O Stern und Blume, Geist und Kleid/Lieb, Leid und Zeit und Ewigkeit!« Diese zitiert Pankok in »Stern und Blume« selbst, vgl. S. 14; siehe auch Zimmermann, Pankok-Biographie, S. 38.
97 Pankok, Stern und Blume, S. 25.
98 So Zimmermann, Pankok-Biographie, S. 39.
99 Da Pankok selbst – dem zeitgenössischen Sprachgebrauch folgend – zeitlebens den Begriff ›Zigeuner‹ verwendete und ihn keineswegs pejorativ verstand, zitiere ich ihn im Folgenden im selben Sinne, wenn ein unmittelbarer Zusammenhang zu den diesbezüglichen Werken gegeben ist.
100 Otto Pankok, Zigeuner, mit einer Einleitung von Rudolf Schröder [und einem Text von Otto Pan-

kok], Drei Eulen Verlag, Düsseldorf 1947, S. 10 f.; siehe auch Karola Fings/Frank Sparing, »z. Zt. Zigeunerlager«. Die Verfolgung der Düsseldorfer Sinti und Roma im Nationalsozialismus, hg. von der Mahn- und Gedenkstätte Düsseldorf, Köln 1992, S. 21–24.
101 Pankok, Zigeuner, S. 9; ausführlicher dazu Zimmermann, Pankok-Biographie, S. 41–45.
102 Bei Karola Fings/Frank Sparing, »Ach Freunde, wohin seid ihr verweht ...?« Otto Pankok und die Düsseldorfer Sinti, hg. von der Mahn- und Gedenkstätte Düsseldorf, Düsseldorf 1993 (30-seitige Ausstellungsbroschüre), ist auf S. 5 als Abbildung die Einladungskarte zur Ausstellung und auszugsweise eine Ausstellungsrezension des Kölner Stadt-Anzeigers vom 22. 1. 1932 dokumentiert.
103 Der Pressezeichner Otto Pankok, Einführung zu: Otto Pankok, Die Pressezeichnungen. Werkverzeichnis Band 4, bearb. von Wolfgang Fenner, Düsseldorf 2002, S. 9–16, hier S. 10.
104 Siehe ebd., ferner den Katalogteil Nazi-Karikaturen in: Beate Ermacora/Anja Bauer (Hg.), Die geistige Emigration. Arthur Kaufmann, Otto Pankok und ihre Künstlernetzwerke (Kat. Kunstmuseum Mülheim an der Ruhr), Bielefeld/Leipzig 2008, S. 158–168.
105 Düsseldorfer NS-Zeitung Volksparole, zit. nach Hofmann u. a., Pankok, S. 16; Datierung nach Karl Ruhrberg, Der Anfang vom Ende. Die rheinische Kunstszene vor dem Ausbruch der Naziherrschaft, in: Krempel, Am Anfang, S. 96–103, S. 96.
106 Volksparole vom 15. 3. 1933, zit. nach Bering, Die Akademie während der Zeit des Nationalsozialismus 1933–1945, S. 22 f.; siehe als Faksimiles weitere, die Akademie betreffende Artikel aus der Volksparole vom 24. 3., 25. 3. u. 1. 4. 1933 in: Krempel, Am Anfang, S. 76 f.
107 Bering, Die Akademie während der Zeit des Nationalsozialismus, S. 23 f.; Anna Klapheck, Die ›goldnen‹ zwanziger Jahre. Die Akademie zwischen den Kriegen, in: Krempel, Am Anfang, S. 64–72, hier S. 72.
108 Dr. Birgit Ebbert, Bücherverbrennung in Düsseldorf, https://buecherverbrennung.wordpress.com/2013/04/17/buecherverbrennung-in-duesseldorf/, Zugriff vom 9. 6. 2017.
109 Hofmann u. a., Pankok, S. 16 u. S. 32, Fotografie ›Rathausplatz Düsseldorf 1933: Verbrennung von Büchern und Bildern‹ aus dem Fotoarchiv Ruth Lauterbach; Carl Lauterbach unterstützte das Zustandekommen des Bandes durch »ein informationsreiches Gespräch und wichtige Dokumente« (ebd., Dank S. 2).
110 Siehe Ermacora/Bauer, Die Geistige Emigration.
111 Yvo Theunissen, »Entartete Kunst« und privates Ausstellungswesen. Die Galerie Alex Vömel in Düsseldorf, in: Anselm Faust (Hg.), Verfolgung und Widerstand im Rheinland und in Westfalen 1933–1945, Köln 1992, S. 234–244, hier S. 234.
112 Zu Schwesig siehe zuletzt Klaus Kösters, Karl Schwesig (1898–1955), in: ders. (Hg.), Anpassung, Überleben, Widerstand. Künstler im Nationalsozialismus, Münster 2012, S. 193–201.
113 Hofmann u. a., Pankok, S. 16; Anja Bauer, Die Geistige Emigration: Otto Pankok – Arthur Kaufmann und ihre Künstlernetzwerke, in: Ermacora/Bauer, S. 8–19, hier S. 11.
114 Zit. nach Zimmermann, Pankok-Biographie, S. 46.
115 Ausführlich dazu Friedrich W. Heckmanns, Die Passion und das Werk von Otto Pankok. Geschichte und Gegenwart, in: Die Passion in 60 Bildern von Otto Pankok, hg. von Friedrich W. Heckmanns, Köln 1992, S. 7–25; Bernd Küster, Eine Passion des künstlerischen Ethos, in: Zimmermann u. a., Retrospektive zum 100. Geburtstag, S. 133–139; Fertigstellung zu entnehmen bei Rolf Jäger, Biographie, S. 297.
116 Siehe Küster, Passion, S. 137; Heckmanns, Passion, S. 22 f.; Eva Pankok, Mein Leben, S. 22.
117 Zit. nach Jäger, Biographie, S. 305, zum Vorgang selbst siehe ebd., S. 294.
118 Heckmanns, Passion, S. 21.
119 Zimmermann, Pankok-Biographie, S. 47.
120 Jens Roepstorff, Die Ächtung und Verfolgung von Künstlern im Nationalsozialismus am Beispiel von Otto Pankok, in: Ermacora/Bauer, Die Geistige Emigration, S. 40–47, hier S. 44 f.; »heftige Aus-

schreitungen in Münster« erwähnt Heckmanns, Passion, »Auseinandersetzungen« Zimmermann, Pankok-Biographie, S. 48.
121 Pankok an Muckermann in einem Brief aus dem Jahr 1934, zitiert von Muckermann in seinem Vorwort-Entwurf zur ›Passion‹, der als Manuskript im Besitz Pankoks erhalten ist; siehe Zimmermann, Pankok-Biographie, S. 46 f. inkl. Anm. 5, S. 256; zur Datierung siehe Jäger, Biographie, S. 297.
122 Zit. nach Zimmermann u. a., Retrospektive zum 100 Geburtstag, S. 148, die dort vorgenommene Datierung des Textentwurfes auf 1936 m. E. unzutreffend.
123 Roepstorff, Die Ächtung und Verfolgung, S. 45.
124 Zu Picards Verhalten siehe Overbeck/Müller, Pankok, S. 218 f.
125 Die Passion in 60 Bildern von Otto Pankok, Gustav Kiepenheuer Verlag, Berlin 1936, unpaginiert, Vorwort von O. P. [S. 3–8, hier S. 6].
126 Zimmermann, Pankok-Biographie, S. 51 sowie zugehörige Anmerkung 21, S. 256.
127 Das ›Schwarze Korps‹ vom 21.01.1937, S. 6, ungez. Artikel »Gotteslästerung 1936«, als Faksimile in: Heckmanns, Passion, nach S. 166.
128 Zimmermann, Pankok-Biographie, S. 51 sowie zugehörige Anmerkung 21, S. 256.
129 Overbeck/Müller, Pankok, S. 222.
130 Siehe Jäger, Biographie, S. 295 f.; zur Vorgeschichte ausführlicher Zimmermann, Pankok-Biographie, S. 52.
131 Ebd.
132 Vorgeführt wurden Pankoksche ›Zigeuner‹-Lithographien; Zimmermann, Pankok-Biographie, S. 55; Annette Baumeister, Mit Bildern widerstehen, in: Krempel, Am Anfang, S. 110–112, S. 110; ausführlicher Overbeck/Müller, Pankok, S. 229.
133 Siehe etwa Eva Pankok, Mein Leben, S. 24 f. u. S. 38; Overbeck/Müller, Pankok, S. 232.
134 Zum Briefwechsel mit Barlach siehe Heckmanns, Passion, S. 23.
135 Vgl. Schmidt, Unzeitgemäß zeitgemäß?, S. 8.
136 Eva Pankok, Mein Leben, S. 37 u. S. 61 f.
137 Siehe Zimmermann, Pankok-Biographie, S. 56; Eva Pankok, Mein Leben, S. 37–40; Overbeck/Müller, Pankok, S. 235–240.
138 Eva Pankok, Mein Leben, S. 44–48; Overberg/Müller, Pankok, S. 244 f.
139 Jäger, Biographie, S. 301; Eva Pankok, Mein Leben, S. 49 u. S. 56.
140 Overbeck/Müller, Pankok, S. 241 f.; Perotti, Begegnung mit Otto Pankok, S. 9 f., S. 16–21, S. 29–31.
141 Jäger, Biographie, S. 301 f.
142 Pankok in einem Brief vom 22.1.1943, offenbar an Carl Lauterbach gerichtet, zit. nach Overbeck/Müller, Pankok, S. 247.
143 Die wenig bekannte Zeichnung ›Das Familienschiff‹ (auf rauher See) findet sich als Titelabbildung der Geburtstagsgabe Hulda Pankok. 1895–1985, hg. von Eva Pankok und der Otto-Pankok-Gesellschaft, Redaktion u. Gestaltung: Rudolf Dehnen, o. O., o. J.; die Zeichnung ›Fliehen – wohin?‹, in: Ingrid von der Dollen (Hg.), Im Widerstand gegen die Zeit. Zur Bildkunst im 20. Jahrhundert. Malerbriefe an Rainer Zimmermann, München/Berlin 2001, S. 38.
144 Overbeck/Müller, Pankok, S. 253.
145 Eva Pankok, Mein Leben, S. 56 f.
146 Ebd., S. 53–55; Overbeck/Müller, Pankok, S. 253–256; ausführlicher Hans-Dieter Arntz, Der Maler Otto Pankok als Lebensretter im Dritten Reich. Ein Beitrag zur Judenverfolgung in der Eifel, in: Eifel-Jahrbuch 2012, S. 71–81.
147 Perotti, Begegnung mit Otto Pankok, S. 33; NWDR-Filmproduktion »Der 20. Juli«, Erstsendung am 20.7.1961, Zweitausstrahlung unter dem Titel »Von der Gestapo gejagt« am 20.7.1964, darin Interviews mit Mathias und Hilde Barz, Joseph Emons und Otto und Hulda Pankok.
148 Veranstaltung im Berliner Kammergericht am 15.12.2014 auf Basis einer von Yad Vashem im Au-

gust 2013 getroffenen Entscheidung. Den Anstoß hatte der Antrag eines Großneffen von Hulda Pankok gegeben.
149 Zit. nach Zimmermann u. a., Retrospektive, S. 182; welche Verbreitung und welche Resonanz der Aufruf fand, ist nicht recht auszumachen.
150 Schreiben vom 8. Juli 1945, zit. nach Zimmermann u. a., Retrospektive, S. 167; die Ansprache selbst ist nicht bekannt, ob sie gesendet wurde, nach dem derzeitigen Forschungsstand ebensowenig.
151 Zit. nach Overberg/Müller, Pankok, S. 273 f., dort offenbar nach Herbert Remmert/Peter Barth (Hg.), Karl Schwesig. Leben und Werk, Berlin/Düsseldorf 1984.
152 Overbeck/Müller, Pankok, S. 264.
153 Eva Pankok, Mein Leben, S. 69–71.
154 So jedenfalls Overbeck/Müller, Pankok, S. 274.
155 Bering, Die Akademie während der Zeit des Nationalsozialismus 1933–1945, S. 34.
156 Sie malen wieder, in: Westdeutsche Rundschau vom 15.5.1948, zit. nach Reuter, Die künstlerische Ausbildung, hier S. 148; siehe auch die kleine Festschrift zur Emeritierung Pankoks: Staatliche Kunstakademie Düsseldorf (Hg.), Otto Pankok als Lehrer, Düsseldorf 1958 mit einem Text von Bernd Lasch (unpag.).
157 Siehe Krason, Erste Bilder und Plastiken von Günter Grass, S. 113.
158 Michael Kerst, Bert Gerresheim. Ein Bildhauerleben, Düsseldorf, 2017 (mit ausführlichen Passagen aus Interviews mit Gerresheim), S. 50 f.
159 Reuter, Die künstlerische Ausbildung, S. 152 f.; zu den genannten Nachkriegsprofessoren siehe den lexikalischen Anhang von Brigitte Blockhaus u. a., Die Professoren der Kunstakademie Düsseldorf seit 1951, in: Die Geschichte der Kunstakademie Düsseldorf seit 1945, S. 451–471.
160 Zit. nach Kerst, Gerresheim, S. 62 f.
161 Ebd., S. 64.
162 Zit. nach ebd., S. 98 f.
163 Eva Pankok, Mein Leben, S. 82.
164 Dies belegen Fotografien im Otto-Pankok-Archiv auf Haus Esselt, Hünxe-Drevenack; der Rundfunkbeitrag ist als Faksimile veröffentlicht in Zimmermann u. a., Retrospektive, S. 257 f.
165 Siehe Pankoks Brief an seinen Biografen Rainer Zimmermann vom 3.1.1965, in: von der Dollen, Im Widerstand, S. 30 u. S. 32.
166 Friedegund Weidemann, Otto Nagel und Otto Pankok. Künstlerfreunde im geteilten Deutschland, in: Zimmermann u. a., Retrospektive, S. 194–203, S. 201.
167 Siehe Pankoks Brief an Zimmermann vom 22.8.1964, in: von der Dollen, Im Widerstand, S. 28.
168 So Pankok am 22.8.1964 an Zimmermann, zit. nach ebd., S. 28.
169 Zit. nach ebd.

Volker Neuhaus
»Nachgetragene Liebe«
Günter Grass als Schüler Otto Pankoks

Oskars Kuchen-Bild

Der spätexpressionistische Graphiker und Bildhauer Otto Pankok (1893–1966), in der Nachkriegszeit Professor an der Düsseldorfer Akademie, die Günter Grass von 1948 bis 1952 besuchte, war als künstlerisches wie existenzielles Vorbild für Grass' lebenslanges Verständnis seiner Rolle als bildender Künstler wie seines Verständnisses der gesellschaftlichen Rolle des Künstlers – in seinem Fall des Schriftstellers – von kaum zu überschätzender Bedeutung, wiewohl direkte autobiographische Zeugnisse hierfür spärlich und eher wortkarg sind. Erst in Grass' späteren Jahren werden sie beredter, sieht man von Oskar Matzeraths früher symbolisierender Verfremdung Pankoks zu Professor Kuchen in seinem Lebensroman alias *Die Blechtrommel* ab, von der sich Grass 2006 in seinen Lebenserinnerungen *Beim Häuten der Zwiebel* ausdrücklich distanzieren muss: »Er, nicht ich, hat Pankok zum Kuchen verformt und den sanftmütigen Pazifisten in einen Vulkan verwandelt, dessen Ausbrüche mit expressiver Gewalt jegliches Papier verdunkelten.«[1] Schwerer wiegt Grass' zweiter Vorwurf an Oskar, »um die Zigeuner machte er einen Bogen« (WA 19, S. 317), obwohl Oskar durchaus erwähnt, dass Professor Kuchen ihnen »jenen in Künstlerkreisen gebräuchlichen Übernamen Zigeunerkuchen« verdankte (WA 3, S. 609). Welch großes künstlerisches wie existenzielles und im ›Dritten Reich‹ existenzgefährdendes Engagement Pankoks dahinter steckte, verschweigt Oskar und Grass muss es 47 Jahre später nachtragen.[2]

In der Tat gilt Oskars Interesse nicht einem historischen Menschen und Künstler Otto Pankok, sondern einer Symbolgestalt im personifizierten Kunstdiskurs eines Erzählers von »weltumfassende(m) Halbwissen« (WA 3, S. 217), wie Oskar es sich selbst bescheinigt: Die Professoren Kuchen und Maruhn schließen sich nahtlos an die Kunstfiguren – in jedem Sinne – Bebra, Roswitha Raguna und Musiker Meyn an und repräsentieren die dialektischen Pole ›Stoff‹ und ›Form‹, um die Grass' eigener kunsttheoretischer Diskurs in dieser Zeit kreist.[3] Auf der einen Seite steht der formbewusste Bildhauer Maruhn, der endlos Gerüste baut, die gerade einmal die »Schmetterlinge« genannten Wirbel für »den dumpfen ungeformten Stoff« alias »Ton« zu tragen vermögen, deshalb gibt er auf: »Das Gerüst war zu perfekt!« (WA 3, S. 611). Maruhns Schülern brechen umgekehrt die Gerüste unter der »Last des feuchtatmenden Modelliertones« unweigerlich zusammen – »da lernte ich den Meister Maruhn schätzen, der ein so vortrefflicher Gerüstbauer war, daß er das Kaschieren des Gerüstes mit dem billigen Stoff gar nicht nötig hatte.« (WA 3, S. 612)

Sein Gegenpol ist der »expressive Kohlewüterich« (WA 3, S. 610) und Kollege Kuchen. Ist sein Begriff von ›Stoff‹ auch nicht ganz so handgreiflich wie Maruhns »feuchtatmender Modellierton«, so geht es in seiner Ästhetik doch um ›Stoff‹ als Synonym für den alles beherrschenden Inhalt, den die Kunst nur ›auszudrücken‹ habe:

Ausdruck verlangte er, hatte es überhaupt mit dem Wörtchen Ausdruck, sagte: verzweifelt nachtschwarzer Ausdruck, behauptete von mir, ich, Oskar, drücke das zerstörte Bild des Menschen anklagend, herausfordernd, zeitlos und dennoch den Wahnsinn unseres Jahrhunderts ausdrückend aus, donnerte noch über die Staffeleien hinweg: »Zeichnet ihn nicht, den Krüppel, schlachtet ihn, kreuzigt ihn, nagelt ihn mit Kohle aufs Papier!« (WA 3, S. 606 f.)

In der von beiden geliebten Stilfigur der Paronomasie spielen Oskar/Grass auf den Seiten 606 bis 610 nicht weniger als 15 Mal mit dem Wort ›Ausdruck‹ und seinen Ableitungen, bis man begriffen hat – Kuchen ist wie Pankok ›Expressionist‹. Oskar stellt zudem in seiner Ich-Zentriertheit befriedigt fest, dass der Künstler Kuchen wie einst der Narr Schugger Leo imstande ist, im buckligen Gnom die Jesus-Kontrafaktur zu erkennen. Insofern ist dem Buch zu Recht die übliche Versicherung vorangestellt: »Personen und Handlung des Buches sind frei erfunden. Jede Ähnlichkeit mit einer lebenden oder verstorbenen Person ist nur zufällig« – in der Tat: Oskars Professor Kuchen ist wichtige Station in Oskars künstlerischem Lebenslauf, aber beileibe kein Pankok-Porträt aus der Feder seines ehemaligen Schülers Günter Grass.

Grass' frühe Zeugnisse zu Otto Pankok

Dabei hat sich Grass in dieser Zeit durchaus zu anderen seiner Lehrer dankbar und rückhaltlos bekannt, etwa zum Epiker Alfred Döblin, den Grass nur noch über seine Werke kennenlernen konnte, und zu seinem Berliner Bildhauerei-Professor Karl Hartung, zu dem er nach der Düsseldorfer Zeit bei Pankok gewechselt war.

Döblin, den Grass noch 1999 in seiner Nobelpreis-Rede neben Martin Luther und Herman Melville als seinen Lehrer in der von ihm lebenslang gepflegten rhythmisierten Kunstprosa nennt, widmete er einen programmatischen Text, die Rede *Über meinen Lehrer Döblin* am 26.6.1967 zum zehnten Todestag Döblins in der Akademie der Künste Berlin; auf Karl Hartung schrieb er im selben Jahr einen spontanen Nachruf, *Genau hingucken. Zum Tod des Bildhauers Karl Hartung* (WA 14, S. 291–293), in der *Zeit* vom 4.8.1967, als er im Urlaub fast zufällig von dessen Tod erfahren hatte. Zum Gedächtnis seines Lehrers stellt sein ehemaliger Schüler hier eine ganze Reihe von dessen Handwerksregeln zusammen, wie sie der Bildhauer wie der Schriftsteller Grass ein Leben lang beherzigt haben will:

»Hingucken, nicht auswendig fummeln.« »Originalität einmotten, für später.« »Das ist noch nicht fertig. Das sieht nur fertig aus.« »Langsam und gegen die leichte Hand arbeiten.« »Lieber etwas totarbeiten als eine Scheinlebendigkeit auf Podesten zur Schau stellen.« »Das Material kalt halten.« »Mit dem Stein denken« und, als Maxime zum Verhältnis Natur und Kunst, Gegenstand und Bild: »Natur – und doch bewußt.«

Vergleichbares zu Otto Pankok, der Hartung aus der Rückschau gesehen im künstlerischen Rang, im generellen und formalen Einfluss auf seinen Schüler Grass wie in der Nähe und Nachbarschaft von beider künstlerischem Werk weit übertreffen dürfte, gibt es in den 1960er und 1970er-Jahren von Grass nicht. Noch 1981, als er sich, von außen angestoßen zu Pankok als seinem Lehrer äußern sollte, wirkt Grass' erste öffentliche Erinnerung an seinen Düsseldorfer Lehrer seltsam leblos und lieblos zugleich. Die Mitte des 19. Jahrhunderts in Mühlheim an der Ruhr gegründete »Höhere Bürgerschule«, das spätere »Staatliche Gymnasium«, das Otto Pankok einst besucht hatte, nahm 1975 den Namen »Otto-Pankok-Schule« an und im Gefolge dessen fragte ein Schülersprecher 1981 Günter Grass nach Erinnerungen an seinen Lehrer, die dann noch im selben Jahr im Schuljahrbuch *Blinklichter* erschienen (WA 16, S. 24 f.):

»Berlin, am 27. Oktober 1981

Lieber Rainer Herrmann,

vielen Dank für Ihren Brief. Es stimmt, daß ich von Ende 1951 bis Ende 52, insgesamt etwa zweieinhalb Semester lang, Schüler von Otto Pankok gewesen bin.

Meine Ausbildung begann in Düsseldorf an der Kunstakademie als Bildhauer bei Professor Sepp Mages, einem Mann, der mir handwerklich sehr viel vermittelt hat, doch mit zunehmendem Drang nach künstlerischer Eigenständigkeit kam es auch zu Spannungen zwischen Mages und mir; deshalb wechselte ich zu Otto Pankok, dessen Schüler damals eine Ansammlung begabter und verrückter, schräger und bunter Vögel gewesen sind. Unter anderem arbeitete ich mit Franz Witte in einem Atelier, einem der begabtesten unter den jungen Düsseldorfer Malern, der leider später – labil, wie er war – dem Scheinglanz der Düsseldorfer Altstadt und den Verführungen einer Pseudo-Bohème erlegen ist. Als er vierzigjährig [sic] starb, war Franz Witte nur noch ein Schatten seiner selbst.

Damals jedoch, in den beginnenden fünfziger Jahren, waren wir alle unvorstellbar fleißig und kreativ. Es galt, viel nachzuholen; alles, was meiner Generation während der Zeit des Nationalsozialismus vorenthalten worden war, mußte neugierig erobert, aufgesogen, verarbeitet, hier epigonal, dort mit Ansätzen von Selbständigkeit in eigenes Tun umgesetzt werden.

Das konnte man unter Otto Pankoks mal brummiger, mal lässiger, insgesamt unakademischer Anleitung ungehemmt tun. Eigentlich bekamen wir ihn selten zu Gesicht, weil ihn seine eigene Arbeit – ich erinnere großformatige Kohlezeichnungen zumeist mit Zigeunermotiven – in seinem Atelier festhielt. Im Gegensatz zu meinem ersten Lehrer, Sepp Mages, dessen Formsprache, wie unberührt vom Zeitgeschehen, klassizistisch geblieben war, vermittelte Otto Pankok seinen individuellen Spätexpressionismus. Das Gegensätzliche dieser beiden Künstler, die übrigens miteinander befreundet waren, hat mich später gereizt, beide auf satirische Art und Weise in meinem Roman »Die Blechtrommel« zu portraitieren. (Zu finden im 3. Teil, das Kapitel »Madonna 49«.)

Anfang 1953 habe ich dann abermals den Lehrer gewechselt, indem ich das Wirtschaftswunder in Düsseldorf hinter mir ließ, nach Berlin ging und dort an der Hochschule für Bildende Künste Schüler von Karl Hartung wurde.

Ich freue mich zu hören, daß nun in Mülheim eine Schule nach Otto Pankok benannt worden ist, und hoffe, daß sich viel von seinem unabhängigen Geist, von seinem sozialen Engagement und seinem politischen Mut den Schülern der Otto-Pankok-Schule vermitteln möge.

Freundlich grüßt Sie
Ihr *Günter Grass*

P.S.: Selbstverständlich können Sie meinen Brief in Ihrer Schülerzeitung abdrucken.«

Auffällig ist, dass in diesen Erinnerungen fast mehr von Grass' erstem Lehrer Sepp Mages und vom Mitschüler Franz Witte die Rede ist als von Pankok, dem doch die Anfrage galt. Künstlerisch erfährt man lediglich etwas von seinem »individuellen Spätexpressionismus« und seinen »großformatige[n] Kohlezeichnungen zumeist mit Zigeunermotiven«. Dass diese Zeichnungen zentral mit seinem außerdem noch erwähnten »unabhängigen Geist, [...] seinem sozialen Engagement und seinem politischen Mut« zusammenhängen, ja, untrennbar damit verbunden sind, vor allem, was es überhaupt heißt, im kaum vergangenen »Tausendjährigen Reich« »zumeist« »Zigeuner«, gezeichnet zu haben, klingt nicht einmal an.

Franz Witte

Dass die Erinnerungen an den langjährigen Freund und Malerkollegen Franz Witte (1927–1971) bei Grass lebenslang alle Rückblicke auf die künstlerischen Anfänge in Düsseldorf dominieren, ist leicht zu erklären. Witte war für Grass ein lebenslanges Menetekel für die prekäre Balance einer Künstlerexistenz, er war für ihn in einer Person, was für Goethe in der Dichtung einerseits und im Leben andererseits Werther und Jacob Michael Reinhold Lenz waren. Goethes zahmes Xenion »›Wohl kamst du durch; so ging es allenfalls.‹ Mach's einer nach und breche nicht den Hals!«, das Thomas Mann sich heimlich zur Grabschrift gewünscht hat, drückt die prekäre Balance nahezu jedes genialen Lebens aus. »Ich trank über den Durst. Franz Witte begann wirr zu reden. In Wut geraten, schlug sich Geldmacher den Kopf an Wänden wund, die real hart waren. [...] Wir wurden irre an uns und lebten auf Pump«, resümiert Grass in *Beim Häuten der Zwiebel* gut 50 Jahre später seine und seiner engsten Freunde persönliche Situation am Ende der Düsseldorfer Jahre, aus der er sich losreißt und nach Berlin flieht. Zum Abschied von den Freunden auf dem Bahnsteig notiert er in seinen Erinnerungen:

»Nach durchfeierter Silvesternacht begleiteten mich Flötchen Geldmacher, Scholl mit Gitarre und der Sohn des zimbalspielenden Zigeuners mit seinem Kontrabaß frühmorgens zum Bahnhof. Auch Franz Witte war dabei. Jeder rauchte, als sei es der letzte, einen Stumpen. Noch einmal unsere Spielart von Jazz. Das Waschbrett und die Fingerhüte blieben auf dem Bahnsteig zurück. Noch mehr blieb zurück.

Im Interzonenzug reiste ich am ersten Januar dreiundfünfzig mitten im Wintersemester ab: mit wenig Gepäck, doch reich an Wörtern und inwendigen Figuren, die noch immer nicht wußten, wohin.« (WA 19, 348 f.)

Entgegen fuhr Grass in Berlin einer bürgerlichen Ehe mit Anna Schwarz aus großbürgerlich schweizerischem Hause, der er kurz zuvor in der Schweiz begegnet war, und einem »neuen, eine[m] fordernden, eine[m], wie ich [...] mich bewerbend, schrieb, ›unbedingten Lehrer‹«, um »in rauherem Klima meine streunenden Talente [zu] disziplinieren«. Witte aber, »der Götter verzärtelter Liebling«, wie Grass ihn in seiner Autobiographie noch einmal rückschauend nennt (WA 19, S. 352), »blieb zurück«, als Maler auf dem Höhepunkt seiner Karriere. »Etwa Mitte der 1950er Jahre änderte Witte seinen Stil, begann intellektuell-abstrakt zu malen und verlor seine malerische Spontanität. Als man seine Malweise mit der Picassos verglich und [nach] einigen persönlichen Schicksalsschlägen, zerstörte er 1953 in einem Anfall von Wut und Depression die meisten seiner Werke. Er verlor jeden Halt und begann zu trinken und Erfolg und Anerkennung ließen nach. Witte war ein sehr sensibler Mensch und unheimlich begabt und wie so viele hungernde Künstler jener Jahre war er ein unglaublicher Schluckspecht«,[4] so schilderte ihn der Galerist Hans-Jürgen Niepel; Günter Grass, der seinen ehemaligen Studienkollegen Witte von Berlin aus finanziell unterstützte, konnte ihn, so Niepel weiter, aber weder vor dem Alkohol noch vor dem Irrenhaus retten. Nach mehrmaligen Aufenthalten in Oskars »Heil- und Pflegeanstalt« Grafenberg tauchte er »das letzte Mal [...] in der Nacht des 9. Februar 1971 mit einer Kopfverletzung im Rheinischen Landeskrankenhaus auf«.[5] Dort soll er in einem unbewachten Moment durch ein geschlossenes Fenster gesprungen und aus dem anschließenden Koma nicht mehr erwacht sein. Günter Grass ließ Wittes Schicksal nie mehr los; er hielt ihm nicht nur die Grabrede, sondern erinnerte immer wieder an seinen so begabten wie unglücklichen Freund, ein letztes Mal noch 44 Jahre nach seinem Tod im postumen Band *Vonne Endlichkait*. Wenn Goethe nach fünfzig Jahren Werthers »vielbeweinte[m] Schatten« »noch einmal« nachruft, »Zum Bleiben ich, zum Scheiden du erkoren, gingst du voran – und hast nicht viel verloren«, so heißt es bei Grass in seinem Gedicht »Franz Witte nachgerufen«[6]:

»Wo bist Du hin?
Sprangst leichtfüßig durchs Fenster
der Heil- und Pflegeanstalt,
wie ich Dich immer noch
von Autodach zu Autodach
springen sehe: verwehte Gestalt,
nie zu fassen, stets weg und woanders.

Deine Bilder versprachen viel.
Was wäre aus Dir geworden?
Vielleicht ein El Greco, wiedergeboren.
Eher – ich fürchte – der Eintänzer
gefällig verfälschter Bohème.
Ich hätte Dich, Freund, mitnehmen sollen,
als mir die Flucht gelang.«

»Nachgetragene Liebe« – Grass und Pankok nach 1990

Die Kargheit Grass'scher Auskünfte zu Otto Pankok bis weit jenseits der Lebensmitte spricht aber nicht etwa für Fremdheit oder Gleichgültigkeit gegenüber seinem Lehrer, sondern erklärt sich wohl gerade aus einer sehr tief gehenden Lehrer-Schüler-Beziehung. Verhältnisse dieser Art pflegen oft schwierig und in jeder Hinsicht gefühlsgeladen zu sein, schwankend zwischen geschuldeter Dankbarkeit und dem verständlichen Drang eines jeden Künstlers nach Eigenständigkeit und Selbstbehauptung. Seit dem überraschenden Fund des Düsseldorfer Pakets mit Grass' frühen Aquarellen[7] wissen wir, dass seine künstlerischen Gehversuche zwischen Picasso und Léger sich in der Tat damals weit von Pankok entfernten.

Diese nur scheinbare Nichtbeziehung zu Otto Pankok als Lehrer und Persönlichkeit schlägt ab 1990 um in dankbare Anerkennung eines tief gehenden Einflusses, den der Düsseldorfer »Spätexpressionist« unterschwellig auf das junge Multitalent Grass hatte. Ab jetzt kann man im Hinblick auf sein Verhältnis zu Otto Pankok mit Peter Härtlings einst für nahezu die gesamte ›Väterliteratur‹ exemplarischem Titel regelrecht von »Nachgetragener Liebe« sprechen. Anfang der 1990er Jahre beginnt Grass sein Mammutprojekt eines durchgehenden chronikalischen Werkstattberichts seiner multimedialen Aktivitäten seit den Anfängen seiner künstlerischen Tätigkeit nach dem Krieg; gemäß dem erfassten Zeitraum nennt er den stattlichen Band *Vier Jahrzehnte. Ein Werkstattbericht*[8], ein Unternehmen vergleichbar den Goetheschen *Tag- und Jahresheften*. Hier stellt Grass endlich Otto Pankok unübersehbar an den Anfang seiner künstlerischen Laufbahn und weist ausdrücklich auf die ungebührliche Verspätung dieses Bekenntnisses hin: »Die Düsseldorfer Kunstakademie war in jenen Jahren geprägt von lehrenden Künstlern wie Ewald Mataré und Otto Pankok. Nach den ersten Semestern bei Sepp Mages wechselte ich zu Pankok, der mich durch seine konsequente politische Haltung – Pankok war bis in seine Holzschnitte hinein ein deutlicher Pazifist – mehr geprägt hat, als ich damals wahrhaben wollte.«[9]

Grass nennt 1991 die entscheidenden Gesichtspunkte, die seine intensive Auseinandersetzung mit Pankok als Vorbild in den folgenden Jahren bestimmen werden, Pankoks persönliche »konsequente politische Haltung« und die unabdingbare Treue zu ihr »bis in seine Holzschnitte hinein«[10]. Vielleicht hat den jungen Kunststudenten um 1950 gerade Pankoks betonter Politikbezug kaltgelassen, wenn nicht gar befremdet oder abgestoßen, war er doch noch dabei, sich von SS-Verstrickungen und jahrelanger politischer Indoktrinierung loszuringen. Im Rückblick auf diese Jahre sagt Grass im März 1972 in einer »Rede gegen die Gewöhnung« in Athen (WA 15, S. 229): »Während der ersten Nachkriegsjahre wuchs ich langsam und anfangs widerstrebend in jene mir unbekannte Gesellschaftsform hinein, die demokratisch genannt wird und – laut Verfassung – für demokratische Grundrechte bürgt. Neugierig erprobte ich meine Möglichkeiten, begriff ich Freiheit zuallererst in der Kunst und erschrak ich, als mir Gesellschaft und Abhängigkeit von ihr bewußt wurden.«

Hans Werner Richter hielt Grass noch 1961 für einen Anarchisten, als er für den zwischen Mauerbau und Kanzlerkandidatur aufgeriebenen Willy Brandt wortgewandte Helfer suchte. So konnte sich Grass das aus Pankoks Persönlichkeit und seinem künstlerischen Werk nicht fortzudenkende politische Element und die Einsicht in eine Doppelexistenz als Künstler und politisch engagierter Bürger erst nach und nach erschließen. Grass, der noch im April 1966 in Princeton von politisch sich direkt engagierenden Schriftstellern gefordert hatte, hierfür »gelegentlich ihren Schreibtisch um[zu]werfen und demokratischen Kleinkram [zu] betreiben« (WA 14, S. 174), der 1972 in ›Dichtung‹ und ›Politik‹ zwei getrennte Bierdeckel sehen wollte, die sich je nachdem voneinander entfernten oder einander annäherten, die sich allenfalls gelegentlich gegenseitig stützen konnten, hat sich im selben Jahr bei seinem Wiederauftritt als bildender Künstler nach etwa 15-jähriger Pause mit der Schneckenmappe eine direkte Verfolgung seiner »konsequenten politischen Haltung« »bis in seine Radierungen hinein« gestattet, etwa im Blatt zum Nahost-Konflikt *Schnecke in Eilat*[11] oder im Bild der Schnecke, die *In Polen unterwegs*[12] ist. Dies steigert sich in den Graphiken der Folgejahre, im *Die Rättin* vorbereitenden Rattenzyklus Mitte der 80er Jahre und erreicht seinen Höhepunkt in der zweiten Hälfte der 80er Jahre, als der Schreiber Grass angesichts der indischen Metropole Kalkutta wie der Umweltkatastrophe des Waldsterbens verstummte und in ungezählten Zeichnungen dem gleichnamigen bildenden Künstler das Wort überlassen musste.[13]

Die Zeichnungen des Großprojekts von 1989 und 1990, *Sterbender Wald*[14] oder *Kahlschlag in unseren Köpfen* oder *Totes Holz* genannt, sind nicht nur in ihrer Verschmelzung von Politik und Kunst extrem pankoknah, sondern auch in Thema, Anlage und Duktus, und zwar in Bezug auf eine bestimmte Phase in Pankoks sonst eher figürlichem Werk. Grass' riesige Konvolute aus vor der Natur entstandenen Kohlezeichnungen aus den deutsch-deutschen Mittelgebirgen berühren sich aufs engste mit Stößen von Zeichnungen, die Pankok schuf, als der als »entartet« eingestufte und mit Ausstellungszensuren und -verboten, Postüberwachung und Bespitzelung belegte Künstler sich der unmittelbaren physischen Bedrohung entzog, indem er sich 1936 einige Monate in der tiefsten Provinz verbarg, im heute zu Bad Bentheim gehörigen Gildehaus. Er nutzte die Zeit, um gut hundert großformatige Zeichnungen nach der Natur aus der Bruch-, Moor- und Urwaldlandschaft des nahen Bourtanger Moors zu schaffen. Die motiv-, material- und gattungsgemäß bedingte Nähe der expressiv-realistischen Kohlezeichnungen beider bezeugt zugleich einen historischen Gegensatz. Der politisch engagierte Graphiker und Bildhauer Pankok wusste, dass er, wie Brecht zur selben Zeit dichtet, »in finsteren Zeiten« lebt, »wo / Ein Gespräch über Bäume fast ein Verbrechen ist / Weil es ein Schweigen über so viele Untaten einschließt!«. Pankok hatte sich mit seinem gelebten wie gemalten Engagement für »Zigeuner« und Juden, so ab 1936 in einem Zyklus *Jüdisches Leben,* nicht des »Schweigen[s] über so viele Untaten« schuldig gemacht. Zu seinem großen Passionszyklus mit seinen Juden- und Zigeunermotiven schreibt Pankok selbst mit überdeutlichem Zeitbezug: »Jene Zeit, da Christus unter die Menschen trat, war von apokalyptischer Furcht überschattet. Unter einer endlosen Lichtlosigkeit lag das Land begraben. Unheilvoll dichte Schwärzen brüteten über den Hügeln und sanken in die Täler. Und die Schwärzen drangen hinein in die Häuser und in die Herzen der Menschen. Das Ende der Welt war nahe.«[15]

Grass schreibt zu Pankoks Passionszyklus: »[...] selbst in dem von ihm geschaffenen christlichen Passionsweg begriffen wir die Passion der Zigeuner.« (WA 20, S. 10)

Dieser von Pankok gestaltete wie expressis verbis reklamierte Zeit- und Existenzbezug wird bei seinem Schüler Günter Grass alle sieben Stationen des von ihm in sechs Jahrzehnten geschaffenen Kreuzwegs prägen.[16] Aus diesem beim Namen nennen der »finstern Zeiten« erwachsen für Pankok Gestapo-Überwachung, Bedrohung und Verfolgung; erst indem er in die unberührte Natur der Bourtanger Bruch-Urwälder entflieht, kommt es zum durch die Situation auch im Brechtschen Sinne legitimen künstlerischen »Gespräch über Bäume«. Wenn Grass exakt ein halbes Jahrhundert später, wie einst sein Lehrer, sterbende Wälder malt, bezieht er sich in einem der den Zeichnungen in *Totes Holz* beigegebenen Textfragmente direkt auf Brechts Diktum: »Was lange verboten war: in Form von Nachrufen findet nun ein Gespräch über Bäume statt« – ein Gespräch über respektive das bloße Zeichnen von Bäumen ist 1990 zum Sprechen über und Dokumentieren von Verbrechen geworden, deren Täter von Grass in den beigegebenen Textfragmenten unverblümt genannt werden.

Auf dem Höhepunkt dieses »Gesprächs über Bäume« als Gespräch »über so viele Untaten« führt Grass seine Bilder vom toten Wald mit Pankoks anderem großen Thema, der Passion, zusammen. Er beendet im November 1990 die fast zweijährige Arbeitsphase zum Thema »Waldsterben« mit einer Folge großformatiger Arbeiten, die diesmal im Behlendorfer Atelier entstehen. Im Mittelpunkt dieser als Summe und Gipfel gedachten Arbeiten steht ein immer wieder im Tagebuch erwähntes »Triptychon [...], das nach einer Kirche schreit«, da es »das gegenwärtige Martyrium« in Form eines dreiflügeligen Altarbildes zum Thema des Kalvarienberges zeigt.[17] Die beiden Seitenflügel im Hochformat gehören zu den typischen Blättern des Projekts *Totes Holz*, während auf dem »zweiten großformatigen Blatt (Querformat)« vor einer Kulisse dürrer Baumleichen drei tote Bäume sich zu einer Kreuzigungsgruppe fügen: das größere Kreuz Christi in der Mitte, flankiert von den kleineren Schächerkreuzen. Der Mensch kreuzigt nicht nur den Menschen, sondern auch in seinen Mitgeschöpfen Gottes ganze Schöpfung. »Bis in den Dezember hinein« wird Grass »am dreiteiligen Altarbild arbeiten, das ich, wenn es gelingt und einer der Lübecker Pfaffen mutig ist, einer Kirche leihen und später, falls die Hängung auf Dauer gesichert ist, schenken werde. Wie anders könnten heute ›Kreuzigungen‹ gestaltet werden?«[18] Das Triptychon hängt heute in der Nachbarschaft der Glockenkapelle in St. Marien in Lübeck.

Grass und der Kunstbetrieb

Grass' bildkünstlerisches Werk ist im Grunde nur in seiner Frühzeit vom Kunstbetrieb wahrgenommen worden. Anlässlich seines ersten literarischen Preises hieß es noch, der junge Dichter »überrasch[e] durch eine Vielfalt der Begabungen, die ihn neben seinem lyrischen Vermögen auszeichnen: Günter Grass schrieb außerdem Erzählungen und Dramen, die aufmerksamer Beachtung sicher sind, und auch als Grafiker und Bildhauer ist er hervorgetreten.«[19] Grass war damals durchaus in Galerieausstellungen präsent. Mit dem Erfolg der *Blechtrommel* ist Grass vom Kunstmarkt weitgehend verschwunden. In einem der wenigen Grass geltenden Texte eines Vertreters der zeitgenössischen Kunstszene zieht Jens Christian Jensen[20], damals Direktor der Kunsthalle Kiel und geschäftsführender Vorsitzender des Schleswig-Holsteinischen Kunstvereins, eindeutig die Grenze zwischen Grass' Schaffen und der ›eigentlichen‹ zeitgenössischen Kunst. Jensen möchte »den Blick öffnen […] für die eigentliche Qualität des Grass'schen Zeichnens. Diese Qualität liegt nicht in technischer Brillanz, nicht im genialischen Strich, nicht im überbordenden Reichtum bildnerischer Phantasie und auch nicht in der Erfindung bisher nicht gekannter Bildwelten. Die Qualität beruht in der Funktion, die das Zeichnen für den Schriftsteller erfüllt«: in »knapperem Ausdruck«, Ausgangspunkt, Vorbereitung, Begleitung und Nacharbeit des »die Zeit verschleppenden« Schreibens zu sein, »ein reiches Studienbuch […].«[21]

Abgesehen von den sich aufdrängenden kritischen Fragen, ob Jensens Kriterien für ›wahre Kunst‹ wirklich zwingend sind und ob ihnen denn in der Tat alle von Ausstellungsmachern, Galeristen und vom Kunstmarkt ernst genommenen Künstler und Werke genügen, grenzt Jensen auf diese Weise Grass' Schaffen kategorisch aus dem Kunstbereich aus und ordnet es der Literatur zu; sein Fazit ist, Grass' Zeichnen bedürfe »der Erfüllung im Schreiben, im bildhaften Wort«.[22] Dies scheint mir allerdings ein sehr deutsches und für den hiesigen Kunstbetrieb vernichtendes Vorurteil gegen Grass als Künstler zu sein. Versteht man unter zeitgenössischer Kunst schlicht das, was zeitgenössische Künstler schaffen, gehört Grass selbstverständlich dazu, dass er zudem gut und erfolgreich schreibt, kann diese simple Wahrheit nicht aushebeln. Das wird deutlich an zwei Beispielen, die ganz unbefangen und unter Missachtung des Ostrakismus der Kunstszene Grass als zeitgenössischen Künstler gewürdigt haben. Der amerikanischen Kunsthistorikerin Mary Lee Thompson verdanken wir anlässlich der Ausstellung von 145 Graphiken, die Grass zwischen 1972 und 1979 geschaffen hat, in den USA[23] eine ausführliche

Würdigung des Graphikers Grass in der Fachzeitschrift *The Print Collector's Newsletter*[24]. Gleich einleitend wird dort beklagt, dem bildenden Künstler Grass sei bislang »nur flüchtige Aufmerksamkeit zuteil« geworden, »meist in Form von Besprechungen oder Interviews in Zeitungen oder Zeitschriften, selten in Fachjournalen«. Nachdem Thompson seine Themen und seine Formensprache so kenntnisreich wie gründlich analysiert hat, weist sie auf die gelegentliche Nähe zu seinem Lehrer Pankok hin: »Der Stil mancher Pankokscher Bilder, aber auch gewisse Themen und sogar ganz bestimmte Kompositionen erscheinen in Grass' Arbeiten aus den siebziger Jahren.«[25] Sie schließt mit der Aufforderung, Grass in Zukunft »wie er selbst es sich wünscht«, »als einen Mann mit zwei Berufen [zu] betrachten: Schriftsteller und bildender Künstler«.[26]

Eine noch größere Nähe zu Pankok konstatiert der Katalog zur einzigen mir bekannten Themenausstellung, in der Grass jemals mitspielen durfte. Es ist allerdings eine Ausstellung eher aus dem Off-off der heutigen Kunstszene, vom 12.10.2013 bis zum 19.1.2014 im Kunsthaus Stade, kuratiert von Tom Beege und Andrea Fromm: *Jesus Reloaded. Das Christusbild im 20. Jahrhundert*. Im gleichnamigen Ausstellungskatalog erscheinen Kreuzigungsbilder von Grass zu Recht, wie oben dargelegt wurde, im Anschluss an solche seines Lehrers Pankok und demonstrieren so beider künstlerische Nähe zueinander. Bedauerlicherweise ist den Kuratoren aber Grass' monumentale Kreuzigung von 1990 aus der Kirche St. Marien in Lübeck entgangen, die Pankoks Baumthema mit seinen lebensgroßen Passionsdarstellungen zu einer überzeugenden und auch theologisch stimmigen Einheit verbindet.

Die »Stiftung zugunsten des Romavolks« und der Otto-Pankok-Preis

Glanz- und Höhepunkt von Grass' »nachgetragener Liebe« und seiner Verehrung für Otto Pankok sind seine »Stiftung zugunsten des Romavolks« und der von ihr verliehene Otto-Pankok-Preis. Grass geht im September 1997 in seiner Rede zur Gründung der Stiftung »Wie ich zum Stifter wurde« (WA 20, S. 5–9) auf seine bisherigen Stiftungen ein – den für ein *work in progress* bestimmten Alfred-Döblin-Preis von 1978 und den Daniel-Chodowiecki-Preis für polnische Graphiker von 1992. Der neue Preis hat den Namensgeber in allen Zügen zum Vorbild, bis in die politische Dimension der Kunst hinein. Grass sagt dazu:

»Wenn es mir bislang darauf angekommen ist, im Umkreis meiner beiden künstlerischen Disziplinen tätig zu werden, möchte ich nun dem, was oft Anstoß erregt und Ärgernis bereitet hat, Vorschub leisten: dem Anspruch des Schriftstellers, als Bürger politisch ein Wort mitzureden, mehr noch, nach Überzeugung zu handeln.« (WA 20, S. 6)

»Auch mich hat erst ein Lehrer mit der produktiven Unruhe der allerorts geschmähten Zigeuner bekanntmachen müssen. Der Zeichner und Meister des Holzschnitts Otto Pankok verstand es, mich und andere Schüler zu lehren, mit ihnen umzugehen und – fern aller romantischen Verklärung – die jeglicher Verfolgung trotzende Schönheit ihrer Existenz zu begreifen. Der Ort dieser für mich grundlegenden Lektion war die Kunstakademie Düsseldorf. Ende der vierziger, Anfang der fünfziger Jahre gingen im Atelier Otto Pankoks und im Atelier seiner Schüler junge und alte Zigeuner ein und aus. Sie belebten unsere Zeichenblöcke. Wir versagten vor ihrer Anmut. Doch in Pankoks Holzschnitten und großformatigen Kohlezeichnungen begegneten sie uns; und selbst in dem von ihm geschaffenen christlichen Passionsweg begriffen wir die Passion der Zigeuner. Otto Pankok hat mit ihnen gelebt. Er war ihnen sozial verpflichtet. Mir wurde er als Lehrer beispielhaft. Und deshalb soll der von der Stiftung zugunsten des Romavolkes vergebene Preis ›Otto-Pankok-Preis‹ heißen.« (WA 20, S. 9 f.)

Erste Trägerin des Preises war »Melanie Spitta […], eine Sintezza, die mit vier Kinodokumentarfilmen von der beschädigten Existenz in Deutschland lebender Sintifamilien
    Bericht gegeben hat.« Melanie Spitta zitierte für ihr Schaffen einmal ein bitteres Wort Otto Pankoks, der vor, während und nach der Naziherrschaft versucht hatte, den »Zigeunern« zu helfen: »Hitler versank, der Rassenhaß ist geblieben.« (WA 20, S. 112)

Gemeinsame Ausstellungen der Werke von Otto Pankok und Günter Grass

Durch die Verhandlungen über die Benennung dieses von Grass zu stiftenden Roma-Kulturpreises nach Otto Pankok erneuerte sich die seit seinen Studententagen bestehende Bekanntschaft mit dessen einziger Tochter Eva Pankok (1925–2016) und vertiefte sich zur Freundschaft. Gemeinsam mit ihrer Mutter, der Publizistin Hulda Pankok (1895–1985) aus der Düsseldorfer Verlegerfamilie Droste hatte die selbst malende Eva in uneigennützigster Weise ihr ganzes Leben der Pflege des Werks ihres Vaters und dem Erhalt des 1958 erworbenen Haus Esselt bei Drevenack am Niederrhein gewidmet, wo Otto Pankok sein letztes Atelier hatte und 1966 gestorben war. Im Atelierhaus eröffneten Mutter und Tochter 1968 das Otto-Pankok-Museum, in dem der gesamte bedeutende Pankok-Nachlass eine Pflegestätte fand.

In der Folgezeit verabredeten und organisierten Eva Pankok und Günter Grass eine Folge von Ausstellungen von Werken beider Künstler, die durchaus die oben konstatierte Nähe von Lehrer und Schüler dokumentierten.

Den Anfang machte vom 6.6. bis zum 2.11.2003 das Otto-Pankok-Museum Gildehaus, das 1996 in einer ehemaligen, auf das Jahr 1656 zurückgehenden Lateinschule zum Andenken an die Zeit eingerichtet worden war, als der Künstler sich 1936 vor den NS-Behörden in die Grafschaft Bentheim geflüchtet hatte. Grass besuchte die Ausstellung gemeinsam mit Eva Pankok: »In gemütlicher Runde plauderten sie über ihre Zeit in Düsseldorf und über damalige gemeinsame Freunde«, wie die lokale Presse berichtete. Auch hier betonte Grass wieder einmal, dass die anhaltende Prägung durch Pankok »ihm mit zunehmendem zeitlichen Abstand immer deutlicher werde«.

Vom 22.1. bis zum 24.6.2007 zeigte dann das Lübecker Grass-Haus die Ausstellung *Der ›liebe Gott‹ Otto Pankok. Ein ›Lehrer‹ von Günter Grass*. Sie bot einen Querschnitt durch das malerische wie graphische Werk bis hin zu Pressezeichnungen mit Autorenporträts für die Zeitschriften seiner Schwiegerfamilie Droste. Eine Gruppe von Pankok- und Grass-Werken dokumentierte wiederum deren künstlerische Nähe. Grass eröffnete die Ausstellung mit einer Lesung des Düsseldorfer Akademie-Kapitels »Wie ich zum Raucher wurde« aus seiner Autobiographie *Beim Häuten der Zwiebel,* denn dort steht ein ausführliches Pankok-Porträt, das die nunmehr erreichte Nähe zum Lehrer dokumentiert:

»Pankok war zwar kein Bildhauer[27], arbeitete fast nur in Schwarzweiß mit Kohle oder an Holzschnitten, galt sogar als farbenblind, zog aber Schüler an, die sich expressiv ausdrücken wollten und die, wie neuerdings ich, auf Eigensinn setzten. Mit meinen Mitschülern blieb ich weiterhin befreundet, mit Beate Finster, dem unentwegt blühenden Mauerblümchen, besonders aber mit Trude Esser und ihrem schönen Manfred, einem nordfriesisch wikingerhaften Lockenkopf, der später – was eine Geschichte für sich wäre – nach Paris entführt wurde.

Mein neuer Lehrer mochte Mitte fünfzig sein, sah aber mit früh ergrautem Vollbart älter und in seiner geballten Würde ein wenig wie Gottvater aus, wenngleich ihm keine biblische Strenge nachzusagen war, eher ein laxer, duldsamer Umgang mit seinen Schülern, die ihn weniger als Lehrer, mehr als prägende Gestalt erlebten. Nicht nur weil hochgewachsen, sah er über vieles hinweg.

So unbeugsam und deshalb begleitet von Spöttern werden wohl Urchristen aufgetreten, genauer, in Erscheinung getreten sein. Etwas sanft Revolutionäres ging von ihm aus. Deshalb ist mir sein pazifistisches Credo, das in dem gegen die Wiederbewaffnung der Deutschen gerichteten Holzschnitt ›Christus zerbricht das Gewehr‹ Ausdruck und als Plakat weitverbreitete Verwendung fand, über lange Zeit vorbildlich gewesen, das heißt, bis hin zu den Protesten gegen sowjetische und amerikanische Mittelstreckenraketen in den achtziger Jahren, nein weiterhin noch: denn als ich gegen Ende des letzten Jahrhunderts aus überschüssigem Preisgeld eine Stiftung zugunsten des Volkes der Roma und Sinti finanzierte, lag es nahe, den alle zwei Jahre zu vergebenden Preis der Stiftung nach Otto Pankok zu benennen.

Über ihn wurde während der Nazizeit Mal- und Ausstellungsverbot verhängt. Er, der zeitweilig mit Zigeunern gelebt hatte und mit ihnen auf Reise gegangen war, hat das Leben dieser von alters her verfolgten, schließlich dezimierten Minderheit in unzähligen Holzschnitten und Kohlezeichnungen zu Bildern verdichtet. Weil er seine Zigeuner kannte, konnte er deren Nöte und Ängste in die Bildfolge der Passion Christi übertragen: Großformatige Blätter voll unendlich vieler Grauwerte zwischen schwarz und weiß.

Zigeuner, jung und alt, waren sein Personal. Und so gingen nicht nur in Otto Pankoks Atelier, sondern auch in den Werkstätten seiner Schüler die Überlebenden von Auschwitz-Birkenau als geminderte Sippe ein und aus. Sie gehörten zur unübersichtlichen Pankokfamilie. Sie waren mehr als nur Modell.« (WA 19, S. 315 f.)

Der mehrfach von Grass genannte Holzschnitt *Christus zerbricht das Gewehr,* Pankoks wohl populärste Arbeit[28], hat seinen Schüler noch in einem weiteren Sinne angeregt: Pankok hatte ihn der Friedensbewegung gestiftet, zu deren Gunsten Abzüge und Plakate verkauft wurden. Grass folgte später Pankoks Beispiel und stiftete Erlöse aus dem Verkauf seines radierten *Selbstporträt 2*[29] 1972 der von ihm initiierten Wählerinitiative und 1983 die Lithographie *Bölls Schreibmaschine*[30] zur Unterstützung seines und Bölls Zeitschriftenprojekts *L'80.*[31]

Die letzte gemeinsame Pankok-Grass-Ausstellung zu Lebzeiten von Günter Grass und Eva Pankok war dann 2009 im Pankok-Museum Haus Esselt zu sehen, als die alljährliche Sommerausstellung Pankoks Gildehauser Zeit galt und in die sonst nur seinem Werk gewidmeten Räume ausnahmsweise auch sein Schüler Grass mit verwandten Arbeiten eingeladen war, während Grass wiederum zur Eröffnung am 10. Mai aus seinen Düsseldorfer Akademie-Erinnerungen Pankoks Ehrengedächtnis las.

Sein seit den 80er Jahren oft wiederholtes Bekenntnis, der Mensch, der engagierte Kämpfer gegen das himmelschreiende Unrecht in der NS-Zeit und der überragende Künstler Otto Pankok habe ihn »mehr geprägt [...], als ich damals wahrhaben wollte«, hat Grass seitdem immer wieder in seinen Worten wie in seinen künstlerischen Werken eingelöst und so den unbeugsamen rheinischen Spätexpressionisten in den Zeugnissen seiner »nachgetragenen Liebe« als seinen wohl wichtigsten Lehrer nach und neben Willy Brandt kenntlich gemacht.

Anmerkungen

1 Günter Grass, Beim Häuten der Zwiebel, Werkausgabe in 20 Bänden, Bd. 19, Göttingen 2007, S. 318. Im Folgenden werden Zitate aus dieser Ausgabe (WA) mit Bandnummer und Seitenzahlen in Klammern in den Text eingefügt.
2 S. dazu das ausführliche Pankok-Bild aus ›Beim Häuten der Zwiebel‹ (WA 19, S. 315 ff.).
3 Vgl. etwa »Die Ballerina« (1956) (WA 14, S. 7–15), »Der Inhalt als Widerstand« (1957), (WA 14, S. 16–22) und Dieter Stolz, Vom privaten Motivkomplex zum poetischen Weltentwurf, Würzburg 1994, passim.
4 Wikipediaartikel zu »Klaus Witte«, aufgerufen am 3.8.2017.
5 Ebd.
6 Günter Grass, Vonne Endlichkait, Göttingen 2015, S. 97.
7 S. dazu Viktoria Krason, Erste Bilder und Plastiken von Günter Grass – eine Fundsache aus Düsseldorf, in: Freipass. Forum für Literatur, Bildende Kunst und Politik. 2, Berlin 2016, S. 110–131.
8 Hg. von G. Fritze Margull, Göttingen 1991. 2001 erschien die Erweiterung auf ›Fünf Jahrzehnte‹ und 2014 die Fortschreibung ›Sechs Jahrzehnte‹, hg. v. G . Fritz Margull u. Hilke Ohsoling.
9 Günter Grass, Vier Jahrzehnte S. 9.
10 An anderer Stelle nennt Grass das berühmteste Beispiel hierfür: »Auf einem Holzschnitt meines Lehrers Otto Pankok zerbricht Christus plakativ das Gewehr.« (WA 20, 236)
11 Günter Grass, Catalogué, raisonné, Band 1, Die Radierungen, hg. von Hilke Ohsoling, Göttingen 2007, R 4 (im Folgenden zitiert als »Ohsoling 1«).
12 Ebd., R 9.
13 S. dazu Günter Grass, Zunge zeigen, Darmstadt 1986, Totes Holz. Ein Nachruf, Göttingen 1990 sowie die Mappenwerke ›Calcutta‹, (Ohsoling 1) R 231-236, und ›Kahlschlag in unseren Köpfen‹ 1990, Catalogué, raisonné, Band 2, Die Lithographien, hg. von Hilke Ohsoling, Göttingen 2007, L 80 – L 88, (im Folgenden zitiert als »Ohsoling 2«) sowie auch die Blätter L 65 – L 79 u. L 89 – L 93, dort jeweils auch motivverwandte Zeichnungen.
14 Vgl. Günter Grass, Fünf Jahrzehnte S. 323.
15 Zitiert nach dem Katalog zu Jesus Reloaded, S. 113.
16 S. dazu Volker Neuhaus, Das Kreuz im literarischen und künstlerischen Werk von Günter Grass, in: Anuari de Filologia 1/2017, 1–22 und das Grass-Kapitel in Volker Neuhaus, Gipfelgespräche mit Martin Luther – Goethe – Thomas Mann – Günter Grass, Wiesbaden 2017.

17 Günter Grass, Unterwegs von Deutschland nach Deutschland. Tagebuch 1990, Göttingen 2009, S. 214.
18 Ebd., S. 217.
19 Zitiert bei Volker Neuhaus, Günter Grass. Schriftsteller – Künstler – Zeitgenosse, Göttingen 2012, S. 153.
20 Günter Grass als Bildkünstler, in: Text+Kritik 1/1a Günter Grass, Sechste Auflage, Neufassung 1988. Der Text entstand aus Anlass der Ausstellung Günter Grass. Hundert Zeichnungen 1955–1987 und des Ausstellungskatalogs der Kunsthalle Kiel, hg. von Jens Christian Jensen, Kiel 1987.
21 Ebd., S. 60.
22 Der Fairness halber sei angemerkt, dass Jensen zu diesem Zeitpunkt das Projekt »Totes Holz«, das seinen Befund zwei Jahre später diametral widerlegte, noch nicht kennen konnte.
23 17. Oktober bis 23. November 1980 im Davison Art Center der Wesleyan University, Middletown, Connecticut.
24 »Günter Grass's Prints«, Vol XI, No 4, September – Oktober 1980, in der deutschen Übersetzung von Volker Neuhaus, in: Daniela Hermes, Volker Neuhaus (Hg.), Günter Grass im Ausland, Frankfurt am Main 1990, S. 115–126.
25 Ebd., S. 126.
26 Ebd.
27 Grass bezieht sich hier wohl auf Pankoks Berufung zum Leiter der Düsseldorfer Zeichenklasse; als Künstler hat Pankok eine ganze Reihe hinreißender Skulpturen geschaffen.
28 Im Pankok-Museum werden die Holzstöcke zu allen Holzschnitten Pankoks bewahrt – außer dem zu »Christus zerbricht das Gewehr«, der irgendwann gestohlen worden sein muss.
29 Ohsoling 1, R 15.
30 Ohsoling 2, L 53.
31 Außerdem überredete Grass seine Kollegen Rühmkorf, Dürrenmatt und Heißenbüttel, ebenfalls für diesen guten Zweck Lithographien zu stiften.

Zur Diskussion gestellt:
Beiträge zur Grass-Forschung

Uwe Neumann
Kein weites Feld
Zum Briefwechsel zwischen Günter Grass
und Marcel Reich-Ranicki

> *»Liebe ich Grass? Kritiker dürfen und müssen oft übertreiben, um überhaupt verstanden zu werden. Doch muß alles seine Grenzen haben: ob ich Grass liebe, dessen bin ich mir gar nicht so sicher. Aber ich schätze und bewundere ihn. Ein Schuft, wer das für Ironie hält.«*
>
> Marcel Reich-Ranicki, 2001

Die Erwartungen sind hoch. Ein Briefwechsel zwischen Günter Grass und Marcel Reich-Ranicki, dem Nobelpreisträger und dem Kritikerpapst, das muss ein literarischer Leckerbissen sein. Man kennt beide als brillante und schlagfertige Rhetoriker, als mediengewandte Streithähne, die sich in verschiedenen Arenen so viele Schaukämpfe geliefert haben, dass man sie als »das bekannteste Duo der deutschen Nachkriegsliteratur« bezeichnet hat.[1] Diese Wortduelle noch einmal zwischen zwei Buchdeckeln zu wissen, das ist eine Vorstellung, die ... – aber ach, bleiben wir am Boden, denn die Fakten sind ernüchternd.

Es existieren lediglich vierundzwanzig Schriftstücke: zehn Briefe und eine Einladungskarte von Günter Grass, ein Brief von Grass' Sekretärin, elf Briefe und ein Telegramm von Reich-Ranicki.[2] Dass noch weitere Briefe und Telegramme vorhanden oder auch verloren gegangen sind, ist nicht auszuschließen, ihre Zahl dürfte aber nicht sehr hoch sein.[3] Für diese Annahme spricht auch, dass Günter Grass seine Korrespondenz mit Reich-Ranicki für unergiebig hielt und keine eigenständige Veröffentlichung wünschte.[4] Kein Vergleich also zu den Briefwechseln, die Günter Grass mit Willy Brandt, Uwe Johnson oder Helen Wolff unterhielt. Dass man gleichwohl auf einige Perlen gefasst sein darf, dafür bürgen die Namen der beiden Briefsteller.

Der Briefwechsel umspannt vier Jahrzehnte und reicht von 1965 bis 2005. Den dürftigen Umfang muss man mit dem schwierigen Verhältnis der beiden Literaturgrößen erklären. Hatten sie einander etwas zu sagen, taten sie es öffentlich, dabei mehr über- als miteinander redend, an persönlichen, gar privaten Gesprächen waren beide nicht interessiert. Die Initiative, sich überhaupt brieflich auszutauschen, geht von Reich-Ranicki aus, der sich mit redaktionellen Anfragen an Grass wendet, sozusagen ›Geschäftspost‹ erledigt. Schon die Anredeformeln geben über das wechselvolle Verhältnis Auskunft, sie reichen vom Höflich-Formalen bis zum Intim-Vertraulichen. Es gab eine Zeit, man höre und staune, da redete man einander mit »Lieber Marcel« und »Mein lieber Günter« an. Und das in dem Jahr, in dem *Ein weites Feld* erscheint ...

Also, was waren sie denn nun, Freunde oder Feinde? Aus Frankfurter Sicht ist die Sache wie erwartet ganz klar: »Ich war nie mit Günter Grass befreundet«, lautet eine kategorische Erklärung aus dem Jahr 2000. Und dann folgen vertraute Töne: »Günter Grass' Verhältnis zu mir war immer lieb und gut und freundlich, wenn ich das letzte Buch von ihm gelobt habe. Aber wenn ich das nächste nicht so gelobt habe, dann war die Beziehung beendet. Bis zum nächsten Fall, wo ich wieder freundlich war.« (*Aus persönlicher Sicht*, APS 84)[5] In diese Äußerung könnte man statt des Namens von Günter Grass unzählige andere Schriftstellernamen einsetzen. Mit Schriftstellern befreundet zu sein, war ihm, dem unbestechlichen Kritiker, nur dann möglich, wenn er sich nicht über deren Bücher ausließ, wie es etwa im Falle von Siegfried Lenz oder Eva Demski geschehen ist. Ob Reich-Ranicki an dem Menschen Günter Grass überhaupt gelegen war, darf man bezweifeln. Den Sprachkünstler bewunderte und verehrte er zeitlebens. Auch und gerade seine Verrisse sind Ausdruck dieser Wertschätzung, denn, so das Credo, das er mit seinem Vorbild Gotthold Ephraim Lessing teilt: »Man schätzet jeden nach seinen Kräften. Einen elenden Dichter tadelt man gar nicht; mit einem mittelmäßigen verfährt man gelinde; gegen einen großen ist man unerbittlich.«[6] Gegen Günter Grass war Reich-Ranicki immer unerbittlich.

Will man das Verhältnis von Günter Grass zu seinem schärfsten Kritiker bestimmen, hat man zunächst das Geröll einiger Klischees aus dem Wege zu räumen. Reich-Ranicki war ihm kein »Feind« oder »Erzfeind«, wie man vielfach lesen kann, und schon gar nicht betrachtete er den Kritiker als seinen »Todfeind«, was der klatschselige Fritz J. Raddatz kolportiert.[7] Es hat Donnerworte gegeben, darunter auch unfaire und bewusst verletzende, sicherlich, diese haben aber nichts zu tun mit den Attacken, Hassausbrüchen oder gar Vernichtungsphantasien, wie man sie aus dem Munde von Reich-Ranickis ›bekennenden‹ Feinden vernehmen kann.[8] Bei aller kritisch-ironischen Distanz, die sich Grass schon als Selbstschutz auferlegte, bewahrte er auch über schwierige Zeiten hinweg gewisse Sympathien, die freilich starken Schwankungen unterlagen. Immer aber respektierte und schätzte er den Literaturkenner und -liebhaber. Zudem legte er durchaus Wert auf das Urteil von Reich-Ranicki und – Nobelpreis hin oder her – auch er wollte die Anerkennung des Literaturpapstes.

Am Anfang war die Anekdote. Der Kritiker und der Schriftsteller, beide in der literarischen Welt noch namenlos, lernten sich im Mai 1958 in Warschau kennen, als Grass vor Ort Recherchen für die *Blechtrommel* betrieb. Zu dem Verlauf des Treffens gibt es zwei Versionen, die jeweils zuungunsten des anderen ausfallen. Reich-Ranicki erinnert sich an einen unrasierten, furchteinflößenden Finsterling, der schon zu Mittag eine Flasche Wodka intus hatte und, was wohl noch schlimmer war, sich im Literaturgespräch als wenig kenntnisreich erwies. Grass wiederum berichtet, er habe sich bewusst ein wenig dumm angestellt, um den so schulmeisterlich Fragenden an der Nase herumzuführen. Besonders amüsiert zeigte sich Grass davon, dass er von Reich-Ranicki für einen bulgarischen Spion gehalten wurde.[9]

Wenige Monate später sah man einander wieder, im Oktober 1958 bei der legendären Tagung der Gruppe 47 in Großholzleute. Grass las zwei Kapitel aus der *Blechtrommel* und erhielt den Preis der Gruppe 47 – die Tür zum Weltruhm war aufgestoßen. Reich-Ranicki zeigte sich von Grass' Prosa durchaus angetan, sah dem gesamten Roman jedoch mit Skepsis entgegen. Die *Blechtrommel* sei »kein guter Roman« (*Unser Grass*, UG, 18), schreibt er im Januar 1960, in dem Autor scheine jedoch Talent zu stecken. Ausgerechnet die *Blechtrommel* in ihrer literarhistorisch bahnbrechenden Bedeutung nicht erkannt zu haben, diese eklatante Fehleinschätzung wurde Reich-Ranicki immer wieder vorgehalten und nicht ohne Schadenfreude als Ausweis seiner Fehlbarkeit gewertet. Diesen Druck bekam Reich-Ranicki umgehend zu spüren, und er reagierte darauf. Nur drei Jahre nach seiner Rezension revidierte er seine Ansicht zwar nicht, aber er korrigierte sie doch dahingehend, dass er Einseitigkeiten zugestand – ein bei ihm einmaliger Vorgang.[10]

Im literarischen Leben fand Reich-Ranicki, der im Sommer 1958 endgültig nach Deutschland übergesiedelt war, schnell seinen Platz. Bereits 1960 zählt ihn die *ZEIT* zu den »führenden Buchkritikern« in Deutschland (vgl. *Mein Leben*, ML 431), vier Jahre später ist schon von einem »Literaturpapst« und einem »Präceptor Germaniae« die Rede.[11] In der Gruppe 47 behauptete Reich-Ranicki sich mühelos neben den etablierten Großkritikern Walter Höllerer, Walter Jens, Joachim Kaiser und Hans Mayer. »Am dauerhaftesten rieb sich Günter Grass an ihm«, weiß Hans Werner Richter zu berichten. »Das waren oft recht fruchtbare Auseinandersetzungen. Günter wollte sie nicht, konnte ihnen aber nicht ausweichen.«[12] Nachdem Richter anfangs noch Reich-Ranicki umworben hatte (»ich kann Sie als Kritiker nicht mehr entbehren«[13]), wurde das temperamentvolle Gruppenmitglied aber binnen kurzer Zeit zu einem Störfaktor. Maßgeblich durch ihn, den Berufskritiker, ging der Werkstattcharakter verloren, die Autorenkritik wich zusehends der Fachkritik. Mehrere namhafte Schriftsteller drohten Hans Werner Richter im Herbst 1961 sogar ausdrücklich, dass sie nicht mehr kommen wollten, falls Reich-Ranicki noch einmal teilnähme. Der Palastaufstand verlief jedoch im Sande, der Ungeliebte erschien weiterhin. Irrtümlicherweise war Reich-Ranicki später der Meinung, dass Günter Grass zu den Aufwieglern zählte, die ihn aus der Gruppe vertreiben wollten.[14] Hierfür gibt es keinerlei Beleg, zudem widerspricht es der Haltung, die Günter Grass ehedem zu dem Kritiker einnahm. Rückblickend sagt Grass sogar, er war mit Reich-Ranicki »befreundet in dieser Zeit«.[15]

»Die hohen Ansprüche des Herrn Ranicki«

Man kannte einander schon sieben Jahre, als Reich-Ranicki den Briefwechsel am 21. Januar 1965 eröffnet. Anlass ist ein Arbeitsvorhaben, die Anthologie *Erfundene Wahrheit*, die im Herbst 1965 erscheinen wird, um sich fortan monatelang auf den Bestsellerlisten zu behaupten. Ohne Umschweife geht es zur Sache, eingeleitet von jener TV-bekannten Formel, die bei Reich-Ranicki immer ein Höchstmaß an Zuwendung ausdrückt:

»Mein Lieber,
 für den Piper-Verlag bereite ich eine Anthologie deutscher Geschichten aus der Zeit 1945 bis 1965 vor, die in diesem Jahr in der Reihe BÜCHER DER NEUNZEHN erscheinen und Autoren aus der Bundesrepublik, der DDR, Österreich, der Schweiz und dem Exil wenigstens zwischen zwei Buchdeckeln vereinen soll. Da in diesem Band grundsätzlich keinerlei Ausschnitte aus Romanen oder grösseren Erzählungen enthalten sein sollen, sondern tatsächlich Geschichten – im Umfang von 2 bis 20 Manuskriptseiten –, Sie aber, sofern mir bekannt, kaum kürzere Geschichten veröffentlicht haben, bin ich, was Sie betrifft, in einiger Verlegenheit. Können Sie mir helfen? Dass ich unbedingt eine Geschichte von Ihnen in diesem Band haben möchte, brauche ich Ihnen nicht zu sagen. Hierbei ist es vollkommen gleichgültig, ob es eine Arbeit wäre, die schon gedruckt ist oder eine ungedruckte. Die Sache eilt

nicht so furchtbar – d. h. es würde genügen, wenn ich die Arbeit im März oder, spätestens, im April bekäme. Nur möchte ich bald von Ihnen eine Nachricht erhalten.

Ist es wahr, dass Sie das Brecht-Stück schon fertig haben? Bitte, informieren Sie mich auch darüber – denn Sie wissen ja, wie sehr mich dieses Stück interessiert und wie fest ich, obwohl ich nur die erste Hälfte kenne, an seinen Erfolg glaube.

Herzlichst / Ihr / *Marcel Reich*«

Zu der Frage nach dem »Brecht-Stück«: Reich-Ranickis Interesse für *Die Plebejer proben den Aufstand* war spätestens seit der Tagung der Gruppe 47 im schwedischen Sigtuna geweckt. Im September 1964 hatte Günter Grass dort zwei Akte aus dem noch unfertigen Werk vorgetragen und für eine sehr kontroverse Diskussion gesorgt. In seinem Tagungsbericht spricht Reich-Ranicki von einem »faszinierende[n] Theaterstück«, das »die Gemüter der deutschen Kritik im nächsten Jahr nicht weniger erregen wird als die bis in die späte Nacht debattierenden Mitglieder der ›Gruppe 47‹«.[16]

Günter Grass antwortet drei Wochen später, am 12. Februar. Den Anstoß geben aber nicht die beiden Anfragen des Kritikers, sondern ein Ärgernis, das sich gleichsam zwischen die Antworten drängt. Schon die Anrede ist etwas frostig:

»Mein lieber Herr Ranicki,

ich habe nur zwei nennenswerte Erzählungen geschrieben; die eine heißt ›Die Linkshänder‹ und ist schon oft abgedruckt worden, die andere heißt ›Meine grüne Wiese‹ und wurde 1956 in AKZENTE veröffentlicht. Nachgedruckt ist sie – soviel ich weiß – in Deutschland noch nie. Falls sie Ihnen gefallen sollte, was ich bezweifle, steht sie Ihnen zur Verfügung.

Gestern las ich mit wenig Vergnügen, was Marcel wieder einmal den deutschen Schriftstellern als Gruppe vorzuwerfen hat. Diesmal ist es ihr angebliches Schweigen zur immer näherkommenden Verjährungsfrist. Herr Habe hat natürlich ähnliche Töne gesungen, und auch er meinte, dieses Schweigen lasse sich auf die Furcht der Schriftsteller zurückführen, Leser zu verlieren. Lieber Herr Ranicki, ich halte das schlicht für eine Diffamierung. Es wird Ihnen wohl aufgefallen sein, daß öffentliche Deklamationen in den letzten 15 Jahren wenig genützt und oft genug geschadet haben. Jeder noch so berechtigte öffentliche Protest, der nicht mit der notwendigen Macht, dem Protest Nachdruck zu geben, ausgestattet ist, entlastet allenfalls den Bundestag und seine Mitglieder, wie ja auch die lautstarke Forderung, es möge der Schriftsteller das Gewissen der Nation sein, nur dazu angetan ist, anderen Leuten das Gewissen abzunehmen.

Selbstverständlich wehre ich mich auf meine Art gegen die Verjährung ungesühnter Verbrechen. Aber es wird wohl so sein: was Ihnen nicht zu Ohren kommt, ist nicht geschehen. – Wenn Sie mit dem Brechtstück mein Stück DIE PLEBEJER PROBEN DEN AUFSTAND meinen, kann ich Ihnen die freudige Mitteilung machen, es ist fertig. Und wenn sich das Schiller-Theater nicht schrecklich in die Hosen macht, wird es wohl hier im Herbst über die Bretter gehen.

Ich grüße Sie in alter Freundschaft / Ihr / *Günter Grass*«

Der Brief führt sogleich vor Augen, welch bedeutsames Zeitdokument eine regelmäßig geführte Korrespondenz hätte sein können. Aber genug der Klage.

Die Verärgerung von Grass gilt dem Artikel *Das unbegreifliche Schweigen,* den Reich-Ranicki als ›Marcel‹ in seiner Kolumne ›Hüben und drüben‹ in der *ZEIT* geschrieben hatte.[17] Den Vorwurf, dass sich die deutschen Schriftsteller zu wichtigen Zeitfragen nicht äußern würden, hatte Reich-Ranicki schon im Mai 1964 im Zusammenhang mit den Frankfurter Auschwitz-Prozessen erhoben.[18] Die von Grass unterstellte Nähe zu der Position des erzkonservativen Hans Habe,[19] der immer wieder gegen die Gruppe 47 polemisierte, ist tatsächlich gegeben und Reich-Ranicki wird sie als wenig schmeichelhaft empfunden haben.[20] Das ›Gespräch‹ mit Grass führt Reich-Ranicki weiter, allerdings nicht per Brief, sondern öffentlich in der *ZEIT*. In einer neuerlichen Kolumne zitiert ›Marcel‹ wörtlich aus dem Brief von Grass, um dessen Äußerungen als nicht überzeugend zurückzuweisen.[21] Knapp eine Woche später findet die gesamte Diskussion ein vorläufiges Ende: Am 25. März 1965 entscheidet der Bundestag über eine Verlängerung der Verjährungsfrist für nationalsozialistische Verbrechen.

Bei den Anfragen Reich-Ranickis ist Grass sehr kurz angebunden, was man seiner momentanen Verstimmung zuschreiben kann. Es gibt aber noch andere Gründe. Erzählungen oder Kurzgeschichten hätte Grass nämlich durchaus liefern können, er wollte nur nicht. Mitte der 60er Jahre arbeitete er an einem größeren Projekt, das unter den Arbeitstiteln *Herr Persennick* und *Geschichten* über fünfzig (!) Kurzgeschichten vereinigen sollte. Aus dem Projekt geht schließlich ein Band hervor, den Grass 1968 unter dem Pseudonym ›Artur Knoff‹ veröffentlichen wird. Das Pseudonym wählte Grass, um die Geschichten nicht »jenen Großkritikern zum Fraß vorzuwerfen, die sich von Berufs wegen eine Super-Blechtrommel erwarteten«.[22]

Auf seine zweite Anfrage hätte Reich-Ranicki möglicherweise eine weniger barsche Antwort erhalten, wenn er nicht von einem »Brecht-Stück« gesprochen hätte. So aber stach er in ein Wespennest. Die Reduktion auf den Namen Brecht hörte Grass deshalb nicht gern, weil ihm solcherart häufig eine Absicht unterstellt wurde, die er gerade nicht im Sinn hatte: das Anti-Brecht-Stück. Sehr zum Leidwesen von Grass wird die spätere Rezeption von genau diesem Deutungsmuster geprägt sein. Schon in Sigtuna, erinnert sich Hans Werner Richter, hielten einige Gruppenmitglieder das Stück »fast für die Schändung eines großen Namens«. Grass geriet daraufhin sehr »in Erregung« und drohte zu »explodieren«.[23] Auch die Zusammenarbeit mit dem Schillertheater gestaltete sich konfliktreich, in der Presse liest man von der »schwierigsten Theatergeburt des Jahres«.[24] Noch sind wir jedoch im Februar 1965, bis zur Uraufführung bleiben elf Monate.

Im Sommer 1965 konnten sich Günter Grass und Reich-Ranicki einmal in entspannter Atmosphäre begegnen, bei der Hochzeit von Walter Höllerer und Renate von Mangoldt. Ausgerichtet wurde die Hochzeit von Günter Grass, der damit bei seinem Freund und Mentor Walter Höllerer ein altes Versprechen einlöste, und von Hans Werner Richter, der seine großzügigen Räumlichkeiten für die Feier zur Verfügung stellte. Der vorgedruckte Text der Einladungskarte lautet: »Günter Grass und Hans Werner Richter verheiraten am 30. Juni 1965 in Berlin Grunewald, Erdener Straße 8 / Walter Höllerer und Renate von Mangoldt / Sie sind dazu eingeladen, um 17 Uhr.« Zu einem Kleinod wird die für Reich-Ranicki bestimmte Einladungskarte durch einen exklusiven handschriftlichen Zusatz: »*Ihre Gesellschaftskritik, gereimt oder ungereimt, ist erwünscht. / Ihr Günter Grass.*« Lesen lässt sich der etwas rätselhafte Satz als Aufforderung, einen kleinen Beitrag zur Feier zu leisten, daneben aber auch als ironischer Nadelstich, der noch einmal Reich-Ranickis »Gesellschaftskritik« vom Februar des Jahres in Erinnerung ruft. Wie immer Reich-Ranicki die Worte verstanden hat, die Einladung wird ihn gefreut haben, sie vermittelte das Gefühl der Zugehörigkeit und bot obendrein die willkommene Gelegenheit, sein isoliertes und vereinsamtes Dasein in Hamburg einmal zu verlassen, schließlich gingen dort seine sozialen Kontakte »nur selten über Telefongespräche hinaus« (ML, 468). Bei der Hochzeitsfeier hatte Günter Grass für das üppige Festmahl gesorgt, bei dem es immerhin mehr als hundert Gäste zu bewirten galt. Von »kaschubischer Mahlzeit« spricht Jürgen Becker in einem Gedicht.[25] Die dabei servierte Fischsuppe war nach dem Dafürhalten von Reich-Ranicki ungenießbar, was er auch laut kundtat.[26] Noch Jahrzehnte später wird sich ein Hochzeitsgast an Reich-Ranickis Suppenverriss erinnern. Wir kommen darauf zurück.

Die in West und Ost mit großer Spannung erwartete Uraufführung der *Plebejer* stand für den 15. Januar 1966 an. Wie eine »Denkmalsenthüllung« solle die Uraufführung zelebriert werden, zitierte der *Spiegel* wenige Wochen zuvor die pompöse Ankündigung des Intendanten Boleslaw Barlog.[27] Auch Reich-Ranicki will bei dem Großereignis dabei sein, freilich nicht in bloßer Zuschauerrolle. Am 6. Januar meldet er sich mit einer Bitte:

»Mein lieber Herr Grass,
 die Hamburger Wochenzeitung DIE ZEIT hat mir den ehrenvollen Auftrag erteilt, die Kritik über Ihr deutsches Trauerspiel zu schreiben. Da ich mich auf die Premiere gehörig vorbereiten möchte – ich hoffe übrigens, dass es mir möglich sein wird, schon die Generalprobe zu sehen –, bitte ich Sie hiermit ebenso höflich wie dringend, mir ein Exemplar der endgültigen Fassung zuschicken zu wollen. Und schicken Sie mir bitte das Stück an meine obige Privatadresse.
 Herzlichst / Ihr / *Marcel Reich*«

Der in der Gruppe 47 für die Schnellschüsse seiner mündlichen Urteile häufig getadelte Kritiker zeigt hier große Gewissenhaftigkeit bei der Ausübung seines Berufes. Seine Bitte um ein Vorabexemplar klingt etwas vermessen, ist es aber durchaus nicht, in der westlichen Theaterwelt kursierten rund 300 Kopien. Ob Reich-Ranicki von Günter Grass noch eine hat ergattern können, zumal so kurzfristig, ist nicht dokumentiert. Bemerkenswert für seine Arbeits- und Lebenssituation ist der Wunsch, seine Hamburger Privatadresse zu verwenden. Solange er bei der *ZEIT* arbeitete, also immerhin dreizehn Jahre, wurde er tatsächlich zu keiner Redaktionskonferenz eingeladen, er erledigte sein enormes Arbeitspensum ausschließlich von zuhause aus, einer Sozialbauwohnung von zweieinhalb Zimmern. Der ebenfalls in Hamburg ansässige Peter Rühmkorf spricht von einem »richtigen Kleineleutekarton, bißchen beengt und kombüsenmäßig«.[28] Das war einmal das Kraftzentrum der deutschen Literaturkritik, nachgerade unvorstellbar.

Günter Grass hat die ersten Reaktionen auf die Premiere der *Plebejer* sehr genau verfolgt. Am 17. Januar berichtet er Helen Wolff von zwei positiven Kritiken und einem »dumme[n] Verriß« von Friedrich Luft, dem in damaliger Zeit einflussreichsten Theaterkritiker. Der Verrissene bleibt in seinem Selbstbewusstsein jedoch unerschütterlich: »dieses Stück ist nicht totzubekommen«.[29] In dieser Haltung bestärkt ihn ein Brief von Willy Brandt, der am 19. Januar rückmeldet, ein »grosses Stück deutscher Nachkriegsdichtung« gesehen zu haben: »Das kann durch klugscheisserische Kritiken nicht kleiner gemacht werden.«³⁰ Wiederum zwei Tage später erscheint die Kritik desjenigen, der einmal so fest an den Erfolg des Stückes geglaubt hatte. Geblieben ist davon nichts. Grass habe im wahrsten Sinne ein »Trauerspiel« abgeliefert; in dem missratenen Stück sei »keine einzige Szene gelungen« (UG, 65). Angesichts der weiteren Rezeption konnte sich Reich-Ranicki bestätigt fühlen, das Stück wird zwar noch einige wenige Inszenierungen erleben, verschwindet aber schon bald von den Spielplänen.³¹

Für den Mai 1967 stand die nächste größere Veröffentlichung an, der Gedichtband *Ausgefragt*. Da Reich-Ranicki ein erklärter Verehrer des Lyrikers Grass ist, kann im Grunde nichts schiefgehen. Erwähnenswert ist die kleine Anekdote, die Reich-Ranicki in *Mein Leben* erzählt. Kaum war seine überaus positive Besprechung der Gedichtsammlung veröffentlicht, da meldete sich telefonisch ein nicht unbedeutender Lyriker, Erich Fried, um sich über den offensichtlichen »Personenkult« zu beschweren und für sich selbst eine ähnliche Aufmerksamkeit einzuklagen. Dabei war er kein Einzelfall, noch »weitere Poeten« zogen nach und wollten ihrerseits gewürdigt werden (vgl. ML, 467). Die Machtposition des Kritikers ist gefestigt und weithin sichtbar. Für einen Golo Mann ist der gesamte Literaturbetrieb sogar gleichzusetzen mit dem »Mayer-Reich-Ranicki-Betrieb«, wie er im Juli 1967 an Alfred Andersch schreibt. Die beiden Großkritiker seien die »Tyrannen unserer Literatur«, die, wie es der Sohn von Thomas Mann auszudrücken beliebt, »willkürlich klugscheissen«.³²

Im Sommer 1967 wendet sich Reich-Ranicki mit einem Rundbrief an zahlreiche Zeitgenossen, um Beiträge für eine Anthologie zu erbitten, die – und man merke sich den Wortlaut – aus »Anlaß des bevorstehenden fünfzigsten Geburtstags von Heinrich Böll« erscheinen soll.³³ Eine entsprechende Anfrage bei Günter Grass verfasst der emsige Anthologist an einem markanten Datum, dem 2. Juni 1967, einerseits sein eigener Geburtstag, andererseits jener unglückselige Tag, in dessen Abendstunden der Student Benno Ohnesorg erschossen wird. Die folgenden Monate in Berlin verliefen auch für Günter Grass sehr turbulent, so dass die Anfrage zurückgestellt, wenn nicht gar vergessen wurde. Die Gelegenheit, bei Grass noch einmal persönlich nachzufragen, bot sich im Oktober im Rahmen der Tagung der Gruppe 47 im fränkischen Gasthof »Pulvermühle«. Grass konnte von einer kleinen Porträt-Skizze berichten, die er drei Monate zuvor aus Verärgerung über ein Fernsehinterview zwischen Klaus Harpprecht und Heinrich Böll angefertigt hatte. Reich-Ranicki zeigte sich interessiert. Einen Tag nach seinem vierzigsten Geburtstag, am 17. Oktober, meldet sich Grass mit einer guten Nachricht:

»Lieber Herr Ranicki,

sogleich nach der Messe und dem Geburtstagstrubel habe ich die kleine Böll-Skizze gesucht und gefunden. Wenn Sie meinen, so etwas passe in Ihr Buch, dürfen Sie gerne darüber verfügen.

Sie kamen mir in der Pulvermühle etwas melancholisch vor, ich mir auch.

Freundliche Grüße / Ihr / *Günter Grass*«

Der flüchtig hingeworfene Eindruck, dass Reich-Ranicki und er selbst »melancholisch« wirkten, mag mehrerlei Gründe gehabt haben. Reich-Ranicki bekam bei der Tagung deutlichen Gegenwind zu spüren.[34] Günter Grass war sehr verärgert wegen der politischen Auseinandersetzungen, zu denen die Störmanöver der Erlanger Studenten geführt hatten.[35] Und dann lag sicherlich auch das Ende der Gruppe 47 schon spürbar in der Luft. Reich-Ranickis Tagungsbericht schließt mit den Worten: »Noch gibt es die Gruppe 47. Aber ihre Tagungen muten ein wenig anachronistisch an.«[36]

Reich-Ranickis Freude darüber, einen Günter Grass als Beiträger für seine Anthologie gewonnen zu haben, währte nur kurz. Am 19. Oktober macht Grass einen Rückzieher:

»Lieber Herr Ranicki,

ich habe den Böll-Text doch zu rasch aus der Hand gegeben. Beim Nachlesen heute empfinde ich ihn als unerheblich und als ungeeignet für die Publikation in einem Buch für Heinrich Bölls 50. Geburtstag. Deshalb bitte ich Sie um Rückgabe des Manuskripts. Entschuldigen Sie die Mühe und das Hin und Her.

Freundliche Grüße / Ihr / *Günter Grass*«

Die Antwort erfolgt postwendend am 22. Oktober:

»Lieber Herr Grass,

Ihren Brief vom 17. Oktober und das Manuskript über Böll habe ich erhalten und mit Freude gelesen. Kaum war mein Dank-Telegramm abgeschickt, da erreichte mich Ihr nächster Brief, der vom 19. Oktober. Ich bedaure es sehr, dass Sie Ihren Beitrag wieder zurückziehen wollen. Erlauben Sie mir, Ihnen in diesem Zusammenhang folgendes zu sagen:

Zunächst einmal finde ich Ihre Skizze vorzüglich und wenn auch kurz, so doch keineswegs ›unerheblich‹. Ferner handelt es sich nicht um ein Buch für Heinrich

Bölls 50. Geburtstag, wie Sie irrtümlich annehmen, sondern ganz einfach um ein Buch über Böll. Gewiss war für den Verlag Bölls Geburtstag im Dezember der Anlass, doch wird das Buch erst einige Wochen nach dem Geburtstag ausgeliefert werden, und es enthält keinen einzigen Beitrag, der diesen Geburtstag auch nur erwähnen würde. Die einzelnen Beiträge sind, natürlich, unterschiedlicher Art: Neben wissenschaftlichen und publizistischen Arbeiten finden sich hier auch Glossen und Skizzen. Ihre Miniatur passt ausgezeichnet hinein. Kurz: Ich sehe nicht recht, warum Sie diese kleine Arbeit, wenn Sie sich schon die Mühe gemacht haben, sie zu schreiben, wieder zurückziehen und Böll die Freude und Harpprecht den Ärger ersparen sollten.

Ich bitte Sie also, sich die Sache noch einmal zu überlegen. Das Manuskript behalte ich daher vorerst hier. Bitte lassen Sie mich rasch Ihre Entscheidung wissen und seien Sie sehr herzlich gegrüsst / von Ihrem / *Marcel Reich*«

Nachdem Grass nichts von sich hören ließ und es mit dem Abgabetermin eng wurde, hakte Reich-Ranicki am 13. November noch einmal telegrafisch nach. Wie es dann weiterging, ist nicht dokumentiert. Günter Grass blieb jedenfalls bei seiner Entscheidung; die Anthologie *In Sachen Böll* erschien ohne einen Beitrag von ihm. Das Manuskript hat Grass niemals zurückerhalten, es fand sich bei den Recherchen für diesen Aufsatz in Reich-Ranickis Nachlass in einer Mappe mit Materialien zu Heinrich Böll. Aus dem Abstand von einundfünfzig Jahren kann der Leser nunmehr selbst entscheiden, ob er den Text »unerheblich« oder »vorzüglich« findet:

»IST UNSER HEIN TELEGEN?

Ich habe Heinrich Böll schon seit Jahr und Tag nicht gesehen; das letzte Mal, gestern, sah ich ihn im Fernsehen. Jemand, ein Schwabe, der allerlei Floskeln mit den Händen bewegte, versuchte, Heinrich Böll Fragen zu stellen; doch dessen Gesicht korrespondierte nur mit der Zigarette, großflächig offen paßte es nie ganz auf die Mattscheibe. Ein angeschnittener Heinrich Böll nickte, so lange der Schwabe Fragen stellte, denen sich allenfalls entnehmen ließ, daß er mit Hilfe jugendstiliger Zierwindungen, dabei mit Leidenschaft und Ausdauer Barock mit dem Zopfstil verwechselte. Ja, ja, sagte Heinrich Böll, ich möchte das so ausdrücken: Literatur, ein Buch, überhaupt die Kunst ist eine Zumutung für den Leser.

Und dann gefiel unserem Hein das Wort ›Zumutung‹; keine Rücksicht nahm er auf den konditionsschwachen Schwaben. Weder er noch seine Zigarette fragten sich, ob einem Schwaben das Wort ›Zumutung‹ gefallen könne. Im Gegenteil, er glaube an die Kraft der Wiederholung: Zumutung ist ein schönes Wort. Zwar sei er kein Heidegger, der ein Wort wie ›Zumutung‹ untersuchen könne, aber eine Zumutung sei das Schreiben schon, ja, ja. Und dann entschuldigte er sich wortlos, durch bloßes Schräghalten des Kopfes und durch einen sparsam-katholischen Filmschnitt zwischen Augenaufschlag und Augenaufschlag.

Jemand, der wie ich an der Mattscheibe klebte und kein Schwabe war, sagte: Das ist ja Grock. Haben Sie schon mal Grock gesehen? So war der Clown Grock.

Aber der Schwabe auf der Mattscheibe versuchte auch, komisch zu sein. Ist das nicht zu wenig, befand er, immer nur Deutschland, Köln und Wohnküche? Müsse nicht Welt in den Roman hinein, das Internationale, oder wie sich dem Schwaben das Internationale, geografisch kurzgefaßt, anbot: Wie wäre es mit einem Roman, der in Kamerun spielt?

Ach, lieber Heinrich Böll! Noch nie habe ich einen so sanften, clownesken, jansenistischen, katholischen Zigarettenraucher und Schriftsteller gesehen, der einen so pietistischen, geschnörkelten schwäbisch-internationalen Hofkommentator so lautlos, durch bloßes Blickwerfen, mit Ohrfeigen versorgt hat.

Ob der Schwabe das merkte? Vielleicht fühlte er sich gestreichelt. Pietistische Schwaben mögen katholische Ohrfeigen. Auf der Mattscheibe, nach Glaubensdingen und so befragt, sagte Heinrich Böll gutmütig: Ich weiß nicht, ob Sie überhaupt etwas davon verstehen können. Sie haben das ja nicht, Litanei, Messe und so. (Wenn jetzt der Schwabe konvertiert, wird Heinrich Böll schuld daran sein; denn das war eine Zumutung, eine Böllsche Zumutung).

Schön und von Adenauerscher Schlichtheit geadelt, möchte ich einen Wortwechsel nennen, der die Hintergründe unserer Staatsmisere sekundenlang aufdeckte. Etwa so erinnerte sich der Schwabe: Sie haben da einiges gegen die CDU gesagt, das ich nicht unbedingt auf die Goldwaage legen möchte ...

Wer saß da und konnte nicht anders? Unser Hein: Doch, doch, das können Sie ruhig auf die Goldwaage legen. (Gleich darauf Zigarette und Großgesicht, Mystik des Rauchens).

Als nach einer reifen dreiviertel Stunde Heinrich Böll mit Hilfe einfacher Worte die sprichwörtliche Traurigkeit eines Clowns von der Wiege bis zur Bahre variiert hatte, war der Schwabe dem Weinen nahe. Schnell rettete er sich in eine konservative Provokation: Kann man sagen, Heinrich Böll, daß Sie ein Puritaner sind?

Da sahen wir unseren Hein telegen nachdenken. Er befragte seine Filterzigarette, klopfte die Kirchenväter ab, holte Rat ein bei Freunden und Verwandten, übte noch einmal, zwischen Augenaufschlag und Augenaufschlag, jenen berühmten katholischen Zwischenschnitt, der ganz ohne Klerus auskommt und sich allein auf die Sakramente verläßt, und sagte so überzeugend, daß wir fortan in ihm einen ausschweifenden Wüstling sehen dürfen: Ich glaube nicht, daß ich ein Puritaner bin.

Später las ich, jetzt lese ich, und morgen werde ich lesen in seinem Buch ›Wo warst Du, Adam?‹. An dieses Buch halte ich mich. Immer, wenn mir Heinrich Böll entschwindet, und das kommt oft vor, weil dieses Land, in dem wir aneinander vorbeisprechen, so vielfältig unübersichtlich ist, greife ich nach dem Adam-Buch wie nach einem Besitz, den ich mir durch wiederholtes Lesen erworben habe. Vielen Dank für die Zumutung.«[37]

Das Gespräch zwischen Heinrich Böll und Klaus Harpprecht, dem gebürtigen Schwaben, wurde am 6. Juli 1967 im ZDF gezeigt.[38] Dass eine Veröffentlichung des scharfzüngigen Textes von Grass zum Ärger von Klaus Harpprecht ausgefallen wäre, lässt sich denken, zumal Harpprecht sogar selbst einen Aufsatz für die Böll-Anthologie beigesteuert hatte.

Das Jahr 1969 wird für Günter Grass politisch ein Erfolg, nicht zuletzt durch seine Unterstützung als Wahlhelfer wird Willy Brandt zum ersten sozialdemokratischen Bundeskanzler gewählt. In literarischer Hinsicht sieht es nicht so gut aus, gleich zwei Misserfolge gilt es hinzunehmen. Im Februar fällt das Theaterstück *Davor* bei der Kritik nahezu einhellig durch.[39] Im August erscheint der Roman *örtlich betäubt* und erleidet dasselbe Schicksal, sehr zur Freude einer stetig anwachsenden Schar von Grass-Gegnern. »Mann, sind die Kritiker über ihn hergefallen«[40], liest man in *Die Box*. Der Totalverriss, den Reich-Ranicki schreibt, fällt in seiner Schärfe so modellhaft aus, dass er ihn ein Jahr später in *Lauter Verrisse* aufnimmt, jene berüchtigte Giftblütenlese, die ihm zum Markenzeichen wird. Wie reagierte Grass? In der *Box* ist aus der Sicht der Grass-Kinder zu erfahren, dass es den dickfelligen Vater »kaum gejuckt« hat, wenn ihn die »Zeitungsfritzen« in steter Regelmäßigkeit durch die Mangel genommen haben. Vielsagend dann der Zusatz: »Oder er tat, als würd ihn sowas nicht jucken.«[41] Der Verriss von *örtlich betäubt* hat Grass immerhin so »gejuckt«, dass er ihn öffentlich kommentiert hat. Im September 1969 spricht der Autor in einem Interview über solche Rezensenten, die ein Buch nur nach eigenen Wunschvorstellungen beurteilen:

»Ein typischer Vertreter dieser Richtung ist Marcel Reich-Ranicki, der dauernd auf oberlehrerhafte Art und Weise Zensuren verteilt, und zwar nicht eigentlich über das Buch, sondern darüber, ob der Autor in der Lage war, den hohen Ansprüchen des Herrn Ranicki zu genügen. Ich habe mir das Vergnügen gemacht, zum

Beispiel die Kritik zu lesen, die Ranicki vor vielen Jahren über die *Blechtrommel* geschrieben hat. Er hat damals die *Blechtrommel* verrissen. Er hat mir vorgeworfen, ich sei ein zu überschäumender Autor, habe zuviel Phantasie, ich sollte mich mal auf ein einziges spartanisches Thema beschränken, und dann könnte ich zeigen, daß ich ein Meister sei. Nun, dieses Buch *örtlich betäubt* ist, ohne daß ich damit Ranickis Wünsche erfüllen wollte, ein Buch, das sich auf ein sehr enges Thema beschränkt hat und aus einem engen Thema heraus versucht, parallel zur Gegenwart eine Entwicklung aufzuzeigen. Es ist also genau nicht das, was die *Blechtrommel* ist – also ein überbordendes Buch. Jetzt aber wirft mir Ranicki genau das Umgekehrte vor. Wahrscheinlich hat er vergessen, was er über die *Blechtrommel* geschrieben hat. Er vermißt nun in dem Roman *örtlich betäubt* die überschäumende Phantasie der *Blechtrommel* und wirft mir genau das vor, was er vor zehn Jahren gefordert hat.«[42]

Von seinem Gesprächspartner wird Grass daran erinnert, dass Reich-Ranicki immerhin eine Selbstkritik seines *Blechtrommel*-Verrisses geschrieben hat. Darauf Grass: »Dann besteht bei Ranicki – er ist ein entwicklungsfähiger Kritiker – ja immerhin die Hoffnung, daß er auch vielleicht einmal *örtlich betäubt* mit anderen Augen oder ohne Vorurteile oder – wie ich bei ihm vermute – mit neuen Vorurteilen lesen wird.«[43]

Das 1972 erschienene Prosawerk *Aus dem Tagebuch einer Schnecke* konnte der Aufmerksamkeit von Reich-Ranicki sicher sein. Noch in der Entstehungsphase ließ Grass den Kritiker wissen, dass er Episoden aus dessen Leben motivisch verarbeiten werde. Der Plan bestand schon seit mehr als einem Jahrzehnt und geht auf die Tagung der Gruppe 47 in Großholzleute zurück, als Reich-Ranicki in kleiner Runde erzählte, wie er nach der Flucht aus dem Warschauer Ghetto seine Lebensretter mit Geschichten aus der Weltliteratur unterhielt. Grass war fasziniert und bat um die Erlaubnis, die Erlebnisse literarisch verwerten zu dürfen, was ihm auch gewährt wurde. Im *Tagebuch einer Schnecke* sind sie Teil der Biografie des Studienrates Hermann Ott, der den Spitznamen »Zweifel« führt. So neugierig war Reich-Ranicki auf das Werk, dass er sich bereits Wochen vor der Veröffentlichung an Grass wandte. Aus dem schwedischen Uppsala, wo er sich für eine Gastprofessur aufhielt, schreibt er am 20. April 1972:

»Mein lieber Günter Grass,
    seien Sie bitte so gut und veranlassen Sie, dass mir Luchterhand den Umbruch oder, falls dieser noch nicht vorhanden sein sollte, die Spalten Ihres neuen Buches

zuschickt und zwar an meine Hamburger Adresse (Hamburg 61, Ubierweg 10b), denn ich bin ab 28. April wieder in Hamburg. Die Sache ist für mich etwas eilig und nicht nur deshalb, weil ich auf Ihr neues Buch, versteht sich, besonders neugierig bin. Es gibt noch einen zusätzlichen Grund: Bei Piper wird sehr bald eine von mir herausgegebene Anthologie deutscher Geschichten seit 1960 erscheinen, mit welchem Band (unter dem Titel: VERTEIDIGUNG DER ZUKUNFT) meine nunmehr fünfbändige Anthologiereihe deutscher Geschichten des 20. Jahrhunderts abgeschlossen wird. Dass Sie in den Schlussband rein müssen, ist klar. Wenn ich Sie richtig verstanden habe, gibt es innerhalb Ihres neuen Buches eine Anzahl ganz und gar in sich geschlossener Prosastücke. Etwas derartiges möchte ich eben für diese Anthologie nehmen – und daher meine Bitte um möglichst baldige Übersendung des Textes. Ich schreibe Ihnen und nicht Luchterhand direkt, weil der Verlag vielleicht von Ihnen Weisung hat, den Text noch nicht zu verschicken.

Das wärs – und viele herzliche Grüsse / stets Ihr / *Marcel Reich*«

Am 4. Mai antwortet Grass:

»Lieber Marcel Reich-Ranicki,

vielen Dank für Ihren Brief vom 20. April. Da die Umbruchexemplare wahrscheinlich erst ab Mitte Juni lieferbar sind, werde ich versuchen, für Sie ein ungebundenes Umbruchexemplar zu ergattern.

Mittlerweile lese ich den Umbruch; ich glaube, daß ich Ihrer Geschichte literarisch gerecht geworden bin. So schwierig neben der politischen Arbeit und ihrem Lärm das Schreiben als stiller Vorgang ist, habe ich mich dennoch während der letzten drei Jahre immer wieder auf Wochen und Monate absentieren können. Ich bin gespannt, was Sie dazu sagen werden. Geschlossene Prosastücke werden Sie auch im Schnecken-Buch finden – sei es das Wehner-Porträt, sei es die Barzel-Studie samt Rückgriff auf August Bebel, sei es, was immer Ihnen geeignet erscheint.

Das Treffen bei Hans Werner Richter war eher melancholisch. Einige Kollegen, die noch vor drei Jahren meinten, mich wie den letzten reaktionären Dreck behandeln zu müssen, waren stramm liebenswürdig und stark im Verdrängen. Ich kam mir etwas fremd und entwachsen vor, vielleicht weil sich mein Freundes- und Bekanntenkreis in andere Berufsgefilde verlagert hat. Soviel für heute.

Freundliche Grüße / Ihr / *Günter Grass*«

Bei dem angesprochenen Treffen handelt es sich um ein neuerliches Zusammenkommen von Autoren der Gruppe 47. Vom 29. April bis zum 1. Mai hatte Hans Werner Richter etwa vierzig Schriftsteller zu sich eingeladen, um eine Art Jubiläum zu feiern. Kritiker waren nur wenige zugegen, es kamen Walter Höllerer, Joachim Kaiser und Fritz J. Raddatz. Auffallend: Marcel Reich-Ranicki war nicht eingeladen. Wie Grass nimmt auch Hans Werner Richter eine veränderte Atmosphäre wahr; am 3. Mai notiert er: »Eine angenehme Gesellschaft, aber ohne Sprungkraft. Das Feuer ist weg, vielleicht, weil die Literatur nicht mehr von allgemeinem Interesse ist oder von diesem Interesse getragen wird.«[44] Von der Kritik ausgespart werden nur Günter Grass und Alexander Kluge, beide waren, so Richter, »in jedem Augenblick ganz das, was man Gruppe 47 nennt«.[45] Ein paar Tage später, am 19. Mai, kann Grass einen Erfolg vermelden:

»Lieber Marcel Reich-Ranicki,
    ich habe ein Umbruchexemplar ergattern können und schicke es Ihnen in der Hoffnung, Ihre kritische Meinung dazu zu hören. Wie Sie lesen und merken werden: ein offenes Buch. Zum erstenmal gebe ich die literarische Versteckposition der Rollenprosa zumindest streckenweise auf. Ich bin gespannt, ob Sie Ihre Geschichte in meiner Geschichte wiederfinden und akzeptieren können.
    Freundliche Grüße / Ihr / *Günter Grass*«

Noch zwei Wochen muss sich Grass gedulden, dann, am 4. Juni, formuliert Reich-Ranicki seine »kritische Meinung«:

»Lieber Günter Grass,
    ich danke für Ihren Brief vom 19. Mai und das Umbruchexemplar Ihres Buches. Ich habe das Buch sehr aufmerksam gelesen, und ich übertreibe keineswegs, wenn ich Ihnen sage, dass ich tief beeindruckt bin. Es ist – und das scheint mir heute sehr selten – ein Buch für Erwachsene, endlich. Ob es gefallen wird, weiss ich nicht. Viele werden vermutlich nicht merken, wie raffiniert das Ganze komponiert ist. Der permanente Kontrapunkt – Wahlkampf heute, Judenverfolgung gestern – ist ausgezeichnet durchgeführt. Grossartig, was Sie über Barzel, Wehner, Bahr, Brandt schreiben. Die Nürnberger Rede wird, befürchte ich, als Zugabe oder Zuwaage verstanden werden, indes bildet sie, meine ich, den logischen und organischen Abschluss. Meine Geschichte habe ich natürlich wiedererkannt, sie fügt sich glänzend in das Ganze ein. Für mich besonders interessant und bemerkenswert der

Umstand, dass Sie dem Thema Judenverfolgung wieder ganz unkonventionell beikommen und ihm wieder neue Seiten abgewinnen, was zynisch klingen mag, doch natürlich sehr ernst gemeint ist. – Leider ist aber Ihr Buch eine so in sich geschlossene Einheit – und eben allem Anschein zum Trotz keine Aneinanderreihung von Prosastücken –, dass es falsch und ungerecht wäre, daraus etwas für meine Anthologie zu nehmen. Hier bildet alles einen Zusammenhang, und die Stücke, die sich eventuell herauslösen liessen – Wehner-Porträt etwa –, sind keine Geschichten. Übrigens wirken auch diese Stücke stärker innerhalb des Zusammenhangs. Kurz und gut: Ich habe auf den ursprünglichen Plan, etwas aus dem Buch für meine <u>Verteidigung der Zukunft</u> zu nehmen, doch verzichtet. Nun geht es aber natürlich nicht, dass Sie in einer repräsentativen Anthologie deutscher Geschichten seit 1960 fehlen. Ich habe daher – Ihr Einverständnis voraussetzend – eine Episode aus den HUNDEJAHREN genommen, und zwar die von mir besonders geliebte Geschichte des Lehrers Brunies. Sie beginnt auf S. 330 der Erstausgabe mit den Worten: ›Im Spätherbst einundvierzig – Sondermeldungen über Erfolge im Osten blieben aus – konnte das Conradinum …‹ – und endet auf Seite 338 mit den Worten: ›… wenn er das nur übersteht!‹ – Als Titel habe ich vorläufig genommen: STUDIENRAT BRUNIES. Ich hoffe sehr, dass Sie nichts dagegen haben. Der Vertrag wird natürlich von Piper mit Luchterhand abgeschlossen.

Ich muss jetzt rasch abschliessen, weil ich morgen früh über Djakarta nach Australien fliege. In Australien und in Neuseeland werde ich an insgesamt vierzehn Universitäten Vorträge über die zeitgenössische deutsche Literatur halten, eines meiner Themen lautet übrigens: ›Günter Grass‹. Ab 1. August bin ich wieder in Hamburg.

Ja, und was Ihr neues Buch noch betrifft: Immerhin ist es nun doch nachweisbar, dass ein Kritiker einen Romancier inspirieren kann. Darauf werden Sie antworten: Gewiss, aber er hat es ja nicht in seiner Eigenschaft als Kritiker, sondern … usw. Und damit hätten Sie wieder recht.

Alles Gute und viele herzliche Grüsse / von Ihrem / *Marcel Reich*«

Ein Reich-Ranicki, der »tief beeindruckt« ist, besser hätte es nicht kommen können.[46] Warum hatte er dann aber keine Rezension geschrieben? Wenn er schon erahnte, dass viele Leser nicht erkennen würden, »wie raffiniert das Ganze komponiert« ist, wäre es dann nicht gerade an ihm gewesen, dem überlegenen Literaturkenner, hier für Klarheit zu sorgen? Der Verzicht auf eine Rezension ist wohl damit zu begründen, dass er um den Ruf seiner Unbestechlichkeit fürchtete. Ein Werk zu loben, zu dem er selbst Entscheidendes beigetragen hat, das hätte leicht nach einer »Gefälligkeitskritik« aussehen können, für Reich-Ranicki die literaturkritische Untugend schlechthin. Und geheim zu halten war Reich-Ranickis Anteil ohnehin nicht, Grass hat seine Quellen kenntlich gemacht und den Namen »Ranicki« mehrfach erwähnt.[47]

In seiner Autobiografie berichtet Reich-Ranicki noch von einem kleinen Nachspiel, das er erzählerisch so süffig aufbereitet, dass man besser nicht nach der Wahrheit im Detail fragt. Bei einer späteren Begegnung mit Grass ließ der Stofflieferant demnach die Bemerkung fallen, dass es wohl angemessen sei, wenn er an den Honoraren für das *Tagebuch einer Schnecke* beteiligt werde. Die Reaktion: »Grass erblaßte und zündete sich mit zitternder Hand eine Zigarette an.« Um den fassungslosen Auflagenmillionär zu »beruhigen«, bot der besorgte Reich-Ranicki an, auf alle Forderungen zu verzichten, wenn der Künstler ihm eine seiner Grafiken zum Geschenk mache. »Ihm fiel hörbar ein Stein vom Herzen.« Damit er sich eine Grafik aussuchen könne, lud ihn Grass nach Wewelsfleth zum Essen ein. Dabei steigt in Reich-Ranicki sogleich die Erinnerung an die Suppe auf, die er bei der Hochzeit von Walter Höllerer »leichtsinnig« zu sich genommen hatte: »Sie war abscheulich.« (ML, 388) Wie auch immer, die Einladung war ausgesprochen, es bedurfte nur noch eines Anstoßes. Am 13. Mai 1973 hakt Reich-Ranicki nach:

»Mein Lieber,
 wir wollten uns doch mal sehen. Wie wäre es jetzt? Wie sieht es mit Ihrer Zeit aus? Lenz sagte mir, Sie seien nach wie vor ohne Telefon. Also muss ich Sie bitten, mich anzurufen.
 Lassen Sie bald von sich hören und seien Sie
 herzlichst gegrüsst / von Ihrem / *Marcel Reich*«

Wie es weitergeht, weiß man dank der genauen Datierung in *Mein Leben*:
 »Am 27. Mai 1973 machten wir uns auf die Reise von Hamburg nach Wewelsfleth in Schleswig-Holstein. Das war gar nicht so einfach, denn man mußte, um diese Ortschaft zu erreichen, einen Fluß überqueren, über den es keine Brücke gab. Wir hatten uns einem Fährmann anzuvertrauen. Schließlich kamen wir an, bald konnte ich mir eine Graphik aussuchen. Ich bat Grass artig um eine Widmung. Er überlegte nur einen Augenblick und schrieb: ›Für meinen Freund (Zweifel) Marcel Reich-Ranicki.‹ Immerhin: beinahe ein Wortspiel.
 Dann servierte er uns einen Fisch. Um es kurz zu machen: Ich hasse und

fürchte Gräten. Bis dahin wußte ich auch nicht, daß es Fische mit so vielen Gräten gibt – wobei ich nicht ausschließen kann, daß deren Zahl in meiner Erinnerung mit den Jahren noch gewachsen ist. Gleichviel, es war qualvoll, aber auch genußreich: Grass, schwach als Suppenkoch, kann mit Fischen wunderbar umgehen, das Essen war gefährlich und schmackhaft zugleich – und es hatte weder für Tosia noch für mich auch nur die geringsten negativen Folgen. Indes: Folgen gab es schon, aber anderer Art. Was von dem Fisch übriggeblieben war, zumal die vielen Gräten, hat Grass am nächsten Tag gezeichnet, sehr bald stand dieser Fisch im Mittelpunkt eines Grass-Romans. Denn es war ein Butt.« (ML, 388 f.)

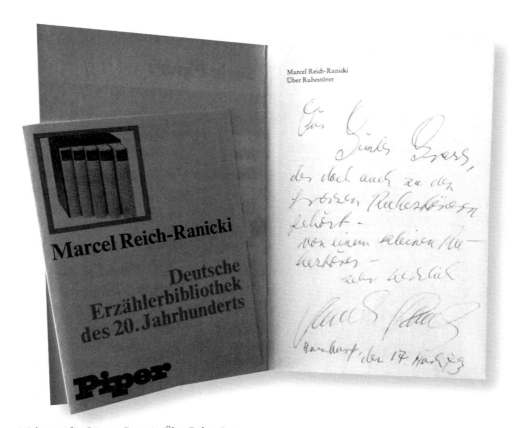

Widmung für Günter Grass in *Über Ruhestörer*

Dass ausgerechnet er, Reich-Ranicki, bei der Geburtsstunde des *Butt* zugegen gewesen sein soll, diese Geschichte ist zu schön, um wahr zu sein, man darf sie getrost dem Wunschdenken zuschlagen. Und was den vermeintlich schwachen Suppenkoch angeht, so gibt es in dieser kulinarischen Frage durchaus andere Meinungen. »Bei Grass wurden vorzügliche Suppen osteuropäischer Machart serviert, immer in der Küche«, weiß Lars Gustafsson zu berichten.[48]

»Das große Geld weiß, was frommt«

Bei dem Treffen in Wewelsfleth hatte der Kritiker gegenüber seinem Gastgeber mit Bedacht etwas verschwiegen, was für das literarische Leben nachhaltige Folgen haben sollte: Im Dezember 1973 wird Reich-Ranicki nach Frankfurt ziehen, um bei der *Frankfurter Allgemeinen Zeitung* das Ressort für ›Literatur und literarisches Leben‹ als allein verantwortlicher Redakteur zu übernehmen. Die folgenden fünfzehn Jahre bezeichnete er später als die schönste Zeit seines Lebens. Günter Grass wird die Ära freilich anders in Erinnerung behalten.

Die Anfänge sehen jedoch noch vielversprechend aus, sie lassen den Beginn einer ertragreichen Arbeitsbeziehung vermuten. Am 4. März 1974 schreibt Reich-Ranicki:

»Lieber Günter Grass,
dies nur, um ›aktenkundig‹ zu machen, worüber wir gestern gesprochen haben:
1) Wir erhalten von Ihnen Ihre 7 neuen Liebesgedichte, sowie die dazu gehörenden 7 Radierungen.
2) Wir würden das natürlich auf Tiefdruck in unserer Sonnabend-Beilage bringen.
3) Sie haben (feierlich!) versprochen, für uns einen Aufsatz über Orwell zu schreiben. Allerdings haben Sie sich bezüglich des Termins nicht festgelegt, aber ich hoffe, daß Sie, wenn nicht im Frühjahr, so doch im Sommer dazu kommen werden.
Und überhaupt und ein für allemal sollten Sie wissen: Die Spalten dieser Zeitung stehen immer zu Ihrer Verfügung. Lassen Sie bitte von sich hören und seien Sie herzlich gegrüßt von / Ihrem / R.«

Der Aufsatz über George Orwell kommt nicht zustande. Über den Autor von *1984* wird sich Grass zwar noch verschiedentlich äußern (vgl. XI, 939 ff.), allerdings nicht in der *FAZ*.

Zu einem ersten Scharmützel kommt es im Oktober 1974. Zum fünfzigjährigen Bestehen der Büchergilde Gutenberg hält Grass die Rede *Der lesende Arbeiter* (XI,

921 ff.), in der er sich für eine »Arbeiterbibliothek« ausspricht, eine Art Kanon mit wichtigen Werken der deutschen Literatur. Reich-Ranicki hält die Idee für abwegig und reagiert mit einer entsprechenden Polemik.[49]

Im Sommer 1975 setzt sich Reich-Ranicki einmal mehr für Wolfgang Koeppen ein, der sich mit ständigen Existenzsorgen quälte. An vier berühmte Schriftsteller tritt Reich-Ranicki heran – Heinrich Böll, Max Frisch, Günter Grass und Siegfried Lenz – und er bittet um einen Geldbetrag, den man selbst bestimmen und unter dem Stichwort »wegen Grastauben« auf ein Konto überweisen möge (vgl. ML, 503). Günter Grass hatte Koeppen schon einmal großzügig unterstützt,[50] und er hilft auch diesmal. Am 21. August schreibt er:

»Lieber Marcel Reich-Ranicki,
über Koeppen nachdenkend, kommen mir Zweifel, ob man mit unseren großmauligen Verlegern noch so freundschaftlich-nachsichtig verkehren sollte und ob es nicht an der Zeit wäre, den Herren die Rechnung aufzumachen: ihre Vorschüsse stinken nach Almosen, und ihre Gunst geht mit der Drohung im Arm, entzogen zu werden. Ich für meinen Teil werde den Herren unkonzilianter begegnen.
Auf das von Ihnen eingerichtete Konto-Nr. 2955611 ›wegen Grastauben‹ werde ich DM 2.000,-- überweisen. Mehr kann ich zur Zeit nicht, weil sich meine Familie zur Großfamilie ausgewachsen hat und mich Manuskriptarbeit noch gut 1 1/2 Jahre fern anderer Geldquellen halten wird.
Viele Grüße / Ihr / *Günter Grass*«

Die Verärgerung über die Verlegerzunft gilt zunächst Siegfried Unseld, den Grass nie besonders schätzte, aber auch seinem eigenen Verleger Eduard Reifferscheid, mit dem er sich überworfen hatte. Im Dezember 1975 schreibt Grass an Helen Wolff einen ausführlichen Jahresrückblick und deutet an, dass er eventuell den Verlag wechseln werde. Er erwähnt auch seine neue »Großfamilie« und spricht offen über Ehe- und Beziehungsprobleme.[51] In *Mein Jahrhundert* ist 1975 denn auch das Jahr, in dem »der Haussegen schief hing« (IX, 247).

Zu der Hilfsaktion für Wolfgang Koeppen liegt von Reich-Ranicki kein schriftliches Zeugnis vor. Solche Lücken sind die bedauerliche Kehrseite seiner erklärten Lieblingsbeschäftigung, des Telefonierens. Man darf annehmen, dass sich Reich-Ranicki in dem laufenden Jahr noch einmal an Grass gewandt hat, ohne dass sich hiervon Spuren fänden. Gemeint ist die große Umfrage, die Reich-Ranicki zum hundertjährigen Geburtstag von Thomas Mann unter zahlreichen Schriftstellern durchführte. Es ist nur schwer vorstellbar, dass er nicht auch Grass angesprochen hat. Eine Absage von Grass, der Thomas Mann sehr schätzte, dürfte damit zu erklären sein, dass der Autor die Arbeit am *Butt* nicht unterbrechen wollte.[52]

Reich-Ranickis Eintritt in die *FAZ* wurde in literarischen Kreisen vielfach als Rechtsrutsch gewertet. Als Beleg betrachtete man unter anderem den berüchtigten Verriss von Martin Walsers Roman *Jenseits der Liebe* (1976), der als Abstrafung für Walsers Liebäugeln mit dem Kommunismus gedeutet wurde. Auch Günter Grass verstand die Kritik als Versuch, einen Autor aus politischen Gründen zu vernichten.[53] Die Tagebücher von Martin Walser zeigen, mit welchen Verletzungen und Kränkungen der Geprügelte zu kämpfen hatte.[54] Zeitweilig spielt er sogar mit dem Gedanken, Reich-Ranicki öffentlich zu ohrfeigen.

Ein Jahr später, im August 1977, erscheint der *Butt* und wird unter viel Mediengetöse zum literarischen Ereignis des Jahres. Die Literaturkritik reagiert überwiegend positiv, was bei dem polarisierenden Grass durchaus untypisch ist. Eine Zeitlang, liest man in der *Box*, »haben sogar die Zeitungsfritzen Ruhe gegeben«.[55] Ein Zeitungsfritze aus Frankfurt gibt freilich keine Ruhe, für Marcel Reich-Ranicki steht unumstößlich fest: »Grass ist, alles in allem, gescheitert. *Der Butt* dokumentiert einen künstlerischen Fehlschlag.« (UG, 101) Noch im selben Atemzug wird gleichwohl dekretiert, dass Günter Grass der neben Wolfgang Koeppen »größte Meister der deutschen Sprache unserer Zeit« sei – ein Beurteilungsmuster, das sich durch die Mehrzahl seiner Kritiken hindurchzieht. Unter Grass' Schriftstellerkollegen hat der Verriss für viel Unmut gesorgt. »Man müßte einmal einen Aufsatz über ›Die Zensuren des Rezensenten Reich-Ranicki‹ schreiben«, wünscht sich Wolfgang Hildesheimer in einem Brief, der als Wink mit dem Zaunpfahl zu verstehen ist, denn der Adressat heißt Fritz J. Raddatz.[56] Kurioserweise am selben Tag schreibt Hans Werner Richter an Günter Grass und schlägt ihm eine »Kritik der Kritik« vor. Für das anstehende Jubiläumstreffen der Gruppe 47 möchte er ein »*Butt*-Festival« veranstalten, bei dem die Kritiker ihre *Butt*-Rezensionen vortragen, um sich dann ihrerseits dem Diskussionsritual zu stellen.[57] Richters Idee findet tatsächlich Umsetzung – es lesen Joachim Kaiser, Fritz J. Raddatz und, natürlich, Reich-Ranicki –, allerdings verläuft die Diskussion zur allgemeinen Enttäuschung sehr knapp und wenig ergiebig. Einen oft zitierten Lacherfolg erzielt Günter Grass mit der Bemerkung, dass er das neue Ehescheidungsrecht, das auf dem Zerrüttungsprinzip basiert, gerne auf sein Verhältnis zu Reich-Ranicki anwenden würde.[58] Wenige Wochen später, zu Grass' fünfzigstem Geburtstag, erwähnt Wolfdietrich Schnurre noch einmal den »Gruppenabgesang« und lobt den Jubilar für »die traurigmachende, wahre überlegene und zurechtrückende Art, mit der Du das Verhältnis zwischen Autor und Kritiker darlegtest, unserm Freund Ranicki gegenüber«.[59]

Günter Grass war daran gelegen, dass seine Auslassungen zur Literaturkritik auch außerhalb der Gruppe 47 Gehör fanden. Nur drei Tage nach dem Gruppentreffen gibt er Heinz Ludwig Arnold ein ausführliches Interview, das im Norddeutschen Rundfunk gesendet wird und später auch in Buchform erscheint. Das ungeschriebene Branchengesetz, nach dem sich ein Schriftsteller nicht über seine Kritiker äußern dürfe, hält er mittlerweile für einen »Schmarren«. Es folgt der Frontalangriff. Haupteinwand: Während er und seine Schriftstellerkollegen – er nennt exemplarisch Martin Walser und Uwe Johnson – die eigenen literarischen Techniken permanent überdenken und weiterentwickeln, sei auf Seiten der Literaturkritik rein gar nichts geschehen, man urteile immer noch nach überkommenen Maßstäben:

»Ich komme noch mal auf Reich-Ranicki. Mit ihm gibt es eine ganze Reihe von Kritikern, die früh Lukács gelesen haben und Lukács' Mißverständnis vom Roman des 19. Jahrhunderts, das bei Lukács immerhin noch amüsant zu lesen war und zum Widerspruch herausforderte, nur noch trivialisieren und weiter verbreiten. Nun bin ich nicht der erste Autor, der an der Erfindung eines sogenannten Plot, einer Handlung mit Konflikt und Auflösung, an psychologisierenden Momenten überhaupt nicht interessiert ist – das reizt mich nicht, das würde mich nie zum Schreiben bringen. Meine Handlungen im *Butt* zum Beispiel sind Entwicklungen, die ich gar nicht erfinden muß, das sind geschichtliche Entwicklungen, Gegebenheiten: das ist der Verlauf einer Schwangerschaft, das ist das Ritual eines Tribunals, bei dem das Urteil von Anfang an feststeht.«[60]

Auch der berühmte Scheidungsantrag wird wiederholt:

»Ich kann schreiben, was ich will, ich bin dazu verdonnert, daß in der *Frankfurter Allgemeinen* Reich-Ranicki, in der *Süddeutschen Zeitung* Kaiser usw. darüber schreibt; die lassen niemanden anderen darüber schreiben, das sind Zwangsehen, die man offenbar eingehen muß, die ich gerne aufgelöst sähe, eben nach dem Zerrüttungsprinzip, ohne Schuldfrage, in Freundschaft – ich mag Kaiser sehr, ich mag Reich-Ranicki sehr, aber ich kann beiden ihre speziellen Wünsche nicht erfüllen: ich kann Kaiser nicht den Wunsch erfüllen, nun endlich der aufgeklärte Konservative zu werden, den er sich von mir wünscht und vorstellt, und ich kann Reich-Ranicki nicht den Wunsch erfüllen, einen von Ideologie befreiten Roman des sozialistischen Realismus zu schreiben oder einen Roman des 19. Jahrhunderts, mit draufgestopften Errungenschaften des 20. Jahrhunderts. Das sind Wünsche, die ich diesen Kritikern gegenüber nicht erfüllen kann und will. Dann soll man dem Autor andere, unverbrauchte kritische Meinungen zumuten.«[61]

Die Sympathien, die Grass für Kaiser und Reich-Ranicki zum Ausdruck bringt, erhalten dadurch noch zusätzliches Profil, dass es auch Kritiker gibt, mit denen er ganz anders ins Gericht geht. Eine eigene Kategorie bildet nach Grass die »heruntergekommene Kritik der Wadenbeißer und Wadenpisser«, für die er auch gleich einen Namen parat hat: »ein einstmals hochvermögender, begabter Kritiker wie Hellmuth Karasek ist zu einem Schnellschreiber heruntergekommen, der sich nur noch mit Hilfe des *Spiegel*-Jargons und der landesüblichen und immer noch Abnehmer findenden *Spiegel*-Häme über Wasser hält, das vor allem in einer sicheren Position im *Spiegel*.«[62] Unnötig zu sagen, dass das Verhältnis zu dem heruntergekommenen Schnellschreiber nach diesen Invektiven dauerhaft Schaden nahm.[63] Ob die generelle Kritikerschelte eine nennenswerte Wirkung hinterlassen hat, darf man bezweifeln. Noch 1987 wird Gerhard Köpf darüber Klage führen, dass es in Deutschland »keine entwickelte Kultur einer Kritik der Kritik« gebe.[64]

Im Jahr 1979 hat Günter Grass aus der Sicht von Reich-Ranicki endlich einmal alles richtig gemacht. Die Erzählung *Das Treffen in Telgte* wird von ihm als »kleiner Triumph einer großen Erzählkunst« gefeiert (UG, 112). Das im Jahr 1647 stattfindende Treffen berühmter Barockdichter folgt genau dem Ritual, wie es Günter Grass bei der Gruppe 47 so schätzte: »Jeder Lesung schloß sachliche, nun ganz beim Text bleibende und nicht mehr theoretisch auswuchernde Kritik an, bis auf die üblichen Ausflüchte ins Moralische.« (VI, 775) Hinter Simon Dach, der zu dem Treffen eingeladen hatte, ist deutlich Hans Werner Richter zu erkennen, dem die Erzählung zum siebzigsten Geburtstag gewidmet ist. Die Verführung ist natürlich groß, sich auf ein *Who-is-who?* einzulassen und in der Barockgesellschaft nach weiteren Mitgliedern aus der Gruppe 47 Ausschau zu halten. Einige Kritiker der ersten Stunde meinten denn auch, einen Reich-Ranicki entdeckt zu haben.[65] Er selbst wiederum warnte davor, die Erzählung als Schlüsselwerk zu lesen, denn »Porträts oder Karikaturen heutiger Autoren« (UG, 109) seien darin nicht zu finden.

Anfang 1982 kommt es zu einem Schlagabtausch, der mit harten Bandagen geführt wird. Auslöser ist die von Stephan Hermlin am 13. und 14. Dezember 1981 in Ostberlin organisierte ›Berliner Begegnung zur Friedensförderung‹, zu der zahlreiche Schriftsteller aus Ost und West angereist kamen. Reich-Ranicki hatte gegen die Veranstaltung erhebliche Einwände, was er vor und nach der Tagung auch öffentlich machte.[66] Im Rahmen der ›Berliner Begegnung‹, deren erster Tag mit der Ausrufung des Kriegsrechts in Polen zusammenfiel, hielt Günter Grass die Rede *Preisgabe der Vernunft* (XII, 30 ff.). Einen Tag nach der Tagung berichtet er Willy Brandt von einer »aufregende[n] Veranstaltung ohne Vergleich«.[67] In einem Interview – einem folgenreichen, wie wir gleich sehen werden – nimmt er Reich-Ranicki ins Visier:

»Wenn ich da an die *FAZ* denke, die mit Leitartikeln und mit Telefonanrufen, mit wirklich bösen Geschichten versucht hat, die westlichen Autoren davon abzubringen, dorthin zu fahren – es ist ja auch bei einigen gelungen. Ich möchte keine Namen nennen, ich weiß nur, daß es versucht worden und bei einigen gelungen ist. Ich finde das schamlos, und ich will das auch ruhig mal sagen: Ich mag den Ranicki, ich habe oft über ihn gelacht und gelächelt, ich bewundere seine Liebe zur Literatur, selbst wenn ich seine Kritik nicht teile. Aber diese Art von aggressivem Antikommunismus hat stalinistische Züge und erinnert mich eben doch daran, daß ich Marcel Reich-Ranicki 1958 noch in Polen kennengelernt habe, als er gerade ein Stück stalinistischer Vergangenheit hinter sich hatte. Offenbar ist so etwas nicht so rasch abzulegen. Ich will ihn damit nicht kränken, ich möchte nur daran erinnern, daß er sich hier, gerade bei seiner Liebe zur Literatur, zwischen mündigen Autoren befindet, Autoren, die lange Zeit in den schwierigsten Situationen, sei es in der Bundesrepublik, sei es auch in der DDR, es verstanden haben zu artikulieren und dafür zu sorgen, daß sie nicht mißbraucht werden, die auch manchmal das Risiko eingehen mußten, daß sie mißbraucht werden könnten, die aber auch erkannt haben, daß das Zurückweichen vor diesem Risiko die Sache nur schlimmer macht. Das muß Ranicki zur Kenntnis nehmen: Diese Art des Bearbeitens und des Vorwarnens, dieses ›Sie müssen sich sagen lassen‹, das ist eine Sprache, die mich sehr mißtrauisch macht.«[68]

Den Fehdehandschuh nimmt Reich-Ranicki am 16. Januar 1982 auf:

»Lieber Günter Grass,

soeben habe ich Ihr Interview in der Zeitschrift ›tip‹, Nr.1/82, erhalten. Da mehrere Sätze dieses Interviews mich persönlich betreffen, scheint es mir nötig, Ihnen folgendes kurz mitzuteilen:

1) Sie behaupten, ich hätte mit Artikeln und Telefonanrufen versucht, westliche Autoren von der Teilnahme an dem Ostberliner Treffen abzubringen. Hiervon stimmt kein Wort. Ich habe auf keinen einzigen Autor einen derartigen Einfluss ausgeübt oder auszuüben versucht. Wer dies behauptet, sagt die Unwahrheit. In meinem Kommentar in dieser Angelegenheit (FAZ vom 13. November 81) habe ich (was schliesslich leicht überprüfbar ist) sehr wohl (und wie mir scheint auch fair) dargelegt, was für und was gegen das beabsichtigte Treffen spricht.

2) Sie werfen mir aggressiven Antikommunismus mit stalinistischen Zügen vor und behaupten, dass ich, als Sie mich 1958 in Polen kennenlernten, ›gerade ein Stück stalinistischer Vergangenheit‹ hinter mir hatte. Worauf Sie Ihre Ansicht, dass ich den Antikommunismus mit stalinistischen Zügen repräsentiere, denn eigentlich basieren, weiss ich nicht. Vielleicht auf den Artikeln, die ich vierzehn Jahre lang in der ZEIT unter anderem über die DDR-Literatur geschrieben habe? Oder auf meinen Büchern, die sich zum grossen Teil ebenfalls mit diesem Thema beschäftigen? Gleichviel, dies ist offenbar neuerdings Ihre Ansicht – und Sie haben das Recht, dies oder jenes zu meinen. Ich glaube aber nicht, dass Sie das Recht haben, über meine Vergangenheit zu verbreiten, was, um es kurz zu sagen, so absurd ist, dass ich fast annehmen muss, Sie hätten mich mit jemandem verwechselt. Hier die Fakten: Ich bin 1946 der Kommunistischen Partei Polens beigetreten. Ich wurde 1950 aus der Partei ausgeschlossen (Begründung: ›ideologische Entfremdung‹), inhaftiert und einige Wochen in einer Einzelzelle gefangengehalten. Anfang 1953 wurde gegen mich ein generelles Publikationsverbot erlassen, das erst während des ›Tauwetters‹ (Ende 1954) wieder aufgehoben wurde. – Nennen Sie das ›stalinistische Vergangenheit‹?

Ich möchte Sie bitten, diesen Brief zu beantworten.

Mit besten Grüssen / *Marcel Reich*«

Günter Grass hat den Brief beantwortet, am 27. Januar:

»Lieber Marcel Reich-Ranicki,

Ihr Brief hat mich überrascht, hatte ich doch erwartet, daß Sie nicht nur Kritik austeilen und zur Polemik fähig sein könnten, sondern auch bereit wären, Kritik und Polemik auszuhalten.

Um zum Kern Ihres Briefes zu kommen: jener Marcel Reich-Ranicki, den ich 1958 in Warschau kennenlernte, war, wann immer er über Literatur sprach (und eigentlich sprach er nur über Literatur), geprägt von den Normen des sozialistischen Realismus. Und diese aus der Zeit des Stalinismus herrührende Verengung der Literatur bestimmt ihn auch heute noch, sosehr er sich außerhalb oder im Gegensatz zur leninistisch-stalinistischen Ideologie sehen mag.

Ich habe mich immer bemüht, Ihren Begriff von Literatur als Gegebenheit zu akzeptieren, und oft genug haben mich Ihre vitalen Mißverständnisse amüsiert. Doch schlimm und in gewissem Sinne bedrohlich wird es, sobald Sie beginnen, die oft genug doktrinären Normen Ihres Literaturverständnisses in den Bereich der Politik zu übertragen. Dieses Gefühl, unter Druck gesetzt zu werden, haben etliche Schriftsteller empfunden, die der Einladung von Stephan Hermlin folgen wollten und die sich der anhaltenden Kampagne der FAZ gegen das geplante Schriftstellertreffen ausgesetzt sahen. An dieser Kampagne haben Sie sich maßgebend beteiligt.

Zu den betroffenen Schriftstellern gehöre ich; und als das Treffen endlich und dennoch zustande gekommen war, nahm ich Gelegenheit, in einem Interview auch jene mir bekannt gewordenen Versuche aufzuzählen, die das Treffen verhindern wollten. Es ist die reglementierende Art Ihrer politischen Parteinahme, die mir wie ein Rückfall in ungute Zeiten vorkommt; so väterlich-besorgt und drohend zugleich habe ich auch die Herren Kurella und Hager im Ohr. Diesen (wahrscheinlich gutgemeinten) Versuch der Entmündigung angeblich naiver und verführbarer Schriftsteller haben schon andere vor Ihnen gemacht. Doch ich möchte mich dagegen verwahren.

Jedenfalls haben die aus Westdeutschland und Ostberlin angereisten Schriftsteller während der dann doch endlich stattfindenden Tagung Ihrer Belehrungen und Verwarnungen nicht bedurft.

Ich hoffe, daß auch Sie das inzwischen eingesehen haben, und grüße Sie freundlich.

Ihr / *Günter Grass*«

Dass seine frühen, noch in Polen entstandenen Arbeiten unter dem Einfluss des Sozialistischen Realismus standen, hat Reich-Ranicki nie geleugnet und in seiner Autobiografie auch offen eingestanden. Nach seinem Dafürhalten habe er sich aber von dieser »verheerende[n] Doktrin« (ML, 359) um 1955 befreit, drei Jahre vor der Begegnung mit Grass. Die »Verengung« von Reich-Ranickis Literaturverständnis (positiver ausgedrückt: der Kodex seiner Bewertungskriterien) ließe sich auch ohne den Rückgriff auf den Sozialistischen Realismus beschreiben, allerdings gäbe man so eine Karte aus der Hand, die gerade im polemischen Spiel sticht. Und Grass will die Polemik.

Vier Jahre später, 1986, inmitten von Orwells Jahrzehnt, erscheint *Die Rättin*. Dass das Werk bei der Literaturkritik keine wohlwollende Aufnahme finden würde, war Grass schon frühzeitig bewusst.[69] Was sich dann aber tatsächlich an ätzender Kritik, feindseliger Polemik und Häme entlädt, musste auch ihn überraschen, es setzt einen »negativen Meilenstein« in der Grass-Rezeption.[70] Die Besprechung von Reich-Ranicki erscheint im Mai in der *FAZ* und lässt schon im Titel das Fallbeil herunterrauschen: »Ein katastrophales Buch«. Knapp zwei Wochen später notiert Fritz J. Raddatz in seinem Tagebuch: »Abends beim ganz erloschenen Grass, wirkt wie eine zusammengeschossene, ehemals stolze Fregatte. Die *FAZ* – Kritik kann man das nicht mehr nennen, dieser beißwütige Mörderüberfall eines Literaturstalinisten – hat ihm den Rest gegeben.«[71] Nicht nur vorübergehend war Grass angeschlagen, eine Woche später gesteht er Helen Wolff:

»Du weißt, liebe Helen, daß ich nicht zum Klagen neige, aber Dir kann ich anvertrauen, daß die Vielzahl anhaltender Angriffe – es begann beim PEN-Kongreß in New York, setzte sich sogleich in der Bundesrepublik fort und mündete in schauerliche Hinrichtungsversuche, als ›Die Rättin‹ erschienen war – bei mir Spuren hinterläßt. In der Boxersprache heißt das: der Mann zeigt Wirkung. Meine so lange gewünschte Asienreise, die ich eigentlich nur aus wohlbedachten Gründen antreten wollte, bekommt so einen zusätzlichen Antrieb: ich mache mich auf die Flucht. Zwar bin ich seit ›Blechtrommel‹-Tagen einiges gewohnt – denn mit dem frühen Ruhm wuchsen Neid und Mißgunst –, aber der gegenwärtige Ton im Umgang mit mir ist von noch anderer Qualität. Er will mundtot machen, und den Leuten gelingt, was sie vorhaben. Der Wunsch zu verstummen verstärkt sich bei mir.«[72]

Von vielen Kritikern wird nicht nur geflissentlich übersehen, dass die Reise nach Kalkutta lange geplant war, die Reise wird als direkte Reaktion auf die negative Aufnahme der *Rättin* gedeutet. Zu der Reisemotivation meinen einige sogar noch mehr zu wissen: »nun will er [...] Ihretwegen gleich nach Kalkutta«, schreibt eine verständnislose Sarah Kirsch an Reich-Ranicki.[73] Unmittelbar vor Reiseantritt meldet sich noch einmal Hans Werner Richter bei dem Autor der *Rättin*:

»Zu dem Buch läßt sich sehr viel sagen, aber keine der Kritiken, die ich gelesen habe, trifft den Kern. Sie alle waren unvollkommen und mehr oder weniger idiotisch. Am Scheußlichsten hat es wieder Marcel Reich-Ranicki geschafft. Diese Kritik war sogar unter seinem Niveau. Aber Du hast recht – ich meine, Du hättest das irgendwo gesagt – es ging gar nicht um das Buch, es ging immer um den Autor, um die Person. Sie mißfällt, erregt Widerspruch, fordert Hohn und Spott heraus, ja, es bringt eine Art von Genugtuung auf diese Person einzuprügeln. Und der ›Weltruhm‹ Günter, den nehmen Sie Dir alle übel.«[74]

So sehr Richter als tröstender Freund spricht, an »idiotischen« Belegen herrscht tatsächlich kein Mangel. Als eine besonders abstoßende Schmähung empfand Günter Grass eine ganz bestimmte Polemik. Von der Illustrierten *Bunte* darum gebeten, eine Liste der zehn schlechtesten Bücher des Jahrhunderts zusammenzustellen, verfällt Hellmuth Karasek im Herbst 1986 auf die Idee, *Die Rättin* neben Hitlers *Mein Kampf* und Stalins *Theorie zur Sprache* zu platzieren. Noch nach einem Jahrzehnt konstatiert Peter Rühmkorf bei Günter Grass eine »auf Erden nicht mehr zu tilgende Wut« auf den Listenersteller.[75] Erst viel später erklärte Karasek – ob aus Reue, sei dahingestellt –, dass die Auftragsarbeit scherzhaften Charakter gehabt habe und der Vergleich zwischen Grass und Hitler »aus Versehen« zustande gekommen sei.[76]

Die Erlebnisse und Beobachtungen in Indien verarbeitet Grass in dem Buch *Zunge zeigen*, das 1988 erscheint. In dem ersten Teil, einer Art Tagebuch, findet sich das folgende Notat:

»[…] nach dem Wolkenbruch heute nacht dampft der Garten. Vorsicht! Keine überflüssige Bewegung! Allenfalls Lichtenberg lesen, dessen Prosa kühlt. Wie er die Kritiker zu seiner Zeit (mit Nachhall bis heute) trifft, wie er sich immer wieder – und nicht ohne Genuß – den ›Frankfurter Rezensenten‹ vornimmt. Gleich kommt mir, wie aufgerufen, ein gegenwärtiges Exemplar in die Quere, dessen eloquenter Pfusch sich ungeschmälerter Wirkung erfreut, weil weit und breit kein Lichtenberg dem Beckmesser sein einzig gültiges Werkzeug, die Meßlatte des Sozialistischen Realismus, nachweist. Dabei erinnere ich mich an seine umtriebige Präsenz während der letzten Treffen der Gruppe 47: ein amüsanter Literaturnarr, liebenswert noch in seinen Fehlurteilen. Erst als ihm die Chefetage der FAZ Macht zuschanzte – das große Geld weiß, was frommt –, wurden seine Verrisse übellaunig bis bösartig, mißriet er zu Lichtenbergs ›Frankfurter Rezensenten‹.«[77]

Der Seitenhieb ist selbst bei denen auf Kritik gestoßen, die Grass inhaltlich Recht gaben. Eine solche Abrechnung sei kleinlich und habe in einem literarischen Werk nichts zu suchen.[78] Auf Reich-Ranickis Herkunft aus dem Sozialistischen Realismus wird Grass nicht zum letzten Mal zu sprechen kommen.[79] Der nicht nur von Grass erhobene Vorwurf der Korrumpierbarkeit packte Reich-Ranicki bei seiner Kritikerehre. In *Mein Leben* hat sich Reich-Ranicki damit verteidigt, dass er seine Machtposition, die ihm natürlich bewusst war, immer zum Nutzen der Literatur eingesetzt habe. Im Übrigen sei ihm bei der *FAZ* nie in sein Geschäft hineingeredet worden, selbst dann nicht, wenn er ausgesprochen linken Autoren ein Forum geboten hatte (vgl. ML, 491, 496).

Wie mag Reich-Ranicki auf die Kritik in *Zunge zeigen* reagiert haben? Im September 1989 gibt er eine Verstimmung zu erkennen, mit der nicht zu rechnen war. Er, der große Literaturliebhaber, findet etwas komisch:

»Es ist sehr komisch, daß Günter Grass, der mit meiner Rezension von einem seiner Bücher unzufrieden war, gleich über mich gesagt hat: Nun ja, er ist ein Liebhaber der Literatur. Und das wiederholt er immer wieder. Liebhaber, das soll heißen: Die richtigen Bildungsvoraussetzungen hat er nicht, aber er liebt die Literatur. Interessant an dieser abfälligen Bemerkung ist nur, daß sie aus dem Mund eines Schriftstellers stammt, der im Unterschied zu mir nicht einmal das Abitur geschafft hat.«[80]

Ist die Bemerkung von Grass, dem man vieles, aber doch wahrlich keinen Bildungsdünkel nachsagen kann, wirklich abfällig gemeint? Anders gefragt: Gibt es ein Porträt von Reich-Ranicki, in dem *nicht* von seiner Liebe zur Literatur die Rede wäre?

»Der literarische Stammtisch gibt den Ton an«

Bei der Nachricht, dass Marcel Reich-Ranicki 1988 aus der *FAZ*-Redaktion ausscheiden werde, wird manch einer aufgeatmet oder gar jubiliert haben. Bis auf den Literaturnobelpreis habe Reich-Ranicki »alles erreicht«, schreibt Hugo Dittberner in einem respektvollen Artikel,[81] nicht ahnend, welche Karriere dem 68-Jährigen noch bevorsteht. Kaum ist die Arbeit bei der *FAZ* beendet, wird im ZDF die erste Sendung des *Literarischen Quartetts* ausgestrahlt. Es wird die erfolgreichste Literatursendung der deutschen Fernsehgeschichte. In 77 Folgen werden insgesamt 385 Bücher besprochen, bis die Sendung im Dezember 2001 zum letzten Mal gezeigt wird. Das *Literarische Quartett* wird Reich-Ranicki eine Popularität bescheren, für deren Beschreibung einem die Superlative ausgehen. Niemals zuvor hat es einen Literaturkritiker gegeben, der einen solchen Einfluss und eine solche Machtfülle besaß wie Reich-Ranicki, der einzige Popstar des Literaturbetriebs. Erst jetzt hat er ›alles erreicht‹. Jeder Tankwart kennt ihn, um eine Formel des Meisters zu verwenden.

So sehr sich das *Literarische Quartett* beim Fernsehpublikum einer zunehmenden Beliebtheit erfreute, in Literatenkreisen war man, gelinde gesagt, skeptisch, zuweilen auch fassungslos. Als »ekelhaft« empfindet Fritz J. Raddatz allein die Idee, in dieser »Fernseh-Quasselbude« aufzutreten.[82] »Man muß die Literatur-Richter gesehen haben. Demnächst verhängt dieses Tribunal noch Gefängnisstrafen«, empört sich Walter Kempowski.[83] Gleich in der dritten Sendung wird *Zunge zeigen* besprochen und einvernehmlich abgelehnt. Das Problem von Grass sei, so Reich-Ranicki, dass er »kein Thema« mehr habe und womöglich »ausgeschrieben« sei.[84]

Bemerkenswert auch, was Hellmuth Karasek an dem Buch »am meisten« interessiert, nicht etwa Inhaltliches, sondern die Frage, warum Grass überhaupt nach Indien »geflohen« sei. Er weiß auch gleich die Antwort: Es sei eine persönliche »Bestrafung« für Reich-Ranicki gewesen.[85]

Auch Günter Grass hat das *Literarische Quartett* zuweilen gesehen. Am 13. Februar 1990 notiert er in seinem Tagebuch: »Gestern im ZDF das unsägliche Literaturquartett. Begreife nicht, warum sich Jurek Becker in diese Gesellschaft begibt. Als Reich-Ranicki wieder einmal Christa Wolf und Stephan Hermlin diffamierte – Karasek wollte auch mich sogleich in der üblen Brühe verrühren –, widersprach Jurek nicht bestimmt genug. Auf wen nimmt er Rücksicht?«[86] Die Kritik an Christa Wolfs Rolle in der DDR wird sich im Sommer 1990 in eine hitzige Debatte wandeln, nachdem die Autorin in der Erzählung *Was bleibt* dargestellt hatte, dass sie Ende der siebziger Jahre von der Stasi überwacht wurde.[87] In einem Interview, pikanterweise mit Hellmuth Karasek, erinnert Grass an die Februar-Sendung vom *Literarischen Quartett*: »Wo Marcel Reich-Ranicki, der es eigentlich von seiner eigenen Biographie her wissen müßte, was Verstrickung im Stalinismus bedeutet, mit der Schärfe und Unbarmherzigkeit des Konvertiten das Signal zur Attacke gegen Christa Wolf gab.«[88]

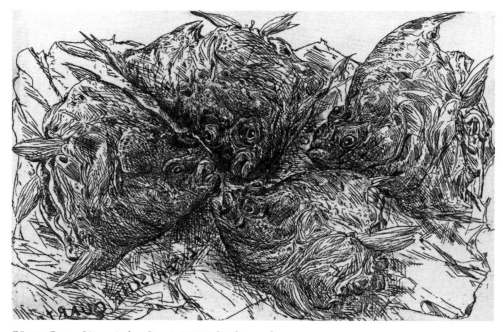

Günter Grass, *Literarisches Quartett,* 1992 (Radierung)

Im Mai 1992 erscheint die Erzählung *Unkenrufe* und findet das »landesübliche Echo«, wie Grass im Rückblick schreibt.[89] Von Reich-Ranicki wird die Erzählung gleich doppelt verrissen, zunächst im *Spiegel* (»Wie konnte das passieren?«) und kurz darauf im *Literarischen Quartett*. Günter Grass reagiert auf eine Weise, mit der nicht unbedingt zu rechnen war, er fertigt noch in demselben Jahr eine Kaltnadelradierung, die vier miteinander ›sprechende‹ Buttköpfe darstellt und den Titel trägt: »Literarisches Quartett«.[90] Von der Radierung werden hundert Drucke gefertigt, und genau das hundertste Exemplar erhält, ja doch, Reich-Ranicki – natürlich mit Widmung: »›Das literarische Quartett‹. Für Marcel Reich-Ranicki, verbunden mit der Frage: ›Wer ist wer?‹«[91] Bei aller Ironie doch eine sehr milde Kritik, wenn man überhaupt von einer solchen sprechen mag, der ›Porträtierte‹ durfte sich eher geschmeichelt fühlen. »Ja, so herzlich waren in jener Zeit die Beziehungen zwischen uns«,[92] bemerkt Reich-Ranicki ein Jahrzehnt später, obwohl man das sicher nicht wörtlich nehmen darf.[93]

Im Jahr 1994 reagiert Günter Grass wieder so kämpferisch und angriffslustig, wie man ihn kennt. Bei der Verleihung des Großen Literaturpreises der Bayerischen Akademie der Schönen Künste hält er Anfang Mai die Rede *Über das Sekundäre aus primärer Sicht*. Schon der Titel enthält die Stichwörter für die griffige Formel, mit der Günter Grass auch in den folgenden Jahren immer wieder das Verhältnis zwischen Literatur und Kritik auf den Nenner bringen wird: Der Schriftsteller schaffe Primäres, der Kritiker nur Sekundäres, der eine sei der »Arbeitgeber« des anderen. Die gegenwärtige Situation im literarischen Leben wird als »Schaugeschäft« charakterisiert: »Der einzelne Entertainer, der sich als Quartett aufspielt, der literarische Stammtisch gibt den Ton an.« (XII, 416) Der Angegriffene reagiert knapp eine Woche später mit der Polemik *Der gute Grass und die böse Kritik* (UG, 143 ff.). Die Oberflächlichkeit eines Stammtisches gesteht er dem *Literarischen Quartett* unumwunden zu, diese sei jedoch ein Erfordernis des Mediums Fernsehen und legitimiere sich letztlich dadurch, dass der Literatur nur so beachtliche Leserzahlen zugeführt werden können. Und dann folgt noch eine Zurechtweisung: Hinter der Kritikerschelte von Grass verberge sich verletzte Eitelkeit, Grass wolle sich die eigene schriftstellerische »Krise« nicht eingestehen und suche, psychologisch verständlich, die Ursachen für sein Versagen bei der »bösen« Kritik.[94] Aber nicht nur Grass, sondern die gesamte Gegenwartsliteratur stecke in einer Krise, und in solchen Dürrezeiten erlange der Kritiker größere Bedeutung als der Schriftsteller: »Wenn Seuchen um sich greifen, werden die Ärzte immer wichtiger.« (UG, 149) Wenige Tage später, Ende Mai 1994, wird Reich-Ranicki selbst zur Zielscheibe einer

Polemik ganz anderer Art. Tilman Jens enthüllt, dass Reich-Ranicki in den Nachkriegsjahren für den polnischen Geheimdienst tätig war. Für Günter Grass, sollte man meinen, die willkommene Gelegenheit, den Finger in die Wunde »Verstrickung im Stalinismus« zu legen. Aber nein, Grass schweigt.

»Dem gebe ich nie wieder die Hand«

Für die literarische Öffentlichkeit ergab sich in der ersten Hälfte der neunziger Jahre der Eindruck einer zunehmenden Gegner-, wenn nicht gar offenen Feindschaft zwischen Grass und Reich-Ranicki. Vor diesem Hintergrund konnte die Nachricht, dass Günter Grass seinen neuen Roman *Ein weites Feld* in einer von Reich-Ranicki moderierten Lesung vorstellen werde, nur auf Unverständnis stoßen. »Ausgerechnet Großkritiker Marcel Reich-Ranicki«, lautete der allgemeine Tenor.[95] Ein Fritz J. Raddatz zeigte sich geradezu schockiert und erwog, den Kontakt zu Günter Grass zumindest vorübergehend einzustellen.[96] Zustande gekommen war die Lesung auf Wunsch von Reich-Ranicki. Im Vorfeld hatte der Kritiker für seinen Gast die Modalitäten zu klären; am 25. Februar 1995 schreibt er:

»Mein lieber Günter Grass,
 der Steidl Verlag bittet mich, Ihnen einige Details bezüglich Ihrer Lesung am 25. April in Frankfurt mitzuteilen. Also:
1. Die Veranstaltung findet im Jüdischen Gemeindezentrum in Frankfurt/M., Savignystraße 66, am 25. April um 20.00 Uhr statt.
2. Auf den Plakaten und Einladungen soll gedruckt sein: ›Günter Grass liest aus seinem neuen Roman‹. Oder wünschen Sie es anders? Wollen Sie vielleicht den Titel des Romans angeben? Das hängt natürlich nur von Ihnen ab.
3. Der Verlauf der Veranstaltungen in dieser Serie (sie heißt: ›Literaturforum im Jüdischen Gemeindezentrum‹) ist schlicht und einfach. Es beginnt mit einer Einführung von mir, die maximal 15 Minuten dauert. Ich kann Sie beruhigen: Über den Gast wird von mir nur Freundliches gesagt. Während dieser meiner Einführung sitzen Sie in der 1. Reihe und können aufmerksam schweigen. Nach meiner Einführung lesen Sie mindestens 60 Minuten, wenn Sie es wünschen, auch 70 oder 80 Minuten. Bei starkem Beifall, den ich als selbstverständlich voraussetze, ist eine Zugabe üblich. Die Zugabe kann ebenfalls aus dem Manuskript Ihres neuen Romans stammen, es kann aber auch eine Episode aus

einem früheren Buch sein oder ein Gedicht. Natürlich ist das ganz und gar Ihnen überlassen. Möchten Sie stehend oder sitzend lesen? Im Saal sind etwa 600–700 Plätze, die Akustik ist ganz gut. Wollen Sie mit oder ohne Mikrofon lesen? Vielleicht ist das Beste, daß ein Mikrofon vorbereitet wird und Sie sich dann entscheiden, ob Sie davon Gebrauch machen oder nicht. Ich spreche in diesem Saal in der Regel ohne Mikrofon.

4. Es wird für Sie ein Zimmer im ›Frankfurter Hof‹ reserviert. Einzelzimmer oder Doppelzimmer?
5. Das Honorar beträgt DM 2.000,– sowie die Flug- und Hotelkosten.
6. Es ist bei dieser Veranstaltung üblich, daß der Autor (evtl. mit Begleitung) um etwa 17.30 Uhr zu mir zum Tee oder Kaffee kommt. Meine Privatadresse steht auf diesem Briefbogen. Die Fahrzeit vom ›Frankfurter Hof‹ zu mir nach Hause dauert mit dem Taxi maximal 20 Minuten. Bei mir werden noch zwei, drei Personen sein, aber ausschließlich devote Bewunderer Ihres Talents – so wie meine Frau, die Sie insgeheim immer noch liebt. Peter Glotz will zu der Veranstaltung kommen, ich werde ihn auch zu mir nach Hause einladen.
7. Nach der Veranstaltung gemeinsames Essen mit zwei oder drei Herren der Jüdischen Gemeinde (wahrscheinlich auch Bubis) in einem italienischen oder chinesischen Restaurant. Auch das können Sie entscheiden.

Noch nie hat ein Autor vor der Veranstaltung einen so ausführlichen Brief erhalten, aber Ihr Verlag wünscht alle diese Details.

Bitte lassen Sie noch von sich hören. Daß ich mich auf Ihren Besuch außerordentlich freue, ist die pure Wahrheit und nicht übertrieben.

Sehr herzlich / Ihr / *Marcel Reich*«

Über seine Sekretärin Eva Hönisch teilte Grass am 7. März die für die Lesung und den Aufenthalt in Frankfurt notwendigen Informationen mit. Ferner ließ er Reich-Ranicki wissen, dass er der Einladung zum Tee, in Begleitung seiner Frau Ute, gerne folgen werde.

Die Lesung in dem mit 750 Zuschauern ausverkauften Gemeindezentrum verlief überaus erfolgreich, um nicht zu sagen triumphal.[97] Bei der Einführung sagte man allerlei Freundlichkeiten übereinander, Grass und Reich-Ranicki »umarmten sich verbal«, wie es ein Kritiker ebenso ironisch wie ungläubig formuliert.[98] Nach der Lesung gab es »minutenlangen Applaus« und, was in keinem Artikel und keiner dpa-Meldung unerwähnt blieb, Reich-Ranicki spendete »stehend Beifall«. Der päpstliche Segen war damit erteilt, die von Reich-Ranicki in der Einführung ausgesprochene Hoffnung auf ein »großes Werk« schien sich bereits erfüllt zu haben. Auch das der Lesung vorangehende private Treffen, das erste nach vielen Jahren, gestaltete sich sehr angenehm. Nur zwei Tage nach der Lesung, am 27. April, schreibt Grass:

»Lieber Marcel Reich-Ranicki,
  zurück aus Frankfurt, möchte ich Ihnen und Ihrer Frau – auch in Utes Namen – für den freundlichen Empfang danken. Das Geplauder inmitten Ihrer Bildergalerie verlief so, als hätten wir uns erst kürzlich gesehen; auch sind die Streitpunkte im Verlauf der Jahre nicht weniger geworden, siehe Lukács und die Folgen.
  Bei der Lesung, genauer gesagt, während ich einleitend sprach, ist mir ein Lapsus unterlaufen. Angeregt von Ihrer freundlichen Einführung, die mehrmals die Gruppe 47 ins Feld führte, habe ich mich dazu verstiegen, die Zahl der Kapitel im Roman ›Ein weites Feld‹ von 37 auf 47 zu steigern; und selbst später noch, als Sie mich fragten, ob diese Zahl irgend etwas mit der Gruppe 47 zu tun habe, merkte ich nicht auf, sondern bestritt irgendwelchen Zusammenhang, ohne mich an die ›nur‹ 37 tatsächlichen Kapitel zu erinnern – so entstehen Legenden.
  Wie versprochen kommen Ihnen demnächst zwei Radierungen von meiner Hand ins Haus, zum einen das Blatt ›Doppelter Max‹, das Max Frisch zum Anlaß hatte, zum anderen eine Kaltnadelradierung ›Selbst mit Mütze‹, auf der ich mich mit Unke darstelle; dieses letzte Blatt soll Ihnen die abermalige Lektüre meiner Erzählung ›Unkenrufe‹ empfehlen, eine Erzählung übrigens, die sich durchgehend als Liebesgeschichte entwickelt, was Ihnen wohl bei erster Lektüre entgangen ist.
  Nun nach Abschluß der Korrekturarbeit werde ich mich dem Nasendoktor überlassen und so, nach operativem Eingriff, hoffentlich wieder zu freien Atemwegen, zu Geruch und Geschmack kommen.
  Freundlich grüßt Sie / Ihr / *Günter Grass*«

Bemerkungen über den eigenen Gesundheitszustand macht Günter Grass bestimmt nicht jedem gegenüber, eine zumindest momentane Vertraulichkeit ist gegeben. Die beiden Radierungen, die Reich-Ranicki für seine stetig wachsende Sammlung von Schriftstellerporträts erhält, verfehlen ihre Wirkung nicht. In *Meine Bilder* ist zu erfahren, dass Reich-Ranicki gerade diese beiden Porträts ganz besonders liebe.[99] (Eine Neulektüre von *Unkenrufe* war nicht ernsthaft zu erwarten; in Reich-Ranickis Artikel zu dem Selbstporträt wird *Unkenrufe* noch nicht einmal erwährt). Ein Dankschreiben existiert nicht, Reich-Ranicki dürfte sich telefonisch bei Grass gemeldet haben. Der reichlich Beschenkte findet auch noch eine eigene Geste der Dankbarkeit: Er lädt Günter Grass zur Feier seines 75. Geburtstages nach Frankfurt ein – auch dies offenbar mündlich.[100] Erst nach der Feier meldet sich Grass wieder, am 13. Juni, und man beachte die Anrede:

»Lieber Marcel,
    mein Freund und Nachbar Rühmkorf gab mir ausführlich Bericht über Ihre Geburtstagsfete und die diversen Reden, die zwischen Suppe und Dessert gehalten wurden. Ich habe mich nicht zu einer Teilnahme an der großen Feier entschließen können, war aber dennoch mit meinen Glückwünschen und ironisch beiseite gesprochenen Anmerkungen zur Stelle; auch will ich es nicht versäumen, für Sie ein Geburtstagsgeschenk nachträglich auf den postalischen Weg zu bringen: eine Radierung, die einen Rundkopf vor stachligen Kakteen zeigt. Es handelt sich um das Porträt meines Freundes Tadeusz Różewicz, den ich während eines Poetry-Festivals in Morelia (Mexiko) zeichnete. Übrigens sind damals noch weitere Porträtzeichnungen von liebenswerten Kollegen entstanden, so von Andrej Voznesenskij, Marin Sorescu und dem leider inzwischen gestorbenen Vasko Popa. Lauter Lyriker von Geblüt; das gilt besonders für unseren Freund Tadeusz, der sich gewiß gut in Ihrer Galerie machen wird.
    Inzwischen ist mein Buch unterwegs, nun soll es auf weitem Feld laufen lernen. Ich zeichne mich derweil in andere Gefilde und grüße Sie freundlich – mit besonderen Grüßen an Ihre Frau – / Ihr / *Günter Grass*«

Deutlich wird hier eine Verständigungsebene, die sich aus der Herkunft der beiden Literaten ergibt: gemeinsame polnische Freunde, Liebe zur polnischen Literatur. Für das neuerliche Geschenk bedankt sich Reich-Ranicki diesmal schriftlich, am 4. Juli:

»Mein lieber Günter,
    da ich beinahe zehn Tage unterwegs war, kann ich erst jetzt danken – für Ihren Brief vom 13. Juni und für das Porträt von Tadeusz Różewicz. Es ist in der Tat ein wunderbares Bild. Es befindet sich jetzt beim Rahmen und wird sich natürlich in meiner Galerie sehr gut machen.
    Ihr ›weites Feld‹ ist inzwischen bei mir angelangt. Noch habe ich keine Zeile gelesen, denn ich muß mich jetzt mit nicht weniger als fünf Büchern für das ›Quar-

tett‹ am 6. Juli beschäftigen. Und überdies darf man ja die Kritik nicht früher als Ende August publizieren. Sie können ganz sicher sein, daß ich Ihren Roman so aufmerksam wie wohlwollend lesen werde.

Ich hoffe, wir sehen uns bald und / grüße bestens / Ihr / *Marcel Reich*«

»Lieber Marcel«, »Mein lieber Günter« – niemals zuvor ging man in Briefen vertraulicher miteinander um als im Sommer 1995. Die Fallhöhe ist bereits beträchtlich und sie wird in den folgenden Wochen noch durch eine Presseberichterstattung gesteigert, die *Ein weites Feld* lange vor Erscheinen zum »Jahrhundertwerk« ausruft.[101]

Zum Eklat kommt es am 21. August, einem Montag, dem Erscheinungstag des *Spiegels*. Auf dem Titelbild sieht man eine Fotomontage, in der ein wütender Reich-Ranicki den neuen Roman von Günter Grass in zwei Hälften zerreißt. Schon unmittelbar zuvor wusste Grass, was auf ihn zukommen würde. Sein Verleger Gerhard Steidl rief Peter Rühmkorf am Vortag an und berichtete, dass er Günter Grass »noch nie so niedergeschlagen, so down, so erbarmungswürdig daneben gesehen hätte«.[102] Noch in derselben Woche, am 24. August, erfolgt der zweite Schlag: *Ein weites Feld* wird im *Literarischen Quartett* gnadenlos demontiert – eine der »dunkelsten Stunden« der Sendereihe, wie Sigrid Löffler später erklärte.[103] In der Diskussion setzt sich Reich-Ranicki mit der in den vergangenen vier Tagen häufig gestellten Frage auseinander, ob er gegen das Titelbild hätte protestieren sollen. Sein Standpunkt ist eindeutig, der Ton forsch und aggressiv: »Ich denke nicht daran, zu protestieren! Für mich ist nur eine einzige Frage von Interesse, nämlich: Trägt dieses Titelbild dazu bei, dass mehr Leute als ohne Titelbild diese Nummer des *Spiegel* kaufen und meinen Artikel lesen? Wenn ja, dann bin ich froh, dass dieses Titelbild drauf ist, das stört mich überhaupt nicht.«[104] Nicht ohne Stolz hat Hellmuth Karasek verschiedentlich erklärt, dass er es gewesen sei, der die Idee für das umstrittene Cover geliefert habe.[105]

Die Verrisswelle, die Reich-Ranicki maßgeblich mitausgelöst hat, ist beispiellos in der deutschen Nachkriegsliteratur. Und nicht nur dort, der englische Germanist Robert Weninger sieht in der Art, wie auf den Roman eingedroschen wurde, »vielleicht eine der herbsten Schelten, die überhaupt je ein Gegenwartsautor hat über sich ergehen lassen müssen«.[106] In Schriftstellerkreisen zeigte man sich vielfach mit Grass solidarisch und setzte in der Öffentlichkeit deutliche Zeichen. Christa Wolf sagte aus »Selbstachtung« eine Veranstaltung ab, auf der sie gemeinsam mit Reich-Ranicki hätte auftreten sollen.[107] Peter Rühmkorf veröffentlichte einen geharnischten Brief an Reich-Ranicki, den dieser als Aufkündigung der Freundschaft verstehen musste und auch so verstanden hat.[108] An Reich-Ranickis Machtposition im Literaturbetrieb war zwar nicht zu rütteln, sein Ruf nahm aber doch Schaden. »Zum Beispiel kann ich mir nicht vorstellen«, schreibt Christa Wolf an Günter Grass, »daß jenen MRR noch jemand ernst nimmt.«[109] Eigenwillige Trostworte findet Hans Mayer: »Den bösartigen Hysteriker und literarischen Falschspieler erkennst Du doch auch daran, daß er nicht allein Deine Bücher verreißt, sondern damals auch, bei Höllerers Hochzeit, Deine Kochkunst in Frage stellte.«[110]

Ein besonders häufig geäußerter Kritikpunkt bestand darin, dass Reich-Ranicki seinem Verriss die Form eines persönlichen Briefes gegeben hatte, den er obendrein mit den Worten »Mein lieber Günter Grass« eröffnet.[111] Sind es aber wirklich nur Zynismus und erheuchelte Anbiederung, die dem Rezensenten die Feder geführt haben? Vor dem Hintergrund der Briefe, die Reich-Ranicki und Grass im Sommer 1995 wechselten, kann man eher den Eindruck gewinnen, dass Reich-Ranicki in seiner Kritik den vertraulichen Ton der Briefe fortführen wollte.[112] Nicht von Boshaftigkeit sollte man sprechen, sondern von jenem »mangelhaften Fingerspitzengefühl«, das Hans Werner Richter bei Reich-Ranicki ganz generell diagnostizierte.[113]

Wie tief Günter Grass von Reich-Ranicki persönlich enttäuscht war, lässt sich nur erahnen. Vielleicht bringt die Veröffentlichung der Tagebücher einmal Aufschluss. Freunden gegenüber äußerte Grass, dass er Reich-Ranicki niemals mehr wiedersehen wolle.[114] In der öffentlichen Debatte teilte Grass kräftig aus. Erwartungsgemäß fällt das Wort vom »ehemaligen Stalinisten«, und weiter: »Wir haben ja zwei polnische Päpste. Der eine, in Rom, meint unfehlbar in Fragen sexueller Praxis zu sein. Ich habe da meine Zweifel. Der andere, in Frankfurt, meint unfehlbar im Urteil über Literatur zu sein. Auch da habe ich meine Zweifel.«[115] Ein moderater Vergleich, wenn man bedenkt, zu welchen Kurzschlüssen Reich-Ranicki fähig ist: Günter Grass wolle keine Literaturkritik, er wünsche eine »Kunstbetrachtung« à la Joseph Goebbels.[116] Auf diesem Niveau wird noch nachgelegt: Vielleicht habe das »Desaster« von Grass mit »Impotenz« zu tun.[117] Was mag Reich-Ranicki in dieser Zeit gedacht und gefühlt haben? Antworten hätte man von seiner Autobiografie erwarten dürfen. Aber Fehlanzeige, die Debatte um *Ein weites Feld* wird mit keinem Wort erwähnt.

Die Feldschlachten im Sommer 1995 waren so heftig, dass sie sogar Spuren in der Literatur hinterlassen haben, und nicht nur in der deutschen.[118] Günter Grass wird in den folgenden Jahren mehrfach auf das Titelbild zu sprechen kommen (in

Reich-Ranickis Zeitgefühl: »etwa alle vier Wochen«[119]), die Rezension selbst lässt er in der Regel unerwähnt. Hellmuth Karasek, der Günter Grass schon seit langem »widerlich« ist, wird in einem Gedicht abgestraft.[120] Und Reich-Ranicki? Mit diesem »Westentaschen-Lukács« werde er sich nicht mehr auseinandersetzen, erklärt Grass 1998: »Das ist vorbei für mich.«[121]

»Ich habe Jahrzehnte unter ihm leiden müssen«

Uwe Wittstock hat Reich-Ranicki und Günter Grass einmal mit zwei Platzhirschen verglichen, die sich in einem beständigen Kampf um öffentliche Aufmerksamkeit befinden.[122] Im Jahr 1999 erreicht dieser Kampf einen Höhepunkt, wie man ihn nicht besser hätte erfinden können. Zunächst liegt Günter Grass vorn, im Juli erscheint *Mein Jahrhundert* und klettert bis auf Platz 3 der *Spiegel*-Bestsellerliste. Vom Publikumserfolg zeigt sich Reich-Ranicki unbeeindruckt. Das Werk sei »misslungen«, erklärt er am 13. August im *Literarischen Quartett*, es belege einmal mehr die »große Krise des großen Schriftstellers Günter Grass«.[123] Zwei Tage später zieht Reich-Ranicki mit seiner Autobiografie nach, *Mein Leben* gerät zu einem sensationellen Erfolg und wird sich über Monate an der Spitze der Bestsellerlisten halten. Er hätte sich, meinte der zum Schriftsteller avancierte Kritiker, von Günter Grass oder Martin Walser eine Postkarte mit dem Lob gewünscht, dass auch er Erzähltalent habe und eben nicht von den Schriftstellern als »Arbeitgebern« abhängig sei (APS, 74 f.). Eine solche Postkarte konnte schon aus einem einfachen Grunde nicht geschrieben werden: Günter Grass hat *Mein Leben* nie gelesen.[124] Peter Rühmkorf wiederum nahm die ihn beeindruckende Autobiografie zum Anlass, dem Autor nach mehrjähriger Briefpause die Versöhnung anzubieten.[125] Apropos: Der Name Günter Grass taucht in der Autobiografie mehrfach auf, schon auf der ersten Seite. Ein Versöhnungsangebot?

In der literarischen Welt gibt es nur eine Möglichkeit, mit der sich der Erfolg von *Mein Leben* noch übertreffen lässt, und diese Möglichkeit wird am 30. September 1999 zur Realität: Günter Grass erhält den Literaturnobelpreis. In den vielen Briefen, die der Preisträger in den folgenden Wochen erhält, werden die Glückwünsche nicht selten mit der Bemerkung verbunden, dass die Ehrung auch eine Wiedergutmachung für all die Prügel sei, die er in den vergangenen Jahren von der Literaturkritik habe einstecken müssen.[126] Ist der Nobelpreis also eine Ohrfeige für Reich-Ranicki? Mitnichten: »Als er den Nobelpreis bekommen hat«, verrät Reich-

Ranicki, »war ich glücklich. Ich hielt das für einen Sieg, einen Triumph.« Das war es bestimmt, und jetzt die Pointe: »Mein persönlicher Sieg. Denn ich habe seit langer Zeit – auch öffentlich im Fernsehen – gesagt: Wenn ein deutscher Schriftsteller den Nobelpreis kriegen soll, dann Günter Grass. Und ich habe, glaube ich, ein klein wenig dazu beigetragen, daß Grass den Preis erhalten hat.« (APS, 62) Nicht immer wurde die Frage, ob Grass den Nobelpreis verdiene, von ihm so uneingeschränkt positiv beantwortet.[127] Ein Glückwunschtelegramm kam dennoch nicht in Frage: »Warum sollte ich? Er hat mir auch noch nie zu irgendetwas gratuliert«.[128] Aus dem *Literarischen Quartett* ist es nur eine, Sigrid Löffler, die Günter Grass in einem Brief »von Herzen« beglückwünscht.[129]

Nach der Nobelpreisvergabe wird Grass in den obligatorischen Interviews natürlich auch auf Reich-Ranicki angesprochen. Die Grundsatzerklärung lautet:

»Ich habe Jahrzehnte unter ihm leiden müssen und hatte trotzdem immer ein vergnügliches Verhältnis zu ihm, weil ich ihn auch nicht überschätzt habe, wie viele das tun. Ich kenne seine Grenzen und ich weiß, dass er seine beste Zeit noch in der Gruppe 47 hatte, als andere Kritiker ihm widersprachen und er sich diesem Widerspruch stellen musste. Der Größenwahn ist bei ihm erst durch die Macht der Medien, insbesondere des Fernsehens, entstanden.«[130]

Unerbittlich bleibt Grass in der Frage des *Spiegel*-Titelbildes, was Reich-Ranicki wiederum zu einem offenen Brief in der *FAZ* provoziert.[131] Dass sich in dem Brief auch viel freundliches Lob findet, hat Grass nicht davon abgehalten, in seiner Nobelpreisrede einen Giftpfeil abzuschießen: »Ich komme aus dem Land der Bücherverbrennung. Wir wissen, daß die Lust, das verhaßte Buch in dieser oder jener Form zu vernichten, immer noch oder schon wieder dem Zeitgeist gemäß ist und gelegentlich telegenen Ausdruck, das heißt Zuschauer findet.« (XII, 563)

»Ich hätte ihn umarmen sollen«

Ab dem Jahr 2000 entspannt sich das Verhältnis zwischen Kritiker und Schriftsteller. Von Seiten Reich-Ranickis gibt es einige versöhnliche Gesten, darunter sehr öffentlichkeitswirksame. Im Februar 2000 ist der Entertainer ganz in seinem Element, er ist zu Gast bei Thomas Gottschalks Show *Wetten, dass ...?* und trägt dort ein Gedicht von Günter Grass vor, das Liebesgedicht *März* aus *Ausgefragt*. Die Einschaltquote liegt an jenem Abend bei fast fünfzehn Millionen Zuschauern. In der Sendung *Reich-Ranicki Solo,* die 2002 auf das *Literarische Quartett* folgt, bespricht

Reich-Ranicki sehr positiv die Novelle *Im Krebsgang* (»eine große, ergreifende, erschütternde Erzählung«), was für eine entsprechende Rezeption sorgt. In dem Kanon deutscher Romane, der in demselben Jahr erscheint, ist Günter Grass als einziger lebender Autor vertreten, natürlich mit der *Blechtrommel*.[132] Nachdem Günter Grass in einem Fernsehinterview die Bemerkung fallen ließ, er schließe eine Versöhnung mit Reich-Ranicki nicht grundsätzlich aus, antwortet der Kritiker wieder einmal in einem offenen Brief.[133] Er erkläre die »Friedensverhandlungen« gerne für eröffnet, könne aber die Bedingungen von Grass – eine Entschuldigung für das berüchtigte Titelbild oder gar eine Rücknahme seiner Kritik – nicht akzeptieren.

Im Sommer 2002 kennt die literarische Welt nur ein Thema, den Roman *Tod eines Kritikers,* Martin Walsers Abrechnung mit Marcel Reich-Ranicki.[134] In die hitzige Diskussion, ob das Werk antisemitisch sei oder nicht, mischt sich auch Günter Grass, um Walser in diesem heiklen Punkt freizusprechen und Reich-Ranicki für dessen »Trivialisierung der Kritik« anzuklagen: »Er ist ein schwacher Literaturkritiker.«[135] In seinem Tagebuch erwähnt Fritz J. Raddatz eine Diskussion mit Günter Grass und gibt dabei dessen Standpunkt mit den Worten wieder: »[Walser] hätte das Thema Ranicki nicht in einem/zu einem Roman verarbeiten sollen – Ranicki ist nicht ›romanfähig‹ (was übrigens nicht stimmt)«.[136] Es stimmt in der Tat nicht: Kurz nach der Veröffentlichung von Walsers Roman erscheint ein weiteres Werk, in dem ein Kritiker zu Tode kommt, der die Züge von Reich-Ranicki trägt, Bodo Kirchhoffs *Schundroman*. Bei der Suche nach dem Täter spricht man von »bestelltem Mord« und vermutet die »Auftraggeber in Autorenkreisen mit Kontakt nach Polen«. In ersten Verhören fallen »Namen wie Kristlein und Mahlke«.[137]

Während Walser schwer angeschlagen ist, läuft für Günter Grass weiterhin alles rund. 2003 erscheint der Gedichtband *Letzte Tänze* und wird von Reich-Ranicki emphatisch gelobt. Die ersten Zeilen seiner Rezension sind eine von Sentimentalität nicht freie Liebeserklärung: »Wir sind mit ihm alt geworden, wir sind mit ihm jung geblieben. Er, Günter Grass, ist der Dichter unserer Generation, der in den zwanziger und dreißiger Jahren Geborenen. Und wenn nicht er, wer sonst? Ich weiß keinen einzigen Namen, der hier ernsthaft in Betracht kommen könnte.« (UG, 195) *Unser Grass,* so lautet passend der ebenfalls 2003 erscheinende Band mit den gesammelten Beiträgen des Großkritikers. Als Titelbild hat Reich-Ranicki das von ihm so geschätzte Grass-Bild ›Selbst mit Mütze und Unke‹ gewählt; der Klappentext – von dem man gerne wüsste, ob Reich-Ranicki ihn abgesegnet hat – weiß von einer »Freundschaft« der beiden. In dem Vorwort gesteht Reich-Ranicki ein, dass er seine früheren Texte nur noch mit »gemischten Gefühlen« lesen könne: »Bisweilen verwundert mich die Strenge und Schärfe dieser oder jener Kritik, manch eine Formulierung scheint mir übertrieben. Gelegentlich frage ich mich, ob meine hier und da spürbare Aufregung denn nun wirklich angebracht oder gar nötig war.« (UG, 10 f.) Das Perfide: Er sagt nicht, welche Rezension und welche Formulierung er meint.

Im Juni 2003 kommt es nach acht Jahren erstmalig wieder zu einer persönlichen Begegnung. Der Anlass ist zufällig. Reich-Ranicki hält sich in Lübeck auf, um die Ausstellung seiner Schriftstellerporträts im Buddenbrook-Haus zu besuchen. Dabei erhält er das Angebot, auch im Günter Grass-Haus vorbeizuschauen, das im Jahr zuvor eröffnet wurde. Günter Grass erfuhr hiervon und ließ ausrichten, dass er bereit sei, Reich-Ranicki und dessen Sohn Andrew persönlich zu empfangen. Von Günter Grass wurde er, berichtet Reich-Ranicki, »sichtlich verlegen« begrüßt, und zwar mit ein paar Worten, die für den Kritiker den Inbegriff der Banalität darstellen: »Welch Glanz in meiner Hütte« (APS, 211 f.). Wie Reich-Ranicki sich selbst fühlte, ob er nicht doch ein wenig nervös oder verlegen war, teilt er freilich nicht mit. Die einstündige Unterhaltung verlief »sehr friedlich, beinahe freundschaftlich« (APS, 212). Diesen Eindruck teilt auch Andrew Ranicki und fügt hinzu: »Aber ein Eiertanz war es schon.«[138]

Als Uwe Wittstock im Juli 2004 mit Günter Grass über Reich-Ranicki sprach, zollte Grass dem Kritiker durchaus Respekt für dessen Verdienste um das Feuilleton. Angesprochen auf die *Frankfurter Anthologie,* in der mittlerweile über zweitausend Interpretationen zu Gedichten der deutschen Literatur erschienen sind, meinte Grass: »Das ist eine bleibende Leistung, sie entspringt seiner Liebe zur Literatur.«[139] Ein Schuft, wer hier einen Hintergedanken vermutet.

Das Gipfeltreffen in Lübeck zeitigte noch eine Folge besonderer Art. Günter Grass war bereit, für den Band *Begegnungen mit Marcel Reich-Ranicki,* den der Kritiker 2005 zu Ehren seines 85. Geburtstages erhalten sollte, einen Beitrag zu liefern. Hier der vollständige Text:

»Es gibt Ehen, die werden auf keinem Standesamt besiegelt und auch von keinem Scheidungsrichter getrennt; keine Kirche gibt ihnen höhere Weihen. In diesem Sinne ist mein Verhältnis zu Marcel Reich-Ranicki zu verstehen: Ich werde ihn nicht los, er wird mich nicht los. Da hat er nun über fünf Jahrzehnte hinweg meine Bücher zumeist verrissen und manchmal gelobt, einmal sogar hat es ihm gefallen, im Dienste des Magazins ›Der Spiegel‹ auf dem Cover zu agieren, indem er einen Roman von mir mit allerbildlichster Deutlichkeit zerriß; das hat mich, zugegeben, verletzt.

Es war und blieb ein anstrengendes Verhältnis. Oft habe ich mich gefragt: Wie ist es möglich, daß jemand meiner Prosa grämlich wie ein anderer Beckmesser aufsitzt und dennoch von früh an meinen Gedichten auf der Spur ist, hingerissen, verführt?

So hängen wir aneinander und tragen uns unsere Zerwürfnisse nach. Als er mich vor Jahresfrist nach längerem und dröhnendem Schweigen in Lübeck besuchte, waren wir beide ein wenig gerührt. Der wechselseitigen Abhängigkeit bewußt, gingen wir schonend miteinander um. Sein Sohn war dabei und machte Fotos von uns, aus denen leider, wie später zu hören war, nichts wurde. Die ihm nachgesagte Unerbittlichkeit ist, so schien mir, von den Rändern her ein wenig faserig, durchsichtig geworden; das macht ihn umgänglicher. Er stellte sogar Fragen, vermutlich aus aufkeimendem Selbstzweifel. Ich hätte ihn umarmen sollen. Das sei hiermit nachgeholt.

Noch haben wir Zeit für weitere Mißverständnisse und Liebesbeteuerungen.«[140]

Der Herausgeber der Festschrift, Hubert Spiegel, berichtet in seinem Vorwort, dass der Jubilar nur einen Beitrag vor Erscheinen des Buches zu Gesicht bekommen hatte, den von Günter Grass. Die Reaktion erfolgte nach wenigen Minuten per Telefon: »Wissen Sie was? Grass hat recht. Wir hätten einander wirklich umarmen sollen.«[141] Für einen anderen war das Maß des Erträglichen überschritten, Fritz J. Raddatz spricht von dem »Verrat des Günter Grass« und ist fassungslos angesichts solch »profunder Charakterlosigkeit«.[142]

Nur wenige Wochen nach seinem Geburtstag wird Reich-Ranicki in der Rubrik ›Fragen Sie Reich-Ranicki‹ auf den Grass-Text angesprochen. Er gesteht, dass er »tief beeindruckt« und »sogar gerührt« gewesen sei. Dass Grass an ihm »Selbstzweifel« festgestellt haben will, sei als Befund freilich »nicht ganz richtig«. Dann kommt er auf das berüchtigte Titelbild zu sprechen, und siehe da: »Heute weiß ich es: Ich hätte mich um das Bild kümmern und die Fotomontage verhindern sollen. Daß ich es nicht getan habe, bedauere ich.«[143] Endlich, das sind die Sätze, auf die Günter Grass zehn Jahre lang gewartet hat. Er reagiert noch an demselben Tag, dem 28. Juni 2005:

»Lieber Marcel Reich-Ranicki,

heute las ich Ihre weit ausholende Antwort in der FAZ-Sonntagsausgabe auf eine redaktionelle Frage. Es ist gut, daß Sie dem leidigen Thema – Sie als Wüterich, der auf der Frontseite des SPIEGEL meinen Roman ›Ein weites Feld‹ zerreißt – ein Ende gesetzt haben. Und da Ihnen in Ihrem langen und wechselvollen Leben gewiß oft genug Verletzungen zugefügt worden sind, werden Sie, und sei es nachträglich, ermessen können, wie sehr mich damals nicht Ihre Kritik, wohl aber dieser vernichtende ›Aufmacher‹ getroffen hat.

Zwar ist zu verstehen, daß Sie als Hochbetagter mit der Zeit geizen, und also Bücher wie den genannten Roman, der vor zehn Jahren erschien, nicht mehr in die Hand nehmen, doch kann ich mir vorstellen, daß Sie heute diesen lustvoll geschriebenen Wälzer ganz anders lesen würden, nicht zuletzt, weil die wohl kaum noch zu leugnende Schieflage der ›deutschen Einheit‹ von mir auf erzählende Weise vorweggenommen worden ist. Da aber ironisch konzipierte Bücher in Deutschland schon immer einen schweren Stand gehabt haben, ja, Ironie geradezu als undeutsch empfunden wird, werde ich mich wohl damit abfinden müssen, daß mein Fonty und sein Tagundnachtschatten weiterhin ein Geheimtip bleiben.

Noch eine kleine Bemerkung zur Ironie. Kürzlich sah ich Sie bewundernswert engagiert in irgendeinem Fernsehnachtprogramm. Es ging um Thomas Mann. Und im Verlauf des Gesprächs gab eine SPIEGEL-Redakteurin, deren Namen ich vergessen habe, ein Zeugnis ab für ihr mangelndes Verständnis von ironischer Literatur. Für Ihre Verhältnisse haben Sie auf so viel geballte Ignoranz zwar entschieden, aber doch recht milde reagiert. Thomas Mann auf die ›Buddenbrooks‹ zu reduzieren, grenzt an Unverschämtheit. Der von der SPIEGEL-Dame abgetane Roman ›Lotte im Weimar‹ ist und bleibt ein Meisterwerk, das ich bei wiederholter Lektüre mehr und mehr bewundere und – zugegeben – mit ein wenig Autorenneid genieße. Darin, lieber Marcel, werden Sie mir gewiß zustimmen.

Vielleicht noch so viel zu Ihrer Information: vor einer Woche kam ich aus Danzig zurück, wo ich mich mit zehn Übersetzern zu einer aufregenden und neun Tage anhaltenden Arbeitssitzung getroffen hatte. Es ging um eine Neuübersetzung meines Romans ›Die Blechtrommel‹, sozusagen am Tatort. Und weil nun mal Übersetzer die genauesten Leser sind und immer textbezogene Fragen stellen, war ich mehr als gefordert, am Ende sogar erschöpft. Und dennoch bereue ich diese Anstrengung nicht, weil sie mir auf wundersame Weise das Buch und sein Entstehen zurückgebracht hat. Sie wissen sicher, daß ich diesen Umgang mit Übersetzern seit Mitte der 70er Jahre pflege. Diesmal war es ein besonderes Vergnügen, zumal ein junger Priester im Inneren der neugotischen Herz-Jesu-Kirche, die ja in dem besagten Roman eine nicht unwesentliche Rolle spielt, die polnische Ausgabe der ›Blechtrommel‹ aus der Soutane zog und mich bat, sein Exemplar zu signieren. Da sehen Sie mal, was zeitlicher Abstand aus Büchern macht!

Freundlich und mit guten Wünschen für Ihre Frau grüßt Sie / *Ihr Günter Grass*«

Die Erleichterung ist offenkundig und sie lässt Grass geradezu redselig werden. Man gewinnt den Eindruck, dass Grass das Einverständnis mit dem »lieben Marcel« direkt sucht, was mit der Erwähnung von Thomas Mann auch nicht schwerfällt. Eine Reaktion von Reich-Ranicki erfolgt nicht. Der Brief, der ein neuer Anfang hätte sein können, ist der letzte der Korrespondenz.

Die noch kommenden Jahre, und es sind nicht mehr viele, bieten eher Missverständnisse als Liebesbeteuerungen. Es beginnt mit einem Schweigen, das man als Sprachlosigkeit, aber auch als Rücksichtnahme deuten kann. Als 2006 *Beim Häuten der Zwiebel* erscheint und allenthalben über Grass' Mitgliedschaft in der SS debattiert wird, verweigert Reich-Ranicki jedweden Kommentar. »Kein Wort« werde er sagen, er sei nicht verpflichtet, sich zu äußern. Die spätere Feststellung eines Lesers, er sei »der einzige Kritiker der Welt«, der sich nicht zum »Fall Grass« geäußert habe, beantwortet er lapidar mit: »Richtig.«[144] Selbst von Peter Rühmkorf lässt er sich nicht aus der Reserve locken.[145]

Zum 80. Geburtstag von Günter Grass, 2007, gibt es von Reich-Ranicki zwar keinen privaten, dafür aber einen öffentlichen Glückwunsch. Eine Hymne auf die Lyrik von Grass mündet in den Satz: »Ich wünsche Grass ruhige Wochen, Monate und Jahre vor allem.«[146] Im Jahr darauf sorgt der mittlerweile 88-jährige Kritiker für Schlagzeilen, als er vor laufender Kamera den Deutschen Fernsehpreis, der ihm für sein Lebenswerk verliehen werden sollte, mit der Begründung ablehnt, er sei fehl am Platze neben all dem »Blödsinn«, den er während der Preisverleihung habe erdulden müssen. »Er kritisiert das, was auf ihn selber zutrifft«, kommentiert Günter Grass. Mit »großem Geschrei« habe Reich-Ranicki in seiner »Ein-Mann-Show« die Kritik trivialisiert, die Medien sollten endlich aufhören, ihn als »rohes Ei« zu behandeln.[147] Zu reparieren ist hier wohl nichts mehr, und die Zeit läuft davon.

Und dann, ach, kommt das Jahr 2012, in dem das israelkritische Gedicht *Was gesagt werden muß* erscheint. Noch einmal meldet sich Reich-Ranicki zu Wort, in einem (sehr emotionalen) Gespräch mit Volker Weidermann.[148] Es wird seine letzte öffentliche Stellungnahme zu Günter Grass. Das Verdikt: Es sei ein »ekelhaftes Gedicht«, Günter Grass habe es immer darauf angelegt, Skandale zu erzeugen, was ihm mit dieser gezielten »Gemeinheit« gegen den »Judenstaat« abermals gelungen sei. Aber ein Antisemit, nein, das sei er nicht.[149] Ob er Grass jemals als Freund bezeichnet habe? »Nein.« Volker Weidermann hat später aus diesem Gespräch eine Äußerung von Reich-Ranicki mitgeteilt, die man nicht in der Zeitung lesen konnte: »Da sagte er am Schluss, dass er auf diese eine Nachricht noch warte: die Nachricht vom Tod von Günter Grass. Und das meinte er, der damals selbst schon vom nahen

Tode gezeichnet war, keineswegs so, dass er ihm, dem geliebten Gegner, den Tod wünschte. Ich glaube, er wollte einfach übrig bleiben, als Letzter. Und einen Nachruf schreiben, auf ihn. Als Überlebender.«[150] Dazu ist es nicht mehr gekommen. Marcel Reich-Ranicki stirbt im September 2013, Günter Grass knapp eineinhalb Jahre später, im April 2015.

Anmerkungen

1 Volker Hage, Das seltsame Paar, in: Der Spiegel Geschichte Nr. 2, 31.3.2009.
2 Die in diesem Beitrag wiedergegebenen Briefe sind überwiegend dem Günter-Grass-Archiv der Berliner Akademie der Künste entnommen; ein Brief von Reich-Ranicki (vom 4.3.1974) stammt aus dem Archiv der FAZ; drei Schriftstücke (Grass' Einladungskarte von 1965 sowie seine Briefe vom 21.8.1975 und 28.6.2005) kommen aus dem Deutschen Literaturarchiv in Marbach. Bereits publiziert sind Grass' Briefe vom 12.2.1965 und 27.1.1982 (in: »Lieber Marcel«. Briefe an Reich-Ranicki, hg. von Jochen Hieber, 2., erweiterte Auflage, Stuttgart/München 2000, S. 141ff.) – Sämtliche Briefe sind maschinenschriftlich erstellt und handschriftlich unterzeichnet, was im Text durch Kursivdruck wiedergegeben wird. Mit Ausnahme des im FAZ-Archiv aufbewahrten Briefes sind alle Briefe mit den jeweiligen Privatadressen versehen. – Mein Dank für die Abdruckgenehmigungen gilt dem Vorstand der Günter und Ute Grass Stiftung sowie Andrew Ranicki. Ein besonders herzlicher Dank sei dem Nachlassverwalter von Marcel Reich-Ranicki ausgesprochen, Prof. Dr. Thomas Anz, der dieses Projekt angeregt und mit Rat und Tat unterstützt hat.
3 Eine Lücke in der Korrespondenz ist bereits sichtbar: Am 22.10.1967 erwähnt Reich-Ranicki ein »Dank-Telegramm«, das sich nicht auffinden ließ. – Auf meine Nachfragen bei den Redaktionen der FAZ und der ZEIT erhielt ich die Auskunft, dass sich in den jeweiligen Archiven keinerlei Korrespondenz zwischen Reich-Ranicki und Grass befinde.
4 Noch bevor ich eine Vorstellung von dem Umfang der Korrespondenz hatte, fragte ich Günter Grass im Januar 2015, ob er grundsätzliche Einwände gegen eine eigenständige Publikation habe. Die Antwort vom 27.1.2015 lautet: »Was den Briefwechsel mit Marcel Reich-Ranicki betrifft, bin ich nicht gewillt, ihm mit einer besonderen Ausgabe ungebührlich Gewicht zu verleihen.«
5 Marcel Reich-Ranicki, Aus persönlicher Sicht. Gespräche 1999 bis 2006, hg. von Christiane Schmidt, München 2006, S. 84; im Folgenden direkt im Text mit (APS, Seitenzahl) kenntlich gemacht. Weitere Schriften von Reich-Ranicki, auf die mit Siglen verwiesen wird, sind: Mein Leben, Stuttgart 1999, kenntlich gemacht als (ML, Seitenzahl); sowie Unser Grass, München 2003, kenntlich gemacht als (UG, Seitenzahl).
6 Marcel Reich-Ranicki, Die Anwälte der Literatur. München 1999, S. 26.
7 Fritz J. Raddatz, Tagebücher 1982–2001, Reinbek bei Hamburg 2010, S. 592.
8 Zu denken ist vor allem an Peter Handke. In einem Brief an seinen Verleger spricht Handke von Reich-Ranicki als dem »übelsten Monstrum [...], das die deutsche Literaturbetriebsgeschichte je durchkrochen hat«. Peter Handke an Siegfried Unseld, 25.2.1981, in: ders./Siegfried Unseld, Der Briefwechsel, hg. von Raimund Fellinger und Katharina Pektor, Berlin 2012, S. 431. Auch literarisch spiegelt sich dieser Hass wider. In ›Die Lehre der Sainte-Victoire‹ (1980) erscheint Reich-Ranicki als ein geifernder Hund, in dem der besinnliche Erzähler sofort seinen »Feind« und »das Böse« erkennt. Dieser »Leithund« habe, und nun höre man genau hin, in seiner »von dem Getto vielleicht noch verstärkten Mordlust« jedes »Rassemerkmal« verloren und sei »nur noch im Volk der Hen-

ker das Prachtexemplar«. Der Erzähler und der Hund seien »auf ewig Todfeinde«. Peter Handke, Die Lehre der Sainte-Victoire, Frankfurt am Main 1996, S. 44 ff.

9 Zu den Schilderungen der ersten Begegnung vgl. ML, 384 ff. sowie UG, 123 ff. Die Darstellung von Grass wurde durch Heiner Müller in Umlauf gebracht, vgl. Heiner Müller, »Zur Lage der Nation«. Heiner Müller im Interview mit Frank M. Raddatz, Berlin 1990, S. 94 f. In ›Eintagsfliegen‹ schreibt Grass in einem Gedicht für Andrzej Wirth, der das damalige Treffen vermittelt hatte: »Zurück in Warschau, glaubte einer Deiner Freunde, / der wenig später in den Westen ging / und dort unüberhörbar wurde, / in mir einen bulgarischen Agenten vermuten zu können.« Günter Grass, Eintagsfliegen. Gelegentliche Gedichte, Göttingen 2012, S. 93.

10 Vgl. UG, 19 ff. u. ML, 431. – Reich-Ranickis Fehleinschätzung der ›Blechtrommel‹ hat sogar literarisch Ausdruck gefunden. Im Mittelpunkt einer Erzählung von Helmut Heißenbüttel steht ein Literaturkritiker, dessen Werdegang sehr bekannt anmutet: »Seine Karriere hatte mit zwei Fehlurteilen begonnen. Er hatte Arno Schmidt als einen Autor bezeichnet, den man noch vor seinem Tod vergessen haben würde. Er hatte die ›Blechtrommel‹ von Günter Grass für eine mittelmäßige Imitation des späten Thomas Mann gehalten. Er war inzwischen nicht nur der ortsansässige, sondern sogar der überregionale Kritiker.« Helmut Heißenbüttel, Eppendorfer Nacht 2, in: ders., Das Ende der Alternative. Einfache Geschichten. Projekt 3/3, Stuttgart 1980, S. 92–102, hier S. 94.

11 Robert Neumann, Vielleicht das Heitere. Tagebuch aus einem andern Jahr, München 1968, S. 60 u. S. 484.

12 Hans Werner Richter, Im Etablissement der Schmetterlinge. Einundzwanzig Portraits aus der Gruppe 47, München 1988, S. 230.

13 Hans Werner Richter an Marcel Reich-Ranicki, 4. 9. 1959, in: ders., Briefe, hg. von Sabine Cofalla, München/Wien 1997, S. 286.

14 Vgl. Bettina Röhl, Antisemitismus und Literatur. Ein Interview mit Marcel Reich-Ranicki, in: Literaturkritik.de Nr. 5, 2004.

15 Günter Grass im Gespräch mit Uwe Wittstock am 8. 7. 2004, zit. nach Uwe Wittstock, Marcel Reich-Ranicki. Die Biografie, München 2015, S. 262.

16 Marcel Reich-Ranicki, Das Barometer von Sigtuna, in: DIE ZEIT, 25. 9. 1964. Wiederabdruck in: ders., Literarisches Leben in Deutschland. Kommentare und Pamphlete, München 1965, S. 221–225, hier S. 224.

17 Marcel Reich-Ranicki, Das unbegreifliche Schweigen, in: DIE ZEIT, 12. 2. 1965.

18 Marcel Reich-Ranicki, In einer deutschen Angelegenheit, in: DIE ZEIT, 22. 5. 1964. Wiederabdruck in: ders., Meine deutsche Literatur seit 1945, hg. von Thomas Anz, München 2015, S. 189–192.

19 Grass bezieht sich wahrscheinlich auf den Artikel von Hans Habe, Wo bleibt die Gruppe 47?, in: Abendzeitung, 30./31. 1. 1965.

20 Hans Habe bezeichnete Reich-Ranicki, den Holocaust-Überlebenden, einmal als »Kapo Nummer eins des Literatur-KZ ZEIT«; zitiert nach Helmut Steinbeck, Marke 47. Deutschland, deine Dichter, in: Literatur 1965, S. 56–60, hier S. 60.

21 Marcel Reich-Ranicki, Goes, Grass und Weiss, in: DIE ZEIT, 19. 3. 1965.

22 Günter Grass, Artur Knoff [1989], in: ders., Werke. Göttinger Ausgabe, Göttingen 2007, Bd. XII, S. 218 f., hier S. 218. Zitiert wird im Folgenden nach dieser Ausgabe in Klammern mit Band- und Seitenzahl.

23 Richter, Im Etablissement der Schmetterlinge, S. 126.

24 Zit. nach Harro Zimmermann, Günter Grass unter den Deutschen. Chronik eines Verhältnisses, Göttingen 2010, S. 189.

25 Jürgen Becker, Berliner Programm-Gedicht; 1971, in: ders., Die Gedichte, Frankfurt am Main 1995, S. 41–55, hier S. 51.

26 Der Grass-Biograf Michael Jürgs weiß zu berichten: »Es war ein barockes Mahl, ein würdiges Sauf-

gelage, ein wirklich großartiges Fest, nur Reich-Ranicki schmeckte mäkelnd die Suppe nicht«. Michael Jürgs, Bürger Grass. Eine deutsche Biografie, aktualisierte und erweiterte Neuausgabe, München 2015, S. 199. Auf die Hochzeitsfeier angesprochen, antwortete mir Renate von Mangoldt am 8.8.2016: »Die ›abscheuliche‹ Suppe kann nur die Mitternachtssuppe gewesen sein. Es war eine ziemlich fette sehr heiße Brühe, ich habe es schmerzlich erfahren müssen, weil sich eine Portion, beim unbeabsichtigten ›Anrempeln‹ einer der Gäste, über mein Hochzeitskleid ergoß. Probiert habe ich die Suppe nicht, so kann ich auch nicht sagen, ob sie wirklich ›abscheulich‹ war. Und von Mäkeleien Reich-Ranickis weiß ich auch nichts.«

27 Anonymus, Aufstand der Plebejer, in: Der Spiegel, 15.12.1965.
28 Peter Rühmkorf, Ich habe Lust, im weiten Feld ... Betrachtungen einer abgeräumten Schachfigur, Göttingen 1996, S. 24.
29 Günter Grass an Helen Wolff, 17.1.1966, in: ders./Helen Wolff, Briefe 1959–1994, hg. von Daniela Hermes, Göttingen 2003, S. 85.
30 Willy Brandt an Günter Grass, 19.1.1966, in: ders./Günter Grass, Der Briefwechsel, hg. von Martin Kölbel, Göttingen 2013, S. 114.
31 Erst die Zeitläufte verschaffen dem Stück neue Aktualität. Nach dem Mauerfall hat Grass in Ostberlin eine vielbeachtete Lesung aus den ›Plebejern‹ abgehalten, eine »späte Genugtuung«, wie er im Tagebuch vermerkt; Günter Grass, Unterwegs von Deutschland nach Deutschland. Tagebuch 1990, Göttingen 2009, S. 36.
32 Golo Mann an Alfred Andersch, 22.7.1967, in: ders., Briefe 1932–1992, hg. von Tilmann Lahme und Kathrin Lüssi, Göttingen 2007, S. 183.
33 Der Brief an Grass ist wortidentisch mit dem Brief, der die Korrespondenz zwischen Reich-Ranicki und Peter Rühmkorf eröffnet; vgl. Marcel Reich-Ranicki/Peter Rühmkorf, Der Briefwechsel, hg. von Christoph Hilse und Stephan Opitz, Göttingen 2015, S. 7.
34 Das Fehlen von Walter Jens und Hans Mayer bei der Tagung kommentiert Erich Fried mit den Worten: »Dadurch kam die kritische Begabung Walter Höllerers deutlicher zur Geltung, aber auch die selbstzufrieden-unbekümmerte Dampfwalzerei der Schnellkritiken Reich-Ranickis, der, sonst von den Gruppenmitgliedern wohlgelitten oder belächelt, diesmal immer häufiger kopfschüttelnd oder empört abgelehnt wurde.« Erich Fried, Stärken und Schwächen. Die 20. Tagung der Schriftstellervereinigung Gruppe 47, in: Frankfurter Rundschau, 10.10.1967.
35 Diese Verärgerung spiegelt sich auch in einem Brief an Uwe Johnson wider. »Über die Tagung der Gruppe 47 kein Wort«, schreibt Grass am 19.10.1967, nachdem er Johnson ausführlich aufgelistet hatte, was es an seinem Geburtstag alles zu essen gab; Uwe Johnson/Anna Grass/Günter Grass, Der Briefwechsel, hg. von Arno Barnert, Frankfurt am Main 2007, S. 107.
36 Marcel Reich-Ranicki, Politik in den Pausen. Rückblick auf die diesjährige Tagung der Gruppe 47, in: DIE ZEIT, 20.10.1967. Wiederabdruck in: ders., Meine deutsche Literatur seit 1945, S. 46–53, hier S. 53.
37 Günter Grass: Ist unser Hein telegen? Masch. Typoskript, undatiert, 3 Seiten, Arbeitsstelle Marcel Reich-Ranicki für Literaturkritik in Deutschland, Universität Marburg.
38 Heinrich Böll im Dialog. Klaus Harpprecht porträtiert Personen unserer Zeit, ZDF, Sendung vom 6.7.1967. Nachzulesen ist das Interview in: Heinrich Böll, Interviews 1: 1953–1975, hg. von J. H. Reid und Ralf Schnell, Kölner Ausgabe, Bd. 24, Köln 2009, S. 100–119.
39 In seinem Tagebuch notiert Hans Werner Richter am 7.3.1969: »Grass mußte die erste Niederlage einstecken. Sein Stück ›Davor‹ ist durchgefallen. Ich traf ihn [...] bei Peter Wapnewski. Er machte einen seltsamen Eindruck auf mich. Natürlich, wie immer, waren die anderen schuld: die Kritiker, oder: Struktur und Wesen der gegenwärtigen Literaturkritik.« Hans Werner Richter, Mittendrin. Die Tagebücher 1966–1972, hg. von Dominik Geppert in Zusammenarbeit mit Nina Schnutz, München 2012, S. 123.

40 Günter Grass, Die Box. Dunkelkammergeschichten, Göttingen 2008, S. 75.
41 Ebd., S. 195.
42 Günter Grass, Ich und meine Rollen. Günter Grass im Gespräch mit Heinz Klunker, in: Deutsches Allgemeines Sonntagsblatt, 12. 10. 1969. Hier zit. nach dem Wiederabdruck in: Günter Grass, Werkausgabe in zehn Bänden, hg. von Volker Neuhaus, Bd. X: Gespräche, Darmstadt/Neuwied 1987, S. 81–87, hier S. 82 f. Ähnlich argumentiert Grass 1975 in »Die Erwartungen des Kritikers« (XI, 956).
43 Ebd., S. 83.
44 Richter, Mittendrin, S. 217.
45 Ebd., S. 218.
46 Erst sehr viel später wird Reich-Ranicki beklagen, dass seine Geschichte von Grass »verschlechtert« worden sei; Marcel Reich-Ranicki, »Ich bedaure nichts«. Gespräch mit Mathias Schreiber, in: Der Spiegel, 4. 10. 1999. Wiederabdruck in: Hubert Spiegel (Hg.), Welch ein Leben. Marcel Reich-Ranickis Erinnerungen. Stimmen, Kritiken, Dokumente, München 2000, S. 320–326, hier S. 325.
47 Geblieben ist nur ein schwacher Trost: Der Ausschnitt aus den ›Hundejahren‹ wird in der Anthologie ›Verteidigung der Zukunft‹ unter dem Titel »Studienrat Brunies« erscheinen.
48 Lars Gustafsson, Eine Ecke von Berlin [1996], in: ders., Palast der Erinnerung, aus dem Schwedischen von Verena Reichel, München/Wien 1996, S. 71–80, hier S. 74.
49 Marcel Reich-Ranicki, Betrifft: Bücherlesen. Eine Polemik gegen Günter Grass, in: FAZ, 8. 10. 1974.
50 Im Mai 1970 schreibt Wolfgang Koeppen an Grass und bittet um eine Leihgabe von dreitausend Mark. Die Antwort erfolgt umgehend: »Lieber Herr Koeppen, / vielen Dank für Ihren Brief. Ich habe die Summe nach Ihrem Vorschlag sogleich an Ihre Adresse überweisen lassen; mit der Rückzahlung – das können Sie mir glauben – hat es keine Eile. / Sollte ich sonst und weiterhin irgendwie helfen können, dann melden Sie sich bitte ohne Scheu; denn wie ich Ihnen in Berlin erklärte: ich wüßte keinen besseren Anlaß, etwas Vernünftiges mit meinem Überfluß anzufangen.« Günter Grass an Wolfgang Koeppen, 22. 5. 1970, in: Uwe Neumann (Hg.), Alles gesagt? Eine vielstimmige Chronik zu Leben und Werk von Günter Grass, Göttingen 2017, S. 172.
51 Günter Grass an Helen Wolff, 8. 12. 1975, in: ders./Wolff, Briefe, S. 216 ff.
52 Genau zu der Zeit, als Reich-Ranicki seine Thomas-Mann-Umfrage für die FAZ durchführt, unternimmt die Redaktion der ZEIT eine ähnliche Umfrage. Günter Grass hat in diesem Fall sogar geantwortet, bezeichnenderweise aber in so knappen Stichworten, dass sie in der ZEIT noch nicht einmal wörtlich zitiert, sondern nur zusammenfassend paraphrasiert werden; vgl.: Was halten Sie von Thomas Mann?, in: DIE ZEIT, 28. 3. 1975.
53 Heinz Ludwig Arnold, »Antrag auf Scheidung von meinen Kritikern«. Gespräch mit Günter Grass [am 22. 9. 1977], in: ders., Als Schriftsteller leben. Gespräche mit Peter Handke, Franz Xaver Kroetz, Gerhard Zwerenz, Walter Jens, Peter Rühmkorf, Günter Grass, Reinbek bei Hamburg 1979, S. 140–155, hier S. 154.
54 Martin Walser, Lesen und Schreiben. Tagebücher 1974–1978, Reinbek bei Hamburg 2010, S. 208 ff.
55 Grass, Die Box, S. 103.
56 Wolfgang Hildesheimer an Fritz J. Raddatz, 17. 8. 1977, in: ders., Briefe, hg. von Silvia Hildesheimer und Dietmar Pleyer, Frankfurt am Main 1999, S. 221.
57 Hans Werner Richter an Günter Grass, 17. 8. 1977, in: ders., Briefe, S. 708.
58 Der Tagungsbericht von Reich-Ranicki ist auf eigentümliche Weise vage und undeutlich. Er, der doch sonst die klaren Worte liebt und stets Ross und Reiter benennt, erwähnt noch nicht einmal, dass er selbst es ist, von dem Grass ›geschieden‹ werden möchte; vgl. Marcel Reich-Ranicki, Das Ende der Gruppe 47, in: FAZ, 21. 9. 1977. Wiederabdruck in: ders., Meine deutsche Literatur seit 1945, S. 54–59, hier S. 58 f.
59 Wolfdietrich Schnurre an Günter Grass, 14. 10. 1977, in: Neumann, Alles gesagt?, S. 256.
60 Arnold, »Antrag auf Scheidung von meinen Kritikern«, S. 146 f.

61 Ebd., S. 151 f.
62 Ebd., S. 154 f.
63 Nach dem Tode von Günter Grass um ein Statement gebeten, gibt Karasek gleich im ersten Satz an, dass er mit Grass »intensiv verfeindet« war. Schon im zweiten Satz erinnert er daran, dass er von Grass einmal als »Wadenpisser« apostrophiert wurde. In: OVB online, 14. 4. 2015.
64 Gerhard Köpf, Die Preisfrage: Hat Literatur Kritik nötig?, in: ders., Vom Schmutz und vom Nest. Aufsätze, Frankfurt am Main 1991, S. 64 – 72, hier S. 66.
65 Die Entschlüsselungsversuche heben sich in ihrer Widersprüchlichkeit gegenseitig auf. Rolf Schneider fragt sich, »ob in dem bärbeißigen Magister Buchner Reich-Ranicki wohnt« (R. S., Eine barocke Gruppe 47, in: Der Spiegel, 2. 4. 1979). Reinhard Baumgart ist der Ansicht, dass sich hinter Buchner »natürlich« Hans Mayer verberge, und er glaubt, dass der »säuerlich frömmelnde Gerhardt aus 66 Prozent Reich-Ranicki« bestehe (R. B., 300 Gramm wohlabgehangene Prosa. Günter Grass: ›Das Treffen in Telgte‹, in: Süddeutsche Zeitung, 5./6. 5. 1979).
66 Marcel Reich-Ranicki, Ein deutsches Treffen, in: FAZ, 13. 11. 1981; ders., Gespräch unter der Glasglocke. Anmerkungen nach dem Ost-Berliner Schriftsteller-Treffen, in: FAZ, 17. 12. 1981.
67 Günter Grass an Willy Brandt, 15. 12. 1981, in: ders./Brandt, Briefwechsel, S. 725.
68 Günter Grass, Die Klampfen nehme ich in Kauf. Günter Grass im Gespräch mit Jörg Fauser und Werner Mathes, in: tip magazin Nr. 1, 1. – 14. 1. 1982, S. 11 – 17. Hier zit. nach dem Wiederabdruck in: Grass, Gespräche, S. 282 – 294, hier S. 285 f.
69 Ende Februar 1986 schreibt Günter Grass an Hans Magnus Enzensberger: »Genau besehen hat mich ›Die Rättin‹ geschafft, und eigentlich hätte ich, nach etlichen Jahren Schreiberfahrung, wissen müssen, wie kräftezehrend langjähriges Prosaschreiben ist und daß in der Regel nach Abschluß der Manuskriptarbeit die Krise eintritt, ohne vorher anzuklopfen. / Also ich schone mich jetzt, soweit das in diesem anstrengenden Land möglich ist. Bis zum Sommer mag sich da zeigen, ob ich Ute und mir einen einjährigen Aufenthalt in Kalkutta zumuten kann. Mir wäre es arg, wenn ich auf diesen Abstand zu Europa verzichten müßte; denn ein gutes Jahrzehnt lang spüre ich dieses Ausfluchtbedürfnis. Vorerst werde ich den März über in Portugal sein. Dorthin kommt keine Post. Und da die Reaktion auf ›Die Rättin‹ (siehe ›Spiegel‹) keine Überraschungen verspricht, werden wir außer Landes nichts versäumen.« Günter Grass an Hans Magnus Enzensberger, 26. 2. 1986, unveröffentlicht, Akademie der Künste Berlin, Günter-Grass-Archiv. – Grass bezieht sich auf den Artikel von Gunter Schäble, Vorbereitungen zur Weltbaisse, in: Der Spiegel, 24. 2. 1986.
70 Zimmermann, Günter Grass unter den Deutschen, S. 449.
71 Raddatz, Tagebücher 1982 – 2001, S. 129 f.
72 Günter Grass an Helen Wolff, 3. 6. 1986, in: Grass/Wolff, Briefe, S. 342 f.
73 Sarah Kirsch an Marcel Reich-Ranicki, 9. 6. 1986, in: »Lieber Marcel«, S. 222.
74 Hans Werner Richter an Günter Grass, 24. 7. 1986, in: Neumann, Alles gesagt?, S. 368.
75 Rühmkorf, Ich habe Lust, S. 13.
76 Hellmuth Karasek, Karambolagen. Begegnungen mit Zeitgenossen, München 2002, S. 193 ff.
77 Günter Grass, Zunge zeigen, Darmstadt 1988, S. 31.
78 Fritz J. Raddatz meinte, dass ein Reich-Ranicki, dieser »fürchterliche Kunstrichter« und »bemitleidenswerte Mißkenner von Literatur«, lediglich ein Feuilletonthema sei, aber nichts in einem literarischen Werk zu suchen habe; Grass sei unter sein Niveau gegangen; Fritz J. Raddatz, Günter Grass. Unerbittliche Freunde. Ein Kritiker. Ein Autor, Zürich/Hamburg 2002, S. 78.
79 Die Klage, dass sich »weit und breit« niemand finde, der Reich-Ranickis Herkunft vom Sozialistischen Realismus nachweise, ist zu diesem Zeitpunkt schon nicht mehr ganz richtig. Karol Sauerland hat Reich-Ranickis Literaturverständnis auf Positionen von Georg Lukács zurückgeführt und unter anderem an ›örtlich betäubt‹ aufgezeigt, wie unangemessen die entsprechenden Beurteilungskriterien sind; Karol Sauerland: Bundesdeutsche Literaturkritik aus der Ferne betrachtet, in:

Heinz Ludwig Arnold (Hg.), Literaturbetrieb in der Bundesrepublik Deutschland. Ein kritisches Handbuch, München 1981, S. 295–300. Wiederabgedruckt ist der Aufsatz in: Heinz Ludwig Arnold (Hg.), Über Literaturkritik, Text+Kritik, H. 100, 1988, S. 6–9.

80 Marcel Reich-Ranicki, Gespräch mit Herlinde Koelbl [1989], in: Peter Wapnewski (Hg.): Betrifft Literatur. Über Marcel Reich-Ranicki, Stuttgart 1990, S. 190–225, hier S. 213.

81 Hugo Dittberner, Der Mann in der Arena. Über Marcel Reich-Ranicki, in: Arnold, Über Literaturkritik, S. 10–22, hier S. 22.

82 Raddatz, Tagebücher 1982–2001, S. 430; Eintrag vom 1.4.1992.

83 Walter Kempowski, Alkor. Tagebuch 1989, München 2001, S. 462; Eintrag vom 13.10.1989.

84 Das Literarische Quartett. Gesamtausgabe aller 77 Sendungen von 1988 bis 2001, 3 Bde., Berlin 2006, Bd. I, S. 67.

85 Ebd., S. 66.

86 Grass, Unterwegs, S. 43.

87 Im Juni 1990, auf dem Höhepunkt der Diskussion, notiert Grass: »Überlege eine Antwort unter der Überschrift ›Beim Strickedrehen‹, die vom groben Hanf eines Reich-Ranicki zum feinen Gespinst der Schirrmacher und Greiner den eingedrehten Draht des Herrn Serke, also das Material der Strickedreher sucht.« (Unterwegs, S. 107) Die Überlegungen gehen ein in den ›Bericht aus Altdöbern‹ (XII, 277 ff.), die »Strickedreher« werden dort allerdings nicht mit Namen genannt.

88 Günter Grass, Nötige Kritik oder Hinrichtung? Interview mit Hellmuth Karasek und Rolf Becker, in: Der Spiegel, 16.7.1990.

89 Günter Grass, Sechs Jahrzehnte. Ein Werkstattbericht, hg. von G. Fritz Margull und Hilke Ohsoling, Göttingen 2014, S. 359.

90 Günter Grass, Catalogue Raisonné, Bd. 1: Die Radierungen, hg. von Hilke Ohsoling, Göttingen 2007, S. 559.

91 Marcel Reich-Ranicki, Meine Bilder. Porträts und Aufsätze, Stuttgart/München 2003, S. 325. Die Radierung ist im Jahr 1992 entstanden, das signierte Exemplar ist auf 1993 datiert.

92 Ebd., S. 325.

93 Wie Reich-Ranicki in den Besitz der Radierung gelangen konnte, ist unklar. Es existieren weder ein Begleitschreiben noch eine Danksagung. Dass es sich um ein Geschenk handeln könnte, hält Ute Grass für unwahrscheinlich, wie sie mir auf eine Anfrage mitteilte.

94 Im Lichte von Reich-Ranickis Polemik erscheint Grass nur als Nörgler in eigener Sache. Unterschlagen wird, dass es auch andere Stimmen gibt, die ihre Kritik sogar noch viel schärfer formulieren. Im Juli 1994 notiert Helmut Krausser: »Der Trivialkritiker RR ist ein momentan weltweit singuläres Phänomen, das so auf Jahrzehnte hin unwiederholbar bleiben wird. Er stellt eine leibgewordene Machtphantasie dar, lebt aus, was viele in sich tragen und mit knirschenden Zähnen in sich belassen: tyrannische Apodiktik, diktatorische Willkür, die dunkle Seite des Kunstschaffens.« Helmut Krausser, Juli, August, September, Reinbek bei Hamburg 1998, S. 17.

95 Vgl. dazu u.a. Ulrich Schacht, Ein 784-Seiten-Roman gegen die Wiedervereinigung, in: Welt am Sonntag, 21.5.1995. Wiederabdruck in: Oskar Negt (Hg.), Der Fall Fonty. »Ein weites Feld« von Günter Grass im Spiegel der Kritik, Göttingen 1996, S. 186–189, hier S. 187.

96 Als Fritz J. Raddatz von der Lesung erfährt, notiert er am 1.3.1995: »Sein TODfeind, der Mann, den er angeblich tief verachtet – ›Dem gebe ich nie wieder die Hand‹ –, der ihn von BLECHTROMMEL bis UNKENRUFE auf das verächtlichste angegriffen hat, über dessen letzten geradezu berserkerhaften Verriß er bei mir am Telefon TATSÄCHLICH WEINTE: Dem übergibt er zur Taufe sein neues Kind. Ja, das muß man Charakter nennen. Wieder einer weniger. Ich will Grass vorerst und wohl für lange nicht sehen.« Raddatz, Tagebücher 1982–2001, S. 592. – Es verdient an dieser Stelle erwähnt zu werden, dass die Freundschaft zwischen Günter Grass und Fritz J. Raddatz nach der Veröffentlichung der Tagebücher in die Brüche gegangen ist.

97 Vgl. zum Vorspiel, zum Höhepunkt und zu den Nachwehen dieser bezeichnenden Geschichte vom »Feldzug der Tontaubenschützen« auch Dieter Stolz, Günter Grass: Ein weites Feld und kein Ende …, in: Hanjo Kesting (Hg.), Die Medien und Günter Grass, Köln 2008, S. 173–182.
98 Schacht, Ein 784-Seiten-Roman.
99 Reich-Ranicki, Meine Bilder, S. 273 f., 317 f.
100 Am 9. Mai 1995 notiert Peter Rühmkorf, dass er von Reich-Ranicki gefragt wurde, ob er Grass zu seinem Geburtstag einladen solle. Rühmkorf riet ihm zu und er ermunterte auch Günter Grass, die Einladung anzunehmen; vgl. Rühmkorf, Ich habe Lust, S. 10 f.
101 Der Kritiker Martin Lüdke begrüßt das Werk bereits aufgrund der Frankfurter Hörprobe als den großen Roman zur deutschen Einheit unter dem Titel »Der Meister ist wieder da«. Am 26. April 1995 heißt es in einer dpa-Meldung durchaus korrekt: »Grass hat seinen Roman als Jahrhundert-Werk angelegt: Das Buch […] schlägt einen Bogen über mehr als 100 Jahre deutscher Geschichte«. Die Buchkette Zweitausendeins nimmt den neuen Grass ebenfalls in ihr Programm auf und spricht werbewirksam von einem »Jahrhundertroman«. Am 5. September 1995 schreibt Günter Grass an Adolf Muschg: »Weder der Verlag noch ich haben den blödsinnigen Begriff ›Ein Jahrhundertroman‹ in Umlauf gebracht, vielmehr war das anfangs und in Reaktion auf die Frankfurter Lesung als dpa-Meldung zu lesen. So schaffen sich die Medien ihre Reizwörter, um sie im nachhinein dem Verlag und dem Autor in den Mund zu legen.« Zit. nach Negt, Der Fall Fonty, S. 475.
102 Ebd., S. 38.
103 Im Rückblick schreibt Sigrid Löffler, die sich, nicht zu vergessen, zu diesem Zeitpunkt selbst mit Reich-Ranicki zerstritten hatte: »Ihre dunkelsten Stunden erlebte die Sendung immer dann, wenn seine egomanische und irrationale Vernichtungsgier mit Reich-Ranicki durchging. Etwa bei der Exekution des Günter-Grass-Romans ›Ein weites Feld‹ – ein kritischer Exzess, der MRR die Achtung vieler kostete und nicht nur Günter Grass, sondern auch Peter Rühmkorf zu seinen Feinden machte.« Sigrid Löffler, Der Kritiker Marcel Reich-Ranicki, in: Literaturen 1/2, 2002, S. 27.
104 Das Literarische Quartett, Bd. II, S. 359.
105 Hellmuth Karasek, Auf der Flucht. Erinnerungen, Berlin 2004, S. 411.
106 Robert Weninger, Streitbare Literaten. Kontroversen und Eklats in der deutschen Literatur von Adorno bis Walser, München 2004, S. 214.
107 Christa Wolf an Bernd F. Lunkewitz, 18. 9. 1995, in: dies., Man steht sehr bequem zwischen allen Fronten. Briefe 1952–2011, hg. von Sabine Wolf, Berlin 2016, S. 790.
108 Vgl. Rühmkorf, Ich habe Lust, S. 44 f., sowie ders./Reich-Ranicki, Briefwechsel, S. 229 f.
109 Christa Wolf an Günter Grass, 7. 9. 1995, in: Wolf, Briefe, S. 787.
110 Hans Mayer an Günter Grass, 12. 9. 1995, in: Neumann, Alles gesagt?, S. 463.
111 Das Wort »mein«, schreibt Peter Rühmkorf daraufhin an Günter Grass, könne man in einer Anrede schon gar nicht mehr verwenden, der Angesprochene müsste ja sogleich befürchten, einen »Tritt in die Eier« zu bekommen; Peter Rühmkorf an Günter Grass, 25. 8. 1995, in: Neumann, Alles gesagt?, S. 466.
112 Martin Walser, ein in diesem Fall unverdächtiger Zeuge, sagt über Reich-Ranickis Verriss: »Seine üblichen Witze sind nicht drin. Auf mich hat es den Eindruck gemacht, als hätte er gelitten unter dem Leseerlebnis, als bedaure er wirklich, daß es ihm nicht habe gefallen können.« Martin Walser, »Ich habe ein Wunschpotential«. Gespräche mit Martin Walser, hg. von Rainer Weiss, Frankfurt am Main 1998, S. 53.
113 Richter, Mittendrin, S. 206.
114 Vgl. Rühmkorf, Ich habe Lust, S. 41.
115 Günter Grass, »Es wird bleiben«. Interview mit Joachim Köhler und Peter Sandmeyer, in: Stern, 31. 8. 1995. Wiederabdruck in: Negt, Der Fall Fonty, S. 424–430, hier S. 429.
116 Das Literarische Quartett, Bd. II, S. 354.

117 Marcel Reich-Ranicki, Ich bin kein böser Mensch. Interview mit Paul Sahner, in: Bunte, 7.9.1995. Wiederabdruck in: Negt, Der Fall Fonty, S. 438–441, hier S. 439.
118 »So sind wir zusammen das Hassliebespaar der deutschen Literatur«, lässt die Schweizerin Isolde Schaad Reich-Ranicki und Grass im Duett intonieren, das Ganze gekleidet in eine sehr umfangreiche ›Faust‹-Parodie; Isolde Schaad, Faust eins, zwei, drei. Marcel Reich-Ranicki: Mein Leben mit Günter G., in: dies., Mein Text so blau. Der Sound der Literatur. Essays, Stories und Dramen vom Tatort, Zürich 1997, S. 251–293, hier S. 255. Eine längere Passage zu der Fehde um ›Ein weites Feld‹ bietet die gleichfalls aus der Schweiz stammende Autorin Danièle Thalwitzer, La femme sur la terrasse, Lausanne 1998, S. 165 ff. Eine den damaligen Zeitgeist spiegelnde Unterhaltung findet sich in dem Roman ›Der Musterjude‹ von Rafael Seligmann. In einer Redaktionskonferenz fällt der Name Günter Grass, woraufhin ein Redakteur repliziert: »Wen interessiert dieser Dino noch? Wenn Reich-Ranicki ihn nicht in seinem Verriß-Topf halten würde, wäre der schon bis zu seinem Nachruf vergessen.« Rafael Seligmann, Der Musterjude, Hildesheim 1997, S. 55. In dem Roman ›Lautlos‹ (2001) erwähnt Frank Schätzing Reich-Ranickis »historische[n] Grass-Verriß« als Beispiel dafür, dass auch verrissene Bücher enorme Auflagen erreichen können; Frank Schätzing, Lautlos, München 2006, S. 509 f.
119 Marcel Reich-Ranicki, Kritiker, doch kein Revisor. Marcel Reich-Ranicki antwortet auf das Versöhnungsangebot von Günter Grass, in: FAZ, 11.10.2002.
120 In seinem Tagebuch spricht Grass im Juli 1990 von »dem mir widerlich gewordenen Karasek« (Unterwegs, S. 131). Das genannte Gedicht trägt den Titel »Karasek« und lautet: »Ich meine den Bruder, / der sich aufrieb / und nie käuflich war, / während der andere / sich verplapperte, / billig zu haben.« Grass, Sechs Jahrzehnte, S. 389. Der gemeinte Bruder ist Horst Karasek (1939–1995). Hellmuth Karasek wird sich in dem Roman ›Das Magazin‹ satirisch mit Grass auseinandersetzen. Grass erscheint dort leicht erkennbar als der linke Schriftsteller »Friedrich Freund«, ein Besserwisser und Moralapostel, der zur Kategorie der »Fast-Nobelpreisträger« gehöre, die den Preis »fast nie« bekämen. Und man beachte dieses Detail: Friedrich Freund beschimpft den Bundeskanzler einmal als »Wadenbeißer«; Hellmuth Karasek, Das Magazin, Reinbek bei Hamburg 1998, S. 107 ff.
121 Günter Grass/Harro Zimmermann, Vom Abenteuer der Aufklärung. Werkstattgespräche, Göttingen 2000, S. 110.
122 Wittstock, Marcel Reich-Ranicki, S. 265.
123 Das Literarische Quartett, Bd. III, S. 268 u. 270.
124 Nach einer Mitteilung von Ute Grass.
125 Vgl. Reich-Ranicki/Rühmkorf, Briefwechsel, S. 231 f.
126 Exemplarisch sei Michael Schneider zitiert: »Nach den vielen Disteln und Dornen, mit denen dich die hiesige Literaturkritiker-Mafia und das postmoderne ›Quartett‹ der selbsternannten Literaturprälaten und -Päpste bedacht hat, nun endlich der verdiente Lorbeer! Reich-Ranicki muß eine schlimme Nacht gehabt haben, du dafür gewiß einen umso glücklicheren Tag.« Michael Schneider an Günter Grass, 31.10.1999, in: Neumann, Alles gesagt?, S. 579.
127 Im Literarischen Quartett vom Januar 1993 beklagt Reich-Ranicki, dass den Nobelpreis »immer zweitrangige Autoren« bekämen, was ihn zu der Schlussfolgerung führt: »Grass wird ihn schon kriegen.« Das Literarische Quartett, 14.1.1993, Bd. I, S. 614.
128 Reich-Ranicki, »Ich bedaure nichts«, S. 324.
129 Sigrid Löffler an Günter Grass, 4.10.1999, in: Neumann, Alles gesagt?, S. 571.
130 Günter Grass, »Halt's Maul Oskar!«, Interview, in: Die Woche, 7.10.1999. Wiederabdruck in: Hubert Spiegel, Welch ein Leben, S. 327–334, hier S. 330 f.
131 Marcel Reich-Ranicki, Ich warte auf Ihr nächstes Buch, in: FAZ, 9.10.1999. Wiederabdruck in: Hubert Spiegel, Welch ein Leben, S. 335–337.
132 Interessant ist dieses Detail: In den Kanon deutscher Essays nimmt Reich-Ranicki Hans Magnus

Enzensbergers Rezension der ›Blechtrommel‹ aus dem Jahr 1959 auf. Anders als Reich-Ranicki hatte Enzensberger die Bedeutung des Romans sofort erkannt.
133 Marcel Reich-Ranicki, Kritiker, doch kein Revisor. Marcel Reich-Ranicki antwortet auf das Versöhnungsangebot von Günter Grass, in: FAZ, 11.10.2002. Das Fernsehinterview findet sich transkribiert unter dem Titel »Ich glaube, wir haben unsere Lektion kapiert«. Interview mit Günter Grass, in: Spiegel online, 10.10.2002.
134 In ›Tod eines Kritikers‹ wird Grass ausdrücklich erwähnt; von dem Starkritiker André Ehrl-König heißt es: »Grass hat ihm Zeichnungen geschenkt. Es haben ihm ja alle etwas geschenkt. Unter anderem sich. Und sei's in der Hoffnung auf das Gegengeschenk. Schließlich war er der Mächtigste, der je in der Literaturszene Blitze schleuderte.« Martin Walser, Tod eines Kritikers, Frankfurt am Main 2002, S. 52.
135 Zitiert nach Gerhard Gnauck, »Marcel Reich-Ranicki ist dafür mitverantwortlich«, in: Die Welt, 8.7.2002.
136 Fritz J. Raddatz, Tagebücher 2002–2012, Reinbek bei Hamburg 2014, S. 101; Eintrag vom 26.4.2003.
137 Bodo Kirchhoff, Schundroman, Frankfurt am Main 2002, S. 218.
138 Andrew Ranicki an Uwe Neumann, E-Mail, 15.8.2016.
139 Wittstock, Marcel Reich-Ranicki, S. 218.
140 Günter Grass, Es gibt Ehen, die werden auf keinem Standesamt besiegelt, in: Hubert Spiegel (Hg.), Begegnungen mit Marcel Reich-Ranicki, Frankfurt am Main 2005, S. 42 f.
141 Ebd., S. 12.
142 Raddatz, Tagebücher 2002–2012, S. 250 f.; Eintrag vom 23.5.2005.
143 Marcel Reich-Ranicki antwortet auf 99 Fragen, hg. von Hans-Joachim Simm. Frankfurt am Main 2006, S. 196.
144 Fragen Sie Reich-Ranicki, in: FAS, 6.9.2006.
145 Vgl. Reich-Ranicki/Rühmkorf, Briefwechsel, S. 267 f.
146 Anonymus, Glückwunsch Grass – der Chor der Gratulanten, in: Die Welt, 16.10.2007.
147 Zitiert nach Anonymus, Günter Grass: Reich-Ranicki kritisiert sich selbst, in: Frankfurter Rundschau, 17.10.2008.
148 Volker Weidermann, Es ist ein ekelhaftes Gedicht. Ein Gespräch mit Marcel Reich-Ranicki, aus erzwungenem Anlass, in: FAS, 8.4.2012.
149 Zum Vergleich: Für Hellmuth Karasek ist Grass ein »ausgewiesener Antisemit«; zitiert nach Per Øhrgaard/Heinrich Detering (Hg.), Was gesagt wurde. Eine Dokumentation über Günter Grass' »Was gesagt werden muss« und die deutsche Debatte, Göttingen 2013, S. 9.
150 Volker Weidermann, Dichtertreffen. Begegnungen mit Autoren, Köln 2016, S. 298.

Joachim Kersten

»Ziemlich singuläre Befreundung«
Günter Grass und Peter Rühmkorf

Für Stephan Opitz

I. »Du sollst dabei sein«

Auf dem Geschäftspapier der Rowohlt Verlag GmbH schreibt Peter Rühmkorf (PR) am 5.8.1960 aus Hamburg nach Berlin »Lieber Herr Grass« und bittet diesen, mitnichten für den Verlag, sondern für einen Freund, in *Schöner wohnen* »eine circa-10-Seiten-Novelette zu gutem Honorar sei's neu zu schreiben, sei's aus der Schublade zu ziehen«. Auch ein Kapitel aus einem »neuen Opus« könnte es sein – Antwort bitte an P. Rühmkorf, Hamburg-Altona, Arnoldstraße 74 III, »möglichst nicht via Rowohlt«.[1]

Erst sieben Wochen später meldet Günter Grass (GG) sich am 19.9.1960 aus dem Tessin, verspricht ein Kapitel »aus jenem Roman, über welchem ich zur Zeit schwitze« und kommt zur »Hauptsache«: »Sie, der Enzensberger und ich sollten die Herausgabe einer Vierteljahreszeitschrift erwägen. [...] Der Herr Wagenbach wäre der vierte im Bunde und könnte die Redaktion übernehmen.« Näheres solle anlässlich der Tagung der Gruppe 47 nahe Frankfurt (die fand vom 4.–6.11.1960 in Aschaffenburg statt) besprochen werden. Aus der Zeitschrift wurde nichts, aber so kam PR zur Gruppe 47: »Übermorgen treffe ich den Enzensberger. Wir werden an H.W. Richter schreiben, damit Ihnen eine Einladung für die Tagung ins Haus geschickt wird.«[2] Hans Magnus Enzensberger tut dies am 21.9.1960: »lieber hans werner, selbstverständlich komme ich zur herbsttagung – das ist ja gar keine frage. vielen dank für die einladung! übrigens habe ich heuer wieder einen neuen kandidaten. du kennst ihn bestimmt dem namen nach: peter rühmkorf, hamburg. zu erreichen über den rowohlt verlag. lohnt sich.« Im folgenden Brief ohne Datum mit weiteren Vorschlägen schreibt er: »peter rühmkorf habe ich dir schon in meinem letzten brief genannt. er ist politisch ein ganz fabelhafter bursche, sein gedichtbuch (irdisches vergnügen in g, bei rowohlt) ist nicht schlecht.«[3] Bereits am 12.9.1960 hatte auch Klaus Wagenbach per Post Richter, »um noch etwas Farbe ins Bild der Tagung zu bringen, Peter Rühmkorf« vorgeschlagen.[4]

Von nun an traf man sich und redete mehr, als man sich schrieb. Die freundlichen und zunehmend freundschaftlichen Beziehungen sind in den Archiven beider Autoren gut, aber im Grass-Archiv (noch) nicht vollständig dokumentiert.

Im November 1962 erschien Peter Rühmkorfs zweiter Gedichtband *Kunststücke*, der GG, wie er am 4. 12. 1962 schrieb, »anhaltenden Applaus« entlockte. »Allerdings: obgleich von einem Bänkelsänger geschrieben, sind es, so meine ich, Lesegedichte; denn laut vorgetragen, wie in Aschaffenburg, gehen viele geistige Rosinen, so meine ich, verloren. Wie dem auch sei: Der Platz auf Deinem Seile ...[5] Vielen Dank!«[6] War PR in Aschaffenburg nicht in Form? Zahllose Aufnahmen und Auftritte haben deutlich bewiesen, wie sehr gerade diese Gedichte ohne Verluste zum Vortrag taugen. Auf diese erstaunliche Kritik folgt eine Fest-Einladung zu »Wein, Schnaps, schönen Frauen« und »geistigen Spitzen« in die Niedstraße nach Berlin: »Du sollst dabei sein«, zusätzlich angelockt durch »ein schwarzkraushaariges Mägdelein«, die beglückt sein werde. »Auch ich und meine liebe Frau hätten den Raben gern, wenn auch für Stunden nur, im Käfig.« Weitere Einzelheiten: unbekannt.

Sodann tritt in den Archiven eine Pause ein. Doch PR hat im damals noch unveröffentlichten, erst später von ihm transkribierten TABU des Jahres 1973 weitere Spuren zum aktuellen Verhältnis zu GG und anderen Autoren hinterlassen. Am 9. 9. stöhnt er: »Graß und Lenz, solche durch nichts und niemanden mehr anfechtbare Namen. Ich: immer kurz vorm Zusammenbrechen, ein mühseliges Vorangerobbe.« Am 12. 2. 74 wird gemäkelt: »Abends noch im *Spiegel* gelesen, all dies weit entfernte Zeugs, die literarische Szene, Walser gegen Graß: man spreizt sich privat und läßt es dann gleich in die Öffentlichkeit geraten.« PR ist in einer Krise, gezeichnet vom Misserfolg seiner drei Theaterstücke[7], die ihn lyrisch zum Schweigen gebracht hatten, aus dem erst Walther von der Vogelweide ihn wieder erwecken sollte; er hatte sich zurückgezogen und zog missmutig Bilanz: »Meine Lyrik: ein Reich ohne Zutritt für Schweine und Hunde. Es gibt Verfassungen, für die Begriffe wie ›progressiv‹ oder ›reaktionär‹ nicht mehr zuständig sind. Ist Liebe progressiv? Haß reaktionär? [...] vermutlich bin ich im öffentlichen Bewußtsein nie über meine Anfänge hinausgediehen. Verkennung geht seltsame Wege, immer wieder neue Nichterwähnung ist nicht einklagbar. Hintansetzung kein Streitgegenstand. Relative numerische Benachteiligung (gegenüber beispielsweise Grass) kein Grund zum Beleidigtsein. [...] In der Bilanz der letzten Jahre: alle Reisen, Vorträge, Auftritte, Lesungen: mit Niederlagen und Beleidigen verbunden. [...] Kann nicht einmal arbeiten, nur grübeln. Mit dem Nachhilfefilz festhalten was im Rückblick dann eine Statistik ergibt.«

Am 15./16.11.74 weiterhin verstimmt: »Immer den Durchbruch auf Bühnen erhofft: ein Maulwurf, der im Rampenlicht seinen Hügel aufwirft«. Im Fernsehen ein Bericht vom Schriftsteller-Kongress in Frankfurt: »kannte kaum noch jemanden [...] und am Schluß Günter Grass und Martin Walser mit Platitüden und selbstgerechten Selbstrechtfertigungen.« Am 27.7.76: »Günter Grass gelesen, gerade diese sogenannte ›üppige Phantasie‹ stört mich. Statt geistigem Höhenflug: spintisieren.«

II. »Wir sind gegen Springer«

Die kommunikative Pause im Archiv endet mit einem Brief von PR an GG vom 11.3.1980: »Lieber Günter, reise morgen (Goethe spielt Flöte ...) f. 3 Wochen durch Skandinavien und wollte schon lange mal über die vereiste Stör grüßen.« Grass wohnte inzwischen in Wewelsfleth. Dieser Brief markiert den Beginn des von PR, GG und Klaus Staeck initiierten Boykotts des Verlagshauses Axel Springer. »Handeln durch Verweigerung, so leicht ist den Kollegen wohl noch nie das politische Tun gemacht worden«, schreibt PR ironisch, aber auch hoffnungsfroh: »In der Tat können wir diesen Sumpfessumpf ganz konkret trockenlegen.« GG antwortet per Hand am 24.3.80 zustimmend und entwirft eine Zeitungs-Anzeige: »Wir schreiben nicht für Springer, weil wir für unser Grundgesetz und gegen die verfassungswidrige Pressekonzentration sind. Wir schreiben nicht für Springer, weil der in seinen marktbeherrschenden Zeitungen praktizierte Journalismus unserem Verständnis von Demokratie Hohn spricht. Wir schreiben nicht für Springer, weil wir uns seiner, oft genug den blanken Meinungsterror entfesselnden Macht nicht beugen wollen.« PR antwortet am 4.4.80 enthusiastisch: »Lieber Günter, komm gerade zurück aus dem lang wie breiten Skandinavien und finde Dein schönes Originalschreiben. Wunderbar. So muß es sein, sollte es immer sein.« Die Formel ist gefunden: WIR SCHREIBEN NICHT FÜR SPRINGER.[8]

Am 15.8.80 schlägt PR ein Treffen in Hamburg vor: »Ansonsten versinkt die Welt wohl an allen Ecken in Scheiße. Jetzt wieder Korea – man mag den Bildschirm schon gar nicht mehr angucken.«

PR hat die Geschichte des Anti-Springer-Protestes dokumentiert in dem Band *Bleib erschütterbar und widersteh'*.[9] Darauf muss an dieser Stelle also nicht weiter eingegangen werden. Jedoch ist zu betonen, daß die Kreise der beiden Dichter sich mehr in der Politik als in der Dichtung schnitten, wobei GG lauter und stärker für die SPD eintrat, deren Mitglied PR zwar nie war, aber der er näherstand als jeder anderen politischen Partei und in der seine Frau Karriere machte. Jedoch vereinnahmen ließ PR sich auch vom Freund GG nicht, er bestand beständig auf seiner Unabhängigkeit.

III. »Schöner kameradschaftlicher Ton«

Am 27.10.1989 feierte PR seinen 60. Geburtstag. In den TABU-Notaten über diesen Abend auf der im Hamburger Hafen geankerten *Cap San Diego* hat PR ein Portrait hinterlassen: »Eine Weile im Ledereck bei den Grassens, die sich wohl kommod, aber doch bißchen fremd in der gegen alle Strömungsgesetze zusammengerührten Milchstraße zu fühlen schienen. Auch stark pittoreskes Pärchen auf ihre alten Tage: die lange Dürerin in Türkis und der etwas gestuckte Kaschube mit seinem knittrigen Packpapier-Gesicht. Sah unter Einfluß zum erstenmal seine schönen nervichten Hände; auch bewegt er die mehrfach beringte Linke gänzlich ungeziert wie ein Kunsthandwerker.«[10]

Am Freitag, dem 29.12.1989, notiert PR: »Abends zu Grassens nach Wewelsfleth. Hatten ›den größten Hecht meines Lebens‹ (GG) auf dem Tisch, den ich schon gern mit meiner neuen Polaroidkamera aufgenommen hätte – es erschien mir dann aber zu affig, anderer Leute superlativische Trophäen zu fotografieren. Leider wenig Hunger und nur geselligkeitshalber bißchen mitgemümmelt. Gespräch über Politik – Sozialismus – DDR – deutsch-deutsche Wendemanöver und sozialdemokratisches Flachwassergeschipper, allerdings auch unsererseits bißchen seicht drüberhin. GG, der die Weingläser mit den eingravierten Scherenschnittprofilen Engholms mit grinsend verzogenen Barthaaren ans Licht hob: ›Naja, dee mit siene Piep‹ – «[11]

Am 23.3.1990 verfolgt PR im Fernsehen die »Dichterrunde, Grass – Hermlin – Stefan Heym – Rolf Schneider – Heiner Müller. Ernsthafte und insofern ernstzunehmende Befragung von u.a. Schneider und Müller nach ihren wohl oder übel angefaßt verlaufenen Curricula in den alten DDR-Gleichrichter-Zeiten. Nur – hier und da hätte es möglicherweise auch andererseits brenzlig werden können – nach den hierzuland marktkonformen Anpassungsweisen fragt schon überhaupt niemand mehr. Überzeugend und partienweise richtig groß zumal GG, obwohl ich von meinem unmaßgeblichen Hochsitz aus dann auch wieder paar Punkte abziehen möchte. Z.B. jenen Wunden, wo der von oben her verfügte Staat wenigstens virtuell eine pädagogische Versuchung sein kann. Seine Wut auf den völkischen Schwefelsumpf scheint mir allerdings vorbildlich, und sie äußert sich auch nicht nur in allgemeinen Klagen, sondern gezielten Verklagungen.«[12]

Nach einem Besuch in Behlendorf am 2.8.1990 notiert PR: »Daß GG sich regelrecht ausjuriert und wie Sperrmüll an den Rand der Geschichte abgeschoben fühlt, scheint mir keineswegs nur durch Verfolgungswahn begründet. Er erzählte, daß er neulich Artikel zur Schieflage der Nation an *El Pais* hätte geben müssen, weil *Spiegel* nicht drucken wollte und die ZEIT – »Ja, die ZEIT: ›diese Woche sind wir leider schon voll – die nächste auch – und drei Wochen werden Sie wohl nicht warten wollen‹. [...] G, der einige Wochen im DDR-Braunkohlegebiet Altdöbern/Hoyerswerda gezeichnet hat: Mondlandschaften in Blei und Kohle: energisch, gewalttätig, sperrig, depressiv. Ich las sie für mich sofort als ästhetisch-politischen Protest gegen das neudeutsche Glücks = Raubrittertum, aber auch in der künstlerischen Fortsetzung seines Gegen-Aboretums *Totes Holz*. Was mir außerdem auf- und einfiel: daß sich seine Interessengegenstände eigentlich lebenslang gegen den Zeitgeist herangebildet haben und seine scheinbaren Rückgriffe immer gleichzeitig Totentänze und Apotheosen, d.h. Bewährungsversuche sind. Als seine Heimatstadt Danzig in den 50er Jahren nicht viel mehr als ein abgeschriebenes deutsches Provinznest war (und gerade noch Gierobjekt für revanchistische heim-ins-Reich-Politiker) hat er sie – als literarische Utopie – noch einmal für die Lesenation zurückgewonnen. Als sich die ›Gruppe 47‹ Anfang der 70er Jahre zunehmend phantomisierte, hat er ihr mit seinem *Treffen in Telgte* noch einmal ein Denkmal in einem unzerstörbaren Bücherhimmel gesetzt. Als die SPD 1982 zur großen Rutschfahrt ins ultimative Kellerloch ansetzte, traten Ute und er – nun erst recht – mit Parteibuch in den von allen guten Geistern verlassenen Haufen ein. Epitaphe und persönliche Grußadressen insofern nun auch *Totes Holz* und die Landschaftsporträts einer verhauenen Elendsregion.

PS: GG eine allegorische Natur, die auch im privaten Rahmen gar nicht anders als allegorisch, sinnbildhaft, in effigie handeln kann. Hatte es zunächst nur für schlechte Angewohnheit oder psychopathischen Zug gehalten, als ich sah, daß er abgebrannte Streichhölzer wieder in die Schachtel zurückstöpselte. In Betrachtung seiner künstlerischen Gestaltungszwänge läßt sich die unscheinbare Marotte freilich auch als Charakterzeichen lesen: totes Holz, auch hier und jedes verkohlte Spänchen noch des Bewahrens/Festhaltens wert.«[13] Ähnlich präzise Porträts hat GG von PR leider nie in Prosa gezeichnet.

Bei einem Sonntagsbesuch von Ute und Günter Grass am 12.8.1990 in Roseburg erfahren Rühmkorfs, daß GG aus der SPD austreten will. PR kommentiert: »Radikal aus sich selbst verfaßter Charakter, der dazu neigt, bei jedem Meinungsumschwung Proselyten zu machen, mal rein in die Akademie, mal raus aus der Akademie, mal rein in die SPD, mal raus aus der SPD, und bei dem man in Freundschaft stark bleiben muß, um sich nicht für jeden Rösselsprung keilen zu lassen.«[14]

Am 5.10.1990 führt GG ein »Telefongespräch mit Peter Rühmkorf, der zutiefst deprimiert ist. [...] auch ihm kann nur (wie mir) die Arbeit am Manuskript helfen.«[15]

Am Sonntag, dem 7.10.1990, notiert PR: »Regen. Spaziergang. Das eben noch krosse feingemusterte Laub zu Scheiße zertreten. Streng riechende Astern. Blüten der Brunnenkresse zwischen Mango und Leuchtorange. Anruf Grass, dem ich seinen *ZEIT*-Artikel[16] lobte, und waren sofort wieder eine Kata und eine Strophe.«[17] Die Freundschaft ist befestigt – es sind nicht zuletzt die Parallelitäten in der gesellschaftlich-politischen Wahrnehmung. Wieder ein Wochenend-Besuch von Rühmkorfs in Behlendorf am 24.11.1990: »Grüne Suppe und Karpfen«, hält PR als Nicht-Feinschmecker fest. Dabei: »Junger frischer dänischer Übersetzer« – namentlich nicht genannt: Per Øhrgaard – »der mir erstaunlich gebildet und auch in politischen Alltagsfragen aufs detaillierteste beschlagen schien. Als GG wieder zwanghaft auf seinen bei der *ZEIT* so ungastlich abgebürsteten Artikel zu sprechen kam (alter Wiederkäuer, wenn er konkret an etwas zu kauen hat), sagte ich: ›Mein Lieber, du bist verwöhnt, das ist anderer Leute tägliches Los und der Übermut der Medien und Betriebe eine allgemein bekannte Leidensquelle‹, wozu der Germanist fast verstohlen Zustimmung nickte. Grass nur schwer zu verklaren, daß ein Begriff wie ›Gesinnungsästhetik‹ keineswegs ein definitorischer Fehlgriff per se und Greiners Artikel[18] nicht ganz ohne Effekt sei. Was ihm nicht in den Kram paßt, das darf nicht bloß schief gedacht, es muß auch schlecht geschrieben sein. Literarische Präpotenzvorstellungen aus einer Zeit, als die Welt noch in Ordnung und die Erde eine mühelos überschaubare Scheibe war. Womit wir bei denen, die heute schreibend das Sagen haben, lieber ruhig rechnen sollten, sind feuilletonistische Fertigkeiten, die nicht schon jedem eignen, und die ich manchem linken Bleistiftstummel wünschen würde.«[19]

PR arbeitet gerade für die *ZEIT* an einem kritischen Porträt des mexikanischen Schriftstellers Octavio Paz (1914–1998) aus Anlass der Verleihung des Literatur-

Nobelpreises[20] und fragt GG nach dem ihm persönlich bekannten Paz. GG knapp, dieser habe »das Gebaren eines Großgrundbesitzers«.

Zum guten Schluss des Tages resümiert PR: »Schöner kameradschaftlicher Ton, der sich auf unsere alten Tage noch einmal ergeben hat.«[21] Das animiert PR: »Nachts zuhaus: Krümel zu einem GG-Bild zusammengefegt.

Die Welt als Tollhaus betrachtet wie Anno *Blechtrommel* – trotzdem Aufklärer, Mann d. kleinen Schritte, Rationalist.

Kennt keine Müdigkeit, obwohl alles Streben bereits in einem Licht von Vergeblichkeit.

Hat ein Leben lang an zwei Fronten gekämpft: a) gegen die Machtpolitiker und b) gegen die Heilsarmisten.

Seine Augen: mal lustig braun – mal ungemütlich finster. Er ist bei den Verfolgten in die Schule gegangen (»Mein Lehrer Alfred Döblin«), was man bei einem Welterfolgsautor zeitweilig übersehen hatte. Heute holt ihn der alte Anspruch ein.

Ein Schatten von Tragik über seinen alten Tagen, aber ich finde, er kleidet ihn.

Förderung hat sich mancher von ihm gefallen lassen – von bleibender Anhänglichkeit der Unterstützten kann nicht die Rede sein.

Die Deutschen Dichter als Konjunkturritter und Anschlußpolitiker: Anschluß an den Zeitgeist suchen, an die Wende, den neuen Rechtsschwenk.

Er kämpfte für die Einheit als Versöhnungswerk – dann verwirklichte sie sich als Okkupation. Seine Erfahrungen mit der Kritik sind paradigmatisch. Gilt unter Wankelmütigen für démodé. Prügel beziehen für das schlechte Gewissen, das er anderen macht.

Kein Intellektueller, aber ein Privatgelehrter. Sein Vergnügen, Wissensstoffe zu wälzen – seine positiven Kenntnisse in Verfassungsfragen – sein anekdotengespicktes Geschichtswissen – sein erdbebensicheres Gedächtnis.

Was er nur so im nebenhin zum besten gibt und was man am liebsten alles mitschreiben möchte: Vater – Mutter – Schwester – Brüder. Dann die Kinder und Kindeskinder. Sein imperiales Ausbreitungswesen.

Wo er den politischen Paukboden verläßt, dämonisiert sich ihm auf einmal die Welt. Sein allegorisches Bestiarium: *Windhühner – Hundejahre – Katz und Maus – Butt – Schnecke* pp. Tierbruderschaften. Totemtiere.

Künstlich behauptete Kinderperspektiven. Wenn er säuft, regrediert er zum Schuljungen. Hinterher: statt Kater Empfindung von Katharsis.

Eigentlich haben wir lebenslang an den gleichen Fronten gekämpft und an den gleichen Nüssen geknackt – nur alles zeitlich etwas versetzt und an unterschiedlichen Abschnitten. Als kurzfristiger Dissens: daß ich über den Kommunismus günstiger dachte – vielleicht weil über den Menschen in der Marktwirtschaft schlechter.

Früher fordernd, heute eher werbend, bittend, immer wieder nachfragend, keilend, anstoßend, einladend: kommt mal rüber, macht doch mit, stoßt dazu und laßt uns mal anstoßen.«[22]

Bei GG liest sich der Tagebuch-Eintrag vom 25.11.1990 deutlich prosaischer: »Gestern kamen Per Øhrgaard, der über Nacht blieb, und die Rühmkorfs zum Karpfenessen: ein Fünfpfünder. Weil (seit einem Jahr) wieder frei von Schmerzen und zusätzlichen Gebrechen, war Peter seßhaft auf Schnaps aus; dafür Eva mit Schnupfen geschlagen. Die deutsche Misere stimmte uns verzweifelt lustig.«[23]

Ein letztes Notat in *TABU I* berichtet von einer Silvester-Festlichkeit am 31.12.1990, bei der PR an marodem Rücken leidend nur als Beobachter teilnimmt. »GG, obgleich erst seit 10 Tagen mit einer Leistenbruchoperation aus dem Krankenhaus entlassen, schon wieder erstaunlich beweglich und bei später folgenden Tänzen wie eine losgelassene Hoffmann-Figur. Während des stundenlangen Getafels machte sich mein Rücken wieder leidig bemerkbar und ich mußte mich separat aufs Sofa legen, von dort aus die wehe Ahnung, daß ich eigentlich gar kein Teil dieser üppigen Geselligkeitswelt bin, ich berühre sie nur. Grass sehr besorgt um mich, fast liebreich – vielleicht weil das Geplagte und Gefällte bei Verschonten an einen geheimen Samariternerv rührt.« Er kontempliert weiter: »Angenehm: wenn Gespräche sich aus Beliebigkeitshimmeln der Politik schließlich doch wieder dem vertrauteren Mutterboden der Poesie zuneigen. Über Literatur, Theater, Barockbühne, Gryphius (...), dann kleine Privatlesung *Telgte,* das musikologische Kapitel, wo Schütz die Texte auf ihre Vertonbarkeit abhorcht. Beachtlich, wie tief er sich in den Epochenton eingehört hat und wie überlegen er – frei phantasierend – darüber verfügt (zu denken an Regers Bach-Variation). Ist der beste Interpret seiner selbst (wie vermutlich die meisten Dichter) [jedenfalls, wenn sie GG und PR heißen, JK], allerdings alles andere als ein Selbstbesalber und scheut Feierlichkeit wie der Teufel das Weihwasser.«[24]

GG hält am 1.1.1991 fest: »In Neuland mit viel Grappa und Freunden – Bissingers, Rühmkorfs, Flimms – das alte Jahr ersäuft. [...] Rühmkorf (schon wieder mit schmerzendem Rücken) erzählt mir von Tagebüchern, die er zwanzig Jahre lang regelmäßig geführt hat. Er will sie jetzt entziffern und abschreiben, um sie vielleicht als Grundlage für ein (abermals) autobiographisches Buch zu nutzen.«[25]

Aus Anlaß des Erscheinens von GGs *Vier Jahrzehnte. Ein Werkstattbericht*[26] schreibt PR am 23.9.91 per Hand: »Lieber Günter, Du bist ja auf privaten Zuspruch längst nicht mehr angewiesen, ABER: Dein neues Arbeitsbuch mit dem beziehungsvollen Titel hat es auf eine Weise in sich, daß ich meine Begeisterung einfach nicht bei mir behalten kann. Auch Eva war auf ihre werkimmanente + SPD-transzendente Art ganz ergriffen – Herzlich Dein Peter R« – versehen mit einem Selbstportrait-Kopf + Arm, der einen Lorbeerzweig überreicht.[27]

IV. »Jinterchen und Peterchen«[28]

Am 16.10.1992 wird GG 65. Im Marbacher PR-Archiv sind einige Zeichnungs-Entwürfe von PR überliefert:

»Luftikus grüßt Sisyphus
Irgendwann ist Ladenschluß.«

Im Berliner AdK-Archiv sind bisher unveröffentlichte Tagebücher von GG archiviert. Am 28.1.93 trägt GG in Behlendorf ein: »Trug gestern Peter Rühmkorf die Widmung in ›Novemberland‹ an; er war überrascht und freute sich: ›Richtig niedlich, wie man in Hamburg sagt …‹.«[29]

Unter dem 27.1.93 hatte PR protokolliert: »22⁰⁰ Anruf Grass. Sprach zuerst mit Grabredestimme auf mich ein, daß ich dachte, er wolle mir eine neue LC-Mühe [Literarisches Colloquium Berlin, JK] aufhalsen – dann offenbarte er mir, daß er mir die neuen 13 Sonette (mit Grafiker – b. Steidel [sic]) widmen wolle. War gerührt, geehrt, geschmeichelt – aber alles mit Muß. Hatte es am Ende des Gesprächs schon wieder vergessen - -«.[30]

Am 9.4.93 kritisierte Grass im Tagebuch *Die Woche*, die neue Zeitung seines Freundes Manfred Bissinger (»bunt, synthetisch, leidenschaftslos«), lobt aber als guten Artikel PR über Wolf Biermann.[31]

Am 8.5.1993 findet bei Fritz J. Raddatz in der Heilwigstraße in Hamburg ein Autoren-Gipfeltreffen statt. GG notiert am nächsten Tag: »Gestern bei Raddatz: Susan Sontag, Hochhuth, Rühmkorf, Paul Wunderlich (nach langer Zeit): eine heitere Runde. Spät zurück.«[32]

Mit mehr Dampf und Lack versieht Raddatz seine Schilderung der Fete: »Susan – Sontag – Party – Nachlese: Es war ein SEHR schöner, farbiger Abend in Blütenpracht, Zauberblumen in der Wohnung, herrlichem Buffet und Gästen, die sich offenbar gut mischten. Skurrile Dialoge zwischen Hochhuth und Susan Sontag – er: ›Darf ich Ihnen meinen Namen buchstabieren?‹ Sie: ›Aber ich habe einen ganzen Essay über Sie geschrieben.‹ Oder Grass, der meinen STASI-Artikel ›furchtbar‹ fand und einen Vertrag mit mir schließen wollte, daß ich ihm ›derlei‹ vorher vorlege. [...] Dennoch schlimm, wie dieser Kreis allmählich altert – der alt gewordene (elegant, wohlerzogen und witzig wie immer) Wunderlich, der alte Rühmkorf, der alte Grass: kaum ein ›neues Gesicht‹.«[33]

Im HOTEL NESTROY, NEW YORK, von Raddatz ein indignierter »Nachtrag zu meiner Susan-Sontag-Party: Grass erzählte, daß Rühmkorf ihn wenige Tage zuvor besorgt gefragt habe, ob ›etwa‹ Kunert käme, worauf er – Grass – gesagt habe: ›Hoffentlich nicht – aber ich habe mehr Sorge, daß Kempowski ...‹ Ziemlich mies: Jetzt verabschiedet man die, die konsequent Auskunft geben – und verurteilen –, was ›real existierender Sozialismus‹ war (Kempowski hat immerhin 8 Jahre gesessen!); man will sich nicht die Ruhe im Einweckglas mit Verfalls-Datum stempeln lassen.«[34]

Ist diese politische Insinuation nicht vielleicht doch überzogen? Könnten persönliche Animositäten als Motiv nicht genügen? Am 31.5.1993 heißt es bei GG: »gleich kommen Rühmkorfs: gemeinsam läßt sich besser jammern.«[35]

Von einer gemeinsamen Aktion wird am 3.6.93 berichtet: »Nach unruhiger Nacht und merkwürdigem, halbwachen Traum: das Kind, das farbige Tränen weint – habe ich heute die Rede des Bundespräsidenten zum Anlaß genommen, Weizsäcker einen ›offenen Brief‹ zu schreiben, den Peter Rühmkorf, nachdem ich ihm den Text vorgelesen hatte, unterschrieben hat. Der handschriftliche Brief ging per Autobahn nach Hamburg zur Unterschrift. Bin merkwürdiger- und eigentlich unsinnigerweise erleichtert, wenngleich ich ahne oder weiß, daß es Weizsäcker bei seinen ›schönen Reden‹ bleiben läßt.«[36] Die beiden Unterzeichner forderten den Bundespräsidenten auf, seine Unterschrift unter das Gesetz zur Regelung des Asylrechts zu verweigern: »Nun soll und darf wieder abgeschoben werden. Wir sahen (im Fernsehen) diese Schübe rechtloser und verängstigter Menschen. Der Bundesinnenminister hat das unmenschliche Wort ›Schüblinge‹ in seinen vollziehenden Wortschatz aufgenommen. [Es war der unglückselige CDU-Mann Rudolf Seiters, JK] Unsere östlichen Nachbarn sehen sich genötigt, gegen Bezahlung mitzumachen. Dieses schändliche Gesetz bestätigt die Mordanschläge von Hoyerswerda und Rostock, von Mölln und Solingen. Diejenigen werden sich dieses Gesetz als Erfolg zuschreiben, die der alltäglichen Gewalt gegen Ausländer offen oder heimlich zustimmen. Deshalb sei jetzt schon gesagt: Dieses Gesetz wird weitere Gewalttaten provozieren.«[37] An der beklemmenden Aktualität dieser Kritik hat sich nichts geändert – Weizsäcker unterschrieb das Gesetz selbstverständlich. Am 9.6.93 GG nur halb resigniert: »Der Brief an den Bundespräsidenten hat wohl doch ein Echo gehabt.«[38] Aber leider keine Wirkung: bis heute.

Am 11.11.93 veröffentlichte PR in der *Woche* einen Ausschnitt aus seinem *TABU* von 1989. GG kommentiert scharfsinnig: »Las in ›Die Woche‹ Peter Rühmkorfs Vorabdruck aus dem Tagebuch, das offenbar kräftig überarbeitet und literarisiert worden ist. Liest sich flüssig, weil witzig, offen, oft treffend – zum Beispiel die Szenen in Frankfurt oder der Besuch bei Ranicki –; manchmal jedoch – und auch gehäuft – überformuliert und poetisiert; verglichen damit müßte mein Tagebuch roh, ja kunstlos wirken. Und dabei soll es bleiben, denn hier soll nicht Literatur stattfinden, sondern weiß nicht was.«[39]

Das Verhältnis bleibt ungetrübt. »Behlendorf, am 30. Dezember 93«, hält Grass fest: »Morgen kommen Rühmkorfs. Wie letztes Jahr wollen wir gemeinsam ins Neue Jahr gleiten.« Und am 1. Januar 94 heißt es: »Tanzend und mit viel Grappa ins Neue Jahr. Trotz Rühmkorfs Zahnweh ein heiteres Fest.«[40]

Am 1.5.1994 tritt GG zusammen mit der damaligen Bundesministerin Angela Merkel in der Talk-Show des ehemaligen *Spiegel*-Chefredakteurs Erich Böhme auf. Danach ein freundschaftlich spontaner Zuruf von PR per Hand: »Lieber Günter, es war ein Genuß, Dir eben in der Böhme-Talkshow zuzuhören: jeder Satz meine Meinung, absolut human + common sense, + die Merkel mit nichts als Paragraphen im Maul ... Herzlich Dein Peter Rühmkorf.«[41]

Am Pfingstsonntag 1994 verfolgten Grassens und Rühmkorfs in Behlendorf die Wahl des Bundespräsidenten. GG kommentiert in seinem Tagebuch: »Herzog ist, wie seine erste Rede andeutet, zur Kaltschnäuzigkeit und zur Sentimentalität gleichermaßen fähig. Etwas Muffig-Bürgerliches und zugleich Provinzielles geht von ihm aus. Und das nun fünf Jahre lang!«[42]

Ende September 94 beginnt GG in Portugal mit der Vorbereitung seiner Laudatio auf PR, die er anlässlich der Verleihung der Medaille der Akademie der Künste an PR in Hamburg halten sollte. »Casa do Romano am 27.9.94. Habe angefangen, Rühmkorf zu lesen. Nicht einfach, eine Laudatio für einen Schriftsteller, der sich gern selbst definiert, zu schreiben.«[43] Am 18.10.94 hält er fest, es sei schwieriger als gedacht, die Rühmkorf-Laudatio »zu entwerfen«. Am 29.11.1994 hält er sie als »Lobrede für einen Freund, der auf dem Hochseil frech und um kein Kunststück verlegen, bei Bodenhaftung jedoch eher scheu und schonende Distanz suchend daherkommt«. Er beschwört Gemeinsames: »Schatten, die auf unsere Generation fielen. Der hier gelobt wird, ist jemand, der sein Herkommen nicht in privater Dunkelkammer bewahrt, der sich vielmehr den Gegenkönigen seiner (und unserer) jungen Jahre – Bertolt Brecht drüben, Gottfried Benn hier – aus eigener Tasche Tribut zahlt. Er schaut um sich und muß dennoch von sich nicht absehen. Heine ist ihm eigen. Der gesamten Barockbande, ob dem frühen Fleming oder dem späten Günther – bleibt er in Kumpanei verbunden. Doch auch die eigene Generation, sei es der Antipode Enzensberger, sei es der heutige Lobredner, entgeht seiner kritischen Wertschätzung nicht. Frei von Platzangst bewegt er sich zwischen Zunftgenossen. Er gibt es ihnen schriftlich. Eine Feder, die elegant ansetzt, plötzlich salopp ausfällige Volten schlägt, hier hochgelehrt tiefstapelt, dort mit elegischem ›Ach!‹ eine Kehre einleitet, dann wieder, wie gegen Stücklohn mühselige Aufklärung betreibt, und sei es, um inmitten Fortschrittsmüll der Melancholie ein wenig Raum zu schaffen, dabei immerfort in Sentenzen funkelnd und selbst als Scharfrichter noch in treffsicherer Liebenswürdigkeit.«[44]

Die politische Richtung wird angezeigt: »Peter Rühmkorf ist und bleibt ein Linker.« Doch auf dem Fuße folgt die Poesie: »So kenne ich ihn seit falschen Fuffzigerjahren, als in Leslie Meiers Lyrikschlachthof Hochkonjunktur herrschte. Später, Mitte der Sechziger, zeichnete ich ihn mehrmals: ob als Rabe oder Krähe«. Dann wird eine Zäsur markiert: »Mag sein, daß wir uns in den siebziger Jahren mit unterschiedlichem Tempo in der Linkskurve bewegten, doch in den Achtzigern, als das bis heute andauernde ›zweite Restauratorium‹ begann, lagen wir wieder gleichauf und sei es im Kampf gegen angebliche Windmühlen, die aber – genau besehen – als Springers Dreckschleudern noch immer in Betrieb sind. Und gegenwärtig, da wir uns beide in den Neunzigern – und dank abgefallener Freunde – ziemlich entblößt in der Arena sehen, gefällt es uns weiterhin, den angestaubten Mief abzuschmecken; so sehr lieben wir unser Land.«[45]

Nicht ernsthaft gestört worden war diese Laudatoren-Eintracht durch PRs etwas beklommene Mitteilung vom 17. 11. 1994, bloße zwölf Tage vor dem Festakt, er habe neulich das »Gelübde gebrochen«, nämlich dem ›Freund + Zeichner‹ Horst Janssen »vom *Abendblatt* aus zum 65. Geburtstag gratuliert«. Seinen Sündenfall relativiert er mit Hinweis auf ein Foto mit Wahlempfehlung von GG in der *Bild am Sonntag*, konzediert aber, »kleines Foto plus Wahlempfehlung verschlägt objektiv viel mehr als unser ganzes sonstiges Gezappel«. Im Übrigen: Springer sei »doot« und das *Abendblatt* »eine liberale Familienkutsche«; er halte »ein formelhaftes Beharren auf bemoosten Schwüren allmählich für Formalismus«. Es rühre »bei Unspaar-Letzten« an der Anti-Springer-Front »vielleicht sogar an liebgewordene Präokkupationen«, aber »zu halten« seien sie nicht mehr, »es sei denn, man bewegt sich an Gespensterfronten«. Die »wahren Frontlinien« seien »ganz andere«[46] – die werden von PR jedoch nicht benannt.

GG antwortet am 23.11.1994 aus Berlin und stellt richtig, von ihm gebe es »nach wie vor keine Beiträge für Springer-Zeitungen«. Er vermutet, »journalistische Eierdiebe« hätten sich auf einer Wahlveranstaltung »herangepirscht«, während er der *Berliner Zeitung* ein Interview gab. Aber er erteilt dem Sünder Absolution: »Deinen wunderschönen Geburtstagstext für Horst Janssen habe ich im ›Hamburger Abendblatt‹ gelesen und war, zugegeben, ein wenig erstaunt, ihn dort zu finden, sehe aber ein, daß man dem Hamburger Janssen nicht in der ›Osnabrücker Zeitung‹ oder in der ›Frankfurter Rundschau‹ gratulieren kann.« Generell sei er der Meinung, »daß wir uns, lieber Peter, über den neuesten Stand der Dinge (wenn es denn einen gibt) unterhalten sollten. Auf keinen Fall sollten wir unseren Boykott sang- und klanglos abbrechen.« Man sehe sich ja am kommenden Montag »in Hamburgs Akademieräumen, wo ich Dich mit Freuden besingen werde«.[47] Geradezu erleichtert schickt PR an seinen Freund GG am 1.12.1994 ein Foto der beiden mit den Versen:

»Jinterchen und Peterchen
sich doch jut verstehterchen.
Fast wie Arsch und Hinterchen
Peterchen jrießt Jinterchen.«[48]

Auf der Rückseite der Postkarte schreibt PR: »Ach, weißt Du, eigentlich hab ich nur noch Lust auf Privat und paar Scherzartikel hin und her. Dein Peter.« Noch am Tage der Preisverleihung, am 29.11.1994, hatte PR sich per Brief bei GG bedankt: »Lieber Günter, welch fein graviertes Medaillon, und nicht nur im Vergleich zu der bißchen ungeschlachten Medaille« [die mit keinerlei Preisgeld verbunden war, JK]. »Porträtzeichnen ist ja eine ganz besondere Kunst, lange nicht jeder versteht sich darauf: bei aller Sympathie und Neigung trotzdem nicht luschig werden im Strich, das ist es, und du verstehst Dich meisterhaft darauf in beiden Disziplinen.«[49]

GG notiert am 18.12.1994 als vorgezogene Jahres-Bilanz: »Was war gut? Rühmkorfs helle Freude ob meiner Laudatio.«[50]

V. »Er hat Anlaß gegeben«

In das Jahr 1995 fällt die große Probe auf die Bewährung der Beziehung zwischen den Dichtern, die glänzend und mutig von PR bestanden wurde. Im August 1995 erschienen GGs Wende-Roman *Ein weites Feld* und im Herbst PRs *TABU I*. Zunächst aber hielt PR auf dessen Wunsch in Frankfurt am Main eine Rede zum 75. Geburtstag von Marcel Reich-Ranicki, in der er die persönlichen und beruflichen Beziehungen zu dem Kritiker mit Witz nachgezeichnet, aber auch mit dem Bekenntnis versehen hat, dass er als Beiträger der *FAZ* dem Literaturchef auf dessen Initiative »zehn der angenehmsten, produktivsten Jahre« seines »freien Schriftstellerdaseins« verdanke. Am Ende seiner Rede lobt PR den gerade erschienenen Feierband *Lieber Marcel*, der »Briefe, Sendschreiben, Freundschaftsgrüße und nicht zuletzt Streitadressen«[51] versammelte. PR erwähnt auch GG beim Durchmustern der Beiträge, der auf sein Zureden zum Geburtstag eingeladen war und als Gruß Zeichnungen geschickt hatte: »Wie entspannt der sonst eher verschlossen bis verklemmte Golo Mann in Ihrer Gesellschaft aus der Familienschatulle plaudert, und zu welcher Privatform der öffentliche Rhetor Günter Grass auflaufen kann, wenn er Ihnen nochmal den Inhalt der FDGO verklickert.« Die Rede endet mit dem Satz: »Er hat Anlaß gegeben.«[52]

Der ultimative Anlass folgte auf dem Fuße des Erscheinens von *Ein weites Feld*: Auf dem Titelbild des *Spiegel* vom 21.8.1995 zerriss mit höhnisch verzerrtem Gesicht der Kritiker MRR den Roman von GG als Heizmaterial zur Bücherverbrennung.[53]

Doch bevor der *Spiegel* am Montag erschien, gab es Vorab-Exemplare. Also klingelte am Sonntag, dem 20.8.1995, bei PR das Telefon, was er nicht schätzte. Am Apparat Verleger Gerhard Steidl. Im handschriftlichen Ur-TABU notierte PR: »19³⁰ Anruf Steidl – Diskant oder Falsett... Ach – Sie! Woher haben Sie denn bloß die Nummer – die hat noch niemandem Glück gebracht. – A, von Günter, alles entschuldigt – dann die folgende story, daß morgen ›Spiegel‹ mit MRR vorne drauf, wie er Günters ›Weites Feld‹ zerreißt – G. wäre völlig daneben, so habe er, St. ihn noch nie gesehen.«[54]

Es ist bekannt, und ja auch von GG selbst bemerkt, dass PR seine Tagebuch-Notizen bei der Transkription ausformuliert, manches weggelassen, manches ausführlicher erfasst und zugespitzt, also eine Textfassung angefertigt hat. Das ist, wie der Vergleich mit den handschriftlichen Notaten ergibt, auch bei den TABU-Eintragungen geschehen, die in *Ich habe Lust, im weiten Feld...* abgedruckt sind.

Interessant ist, dass PR nicht ausgeschmückt und hinzuformuliert, sondern seine im handschriftlichen TABU festgehaltenen, mit sich ausgefochtenen inneren Kämpfe verständlicherweise in der Druckfassung weggelassen hat. Er befand sich zwischen Skylla und Charybdis – hier der geschmähte Freund, dort sein *TABU I*. Also machte er sich radikal die Not klar und den Konflikt, in dem er steckte. Denn es gab die Verabredung, *TABU I* im Frankfurter Haus der jüdischen Gemeinde zusammen mit GG und Reich-Ranicki vorzustellen. Bei seinen Überlegungen stand im Vordergrund: »Daß man natürlich heimlich damit kalkuliert, daß ich aus Protest meine Veranstaltung in der jüd. Gemeinde absage – so spiele man aber eigensüchtig mit anderer Leute kleinen Pfändern, wo man die eigenen gerade verspielt habe - - Daß es dem Buch nicht schade, hatte auch Steidl sofort zugegeben – immer wieder Günters Leiden an dem Titelblatt vorgeschoben, diese tiefe Verletzung (Bücherverbrennung = Bücherverreißung, so ihn) was mir aber zunehmend nicht mehr ganz geheuer wurde - - - Ich sah auf 1 x + es wurde mir mit meiner Debatte mit E. völlig klar: daß mir zunächst eine Betriebsnudel die Suppe am Kochen halten möchte. Natürlich auch der Dichter, wenn auch aus etwas anderen Gründen: er sucht Solidarität + in ihr Rehabilitation für die moralische/= ästhetische Verletzung – denn nichts wäre ihm letzten Endes so lieb geworden (gewesen) als ein Lob des EINZIGEN, MRR - - Um diesen Schmerz zu kompensieren, ist ihm alles egal. Auch, ob + was ich setzen kann – er sieht real/konkret nur dieses Pfund in seiner Hand + es ist ihm völlig egal, ob ich mich verspiele – da ich zu jeder Freundschaftstat bereit bin, nur nicht zum Mißbrauch als Kanonenfutter sah ich den Kasus mit zunehmender Gedankenrotation immer klarer.« PR befürchtet, er »könne einer spontan nett aussehenden Aktion wegen sofort meine gesamten Optionen verlieren - - Spiegel – FAZ - - Quartett - + alles was dranhängt - - was mir jederzeit egal wäre, wenn es um einen wirklich moralischen Wert ginge, aber nicht um a) eine Egokränkung des Autors + b) um ein eigensüchtiges Diskussionsinteresse des Verlegers, bei dem ich, mein Buch, meine eigenen Interessen + Schwierigkeiten überhaupt keine Rolle spielte – ein Satzstein nur auf anderer Leute Schachbrettern.«[55]

    Wichtig und von Bedeutung für die Einschätzung dieser Passagen ist, dass PR bisher nur die Ankündigung des *Spiegel*-Titels durch Verleger Gerhard Steidl kannte, weder hatte er das Titelbild gesehen noch den Verriss gelesen. Sein Hirn rotiert: Er will nicht zwischen die Mühlsteine geraten: »Nein! nein! ich beuge mich nicht, laß mich nicht auf diesem Privataltar verfeuern + es war + ist richtig Zorn auf das (erahnte) Ansinnen, das mich jetzt nicht (1^{00} inzwischen) in den Schlaf kommen läßt. - - Es wäre das Liebste, was ich MRR antun könnte, mich gegen ihn auf + die

Liaison v. mir aus cancellen + ich wäre sogar froh, wenn er es v. sich aus täte (E. das tut er nie; das wagt er nicht)«. E. ist seine Ehefrau Eva, die sofort und spontan gesagt hatte: »Dann darfst Du dort nicht auftreten.« Doch noch immer kann er keine Ruhe finden: »Graß kann keine wirklichen seelischen Schlüsse aus seinen Niederlagen ziehen – er muß sie immer auf dieser oberflächlichen Ebene abarbeiten, + es ist sein allerletzter Verlierer - - Tabu: mein Lasten-Abschüttel-Betrieb - - werde mich in nächsten Tagen am Telefon verleugnen lassen - - oder bei direktem Frontalangriff auf mein Buch verweisen. Laßt Bücher sprechen.« Immer noch treibt es ihn um: Laut Aussage Steidls habe MRR zunächst zu Grass' *Weites Feld* auch öffentlich ›drei plus‹ gesagt: »Es soll ihn aber Augstein angestachelt haben, der ja genau wie der neue Aust ein widerlicher Antikommunist ist, - + MRR wieder mal zu eitel, um einem Angebot widerstehen zu können. Ei!gentlich – recht widerlicher Charakter + vielleicht wirklich ein richtiger Schrift + Zensur Agent – abwarten + morgen den Text lesen.«

Am 21.8.95 kämpft PR weiter mit sich und wälzt im TABU die Probleme wie Sisyphos immer wieder hoch, hat Angst, mit seinem Buch zum »Spielzeugkanonenfutter« missbraucht zu werden. »GG hat ohne mich zu fragen, die Einladung von MRR nach Ff/M (›jüd. Gemeinde‹) angenommen. Es war sein Pokerblatt + nun, wo die Partie nicht zu seinen Gunsten ausgegangen ist, sollen alle ihre Karten aufdecken – hinschmeißen – oder was? Graß wollte - + es ist das Absurde – im Grunde die Hl-Sprechung durch den politischen + kulturpolitischen/ästhetischen Gegner - - Sie hätte er sich gern gefallen lassen ... Aber abwarten: wie MRR sich ›Tabu I‹ gegenüber verhält.« Zum *Weiten Feld* notiert er: »Ich komme nicht richtig rein in den Roman. Es ist keine Handlung, keine Spannung, keine Action da – sagen wir Marke Biberkopf. – Eigentlich handelt es sich bei den beiden Figuren Fonty + Tallhover nur um zwei Ankleidepuppen, die sich wechselseitig die Garderobenteile zureichen – – Diskutierrollen – Redeanlässe – Garderobenständer für Tagespolitik-Ansichten/Meinungen.« Er kommentiert den *Spiegel*-Verriss, findet des Freundes Entscheidung, »das Interview [mit dem *Spiegel*, JK] zu kippen, voreilig, herzschmerzlich unbedacht, emotional + unfruchtbar ...«, vor allem, weil es ihn, PR, in die Bredouille der Solidarität bringt. Denn Grass konnte anders gar nicht handeln, als das Interview abzusagen.

Am 22.8.95 Fernsehen + Presse: alles voll vom Skandal. PR: »Wie ich dem Graß gern an seine Seite eilen möchte; aber wie sehr es mir widerstrebt als Setzstein.«

Am Abend: »Noch lange mit E. auf der Terrasse + über Graß – bis ich seinen Riesenscherenschnitt im Lindenbaum erkannte: die schmale sichelförmige Nase, den Schnauzer, den Haaransatz, Stirn + Kinn & auch E. sagte: ›uh‹. Zur Nacht immer noch der Meinung, daß man bei MRR absagen müsse. E. wiederholte, ›Nein, da kannst Du nicht auftreten.‹«[56]

Am 23.8.95 geht es so weiter: »Wenn ich MRR absagen würde, würde es so aussehen, als ob ich mich auf Kosten Grassens wichtig machen würde.« Der Kampf geht weiter: »Nein, ich bin kein Antipode von Graß! – kein Satrapp – [...] Dabei neide ich ihm seinen Ruhm + seine Erfolge nicht die Bohne (+ verteidige jetzt noch seine Marktstrategien) ICH MÖCHTE nur eines nicht: in anderer Leute Turbulenzen geraten + nicht mehr nach eigenem Ermessen manövrieren zu können.«

Am 24.8.: »nach Mölln + inzwischen beschlossen + eingeredet (dialektischer Rüsselsprung), daß es unsinnig wäre, als letzter zitternder Mäuseschwanz in der Grass-Debatte nachhängig zu werden.« Am Abend nach vorne durch: »Beschlossen Graß anzurufen + um 20^{30} rief zunächst E. in Møn an. Als sie mich an den Apparat holte mit dem Finger so ganz kleine Schnappbewegungen: ›Ganz kleine Stimme‹. ›Na Du Schmerzensmann‹, sagte ich + er ächzte mächtig unter der Last der Verrisse.«[57]

Das Gespräch hat PR in *Ich habe Lust, im weiten Feld…* zusammengefasst. Im TABU-Manuskript heißt es: »er etwas resigniert (was ich als wiederum seine heimlichen Ansprüche an die Zeit + Freundschaftsaltäre ablas): ›Naja, jeder muß wissen, wie er handelt.‹« Dieser Satz bringt die Entscheidung: »Zur Nacht – sehr befreit mich in sein Buch vertieft + mich über die Grandiosität des Perspektivwechsels (Fontane – Fonty – 1848–1989 pp) gewundert + die Kunst des Chanelling –«.[58] Auch diese Passage hat er für den Druck ausformuliert.

Am 24.8.95 tagt das »Literarische Quartett« in Salzburg. Die Herren Reich-Ranicki, Karasek und Corino veranstalten ein widerliches Schlachtefest. PR hat es in *Ich habe Lust, im weiten Feld…* detailliert geschildert. Am 26.8. entwirft er seinen Absage-Brief an MRR und kommentiert im TABU: »Endlich frei. Wie man sofort die Räder herumwerfen kann«.[59] Sein Brief ist ein Meisterstück:

»Hamburg, d. 27.8.95

Lieber Herr Ranicki,
das ›mein‹ erspare ich mir, um gar nicht erst erheuchelte Einvernehmlichkeit aufscheinen zu lassen. Was ich Ihnen mitzuteilen habe, hat auch mit früher fast blind vorausgesetzten Gemeinsamkeiten nicht mehr viel zu tun. Mit Ihrem Auftritt im letzten ›Quartett‹ haben Sie einen Graben zwischen der Schönen Literatur und

ihrer zur ideologischen Lehrmeisterin verklärten Kritik aufgerissen, der unserer geplanten Gemeinschaftsveranstaltung am 20. September leider den Boden entzieht. Nein, das war kein sogenannter ›Verriß‹ mehr (wie noch am vorausgegangenen Montag im ›Spiegel‹), das war das autoritäre Niederschreien eines schwierigen Buches und der in ihm vertretenen Meinungen, die sicher nicht jedermanns Billigung, aber doch wohl ein gewisses Maß an abwägender Duldsamkeit verdient gehabt hätten. Ich hatte ja immer gehofft, daß Sie Ihrer überzogenen Devalvation ein Minimum an verbliebenem Selbstzweifel oder des revidierenden Common sense folgen lassen würden. Das Gegenteil war der Fall. Statt dem Autor auch nur so etwas wie rechtsanwaltlichen Beistand zu gönnen, rückten Sie den Namen eines auf vielen Podien bewährten Nazigegners und Radikaldemokraten in die Nähe von Joseph Goebbels, für mich das absolute Nonplusgehtnichtmehr, so etwas müssen Sie für sich mit Ihrem Dämon ausmachen, das Feixen der Mozartkugelclaque und den Samstagskommentar der völkischen ›Welt‹ immer inklusive.

Da ich nicht der Richtkanonier vom Hohenzollernring bin und narzißtische Exaltationen hasse, schicke ich Ihnen diesen Brief auch nicht über das Reflexblatt, sondern privatnachhaus in die Gustav-Freytag-Straße. Ich werde Grass, der keine Kenntnis von ihm hat, weil er in Dänemark weilt, einen Durchschlag schicken; dito Michael Naumann vom Rowohlt Verlag, der im Augenblick noch unschuldsvoll in der Karibik surft. Ob Sie meine Absage als ein Äußerstes an Affront registrieren, kann ich natürlich nicht ahnen. Ich selbst empfinde mein ›Ich-möchte-lieber-nicht-sagte Bartleby‹ eher als ein Äußerstes an Loyalität und möchte auch keine weiteren Kommentare damit verbinden. Daß dieser Schritt der Fortüne meines eigenen Buches nicht gerade förderlich ist, nehme ich in Kauf, ich kann seine über 600 Seiten hin vertretene Kunstmoral, die sich gegen Gesinnungswertungen wendet, aber nicht durch ein opportunistisches Tête-à-tête mit der neudeutschen ›Einheits‹-Ästhetik in Frage stellen.

Da ich selbst einmal als Ersatzmann für einen kurzfristig ausgefallenen Martin Walser eingesprungen bin, habe ich freilich keine Sorge, daß sich auch diesmal Abhilfe schaffen lassen wird. Ich denke z. B. an Carl Corino, der doch auch ganz hübsche Geschichten schreibt. Weiß der Himmel, ob ich Ihnen mit meinem Verzicht nicht sogar einen voreilig heranzitierten Alp von der Seele nehme.

Ich grüße Sie einseitig-herzlich (linke Klappe) und wiederhole die dreieinhalb Worte-inhaltsschwer, die ich bei meiner Geburtstagsrede an den Schluß setzte:

er hat Anlaß gegeben.

Ihr Peter Rühmkorf«[60]

Am 27.8.95: »Brief an Ranicki in den Kasten und nach dem Klack der Klappe gleich nachwallende Wallensteingedanken: ›Wär's möglich? Könnt ich nicht mehr, wie ich wollte?‹ Dann wie eine Erlösung: ›Der Zug des Herzens ist des Schicksals Stimme.‹«[61]

Seinen Brief schickt PR am 27.8. an GG nach Møn, mit den Zeilen: »Lieber Günter, anbei. Ich ahne schon, es wird Dir nicht ganz genug sein, aber wie Du schon sagtest: ›Jeder muß wissen, was er macht.‹ Erst nachdem ich Dir .... aus Roseburg geschrieben hatte, fühle ich mich auf einmal frei in meinen Entscheidungen: Ein Knoten brach auf, und ich hatte meine Manövrierfähigkeit wiedergewonnen. Ich hoffe, daß wir nochmal gemeinsam irgendwo auf Bühnen treten und Simultanstellen lesen.«[62] Dankschreiben sind nicht überliefert, der Dank aber ist gewiss.

Bescheiden notiert PR im unveröffentlichten TABU am 28.8.95: »Nach Frühstück noch 1 x m. Ranicki-Absagebrief gelesen – ging in Ordnung. Mal scheint er zu scharf, mal zu verbindlich noch, mal gerade richtig. Bißchen geräumt.« Am 28.8.95 notiert er: »Morgens um 9^{00} – er wäre noch aufzuhalten. Briefkastennovelle. - - Dann auf 1 x die Post vorbei, + die Dinge nehmen ihren Lauf, kommen an. Explodieren. Haben Folgerungen.«[63]

Am 29.8. nach der nächsten *Spiegel*-Lektüre noch ein vorletztes Notat zu MRR: »der Größenwahnsinnige der ein Afterprophet ist + das Tafelenthüllen mit der Geste des Bücherzerreißens verwechselt - - ein tobsüchtiger Clown.«[64]

Am 31.12.95 zieht PR unter ein von ihm aquarelliertes Porträt von MRR einen Schlussstrich:

»Daß ich Ihr Laudator war,
wahrlich ich bedau'r es.
Wünsche Glück zum Neuen Jahr,
denn dann gibt es Saures.«[65]

Im Januar 1996 beginnen die Überlegungen mit Heinz Ludwig Arnold, in den *Göttinger Sudelblättern,* der »vergeßlichen Nachwelt« den Casus »als Lehrstück« zu überliefern unter dem Titel »Die Lüge und die Macht«. Der Text erscheint noch im selben Jahr mit dem Untertitel *Betrachtungen einer abgeräumten Schachfigur* als *Ich habe Lust, im weiten Feld ...* PR hat seinen mutigen Schritt nie bereut; er hat sich erst Jahre später mit MRR wieder versöhnt. Nichts hat die Freundschaft der beiden Dichter so befestigt wie PRs mutiges Eintreten für den geschmähten und verhöhnten GG.

VI. »Herzlich von Olympia zu Olivetti«[66]

In seinem Brief an GG vom 21.2.1996 zieht PR eine Zwischenbilanz mit Ausblick. Doch zunächst bestätigt er sich und dem Autor, doch für das richtige Buch eingetreten zu sein: »Da ich als Leser ein Bummelzug bin (und mich überhaupt nur azyklisch bewegen kann), bin ich erst jetzt tiefer ins ›Weite Feld‹ vorgedrungen. Welch gelenkige und dann auch noch lustige Prosa. Die Kritik kann auf ihren Rapidtouren überhaupt nichts Wesentliches erfassen, und gehaltvolle Erkenntnisse über den Satzbau sind auf dem Rezensionswege weder zu gewinnen noch zu erwarten.«

Der Brief beginnt mit einem Ruf nach Rekonvaleszenz: »wir müssen mal ein gemeinsames Sommerprogramm entwickeln mit viel Sport und Tischtennis und Dingen, die einem das Blut in die Beine treiben. Wir haben genug geraucht, gesessen und gesoffen, und ein neuer Mensch bildet sich nicht im Sofa.«[67]

Doch daraus wird nichts – GG sieht in seiner Antwort vom 26.3.96 kühl über den Ertüchtigungsplan hinweg und teilt Reisen nach Leipzig, Umbrien und zu einem Kopenhagener Preis mit, der eine Dankesrede erheischt. Weder Sofa noch neuer Mensch – trotz Gehbeschwerden, die nicht verschwiegen werden. Aber ein gemeinsames Unternehmen nimmt Gestalt an, angekündigt auf einem Plakat der Freien Akademie der Künste in Hamburg:

»Montag, 2. Dezember 1996, 19.30 Uhr
GÜNTER GRASS und PETER RÜHMKORF
lesen
Dichtungen des Barock – und sagen, warum sie sie lesen.
Texte u.a. von Abschatz, Dach, Fleming, Gerhardt, Greiffenberg, Gryphius, Günther, Hersberger, Hofmannswaldau, Kuhlmann, Logau, Opitz, Silesius«[68].

Ein erfolgreicher Abend der »Waffenbrüder im literaturkritischen Gefechtslärm« wie *Die Welt* berichtete,[69] aus dem später ein Hörbuch wurde.[70]

Im Frühjahr 1996 hatte GG nach der Umbrien-Reise mit seinen Töchtern begonnen, bis in den Winter hinein Vier-, Fünf- und Siebenzeiler mit Pinselschrift in Aquarelle zu setzen – »Aquagedichte« nannte er diese lyrische Form – selten sei ihm »ein Werkstück so unbekümmert, Blatt nach Blatt, von der Hand gegangen«.[71]

In den späteren Band *Fundsachen für Nichtleser* nicht aufgenommen hat er den Text:

»Peterchen und Jinterchen«, 1996.

»Der Freund
Rühmkorf war hier.
Wir redeten drauflos.
Sein Tagebuch profitierte.
Und auch sonst pflegen wir
das Spargelbeet unserer Freundschaft.«[72]

Kurz nach dem Erscheinen der *Fundsachen für Nichtleser* schreibt PR am 3.9.1997:
»Lieber Günter,
einerseits millegrazie, andererseits Gratulation! Wunderbares Buch geworden.«
Und er lobt ausdrücklich die aquarellierten Sujets: »Schubkarre zum Auslecken schön. Auch das rote Stuhlduo einmalig. Auch der herbstliche Obstgarten. Auch die verkrümpelten Sonnenblumen – und das bei <u>der</u> bereits vorhandenen Konkurrenz. Dazu die Verse mit ihrem ganz eigentümlichen Herbstgeschmack. Charaktervoll geädert und alle son bißchen auf der Grenze zum Verschwimmen.«[73]

Am 16.9.1997 lädt GG die beiden Rühmkorfs ein: »hier zur Erinnerung: Am 16. Oktober feiern wir in der Lübecker Glockengießerstraße mit Kindern und Kindeskindern und wenigen Freunden, so auch mit Euch, ab 19.00 Uhr meinen 70sten. In Vorfreude Euer Günter«.[74]

Laut TABU vom 22.9.1997 arbeitet PR an einem GG-Porträt: »22. Sept. 97. Ausgeschlafen. Schöner Herbsttag. Lockerer Pentel. Erst mich selbst nochmal kurz und dann gleich mit Schwung an den Grass.

Doch. Ja. Ich glaub, das ist er.«[75]

Am 19.10.1997 erhielt der türkische Autor Yaşar Kemal in der Frankfurter Paulskirche den Friedenspreis des Deutschen Buchhandels. GG hält die Laudatio und schlägt einen Bogen vom Kaschuben zum Kurden, von den »deutschen Verbrechen, verübt in unermeßlicher Zahl an Juden und Zigeunern zum systematischen Völkermord an den Armeniern in der Türkei«. »Unfähig, mit uns selbst einig zu werden, gingen von unseren Ländern Kriege aus, die unsere Nachbarn in anhaltenden Schrecken versetzten.«[76]

Erneut kritisierte GG scharf die Abschiebepraxis des »gegenwärtigen Innenministers«, aus der »bürokratisch verklausuliert« der in Deutschland latente Fremdenhass spreche – »in Abschiebelagern hinter Schloß und Riegel« sitzen über viertausend Flüchtlinge, aus der Türkei, Algerien, Nigeria, »denen nichts Kriminelles nachgewiesen werden kann«. – »Es ist wohl so, daß wir alle untätige Zeugen einer abermaligen, diesmal demokratisch abgesicherten Barbarei sind.«[77]

PR kommentierte in *Die Woche*: »Wunderbar, wie der Grass unsere alten sozialistischen und demokratischen Kirchenglocken in der Frankfurter Paulskirche nochmal neu geläutet hat: kling und klong!«[78]

Am 13.10.1997 fand zum 70. Geburtstag von GG im Hamburger Thalia Theater vor ausverkauftem Haus eine Veranstaltung u.a. mit Glückwunschadressen von Nadine Gordimer, Salman Rushdie und Christa Wolf statt – von Fritz J. Raddatz in seinem Tagebuch als »Grass-Staatsakt« bezeichnet, der über PRs Beitrag bösartig notierte: »Rühmkorf, der mit bei vielen Auftritten geübter Komödianten-Geste ein ›politisches‹ Gedicht aufsagte, ein Majakowski der Primanerzeitungslyrik, die gegen Kapital, Zinsen und Gewinne protestierte – alles, was er hat und wovon ER profitiert.«[79]

Zum Jahreswechsel 1997/1998 verschickte die Hamburger Heinrich Heine Buchhandlung diese »Für Günter Grass, den Gedankenfreund« gedruckte Rede zum 70. Geburtstag *Kleine Weltwirtschaftslehre oder: Es reimt sich*, die PR signiert und mit dem Vers versehen hat:

»Es grüßt der Sänger aller Klassen
der Barrikaden + der Bausparkassen
für Ute + Günter in Freundschaft
Behlendorf, d. 28./29. Dez 1997
Euer Peter / Lyngi«[80]

VII. »Bei aller wechselseitigen Anziehungskraft einzeln wandelnde Gestirne«

Zu PRs 70. Geburtstag am 25.10.1999 bereitet GG ein »Plakatgeschenk mit Gelegenheitsgedichten« vor: »Sieben ältliche und aufgefrischte Rezepte« für PR »angerührt und ins Bild gebracht.«
Das 7. und letzte lautet:

»In Reimen angeraten
Ein Vogelnest bis zum Rest
langsam zerkaut. Gründlich verdaut,
beflügelt Peterlein ungemein.«[81]

»Literatur-Nobelpreis für Günter Grass« meldet die Presse am 30.9.1999. PR berichtet seinem Freund Stephan Opitz am Telefon: »Daß Grass den Nobelpreis kriegt, weißt Du ja. Aber daß Grass mich angerufen hat, war mir angenehm.« PR dazu öffentlich vom 1.10.1999: »Eigentlich sind das ja Sensationen von Dorfbühnen. Aber als Freund freut es mich sehr, dass die Entscheidung endlich mal wieder in die richtige Richtung gegangen ist. Es ist schön, dass die wankelbüsige Fortuna immer mal wieder anders entscheidet als das Feuilleton. Grass, das muss man sehen, hat sich als Aufklärer immer eisern gegen den Zynismus bewegt, der jetzt gegen den Humanismus schreit.«[82] In der *FAZ* äußerte er sich seriöser: »Glückwunsch, Glückwunsch! Dass Grass den Nobelpreis bekommen hat, erfreut außerordentlich, weil es längst fällig war. Ein schöner Schlenker der Fortuna ist auch, dass diese Verleihung gerade jetzt gegen die versammelte Augurenschar der Rezensenten erfolgt. Was Grass vorgelegt hat, ist ein auf langer Strecke imponierendes Lebenswerk.«[83] Per Postkarte schreibt er dem Freund: »Lieber Günter, absolut Nobeldynamit in die verlotterte Schlotterdeich-Szene. Mächtiger push für alle, die dem Humanismus noch nicht abgeschworen haben!«[84]

PRs Geburtstagsfeier zum 70ten mussten Ute und Günter Grass krankheitshalber fernbleiben. PR schrieb am 7./8. Nov. 99 an GG: »Aber nun zu Deinem Präsent und meiner anhaltenden Rührung. Das ist ja ein wunderbar markantes und liebevolles Blatt geworden, und ich werde es, bei Umdekoration meines Archivs gleich neben die Janssen Birthday-Lilienblüten hängen, Hamburgensien wandern dafür in den unteren Treppenaufgang Oevel 50.« Und zum Schluss als Bulletin: »Daß ich mich bei Deinem Geburtstag so früh entfernen mußte, hatte übrigens ähnliche Gründe wie Euer schlechthinniges Nichterscheinen auf dem meinen: dicke Klüsen. Ganze Messe voller Bakterienträger und Miasmenrotzer, aber ich immer tapfer mit antibiotischen Schwergeschützen gegenan. Hatte zur Folge, daß der Rest, nein, nicht gerade Schweigen, aber Dünnschiß war, und ich wollte nicht gerne ganzen Abend auf der Gewerkschaftstoilette abfeiern.«[85]

Doch zuvor in dieser Post, begonnen am 3.11.99, galt es erneut, eine Springer-Verstimmung bei GG auszuräumen. PR hatte zur Eröffnung einer Horst-Janssen-Ausstellung gelesen. Im Oktober war bei Felix Jud in Hamburg der Gruß-, Brief- und Bilderwechsel zwischen Horst Janssen und PR erschienen.[86] Mit dem *Hamburger Abendblatt* sei er »ja schon seit langem wieder gut. Außerdem rochen mir unsere alten Schlachten mittlerweile ein bißchen nach dem Pulverdampf von Tunis und El Alamein und ich wollte mich nicht in alle Ewigkeit von rostigem Stacheldraht beengen lassen. Nur das Wort ›Springerpassage‹ setzte mir noch einigermaßen ungut zu, ich wußte bloß gar nicht, was das wirklich war und hatte mir so ein Gäßchen in der Nähe von Springerplatz und Springerstraße vorgestellt. Wohin ich dann geriet, war allerdings die Riesenlobby von der Gesamtunternehmung, ich war völlig perplex, und plötzlich saß ich dann in der Primreihe neben Gerhard Schröder und Friede Springer, ja, und dann kam mein 15-minütiger Auftritt, und Handel, Banken und Industrie lagen mir tief bewegt zu Füßen. Alles hochinteressant und zugleich unendlich komisch und grotesk, aber für mich zugleich auch Tagebuchstoff und insofern willkommenes Mischfutter. Interviews für ›Welt‹ oder ›Welt am Sonntag‹ habe ich hingegen niemals gegeben.«[87]

Am 23.11.1999 antwortet GG: »vielen Dank für Deinen Brief, der meine beunruhigte Seele beschwichtigt hat.« Seine Empörung über die Kommentare der Springer-Presse zum Nobelpreis hielt an. »Abgesehen von dieser jüngsten Auffrischung meines Gedächtnisses bleibe ich ohnehin beim Boykott dieses uns allzu nahestehenden Konzerns.« – »Selbstverständlich, lieber Peter, steht es Dir frei, Deine Meinung in dieser Sache zu ändern oder, was das Abendblatt betrifft, zu relativieren.«[88]

Im Herbst 1999 war als Band 2 der Werke von PR eine Neuausgabe von *Die Jahre die ihr kennt* (1972) erschienen. »Ich habe«, schreibt GG, »noch einmal mit Vergnügen, Interesse und Neugierde Dein Buch« gelesen. Aber er nimmt auch Anstoß. Im Herbst 1967 hatte die Gruppe 47 im oberfränkischen Waischenfeld in der Pulvermühle getagt. GG: »Du meintest damals und so steht's auch zu lesen, ich hätte den Springer-Boykott aus egomanischem Interesse unterstützt.« PR hatte 1972 über die seinerzeitige Resolution zum Springer-Boykott notiert: »Die Lage war insofern günstig, als Günter Grass (eines der wesentlichen Bindungsfermente der lockeren Vereinigung) gerade in jenen Tagen auf das Stürmerhafteste von Springers Zeitungen angepöbelt worden war. Obwohl nun Grass sich wiederum als schwieriger Spezialfall erwies, das heißt als Privatpatient, der eher an eine Resolution mit sich selbst im Mittelpunkt dachte, gelang es dem zielstrebigen Kern (u.a. Fried, Lettau und Wagenbach) das Schlimmste abzuwenden und das Best- und Schärfstmögliche zu erreichen: Die moralische Ächtung von Deutschlands gefährlichster Hetzmaschine, angeschlossen Beitragsboykott nahezu sämtlicher Gruppenmitglieder plus- (und das prolongierte das platonische ›Prinzip Hoffnung‹ fast ins Unerhoffte): Aufforderung an die Verleger, den Boykott mit allen Mitteln der Anzeigen- und Vorabdrucksverweigerung zu unterstützen.«[89]

Dagegen wendet sich GG: »Nun hättest Du wohl damals schon wissen können, daß ich mich während der gesamten Zeit für Arnold Zweig eingesetzt hatte, der im Zusammenhang mit den kriegerischen Ereignissen in Israel durch eine rechtsradikale Presseagentur – Tarantel Press – in ein schiefes Licht gerückt worden war, weil die Meldung von Tarantel Press von allen Springer-Zeitungen übernommen wurde. Daraufhin habe ich in der Sendung *Panorama* eine heftige Attacke gegen die Springer-Presse geritten, was mir die Klage von über dreißig Springer Redakteuren eingebracht hat, konzentriert auf meinen Vorwurf, in den Leitartikeln der Springer-Zeitungen werde die Praxis des nationalsozialistischen Leitartikels weiterhin betrieben. Nun ja, ich habe diesen Prozeß gewonnen, weil ich nachweisen konnte, daß der damalige Chefredakteur der ›Welt‹ im Jahre 1936 seine Doktorarbeit unter dem Titel ›Die Aufgabe des Leitartikels im Dritten Reich‹ zu Papier gebracht hatte. Der Mann hieß Starke[90], ich weiß nicht, ob es ihn noch gibt.« Der Vorgang sei durch »einen der damals weit verbreiteten Voltaire-Drucke dokumentiert und produziert worden«.[91] GG reklamiert, er sei deshalb »doch ein wenig verwundert, daß in den sonst peniblen Kommentaren der Neuausgabe von ›Die Jahre, die Ihr kennt‹ keine Richtigstellung zu finden ist.« Versöhnlich schließt er: »Es wäre gut, lieber Peter, wenn wir darüber bei guter Gelegenheit miteinander reden würden.«[92]

PR antwortet fünf Tage später, also am 28.11.1999, und äußert zwar Verständnis für GGs unbeugsame Haltung in Sachen Springer, hält aber auch entschieden und kraftvoll dagegen: »Daß Du mit dem Verein als Ganzem weiter auf dem Kriegsfuß wandeln willst, ist nach Deinen Schilderungen verständlich, auch Deine Animositäten gegenüber dem ›Spiegel‹ verstehe ich, ich höre bei Dir nur so einen leichten Unterton des Vorwurfsvollen heraus, der mir unangebracht scheint. Er setzt sich dann fort in der Meinung, daß an meinen 72er Memos nachträglich etwas richtigzustellen gewesen sei, nur daß m e i n e Jahre nicht absolut deckungsgleich die D e i n e n waren und daß manches traumatisch in Deiner Erinnerung Gespeichertes bei mir mit blinden Flecken rechnen muß. Was mein Gedächtnis heute noch preisgibt, ist ein Treffen etwa eine Woche vor Beginn der Pulvermühlen-Tagung der Gruppe 47 in der Konkret-Redaktion mit Fried und Röhl, um zu erörtern, was diesem Siebenschläferverein politisch überhaupt noch abzuverlangen sei.« – »dann kamst Du mit Deinem großen Allradtrekker und versuchtest die Resolution genau in die Spur zu lenken, die Dein Brief nun noch einmal profilgetreu nachgemahlt [sic] und was uns damals als eine privatpersönliche Verengung eines sehr viel allgemeineren Protestanliegens erschien. Auch dem Buchschreiber von 1972 noch, aber a) marschierten wir damals auf etwas abweichenden Tugendpfaden und b) haben natürlich auch die anderen Egos ihre eigene Zentralperspektive, subjektive Betrachtungswinkel, an denen sich im nachhinein nicht mehr viel herumkorrigieren läßt, objektivieren schon gar nicht, zumal – Kindersleute! – so ein satirisch angehauchtes Memo-Ich wie das meine sich doch nicht gehabter Meinungen wegen nicht nachträglich entschuldigen muß.«[93] Im übrigen habe »sich der Appendix ›Jahre‹ fast ausschließlich« aus seinem »privaten archivalischen Liegenschaften verproviantiert«. Er bleibt dabei: »Auf den Kopf zu gefragt, bist Du nicht doch vielleicht diese große, am liebsten autonom operierende Zugmaschine, die ihren Alleingang gern zum Allgemeingang erklären möchte oder vice versa? Na also, bitte.«[94]

Am 2.12.1999 fährt er im selben Brief fort und besteht resümierend auf dem eigenen Standpunkt, »daß wir bei aller wechselseitigen Anziehungskraft einzeln wandelnde Gestirne sind, die sich gelegentlich auf Bahnen bewegen, die dem anderen etwas gegen den Strich gehen« – »aber das soll uns um Himmelswillen nicht trennen«. Und er schließt: »Hope, to see you on your Dynamite-Nobel-Party, obwohl ich natürlich keine ›Rede‹ halte, sondern nur son bißchen in die Lyra greife. Herzlich wie immer Dein Peter.«[95]

VIII. »Ich hüte unsere Freundschaft wie ein Spargelbeet«

GG hat sich einzig in seiner Art und vorbildlich um Kollegen verdient gemacht, sich gekümmert und gesorgt – ein Beispiel: Dem Bundeskanzler Gerhard Schröder luchst er im Januar 2000 die Renovierung des Geburtshauses von Wolfgang Koeppen in Greifswald ab (Kosten ca. 900 000 DM, »die vom Bund übernommen werden«, teilt er PR am 14.1.2000 mit).[96] Er möchte PR dabei haben. Dieser tat's Koeppen und dem Freund zuliebe. PR schätzte Koeppen, der dabei war, als Peter Rühmkorf am 19. Januar 1986 in Celle den Arno Schmidt Preis erhielt.

GG entwarf für ein Pressegespräch am 1.2.2000 den Text: »Die Schriftsteller Günter Grass und Peter Rühmkorf haben sich entschlossen, mit 300 000,- DM die Wolfgang-Koeppen-Stiftung zu gründen.«[97] So setzte GG den Nobel-Preis ein! Zuvor schon hatte er mit den von ihm ins Leben gerufenen Stiftungen dem aus Danzig stammenden Daniel Chodowiecki und seinen Lehrern Alfred Döblin und Otto Pankok, dem Freund der Zigeuner, Gedenksteine gesetzt.

Am 22.3.2000 nahm PR teil an einem von GG initiierten Mittagessen in Schwerin mit Harald Ringstorff, dem Ministerpräsidenten von Mecklenburg-Vorpommern. Auf der Tagesordnung das Konzept für das Literaturhaus Vorpommern im Wolfgang-Koeppen-Haus in Greifswald und die Erschließung des Koeppen-Nachlasses an der dortigen Universität. PR hat die Speisekarte mit Tagesordnung und allen Papieren und Plänen aufgehoben. Bis heute ist unklar, wo genau Koeppen mit seiner Mutter in dem Haus gewohnt hat – aber das Literaturhaus lebt.

Am 20.5.2000 schreibt PR an Hilke Ohsoling, die Lübecker Mitarbeiterin von GG, den er »(zu!) lange nicht gesehen, aber er wuchtet ja auch schon wieder wahrhaftige Sisyphuspakete, die ich mir (in meinem noch vergleichsweise jungen Alter) schon gar nicht mehr aufzulasten wage«.[98] In Sachen Koeppen bleibt PR Statist für den Freund, passiv und treu.

Zum 75. Geburtstag von GG im Jahre 2002 hält PR eine Rede: »Lieber Günter, von den 75 Jahren kennen wir uns mittlerweile auch schon an die 40, ein Wunder eigener Art, wenn man bedenkt, daß Du mir damals nur 55 aus meiner Hand gelesen hast, na, das war vielleicht eine Angstpartie. Weiter glaubtest Du zu erkennen, daß ich meine Dichterwerkstatt irgendwann ganz schließen würde und nur noch allgemeine Lebenswahrheiten von mir geben, die kommen jetzt. [...] Als Du im Jahre 1959 mit Deiner ›Blechtrommel‹ an den Restaurationsschlaf der deutschen Lesegesellschaft rührtest, hatte auch ich gerade mit meinem ersten erstzunehmenden Gedichtband ›Irdisches Vergnügen in g‹ debütiert, und was Dir damals

Dein Marcel Reich Ranicki war – ich meine als großer Frühverkenner – das war mir damals Friedrich Sieburg gewesen. Ich könnte es auch andersherum sagen. Was dem einen Rezensenten ein reichlich obsoleter ›Zigeunergeiger‹ schien, das schien dem anderen gerade mal eben ›ein munterer Gesell‹ – kein Grund zum Verzweifeln für die beiden Gemeinten und wohl eher ein Anlaß, sich genossenschaftliche Gedanken über den Unfehlbarkeitsanspruch der Hochkritik zu machen und zwar ausgesprochen nachhaltige. [...] Seitdem es Dich literarisch gibt, hast Du Dich mit all Deinen Sinnen und Geistesgaben *gegen* die Strömung bewegt, *gegen* den Zyklus vorangearbeitet, *gegen* den herrschenden Zeitgeist herangebildet, wofür man sich in der real existierenden Szenenberichterstattung allerdings noch nicht mal das schöne Prädikat eines ›Unzeitgemäßen‹ einhandeln konnte. [...] Diese zeitversetzte, oder sagen wir lieber, unkonform gegen die Strömung gerichtete Widerborstigkeit hängt meiner Meinung nach bündig damit zusammen, daß ein erklärter ›Erfolgsschriftsteller‹ niemals vergessen hat, daß er einmal bei den ›Verbotenen und Verbrannten‹ in die Schule gegangen ist. Du zumal bei Deinem von Dir als literarischen Paten zitierten ›Lehrer Alfred Döblin‹, dem nach der Vertreibung durch die Nazis auch kein ›Goldenes Tor‹ im neuen Adenauerdeutschland eröffnet wurde. [...] Deine gesammelten Bemühungen um ein sozial verfaßtes und gerecht geordnetes Gemeinwesen sind in jedem Fall als ein Versuch zu betrachten, Deine zahlreichen Leser-Liebhaber dito -Innen moralisch zu härten und ihnen den gebührenden Unmut gegen eine tollhäuslerische Wirklichkeit einzublasen. Wer den für sich in Anspruch nahm, mußte sich gleichzeitig auch den radikalen sozialen Demokraten gefallen lassen. [...] ... was den ›Unkenrufen‹ folgte – das Buch für Buch und Schrift für Schrift – waren zunächst einmal die bekannten Prügel von allen Seiten, selbst von solchen Zeitungen und Journalen verabfolgt, denen Du Dich eigentlich genossenschaftlich verbunden glaubtest. Es war damals der Punkt erreicht, daß Ute sagte, ›Günter kann schreiben was er will, sie fallen einfach reflexartig über ihn her‹, und ich sah Dein Gesicht zeitweilig von sepia- bis rembrandtbraunen Schatten umdüstert.« Über sich und GG spricht PR als von »einer unter Kollegen schon ziemlich singulären Befreundung«. Er zitiert den Grass-Biographen Michael Jürgs, dem GG auf seine Frage nach der Freundschaft zu PR geantwortet hat: »Ich hüte unsere Freundschaft wie ein Spargelbeet«.[99]

In einem Fragment hat PR noch festgehalten: »Als wir uns kennenlernten, haben wir uns auf Anhieb befreundet. Unsere literarischen Götter waren die gleichen Döblin – Arno Schmidt. Unsere politischen Ansichten waren sich – bis auf einige Scherwinde in den Siebzigern – immer sehr nahe. Und auch in schweren Tagen.«[100]

IX. »Letzte Tänze«

Und die Freunde machten noch etwas zusammen: Sie lasen gemeinsam Barocklyrik und veröffentlichten ein Hörbuch, zu dessen Erscheinen Alexander Kosenina in der *FAZ* vom 10.7.2004 schrieb: »Jetzt bringen beide ihre schöne Auswahl mit einer zugleich reizvollen und leicht ironischen Distanz zu Gehör, die Vorurteilen vom Schwulst oder bloßen Klingklang erst gar keinen Raum läßt. [...] Das angemessene Maß halten Grass und Rühmkorf virtuos ein.«[101]

Auf der Frankfurter Buchmesse 2004 traten die beiden nochmal gemeinsam auf. Die *Frankfurter Neue Presse* berichtet: »Das Aufeinandertreffen der alten Kämpen und ›Nachbarn, sozusagen‹ (Grass), die sich sympathisch ergänzten, war und blieb das Hauptereignis.«[102]

Und am 25. April 2005 fand in Lübeck ein letztes Gipfeltreffen statt. Auf Initiative von GG lasen Hans Magnus Enzensberger, GG und PR »im lyrischen Dreiklang«.[103] NDR Kultur sendete am 24.4.2005 eine Radio- und am 9.5.2005 der NDR eine Fernsehaufzeichnung. Volker Weidermann wusste von PRs angeschlagener Gesundheit zu berichten: »Peter Rühmkorf, schmal wie ein Böhnchen, mit blauer Schirmmütze und unangezündeter Zigarette in der Hand. Er ist noch leicht derangiert, weil er nach der Geburtstagsfeier Harry Rowohlts mit einem Laternenpfahl kollidierte und sich dabei den Kiefer brach. Der wurde ihm jetzt gerade erst wieder zusammengeschraubt. Aber diesen Auftritt wollte er natürlich nicht verpassen.« Weidermann zitiert GG mit dem Satz: »Hans Magnus – ich hatte Sehnsucht nach Dir – und nach Dir, Peter.« »Die Rotweingläser sind am Ende des Abends leer. Die Wassergläser nicht.« »Sie lieben das Lesen. Sie lieben das Publikum. Sie lieben ihre Worte und ihre Gedichte.« Zum Schluss ruft Weidermann enthusiastisch aus: »Die drei sind ein Geschenk des Himmels. Was für ein Glück, daß wir sie haben, denkt man und sonst nichts.«[104] Gregor Dotzauer befand im *Tagesspiegel:* »Rühmkorf heißt der heimliche Star des Abends.«[105]

Im Herbst 2005 nahm PR auf Einladung von GG in Lübeck an einem Treffen mit jüngeren Kollegen teil, aber nicht mehr am Folgetreffen im Dezember 2005. Handschriftlich hatte PR auf der Einladung von GG vom 28.10.2005 vermerkt: »Absage fehlt 12. Nov 05«.

Am 23.6.2006 fand zum 100. Geburtstag von Wolfgang Koeppen in Greifswald eine Feierstunde statt. Im Koeppenhaus sprachen GG und PR; abends im Dom wurde gelesen aus Koeppens Werk, auch ein Interview mit GG und PR fand statt, anschließend eine Signierstunde.

Bereits am 28.7.2006 übersandte das Sekretariat Günter Grass an PR nach Roseburg *Beim Häuten der Zwiebel,* das am 1.9.2006 im Buchhandel erscheinen sollte. Am 12.8.2006 titelte die *FAZ:* »Günter Grass: Ich war Mitglied der Waffen-SS.«[106] Im Feuilleton war unter dem Titel *Warum ich nach sechzig Jahren mein Schweigen breche* ein Gespräch mit GG abgedruckt. Als Fünfzehnjähriger hatte er sich von der Hitlerjugend freiwillig zu den U-Booten gemeldet, war aber dann mit siebzehn Jahren vom Arbeitsdienst zur Division »Frundsberg« der Waffen-SS eingezogen worden. In *Beim Häuten der Zwiebel* erwähnte er auch erstmals diese Rekrutierung; auf die Frage »Warum erst jetzt?«, erklärte er in dem *FAZ*-Interview: »Das hat mich bedrückt. Mein Schweigen über all die Jahre zählt zu den Gründen, warum ich dieses Buch geschrieben habe. Das mußte raus, endlich.« Der wichtigste Satz in diesem Interview lautete: »Es ist sicher so, daß ich glaubte, mit dem, was ich schreibend tat, genug getan zu haben. Aber es blieb dieser Makel.«[107]

Trotz des um Redlichkeit und Wahrhaftigkeit ringenden Bemühens, das die Komposition und den Stil dieses Sprachkunstwerks prägt, ist GG in der Reaktion der Öffentlichkeit Hohn, Spott und Verachtung nicht erspart geblieben. Schriftstellerkollegen wie Dieter Wellershoff äußerten sich differenzierter: »Man lebt in der Welt, in die man hineingeboren wird.« Erich Loest befand, Grass' Bekenntnis sei »ohne Vorwurf hinzunehmen: Er war sehr jung und stand unter keinem anderen Einfluß.« Walter Kempowski: »Auch für Grass gilt das Wort aus der Bibel: Wer selbst ohne Sünde ist, werfe den ersten Stein.«[108]

PR äußerte sich öffentlich nicht, er schrieb dem Freund aber am 25.8.2006 nach einer Fernsehsendung: »Mein lieber Günter, Du kamst mir ja vor wie ne traurige Trutz-Nachtigall gestern abend, es schnitt ein und geht mir weiter nach, zumal ich mir richtig keinen Rat weiß, die Bösewichter haben sich bloßgestellt und die guten ihre Apologien gesungen, und so als Nachkleckerer käme ich mir fast ein bißchen komisch vor, das Hin und Her der Argumente hat sich erschöpft, es sei denn, daß man das Kartell der hochfahrenden Besserwisser als ganzes angriffe, aber das Thema ist zu groß, es wäre so'n Generaldings, zu dem mir schlichtweg die Kraft fehlt.« Aber er versucht, dem Freund Mut zu machen: »Du erlebst es etwa wie eine Aberkennung der bürgerlichen Ehrenrechte, Teufel nochmal, laß diese Gülle abrauschen, die Beschuldigungen sind doch immer die gleichen, SS spielt in Wahrheit gar keine Rolle mehr, allenfalls als dererseits in Stellung gebrachte Wolfsangel, um endlich den ›Moralapostel‹ außer Betrieb zu setzen. Der eigentliche Ethikrat rekrutiert sich aus den Reihen der vierten Gewalt, und da hackt keine Krähe der andern ein Auge aus.« Er zitiert Flaubert: »Der Ruhm hat keine weißen Flügel.«

PR selber ist weder gesund noch zufrieden. Im September 2004 war *TABU II* erschienen[109], er hatte der Bearbeitung zu viel getan, eine Figur Erich erfunden (Erich), es war ein misslungener Zwitter, weder Tagebuch noch Roman. Dem Freund schreibt er dazu am Schluss des Briefes: »Bin nicht sonderlich gut beisammen. Bin neidisch, daß Du so Klassebücher zusammenkriegst – alles hochartifiziell zwischen Lebens- und Werkgeschichte changierend – während der junge Fest mir mein *TABU II* kaputtredigiert hat, so daß ich die als integral anvisierte Novelle gar nicht mehr unterbringen konnte und sie mir kläglich zerbröckelte und nun ganz neu in Angriff genommen werden muß.«[110] Dazu ist PR nicht mehr gekommen. Er schreibt, er führe »ein ziemlich nach innen gekehrtes Leben, was auch ein Grund ist, daß mir der nötige Hau für polemische Ausfälle fehlt. Kann Dich/Euch nur unserer haftenden Freundschaft versichern, auch unseres sympathetischen Zorns, unserer Wut auf diesen ganzen Hackentreterverein.« Aber »glaube mir, mehr als die Hacken kriegen sie nicht zu fassen. Es ist im übrigen keineswegs Deine Person immer der Gemeinte. Es ist ein bestimmter Typus, der nicht mehr sein soll. Es ist der unleidliche Einzelgänger, der in ihren Reihen nicht aufgeht.« Als Zuruf zum Schluss: »Freu Dich Deiner Freunde. Auch die ›Zwiebel‹ wird Dir neue bescheren, und zwar massenhaft und nicht unerlesene.« »Händedruck. Umarmung. Bruderkuß von Deinem Peter + Eva!«[111]

Zum 80. Geburtstag von GG am 16.10.2007 dichtet der 78-jährige PR für seinen Freund das »Geburtstagsmedaillon GG«:

»Ein lebenslang Verschwiegenes,
auf keinem Markt gehandeltes
will auch ans Licht.
Indes, als ein gediegenes
zur Kunstgestalt Verwandeltes:
Ihr faßt es nicht!«[112]

Am 23.5.2008 fand in Kiel eine Veranstaltung zum 75. Geburtstag des Buchhändlers Eckart Cordes statt. PR ist zu krank, um daran teilzunehmen. Peter Bichsel, Peter Härtling, Bernd Rauschenbach und GG sandten einen Gruß ans Krankenbett. GG: »Liebes Peterchen, Du warst ›im Geiste‹ und auch sonst dabei. Dein Günter.«[113]

Am 8. Juni 2008 starb PR in Roseburg. GG veröffentlichte in der *ZEIT*

»*Verwaiste Reime Peter Rühmkorf nachgerufen*

GEDICHT
Vier, fünf Minuten nachdem das Herz stillstand, der Atem verging,
waren wir bei ihm: noch warm die Stirn,
auf die ich später, als sie erkaltet schon,
drei Tröpfchen Grappa rieb.
Im Schlaf gestorben: schön sein Profil.
das ich zu zeichnen nicht zögerte.
Kein letztes Wort überliefert: Klappe zu!
Auch mußte, weil haltlos das Kinn
und jederzeit handlich
das große Gedichtbuch
kurz ›der Conrady‹ genannt
als Stütze dienen.
Wir hatten den Tod erwartet.
Er ließ mit sich reden, war nachts
woanders geschäftig, trat gegen Mittag ein,
schattenlos aus der Helle kommend:
der verläßliche Gast.
Draußen war Sommer.
Die Vögel zu laut.
Ach Freund! Wer kümmert sich jetzt
um deine Reime? Findling und Gründling,
Eckensteher und Heckenspäher
suchen verwaist einander,
warten vergeblich auf dich,
des Meisters kuppelnder Griff.«[114]

In dem Band *Sechs Jahrzehnte* hat GG die Zeichnung veröffentlicht, die er vom toten Freund angefertigt hatte, versehen mit dem handschriftlichen Text:

»Am Sonntag, den 8. Juni
starb um elf Uhr fünfundfünfzig
Peter Rühmkorf
und ließ uns zurück.«

Als Memento hielt er fest: »In meinem Tagebuch finde ich den Eintrag: ›Gestern, gegen Mittag, starb Peter Rühmkorf. Als wir in Roseburg kurz danach eintrafen, fand ich seine Stirn noch warm ...‹ Ich zeichnete sein Profil. Mit ihm war gut reden. Wir hörten einander zu, hatten Anteil von Buch zu Buch, ich zuletzt an seinem Gedichtband ›Paradiesvogelschiß‹: Wie gern hätte ich ihn mitgenommen auf meine rückgewendete Reise zu den Grimms[115], nach Göttingen, Kassel, Berlin und in die Frankfurter Paulskirche, in Wortfelder, die wir beide beharrlich beackert hatten. Und auf die Kampfplätze unserer politischen Bemühungen.«[116]

Anmerkungen
1 Akademie der Künste (im folgenden: AdK Berlin), Günter Grass Archiv = GG Archiv
2 Deutsches Literaturarchiv Marbach (im folgenden: dla marbach), Peter Rühmkorf Archiv = PR Archiv.
3 AdK Berlin, H.W. Richter-Archiv, 3447, 3707.
4 Hans-Werner Richter, Briefe. Hg.von Sabine Cofalla, München, Wien, Carl Hanser Verlag, 1997, S. 312.
5 Zitat der Zeile aus Rühmkorfs Gedicht »Variation auf ›Abendlied‹ von Matthias Claudius«: »der Platz auf meinem Seile / – wird immer uneinnehmbar sein«, in: Kunststücke. Reinbek bei Hamburg, Rowohlt Verlag, 1962, S. 86 f.
6 dla marbach, PR Archiv.
7 Was heißt hier Volsinii? Bewegte Szenen aus dem klassischen Wirtschaftsleben, Reinbek bei Hamburg, Rowohlt Verlag, 1969; Lombard gibt den Letzten. Ein Schauspiel. Berlin, Wagenbach, 1972; Die Handwerker kommen. Ein Familiendrama. Berlin, Wagenbach, 1974.
8 dla marbach, PR Archiv.
9 Reinbek bei Hamburg, Rowohlt Verlag, 1984, S. 205–231 unter dem Titel Malefizkonzert.
10 PR, TABU I. Tagebücher 1989–1991, Reinbek bei Hamburg, Rowohlt Verlag, 1995, S. 112.
11 PR, TABU I, S. 173.
12 Ebd., S. 244.
13 PR, TABU I, S. 335 f. GG datiert dieses Treffen auf den 2. 8. 1990 – das war ein Donnerstag, also eher unwahrscheinlich. Sein Eintrag: »Am Abend waren Bissingers da, später Eva und Peter Rühmkorf. Wir litten lustig an Deutschland.«, in: GG, Unterwegs von Deutschland nach Deutschland, Tagebuch 1990. Göttingen, Steidl, 2009, S. 149.
14 PR, TABU I, S. 352.
15 GG, Unterwegs von Deutschland nach Deutschland, S. 191.
16 Ein Schnäppchen namens DDR. GÜNTER GRASS Warnung vor Deutschland: Das Monstrum will Großmacht sein, in: DIE ZEIT, 5. 10. 1990, S. 190.
17 PR, TABU I, S. 415.
18 Die deutsche Gesinnungsästhetik. Noch einmal: Christa Wolf und der deutsche Literaturstreit. Eine Zwischenbilanz von Ulrich Greiner. In: DIE ZEIT 2. 11. 1990, S. 59.
19 PR, TABU I, S. 466 f.
20 PR in DIE ZEIT vom 7. 12. 1990: Octavio Paz, Der überfeierte Poet. Kritische Anmerkungen zu den Gedichten des Nobelpreisträgers.
21 PR, TABU I, S. 467.

22 PR, TABU I, S. 467 ff.
23 GG, Unterwegs, S. 217.
24 PR, TABU I, S. 522 f.
25 GG, Unterwegs, S. 239.
26 Günter Grass, Vier Jahrzehnte. Ein Werkstattbericht, hg. von G. Fritze Margull. Göttingen, Steidl, 1991.
27 AdK Berlin, GG Archiv; dla marbach, PR Archiv, Kopie.
28 Dieser Aufsatz schließt an den Essay von Roland Berbig an: »Jinterchen und Peterchen«, Rühmkorf und Grass auf öffentlichen Bühnen und stillgelegten Gleisen, in: Berliner Hefte 10, Berlin 2013, S. 229–250.
29 AdK Berlin, GG Archiv, Tagebuch 91 bis 95, S. 128.
30 dla marbach, PR Archiv, TABU-Manuskript.
31 AdK Berlin, GG Archiv, Tagebuch 91 bis 95, S. 178.
32 Ebd. S. 189.
33 Ebd.
34 Fritz J. Raddatz, Tagebücher Jahre 1982–2001, Reinbek bei Hamburg, Rowohlt Verlag, 2010, S. 496.
35 AdK Ber3lin, GG Archiv, Tagebuch 91 bis 95, S. 195.
36 AdK Berlin, GG Archiv, Tagebuch 91 bis 95, S. 196.
37 Frankfurter Rundschau vom 5.6.1993, S. 8.
38 AdK Berlin, GG Archiv, Tagebuch 91 bis 95, S. 197.
39 Ebd., S. 241.
40 Ebd., S. 259.
41 dla marbach, PR Archiv.
42 AdK Berlin, GG Archiv, Tagebuch 91 bis 95, S. 280.
43 Ebd., S. 301.
44 GG, Rabe oder Krähe. Eine Laudatio auf Peter Rühmkorf, in: Frankfurter Rundschau vom 30.11.1994, S. 7, in: Schriften der Freien Akademie der Künste in Hamburg 23, Hamburg 1994, S. 11 f.
45 Ebd., S. 15.
46 PR an GG, 17.11.94, AdK Berlin, GG Archiv.
47 AdK Berlin, GG Archiv, GG an PR, 23.11.1994.
48 AdK Berlin, GG Archiv.
49 dla marbach, PR Archiv.
50 AdK Berlin, GG Archiv, Tagebuch 91 bis 95, S. 308.
51 PR, Ich habe Lust, im weiten Feld … Betrachtungen einer abgeräumten Schachfigur. Göttingen, Wallstein Verlag, 1996, S. 28 f., S. 33.
52 PR, ebd., S. 35. Jochen Hieber (Hg.), »Lieber Marcel«. Briefe an Reich-Ranicki. Stuttgart, Deutsche Verlags-Anstalt, 1995.
53 Zur Vor- und Nachgeschichte: Dieter Stolz, Günter Grass: Ein weites Feld und kein Ende, in: Die Medien und Günter Grass, hg. von Hanjo Kesting, Köln 2008, S. 173–182.
54 dla marbach, PR Archiv, TABU handschriftlich.
55 Ebd.
56 Ebd.
57 Ebd.
58 Ebd.
59 PR, Ich habe Lust, im weiten Feld …, S. 43.
60 Marcel Reich-Ranicki, Peter Rühmkorf, Der Briefwechsel, hg. von Christoph Hilse u. Stephan Opitz, Göttingen, Wallstein Verlag, 2015, S. 229 f.
61 PR, Ich habe Lust, im weiten Feld …, S. 43.

62 dla marbach, PR Archiv.
63 dla marbach, PR Archiv, TABU handschriftlich.
64 Ebd., S. 53.
65 abgedruckt in Die Woche vom 9.8.1996.
66 PR an GG, 31. März 98 »kann auch 1. April sein.«, dla marbach, PR Archiv.
67 dla marbach, PR Archiv.
68 dla marbach, PR Archiv.
69 Die Welt, 4.12.1996.
70 Günter Grass und Peter Rühmkorf lesen »Komm, Trost der Nacht.« Barocklyrik. Eine CD. München, Der HörVerlag, 2004. Neuauflage Göttingen, Steidl, 2013.
71 GG, Fünf Jahrzehnte, S. 116.
72 Ebd., S. 118.
73 dla marbach, PR Archiv.
74 dla marbach, PR Archiv.
75 dla marbach, PR Archiv.
76 GG, Die Literatur verkuppelt uns und macht uns zu Mittätern. Die lange Lesereise des Günter Grass durch die Türkei/Laudatio auf Yaşar Kemal in der Frankfurter Paulskirche, in: Frankfurter Rundschau Nr. 243, 20.10.1997, S. 12.
77 Ebd.
78 dla marbach, PR Archiv.
79 Fritz J. Raddatz, Tagebücher 1982–2001, S. 711.
80 dla marbach, PR Archiv.
81 GG, Fünf Jahrzehnte, S. 121 ff.
82 Süddeutsche Zeitung Nr. 227, 1.10.1999, S. 17.
83 »Europäische Stimmen zum Nobelpreis für Grass!«, in: FAZ Nr. 228, 1.10.1999, S. 41.
84 dla marbach, PR Archiv.
85 Ebd.
86 Peter Rühmkorf, Horst Janssen: Mein lieber Freund und Kompanjung, hg. von Thomas C. Garbe. Hamburg, Felix Jud, 1999.
87 dla marbach, PR Archiv.
88 Ebd.
89 PR, Werke 2, Reinbek bei Hamburg 1999, S. 318.
90 Hermann Franz Gerhard (H.F.G.) Starke (1916–1996).
91 Der Fall Axel C. Springer am Beispiel Arnold Zweig. Eine Rede, ihr Anlaß und die Folgen. Berlin, Voltaire-Verlag, 1967, Voltaire Flugschriften 15, hg. von Bernward Vesper.
92 dla marbach, PR Archiv.
93 Ebd.
94 Ebd.
95 Ebd.
96 Ebd.
97 Ebd.
98 Ebd.
99 PR, In meinen Kopf passen viele Widersprüche. Über Kollegen, hg. von Susanne Fischer, Stephan Opitz, Göttingen, Wallstein Verlag, 2012, S. 137 ff.
100 dla marbach, PR Archiv.
101 FAZ Nr. 158, 10.7.2004, S. 36.
102 Marcus Hladek, Frankfurter Neue Presse, 11.10.2004, S. 4.
103 Vgl. dazu auch die Einleitung zu diesem ›Gipfeltreffen der Lyrik‹ von Dieter Stolz, ZWEIFEL HOFF-

NUNG LIEBE – ein Prolog zur Lyrik-Lesung von Hans Magnus Enzensberger, Günter Grass und Peter Rühmkorf, in: Lübeckische Blätter, 170 Jahrgang, Heft 9, 30. April 2005, S. 131–133.
104 FAS Nr. 15, 17. 4. 2005, S. 25.
105 Der Tagesspiegel, 17. 4. 2005.
106 FAZ Nr. 186, 12. 8. 2006, S. 1.
107 FAZ, Ebd., S. 33.
108 FAZ Nr. 187, 14. 8. 2006, S. 1.
109 PR, TABU II. Tagebücher 1971–1972, Reinbek bei Hamburg, 2004.
110 dla marbach, PR Archiv.
111 Ebd.
112 PR, Paradiesvogelschiß. Gedichte. Reinbek bei Hamburg, Rowohlt Verlag 2008, S. 136.
113 dla marbach, PR Archiv.
114 DIE ZEIT Nr. 30, 17. 7. 2008, S. 58.
115 GG, Grimms Wörter, Göttingen, Steidl, 2010.
116 GG, Sechs Jahrzehnte. Ein Werkstattbericht. Hg. von G. Fritz Margull u. Hilke Ohsoling, Göttingen, Steidl, 2014, S. 546. In seinem letzten zu Lebzeiten publizierten Gedichtband hat GG mit dem Gedicht »In Erinnerung an einen Freund« (GG, Eintagsfliegen, Göttingen 2014, S. 46) seines Freundes PR nochmals gedacht.

Volker Neuhaus
»Wörter [...] warten darauf, einen Schatten werfen zu dürfen«
Zu den Gedichten von Günter Grass

Der Lyriker Grass

Der Dichter Hans Bender, Uraltfreund und früher Förderer des ganz jungen Lyrikers Grass, hat seinem letzten Lyrikband *Auf meine Art. Gedichte in vier Zeilen* (2012) ein Motto des Lyrikers Rainer Malkowski vorangestellt: »Das Gedicht verträgt kein Dogma. Es ist offen für jeden, der es auf seine Art kann.« Dieses schlichte Aperçu charakterisiert in lakonischer Kürze die ganze Vielfalt Grass'schen lyrischen Schaffens aus 65 Jahren in all seiner undogmatischen Offenheit vom haikuähnlichen Kurzgedicht bis zum langen Poem oder zum vielteiligen Zyklus, vom Sonett bis zur zum Gedicht umbrochenen Prosa.

Marcel Reich-Ranicki pflegte mit schöner Regelmäßigkeit Grass' epische Werke vehement zu verreißen, seine Lyrikbände dagegen zu loben. Als er den Schriftsteller im Frühjahr 1995 zur ersten öffentlichen Lesung aus *Ein weites Feld* vor dem Literaturkreis der jüdischen Gemeinde Frankfurt begrüßte, nannte er ihn so konsequent wie paradox einen großen Lyriker, der als Epiker immer wieder scheitere – aber das passiere nur Großen, kleineren Autoren gelänge, was sie sich vornähmen. Als Grass dann vier Jahre später den Nobelpreis für Literatur bekam, begrüßte Reich-Ranicki das nachdrücklich – er selbst sei es schließlich gewesen, der Grass immer wieder für diesen Preis vorgeschlagen habe: als großen Lyriker.

Die geradezu brillant formulierte Pressemitteilung des Nobelpreis-Komitees vom 30. September 1999 folgt dann allerdings keineswegs dem Ranickischen Paradox und erwähnt Grass' Lyrik mit keinem Wort – Lyrik überspringt nur selten die Sprachgrenzen und so steht international noch stärker als national der Lyriker Grass im Schatten des gleichnamigen Epikers.

Die Phasen des Lyrikers Grass

Dabei ist das Gedicht die literarische Gattung, die Grass am frühesten, am längsten und am intensivsten gepflegt hat – von 1951 datiert Grass' erste lyrische Veröffentlichung, aus dem Jahre 2015 seine letzte, die er zehn Tage vor seinem Tod noch mit seinem Lektor Dieter Stolz und dem Verleger Gerhard Steidl und dessen Mitarbeiterin Sarah Winter druckfertig machen konnte. Sein Titel *Vonne Endlichkait* macht die Zugehörigkeit zum Spätwerk unübersehbar, während seine Form, ein Potpourri aus Zeichnungen, Gedichten und Kurzprosa, bewusst zur unbekümmerten kreativen Fülle seiner Anfänge in den frühen 1950er Jahren zurückkehrt. Seinen ersten literarischen Preis erhielt Grass 1956 beim Lyrikwettbewerb des Süddeutschen Rundfunks und seinen zweiten 1958 vom Kulturkreis im Bundesverband der Deutschen Industrie. Dort preist man ihn als Autor, der »vor allem mit einer vielversprechenden, vieles jedoch schon mit erstaunlicher Originalität verwirklichenden Lyrik hervorgetreten« ist. Die Laudatio rühmt dann ausdrücklich noch die »Vielfalt der Begabungen, die ihn neben seinem lyrischen Vermögen auszeichnen« – »auch als Grafiker und Bildhauer ist er hervorgetreten«.

In der Tat verstand sich Günter Grass in den 1950er Jahren als Bildhauer, der nach dem Vorbild vielen Großer der klassischen Moderne wie Barlach, Kokoschka oder Arp auch dichtete. Selbst die *Blechtrommel* schrieb er nach eigenem Bekunden noch in dem Bestreben, wenigstens einmal einen Roman geschrieben zu haben – wie Alfred Kubin mit *Die andere Seite* –, um dann für immer zur Bildenden Kunst zurückzukehren.

Bekanntlich kam es dann anders – in fünf Jahren schrieb Grass von 1958 bis 1963 etwa 1500 Seiten Prosa und schuf dabei drei seiner populärsten Werke, neben der *Blechtrommel* noch die Novelle *Katz und Maus* und den Roman *Hundejahre*, die später so genannte *Danziger Trilogie*. Der Gedichtband *Gleisdreieck* bietet 1960 eine Nachlese der zwischen 1956 und 1960 entstandenen Gedichte; neue entstehen erst nach dem Abschluss der *Danziger Trilogie* und Grass versammelt sie 1967 im Gedichtband *Ausgefragt*.

Damit wurde bereits ein Prinzip deutlich, dem Grass ein halbes Jahrhundert treu bleiben wird – Epik und Lyrik koexistieren zwar im gesamten Lebenswerk von Günter Grass, aber in klarer zeitlicher Differenzierung. Zur Lyrik, häufig begleitet von bildkünstlerischen Arbeiten, Plastik oder Grafik, findet Grass in der Regel in Inkubationszeiten epischer Großwerke.

Zugleich sind diese Phasen, in denen sich die Bildende Kunst in vielfältigen

Formen mit der Lyrik verbindet, immer wieder eigenständige Werkphasen. Es sind Grass' experimentellste Perioden. Immer wenn Grass in seinem Werk einen Neuansatz sucht, veränderte Ausdrucksformen erprobt, geschieht dies durch Gedichte und Zeichnungen, später auch durch Plastiken oder Aquarelle. Dieses enge Miteinander von bildnerischen und lyrischen Versuchen in den Phasen des Neuanfangs, des Aufbruchs, des tastenden Experimentierens mit neuen Ausdrucksmöglichkeiten hat Grass selbst beschrieben: Das Gedicht ist für ihn »immer noch das genaueste Instrument, mich neu kennenzulernen und mich neu zu vermessen«. Und gerade bei den Gedichten werde deutlich, dass innerhalb einer solchen Reihe auch der zeichnerische Prozess mitspielt, dass oft am Anfang eines Gedichtes die Zeichnung steht und sich aus der Zeichnung der erste Wortansatz ergebe oder umgekehrt. Grass spricht sogar explizit davon, dass »eine Skizze, eine Zeichnung nicht zu Ende kommt, sondern weitergeschrieben wird«, dass andererseits »die geschriebene Metapher« von ihm »zeichnerisch überprüft« wird. »Und so sind für mich beide Disziplinen, die einander korrigieren, die einander auch ins Wort fallen; die sich ergänzen und abstoßen.«[1]

»Goethe war – damit wir ihn nicht vergessen – ein Gelegenheitslyriker« – Grass' Poetik des »Gelegenheitsgedichts«

Der Untertitel des Gedichtbandes *Eintagsfliegen. Gelegentliche Gedichte* schlägt bewusst den Bogen von diesen Werken der Jahre 2011 und 2012 zurück zu Grass' lyrischen Anfängen und seiner frühen Gedichtpoetik »Das Gelegenheitsgedicht oder Es ist immer noch, frei nach Picasso, verboten, mit dem Piloten zu sprechen«, die Grass einst mehr als ein halbes Jahrhundert zuvor am 17.11.1960 auf der Arbeitstagung »Lyrik heute« in der Berliner Kongresshalle vorgetragen hat. Der Untertitel nimmt Bezug auf eine Weigerung Picassos, seine Bilder zu erläutern, von der sein Galerist Kahnweiler berichtet: Jede Unterhaltung mit dem Piloten sei strikt verboten.

Unter Grass' »Vorlaß« im Archiv der Akademie der Künste in Berlin befindet sich ein Notizzettel zu dieser Rede, auf dem Grass seine Thesen aufreiht. Im Entwurf wie in der gedruckten Rede wenden sich seine Ausführungen polemisch gegen die »Labordichter«, die »die Gelegenheit nicht abwarten können, die Herren im Labor der Träume, die Herren mit den reichhaltigen Auszügen aus Wörterbüchern, die Herren, die [...] es können auch Damen sein, mit der Sprache arbeiten [...], deren Gedichte Texte heissen, die nicht Dichter genannt werden wollen, sondern Macher,

Schreiber, die, nun sagen wir es, ohne Gelegenheit sind, ohne Muse.« ›Gelegenheit‹ wird hier, wie schon bei Goethe, dem Ahnherrn dieser Art ›Gelegenheitsdichtung‹, als Synonym für ›Erlebnis‹ verstanden, nicht als Eindeutung des Begriffs ›Okkasionalpoesie‹. Obwohl Goethe wie Grass solche Okkasionalgedichte lebenslang gepflegt haben, Goethe als einer der letzten deutschen Hofdichter, Grass etwa in seinen zahlreichen Gedichten auf den Tod seiner Freunde und Weggefährten, von Walter Henn[2] (S. 149) über Ingeborg Bachmann (S. 603) zu Peter Rühmkorf (*Eintagsfliegen* S. 46) und Helmut Frielinghaus (*Eintagsfliegen* S. 45), wollen weder Goethe noch Grass damit an die barocke ›Okkasionalpoesie‹ anknüpfen, sondern verstehen übereinstimmend hier ›Gelegenheit‹ wie ›Erlebnis‹ als datierbares Gefühl, das zum Auslöser eines lyrischen Werks wird.

Man muss sich bei der Einschätzung der Grass'schen Hochpreisung des Gelegenheitsgedichts vor Augen halten, dass sein erster Gedichtband *Die Vorzüge der Windhühner* 1956 exakt zeitgleich mit dem so glänzenden wie folgenreichen Buch von Hugo Friedrich erschien. Friedrich beschwört in seiner *Struktur der modernen Lyrik* eine ganz andere Tradition und schlägt seinen Bogen vom französischen Symbolismus und Lautréamonts »Begegnung einer Nähmaschine und eines Regenschirms auf einem Seziertisch« bis zu Benns Diktum, Gedichte würden aus Worten gemacht und nicht aus Gefühlen. Sein Werk wurde sofort zur Bibel und zum Vademecum des modernen Lyrikers und Friedrich beendete für die zeitgenössische Praxis wie für Theorie und Kritik nahezu schlagartig eine verhängnisvolle Periode, die seit dem 19. Jahrhundert dermaßen unter dem Einfluss einer missverstandenen Goethe'schen Poetik gestanden hatte, dass man den Begriff des Gelegenheitsgedichts sogar ahistorisch auf völlig andere Epochen ausweitete und unter der antiken wie der mittelalterlichen oder der barocken Lyrik, etwa bei Walther von der Vogelweide oder Andreas Gryphius, nach lyrisch gestalteten ›Erlebnissen‹ im Sinne Goethes fahndete und allen anderen Gedichten rundweg die lyrische Qualität absprach.

Grass ist sich schon 1960 über seine Außenseiterposition in der jungen deutschen lyrischen Szene durchaus im Klaren. Deshalb hält er einer frischgebackenen deutschen Moderne, »die, nun sagen wir es, ohne Gelegenheit« ist und »ohne Muse« auskommt, so bewusst wie selbstbewusst seine altmodischen Thesen entgegen, die die Göttin Occasio als ›Muse Gelegenheit‹ preisen: »Wer nur zehn Minuten reden darf, darf verallgemeinern, deshalb steht hier zu Anfang der Satz: jedes gute Gedicht ist ein Gelegenheitsgedicht; der das hier sagt und behauptet, ist ein Gelegenheitslyriker.«

In der fertigen Rede holt Grass dann etwas weiter aus und ergänzt: »[J]edes schlechte Gedicht ist ein Gelegenheitsgedicht; nur den sogenannten Laborgedichten ist die gesunde Mittellage vorbehalten: Nie sind sie ganz gut, nie ganz und gar schlecht, aber immer begabt und interessant.« Das Manuskript reiht die Thesen dann weiter:

»Das Gelegenheitsgedicht ist unwiederholbar.
Auch das mißglückte Gelegenheitsgedicht ist unwiederholbar.
Goethe war – damit wir ihn nicht vergessen – ein Gelegenheitslyriker.
Das Gelegenheitsgedicht hat dem Laborgedicht unter anderem dieses voraus: es läßt sich nicht auflösen.«

Wenn Grass im gedruckten Text dann fortfährt: »Am Anfang steht immer ein Erlebnis; es muß kein großes sein«, zitiert er geradezu Goethe, in dessen Tradition er sich in seinem Entwurf ja direkt gestellt hat. Die Stelle, an der Goethe seinen Begriff vom »Gelegenheitsgedicht« am weitesten entfaltet und am stärksten mit Anschauungen erfüllt, findet sich seinen Ausführungen zu seiner *Harzreise im Winter*. Anlass ist die Interpretation eines Schulmanns, Dr. Kannegießer, der seine Deutung des kryptischen Gedichts 1820 Goethe zugeschickt hatte. »Was von meinen Arbeiten durchaus und so auch von den kleineren Gedichten gilt, ist, daß sie alle, durch mehr oder minder bedeutende Gelegenheit aufgeregt, im unmittelbaren Anschauen irgendeines Gegenstandes verfaßt worden, deshalb sie sich nicht gleichen, darin jedoch übereinkommen, daß bei besondern äußeren, oft gewöhnlichen Umständen ein Allgemeines, Inneres, Höheres dem Dichter vorschwebte.« Ganz ähnlich äußert sich Goethe am 17. September 1823 gegenüber Eckermann, wenn er dem für seine Gedichtpläne rät: »es müssen alles Gelegenheitsgedichte sein, das heißt, die Wirklichkeit muß die Veranlassung und den Stoff dazu hergeben. Allgemein und poetisch wird ein spezieller Fall eben dadurch, daß ihn der *Dichter* behandelt. Alle meine Gedichte sind Gelegenheitsgedichte, sie sind durch die Wirklichkeit angeregt und haben darin Grund und Boden. Von Gedichten, aus der Luft gegriffen, halte ich nichts.«

Auch Grass' Feststellung, das Gelegenheitsgedicht ließe sich »nicht auflösen«, knüpft an Goethe an, der ja gerade mit seinen biographischen Erläuterungen die Interpretation des Philologen Kannegießer ergänzen will: »Weil nun aber demjenigen, der eine Erklärung meiner Gedichte unternimmt, jene eigentlichen, im Gedicht nur angedeuteten Anlässe nicht bekannt sein können, so wird er den innern, höhern, faßlichern Sinn vorwalten lassen; ich habe auch hiezu, um die Poesie nicht zur Prose herabzuziehen, wenn mir dergleichen zur Kenntnis gekommen, gewöhnlich geschwiegen« – für die schwierigen Entstehungsumstände der *Harzreise* macht er 1821 in seinem Kommentar zur Kannegießerschen Schrift in *Über Kunst und Altertum* eine Ausnahme und ›löst‹ Partien des Gedichts immer wieder »zur Prose« ›auf‹.

Grass hat das m.W. nur einmal getan – an einem sehr harmlosen Beispiel und in sehr ironischer Brechung in seiner Rede 1960 auf dem Berliner Lyrikkongress:

»Am Anfang steht immer ein Erlebnis; es muß kein großes sein. So ging ich zum Schneider, um mir für einen Anzug Maß nehmen zu lassen. Der Schneider nahm Maß und fragte mich: ›Tragen Sie links oder rechts?‹ Ich log und sagte: ›Links.‹ Kaum hatte ich das Schneideratelier verlassen, war froh, daß mich der Schneidermeister nicht erwischt hatte, da roch ich es und gestand mir ein: Es liegt ein Gedicht, und wenn mich nicht alles tauscht, ein Vierzeiler in der Luft. [...] Und schon warf ich – die Postkarte war noch nicht trocken – Überschrift und vier Zeilen aufs vorher bereitgelegte Papier:

Die Lüge
Ihre rechte Schulter hängt,
sagte mein Schneider.
Weil ich rechts die Schultasche trug,
sagte ich und errötete.

Ich muß zugeben, daß man diesen Vierzeiler kein modernes Gedicht nennen kann.« (S. 583)

Wohl wahr – schließlich sind die von Grass verwendeten Begriffe, »Erlebnis«, »Gelegenheit«, »Gegenstand« samt und sonders, wie gezeigt wurde, zentrale Kategorien der Goetheschen Poetologie, die Grass offensichtlich gründlich studiert hat.

Grass verbindet diesen bewussten Rückgriff auf Goethe zusätzlich immer wieder mit seinem erlernten Beruf. Als Bildhauer sei er »auf Oberfläche angewiesen«, gehe »vom Betastbaren, Fühlbaren, Riechbaren« aus: »In meinen Gedichten versuche ich, durch überscharfen Realismus faßbare Gegenstande von aller Ideologie zu befreien, sie auseinanderzunehmen, wieder zusammenzusetzen [...]. Oft kommt mir mein anderer Beruf entgegen und erlaubt, den zu fixierenden Gegenstand von allen Seiten zu zeichnen. Erst dann erfolgt die Niederschrift des Gedichts«, schreibt

Grass schon 1958 für eine Lyrikanthologie. Und in der seinem Statement auf dem Berliner Kongress folgenden Diskussion bekannte Grass 1960, dass er »allem, was ich nicht anfassen kann, was ich nicht riechen kann, was ich nicht schmecke, allem, was mit Idee behangen ist, von vornherein misstrauisch gegenübersteht«. Dieser wortwörtliche ›Realismus‹ streift in Grass' gesamtem Werk gelegentlich den Animismus. Dies bestätigt auch die Erfahrung, die Volker Schlöndorff bereits beim allerersten Gespräch mit Grass über die Verfilmung der *Blechtrommel* macht und als Stichwort in seinem Arbeitsjournal festhält:

»Bedeutung der Gegenstände, die oft sogar die Handlung auslösen, wie beim nouveau roman: Die Trommel, die Standuhr, der Kronleuchter, die Skatkarten, das Halsband, das Parteiabzeichen, erklärt Grass.

Trotz lebhafter Gespräche bleiben wir uns fremd. [...] Das meiste, was sich im Buch von Grass wie frei fabuliert liest, ist für ihn erlebte Wirklichkeit.«

Auch Goethe benutzt das Wort »Gegenstand« sowohl in seiner wörtlichen Bedeutung von ›Ding‹ wie in seiner übertragenen im Sinne von ›Thema‹. Grass hört stets bei allen Begriffen, die in wörtlicher wie übertragener Bedeutung gebraucht werden, den jeweils anderen Sinn mit – in den 1950er Jahren, in denen Grass sein Konzept einer »Gelegenheits«-, einer ›gegenständlichen‹ Lyrik entwickelt, führt er gleichzeitig seinen Kampf gegen die absolute Kunst. In diesem Konflikt, der an Grass' Alma Mater, der Berliner Hochschule für Bildende Künste, zwischen Carl Hofer und dem Kunsttheoretiker Will Grohmann tobt, sieht Grass mehr als eine der üblichen Querelen im Kunstbetrieb: Im neuen Modewort ›gegenstandslos‹, das wohl den französischen Fachbegriff ›informel‹ wiedergeben soll, hört er die alte Bedeutung mit, eine Sache, ein Streit seien ›gegenstandslos‹. In seinem ersten poetologischen Essay *Die Ballerina* hatte er am Beispiel des klassischen Balletts, dem sich seine Frau Anna inzwischen zugewandt hatte, die absolute, die reine Kunst gefeiert und dem dann wenig später in einem zweiten Essay ebenso programmatisch den *Inhalt als Widerstand* entgegengesetzt – eine ›gegenstands‹-lose Kunst verzichtet auf sperrige »Widerstände«.

Es ging auch um das Wahrnehmen oder Übersehen der Wirklichkeit in einem Land, das geschlagen, geteilt war, dessen zu verantwortende Last Völkermord hieß und das dennoch oder deshalb im Begriff war, alles zu verdrängen, ich sage, gegenstandslos zu machen, was die Vergangenheit heraufbeschwören und die Flucht nach vorne behindern konnte.

Dem gegenüber geht es Grass wie Eckermanns Goethe darum, »einem gewöhnlichen Gegenstande eine interessante Seite abzugewinnen. Die Wirklichkeit

soll die Motive hergeben, die auszusprechenden Punkte, den eigentlichen Kern.«
Das wohl noch in den späten 1950er Jahren in Paris entstandene Gedicht »Diana
oder die Gegenstände« (S. 104), das im Gedichtband *Gleisdreieck* von 1960 in eine
die berühmte *Diana von Versailles* aus dem Louvre zeichnerisch paraphrasierende
Zeichnung hineingedruckt ist, spielt geradezu mit der wörtlichen wie der übertragenen Bedeutung des Begriffs »Gegenstand«:

»Diana – oder die Gegenstände

Wenn sie mit rechter Hand
über die rechte Schulter in ihren Köcher greift,
stellt sie das linke Bein vor.

Als sie mich traf,
traf ihr Gegenstand meine Seele,
die ihr wie ein Gegenstand ist.

Zumeist sind es ruhende Gegenstände,
an denen sich montags
mein Knie aufschlägt.

Sie aber, mit ihrem Jagdschein,
läßt sich nur laufend
und zwischen Hunden fotografieren.

Wenn sie ja sagt und trifft,
trifft sie die Gegenstände der Natur
aber auch ausgestopfte.

Immer lehnte ich ab,
von einer schattenlosen Idee
meinen schattenwerfenden Körper verletzen zu lassen.

Doch du, Diana,
mit deinem Bogen
bist mir gegenständlich und haftbar.«

Diana wird hier geradezu zur Muse wie zur Göttin Occasio, die Jagd macht auf Gegenstände, die Verkörperung einer Poesie, die »gegenständlich und haftbar« ist, und die mit dem Gedicht förmlich verschmelzende Zeichnung macht diese Göttin selbst zum ›Gegenstand‹, den man im Louvre von allen Seiten betrachten, und, wenn kein Wärter hinsieht, anfassen und betasten kann. Mehr als ein halbes Jahrhundert später bekennt sich Grass 2012 im Gedicht »Nachgewiesene Existenz« (*Eintagsfliegen,* S. 8) geradezu im Selbstzitat erneut zum für ihn untrennbaren Ineinander von Wort und Ding im »Gegenstand«:

»Warum dann dieser Aufwand mit Wörtern,
Rauchzeichen und datierten Tatsachen,
für die jemand, der ich sein soll,
haftbar zu machen ist,
weil sie benennbar sind,
ihren Geruch vor sich hertragen
und nachweislich Schatten werfen?

Zum Beispiel als Ding,
an dem sich mein Knie wundstößt,
so daß ich Schmerz spüre,
vermutlich eigenen, der längst verjährt ist.«

Fast unnötig zu sagen, dass ›Erlebnis‹ und ›Gegenstand‹ auch geistiger Natur sein können, die Laurence Sterne- (»Ich lese«, S. 407–409) oder die *Oblomow*-Lektüre (»Des Schlaflosen Lesefutter«, *Eintagsfliegen,* S. 98) etwa oder die plötzliche Entdeckung, dass Personennamen wie der des Bauernpräsidenten Rehwinkel auch gut als geographische Begriffe taugen, aus denen sich trefflich eine »Politische Landschaft« (S. 184) montieren lässt.

Dieses Gedicht von 1967 legt natürlich im Titel wie in »Blicken […] vom Blocksberg nach drüben zum Marx« oder »vom Blessing über den Rhein« seinen Ursprung offen. Indem Grass aber in den allermeisten Fällen seine ›Gegenstände‹ – wie Goethe – nicht offen legt oder auf den ersten Blick erkennen lässt, widersetzen sich seine »Gelegenheitsgedichte« dem ›Herabziehen‹ »zur Prose« und ließen schon frühe Kritiker »Wegweiser zum Sinn« vermissen oder den »eigentümlich ideolektischen« Charakter der Grass'schen Sprachbilder, sein »l'art pour l'art des Materiellen« beklagen. In einem Fall hat Grass einmal ein Gedicht, das bislang in allen seinen Gedichtsammlungen fehlt, mitsamt seinen Entstehungsumständen veröffentlicht, und zwar in *Von Deutschland nach Deutschland. Tagebuch 1990.* Unter dem 28.10.90 notiert er im portugiesischen Ferienhaus in Valle das Eiras:

»Nachmittags rief mich Ute zur Westseite des Hauses, wo eine knapp einen Meter messende Schlange begonnen hatte, eine faustgroße Kröte zu verschlucken. Mit entsetzlich aufgerissenem Maul hatte sie schon die Hinterbeine des Leibes verschlungen. Der Vorderteil der Kröte pumpte regelmäßig. Irritiert durch uns beide (Ute fotografierte, ich begann eine Zeichnung), ließ die Schlange von der Kröte ab, hob sofort den kleinen, nahezu zierlich dreieckigen Kopf, züngelte, ringelte sich erschöpft, während das Hinterteil der ausgespieenen Kröte unter rötlichem Schleim unbewegt blieb. Offenbar lähmende Verdauungssäfte. Später suchte die Schlange einen Busch als Versteck auf, nachdem sie einen abermaligen Versuch, die Kröte zu schlucken, offenbar aus Schwäche aufgab. Jetzt konnte die Kröte auch die Hinterbeine wieder bewegen. Auf dem Blatt einer Feldhacke trug ich sie in abseitiges Gebüsch. Ute meinte, die Kröte werde mir als Unke diese Rettung danken. Zwischen Wolken der Halbmond. Die milde Luft. [...]

Noch einmal die Schlange und die Kröte: wie fremd, erschreckend und jenseits aller menschlichen Reflexion die Natur ist, sobald sie sich derart ungemildert zeigt. Anschaulich einzig das Redensartliche: bei lebendigem Leib verschluckt werden; Entsprechungen bei Hieronymus Bosch.«

Am 30.10. ist daraus ein Gedicht über Grass' Sicht auf die soeben vollzogene Wiedervereinigung geworden, gegen deren Gestaltung durch Kohl und de Maizière Grass das ganze Jahr gekämpft hat – das zugrunde liegende konkrete »Erlebnis« ist kaum noch erkennbar:

»Die Leiter starr im Baum.
Wie die Schlange langsam
die lebende Kröte schluckt
(führt zur Maulsperre).
Der häufige Regen entspricht der Jahreszeit.
Ein toter Käfer dann, dem Nashorn ähnlich
und schön in seiner blanken Rüstung.
Zuviel Natur während normaler Krise.
Doch soll westlich von uns eine Müllkippe
geplant und bewilligt sein.«

Kurz zuvor hatte Grass ein ähnlich starkes Erlebnis: Als er vom Zeichnen des *Toten Holzes* in den deutsch-deutschen Mittelgebirgen zurückkam, lag zu Hause die Eule im Kamin. »Wir hatten versäumt, den Schornstein mit einem Dohlengitter abzudecken. Äußerlich heilgeblieben, ohne besonderen Geruch, den Eulenblick zu Schlitzen verengt, die Greifkrallen im hellen Flaum der Unterseite gebettet, so bot sie sich letztlich an. Ich zeichnete sie allseits mit Blei, stinkender Tintenfischtinte, mit Kohle.« Dann legte der Zeichner die tote Eule zwischen und vor totes Holz. Er ließ sie zur Wolke werden, die über starren Baumstümpfen (zwischen Zinnwald und Gottgetreu) abregnet. Die Eule als Faust geballt überm Wald.

Natürlich ist es die Eule der Minerva, die, zur Zweckrationalität verkommen, tot inmitten einer toten Natur das Ende aller menschlichen Weisheit und allen Erfindungsreichtums bezeugt. Dieses Erlebnis fällt jedoch in die Zeit des Verstummens – »überall Silbenschwund, Lautverfall« –, des Ausgehens der Wörter angesichts des »Stummfilms« vom Waldsterben, der schon in der *Rättin* angelaufen war. Grass verschlägt es wortwörtlich die Stimme. Anfangs waren noch Gedichte zum Thema geplant, aber nur eins entsteht und bleibt selbst eher fragmentarisch (»Immer aufrecht, gut erzogen«, S. 556), während das Erlebnis nur in zahlreichen Variationen und Techniken zeichnerisch Gestalt annimmt. Im Spektrum der Grass'schen erlebten Bildlichkeit beggnen wir mit der Eule vom Herbst 1989 der nur gezeichneten dinglichen Metapher.

Sieht man von den formal wie inhaltlich völlig isoliert dastehenden 13 Sonetten *Novemberland* (S. 285–297) von 1992 ab, gelingt es Grass erst wieder in den ab 1995/96 entstehenden »Aquadichten«, den in Aquarelle feucht mit dem Pinsel gezeichneten Gedichten der *Fundsachen für Nichtleser* (S. 299–345) von 1997, den Weg vom im Bild festgehaltenen Goetheschen Erlebnis zu dessen sprachlicher Gestaltung zu finden. In ihnen bringen, für den Betrachter augenfällig, die Dinge die »Wörter in Fluß« und sprechen so Auge und Ohr gleichzeitig an:

»*Feucht in feucht*

bis die harten Gegenstände,
der Hammer, die Zange,
der Nagel zerfließen,
und schnell,
bevor die Farbe trocknet,

wenige Wörter in Fluß gebracht ...
Aquadichte – hör mir zu, bitte,
schau nicht weg.«

»Alles lag auf der Hand«, hat Grass dieses Ineinander von Gelegenheit, Bild, Gegenstand und Erlebnis einmal gesprächsweise genannt – eine Kennzeichnung, die auch auf die Zeichnungen, Prosastücke und Gedichte seines letzten Buches *Vonne Endlichkait* zutrifft. In den *Fundsachen für Nichtleser* bestätigt gerade die jahreszeitliche Reihung der Gegenstände zum Zyklus eines Jahres noch einmal die Deutung des ›Erlebnisses‹ als ›datierbares Gefühl‹.

Bisweilen liegen zwischen einem »Erlebnis« und seiner zufälligen ›gegenständlichen‹ Deutung an ganz anderem Ort viele Jahre: 1956 heißt es in dem Gedicht »Lamento bei Glatteis« (S. 35 f.):

»Sanna nein. Der Duft um Kerne
aufgetan, das Bittere deutlich,
so als wär der Kern die Summe
und Beweis, daß Obst schon Sünde.«

Ein Eintrag in *Aus dem Tagebuch einer Schnecke* löst das dunkle Wort dann zufällig »zur Prose« hin auf: Grass liebt es, Pflaumen-, Pfirsich- oder Aprikosenkerne zu knacken: »Später knackte ich Kerne: diese gelinde Spur Blausäure«. »80 bittere Mandeln enthalten die tödliche Dosis von 60 mg Blausäure. (Die Mandel als Metapher: Celan-Zitate.)« Nimmt man diese Einträge von 1969 und das Gedicht von 1956 zusammen, ergibt sich die Paraphrase: Kerne von Steinobst enthalten geringste Spuren von Blausäure, lassen den berüchtigten Bittermandelgeruch ahnen und ergeben die Deutung, selbst bei harmlosem Steinobst sei die Summe des Genusses womöglich der Tod, der nach Paulus »der Sünde Sold« ist und einst mit dem Genuss der verbotenen Frucht in die Welt kam.

»Windhühner« und »Eintagsfliegen« – zur Poetizität der Grass'schen Lyrik

Spannt sich so in Grass' Lyrik ein weiter Bogen von der Poetik des »Gelegenheitsgedichts« in seinem Frühwerk zu den »Gelegentlichen Gedichten« von 2012 und den »auf der Hand« liegenden letzten Gedichten, so spannt sich zugleich inhaltlich ein Bogen über fast 60 Jahre hinweg von den *Windhühnern* zu den *Eintagsfliegen* und dem titelgebenden wie den Abschluss stiftenden *Vonne Endlichkait*.

Wie ein Programm hat Grass seinerzeit seiner allerersten Buchveröffentlichung das Titelgedicht »Die Vorzüge der Windhühner« vorangestellt (S. 9) – als Klappentext des von ihm selbst gestalteten Umschlags. Es ist ein Gedicht über das Dichten: Während es selbst seinen Schlüssel mitliefert, bekennt es sich zum Recht der Dichtung, verschlüsselt zu sein. Indem in seinem Zentrum ein Einfall, ein Aperçu, eine Bildidee steht, die die Zeichnungen des Originalumschlags zugleich graphisch gestalten, ist es ein typisches Grass-Gedicht: Grass hat in fast Morgensternscher Weise aus dem »Windei« ein dazu passendes »Windhuhn« erschlossen, und das Gedicht war fertig. In seiner Tiefenstruktur ist ein »Windhuhn« offensichtlich ein »Huhn aus Wind«, wie die ersten Zeilen zeigen. Dieser »Wind« ist dabei zugleich das ›pneuma‹ aus Jesu Wortspiel aus dem *Johannesevangelium* 3,8, der Geist, der weht, wo er will, die Phantasie, die diese Hühner gezeugt hat und die sie fortan verkörpern. Sowohl die Metaphern »eine duldsame Fläche, ganz klein beschrieben, / keine Feder vergessen, kein Apostroph« wie »wenn die Zwischenwände umblättern, / ein neues Kapitel sich auftut« geben die »Windhühner« als Gedichte oder Dichtungen preis. Als solche sind sie der Zweckprosa des Alltags entgegengesetzt, »die der Briefträger jeden Morgen vor meiner Tür verliert«, stattdessen »verschmähen sie die harten Traumrinden nicht«. Sie sind nicht festzulegen, lassen »die Tür offen«, sind Allegorie und Schlüssel zugleich und bleiben dennoch sie selbst – ein Bild, das sein eigenes Recht behauptet und »dann und wann kräht«. »Weil« das alles so ist, nährt das Ich sie und ist glücklich über den Reichtum seiner Phantasie: Es muss sie nicht einmal »zählen«, »weil sie zahllos sind und sich ständig vermehren«.

Weniger biologisch als öko- und poetologisch sind die Windhühner in ihrer Substanz- und Bedürfnislosigkeit offensichtlich enge Verwandte der Eintagsfliege von 2012, sie »wird, weil ohne Kauwerkzeug geschlüpft, / sogleich befruchtet, legt Eier in Fluß- und Seeufern ab, / hat nach getaner Arbeit – zuerst die Männchen, / Stunden später die Weibchen – ihr Leben vollbracht.«

Grass widmet den ephemeren Geschöpfen nicht nur wie einst den Windhühnern einen ganzen Lyrikband, sondern auch einen Ehrentag samt »Festplan für den 29. Februar« (*Eintagsfliegen* S. 61), der sie als Geschwister des Windhuhns ehren soll (nebenbei – ein Gelegenheitsgedicht in nun wirklich jeglichem Sinne):

»Nein, laßt uns feiern sie [...]
Sie, die nicht sparen muß,
weder Vorräte hamstert
noch Erbschaft hinterläßt,
ihr, der Eintagsfliege,
sei des Schaltjahres überzähliger Tag gewidmet [...]«

Doch anders als Windhühner kommen die Eintagsfliegen – soviel hat ihr Autor in einem langen Dichterleben gelernt – nicht gleichsam aus dem Nichts, wie einst die Schöpfung selbst, sondern bedürfen der Brut-, der Larven-, der Inkubationszeit:

»Aber weit länger als eines Tages Dauer
– annähernd vier Jahre lang – sind sie als Larven
in Gewässern putzmunter, nähren sich –
weil noch mit Kauwerkzeug bestückt – und bleiben
immer gesättigt, glücklich womöglich,
ein köstliches Vorleben lang.« (*Eintagsfliegen* S. 11)

»Wo fängt Prosa an, wo hört Lyrik auf?«: Grass' »Kleine Versschule«

Auch das Gedicht, in dem Grass nicht auf die Ontologie von Lyrik, sondern auf deren *poiesis,* auf das Machen, eingeht, ist ein Gelegenheits-, ein Erlebnisgedicht, hat einen konkreten Gegenstand: die so banale wie falsche Kritik, das »skandalöse« Gedicht »Was gesagt werden muß« (S. 88) sei gar kein Gedicht, sondern ein umbrochener Leitartikel – in der Sammlung der *Eintagsfliegen* lässt Grass auf eins der umstrittensten Gedichte der deutschen Lyrikgeschichte nur zwei Seiten später die Reflexion der »Kleinen Versschule« (S. 90) folgen. Indem Grass auf die Kritik einzugehen scheint, unterläuft er sie in Wahrheit listig und endet mit der letzten Strophe:

»Wo fängt Prosa an, wo hört Lyrik auf?
Vielleicht wissen beamtete Schriftgelehrte
oder das freischwebende Feuilleton,
ab wann die Erzählung rhythmisch stolpern,
das Gedicht episch wuchern darf.«

Man muss hier nicht Bertolt Brechts Überlegungen zu unregelmäßigen Rhythmen in reimloser Lyrik bemühen. Sehr viel länger schon, nämlich seit es durch die Rezeption der antiken Oden und Hymnen, vor allem der Pindars, die damals als ungeregelt galten, im Deutschen reimlose freirhythmische Gedichtzeilen gibt, erscheint die von Grass ironisch nachgefragte Grenze, vor der die »Erzählung rhythmisch stolpern«, hinter der »das Gedicht episch wuchern darf«, als aufgehoben. Berühmtester Fall sind wohl Novalis' *Hymnen an die Nacht*, die im Manuskript des Autors als Gedichte konzipiert, in ihrem Erstdruck im *Athenaeum* 1800 dann aber im Blocksatz, d. h. als Prosatexte, veröffentlicht wurden. Lothar Pikulik sieht in seinem Epochenbuch zur Frühromantik in solch rein mechanisch vorgenommener Versifizierung eine »verstärkte Wirkung des Wortklangs, des Rhythmus, der Bilder« und in deren Rückführung in den Blocksatz eine Zurücknahme dieser Elemente, eine geringere »Verleiblichung der Sprache« und damit eine Ausbalancierung des »Gleichgewichts zwischen sinnlicher Sprachgestalt und gedanklicher Aussage«. Jean Pauls *Flegeljahre* (1804/05), die Doppelbiographie der Zwillinge Walt und Vult, die bis in den Titel hinein Günter Grass als eines der Vorbilder für die Amsel-Maternsche Doppelbiographie der *Hundejahre* diente, hat solche Versifizierung der Prosa als Prosaisierung des Verses bis zur Marotte getrieben: Walt, zugleich Jurist und Idealist, pflegt den Streckvers oder Polymeter, ein komplexes Gebilde aus antiken Metren, die ein postantikes Ohr nicht mehr zu hören vermag und die Jean Paul exemplarisch entschlüsselt. Ansonsten aber werden die komplexen Metren durch den Blocksatz schlicht zum Prosatext und gehen sang- und klanglos unter. Der Erzähler bedauert das:

»Ich bemerke bei dieser Gelegenheit, daß es dem Dichter keinen Vorteil schafft, daß man seine Streck- und Einverse nicht als *eine* Zeile drucken lassen kann; und es wäre zu wünschen, es gäbe dem Werke keinen lächerlichen Anstrich, wenn man aus demselben arm-lange Papierwickel wie Flughäute flattern ließe, die herausgeschlagen dem Kinde etwan wie ein Segelwerk von Wickelbändern säßen; aber ich glaube nicht, daß es Glück machte.«

Vielleicht hat Grass deshalb eines seiner allerschönsten Gedichte, sowohl episch wuchernd wie rhythmisch schreitend, aber keineswegs stolpernd, als Prosatext in die *Hundejahre* eingelegt. Mit dem übrigen Text ist es lediglich durch ein Stichwort verbunden »Nichts ist rein« – eine Übernahme des Camusschen »Rien est pur«, worauf Dieter Stolz hingewiesen hat. Ich habe mit dem Einverständnis des Autors für eine bislang nicht publizierte Neuausgabe seiner Gedichte in chronologischer Folge diesen neben dem 50 Jahre späteren »Europas Schande« (*Eintagsfliegen* S. 96) rhythmisch vielleicht hinreißendsten seiner Texte als Gedicht umbrochen – Gedicht ist, was als Gedicht gedruckt ist.

Grass selbst ist aber auch den umgekehrten Weg vom Gedicht zum Prosatext gegangen. Im Mai 1974 entstand als privateste Reaktion auf Willy Brandts auch für Grass völlig unerwarteten Rücktritt am 6. Mai eins seiner intimsten Erlebnisgedichte – ›Erlebnis‹ im Goetheschen Vollsinn als datierbares Gefühl, »Federn blasen« (S. 276). Er veröffentlicht es als Gedicht Anfang 1975 in der Zeitschrift *Merkur* und dann erneut zwei Jahre später im *Butt* – diesmal aber als geschlossenen Prosaabsatz im »Siebten Monat« in der Erzählung von Bebels Beerdigung. Zum Gedicht wird der Text dann wieder 1983 in *Ach Butt, dein Märchen geht böse aus,* einer Sammlung aller in der Ilsebill-Krisen- und *Butt*-Inkubationszeit entstandenen Gedichte, der aus dem *Butt* und der nicht in den Roman eingegangenen – und eben auch des Gedichts, das im Roman zur Prosa wurde.

Grass beschreibt dieses Umbrechen eines Textes gegen Syntax und Interpunktion zu einem Gedicht in seiner »Versschule« sehr bildlich: Der Dichter »hackt Sätze zu Kleinholz«. Grass greift hier nahezu wörtlich ein Bild auf, das er 40 Jahre vorher in *Aus dem Tagebuch einer Schnecke* zur Beschreibung von Herbert Wehners abgehacktem Redestil gegen jede Satzmelodie benutzt hatte: Wehner »hackt nun den Satz, als sei er Langholz, zu gleich kurzen Klaftern, besteigt eine himmelstürmende Leiter, die er (wohl schwindelfrei) weiter, noch weiter ausfahren läßt, steigt jetzt – mitten im Satz – zögernd, als genieße er seine Verstiegenheit, ab, stapelt unten, kaum angekommen zwischen den gleichkurzen Klaftern, eine Pyramide aus Konjunktiven, läßt sie langsam (zum Mitschreiben) einstürzen«. (7, S. 74)

Nach diesem Verfahren baut Grass seine freirhythmischen Verse vom einstigen Titelgedicht des lyrischen Erstlings *Die Vorzüge der Windhühner* 1956 bis zu »Was gesagt werden muß« 2012 und der »Kleinen Versschule« selbst.

»Der Streit um Wörter schwillt an,
hackt Sätze zu Kleinholz, geht,
nach hymnischem Schwung, in Geplauder über,
versandet auf Nebenwegen
und täuscht, eine Pause lang, Schweigen vor.«

Neben solchem sechs Jahrzehnte lang geübten »Hacken« zu ansonsten freien Strophen begegnen bei Grass auch strengere Formen der reimlosen Lyrik, die entweder strophisch oder optisch organisiert sind. Schon in seiner Rede zur Gelegenheitslyrik berichtet Grass in ironischem Ton von »einem fünfstrophigen dreizeiligen Gedicht, das inzwischen in die Literaturgeschichte eingegangen ist«. Grass spielt hier wohl auf das Gedicht »Polnische Fahne« von 1955 (S. 31) an, aber entscheidend ist, dass er damit seine Lieblingsstrophenform nennt – das mehrstrophige dreizeilige Gedicht, sozusagen seine reimlose Variante der Terzine, die bisweilen auch, wie das Vorbild, mit einem Vierzeiler schließt. Auch diese Form hat Grass in sechs Jahrzehnten gepflegt, vom frühen Gedicht über Polen bis zur späten Liebeserklärung an Deutschland, »Trotz allem« (*Eintagsfliegen* S. 49), von 2012.

Noch auf ein Organisationsmittel Grass'scher Lyrik jenseits von Rhythmus und Reim sei hingewiesen: auf das Druckbild. Hier nutzt Grass das bereits mehrfach zitierte Prinzip »Gedicht ist, was als Gedicht gedruckt ist« selbst als Prinzip und gibt manchen seiner Gedichte ab dem Gedichtband *Ausgefragt* von 1967 eine Art Treppenform, die den Text von Zeile zu Zeile weiter einrückt. Als Beispiele wie Eckpunkte seien genannt »Sechsundsechzig« (S. 200), 1966 entstanden, und der Gedichtband *Dummer August* von 2007, in dem sämtliche Gedichte auf diese Weise organisiert sind.

»Wer will, darf natürlich den Jüngsten Tag auf den Erstschlag reimen« – Günter Grass und der Reim

Entgegen der Parallelwertung in der Laiensphäre ist der Reim seit dem 18. Jahrhundert und erst recht im 20. Jahrhundert keineswegs mehr die Krone oder gar das Shibboleth der lyrischen Poesie. Unter Grass' Gedichten begegnet er sogar eher als Ausnahme und wird von ihm meist als zusätzliches rhetorisches Mittel eingesetzt, wenn eine besondere Gelegenheit, ein bestimmter ›Gegenstand‹ oder die gewählte Gattung ihn erfordern.

So sind es noch in jüngster Zeit Gedichte für Grass' engsten Kollegenfreund im Alter, den kreativsten aller Reimenthusiasten, Peter Rühmkorf, in denen Grass dem Freund zu Ehren mit dem Reim spielt. Rühmkorf sammelte geradezu Reime, da seines Erachtens ein Reim schwerer zu finden sei als ein dazugehöriger Sinn, der sich leichter einstelle als solch betörender Gleichklang. Rühmkorf war besonders stolz darauf, gleich zwei Reime auf den im Deutschen angeblich reimlosen ›Menschen‹ gefunden zu haben. Neben dem »Lied der Benn-Epigonen« mit dem bekannten Anfang »Die schönsten Verse der Menschen / – nun finden Sie schon einen Reim! – / sind die Gottfried Bennschen« hatte er noch einen zweiten in petto: »die Edelmenschen / die Old Shatterhand'schen«: Zum 70. Geburtstag schenkte ihm Grass deshalb 1999 einen Plakatdruck »Sieben ältliche und aufgefrischte Rezepte für Peter Rühmkorf zum siebzigsten Geburtstag angerührt und ins Bild gebracht von Günter Grass« (S. 561–563) mit einem explizit gereimten Rat in lauter Binnenreimen:

>*»In Reimen angeraten*
>Ein Vogelnest bis zum Rest
>langsam zerkaut, gründlich verdaut,
>beflügelt Peterlein ungemein.«

Im lyrischen Nachruf klagt Grass 2008 (*DIE ZEIT*, Nr. 30, 17.7.2008) explizit um den kühnen Reimer Rühmkorf: »Ach Freund! Wer kümmert sich jetzt / um deine Reime? Findling und Gründling, / Eckensteher und Heckenspäher«. In dem drei Jahre später entstandenen Gedenkgedicht »In Erinnerung an einen Freund« (*Eintagsfliegen* S. 46) nimmt die trostlose Reimwüste, die Rühmkorfs Tod zurückgelassen hat, geradezu Gestalt an:

>»Nur Web noch auf Nepp,
>die Wiese auf Krise
>und Schrott auf bankrott.
>Was sonst noch sich reimt
>und Scherben verleimt,
>kehrt Reste zuhauf,
>nimmt Leergut in Kauf
>und sucht nach der Pleite
>das Weite.
>
>Durchschaubar als Trick
>verbraucht sich das Glück
>wie Geld, das verfällt,
>denn niemand verbellt
>mit Reimen die Welt,
>ob End- oder Binnen-,
>seit Rühmkorf von hinnen.«

Peter Rühmkorf war es dann auch, den Grass um Rat und technische Auskunft bei einem komplexen Reimproblem bat: Der mörderische Brandanschlag in seiner unmittelbaren Nachbarschaft in Mölln im Herbst 1992, der drei türkischen Frauen das Leben kostete, drängte ihn »aus kaum zu definierendem Grund« dazu, »auf die amorphen deutschen Befindlichkeiten im Verlauf des November und Dezember mit einem Zyklus von dreizehn Sonetten« zu reagieren, wie er an Christa Wolf schrieb. Unter dem Titel *Novemberland* versammelt er dreizehn Varianten des Petrarca- und des Shakespeare-Sonetts. Während der traditionelle Sonettzyklus, den vierzehn Zeilen des Einzelgedichts entsprechend, meist vierzehn Sonette umfasst, widersetzt sich die aktuelle Situation jeder Harmonisierung; Grass' Zyklus bleibt mit dreizehn Gedichten bewusst defizitär.

Auch »Annabel Lee« ist als Grass' frühe »Hommage à E.A. Poe« (S. 120) in Reverenz vor Poes geradezu magischem Sprachklang so reimreich wie das Original. Der russische Lyriker Andrej Voznesenskij erinnert sich an Grass' Vortrag seiner Version »dieses klassischen Gedichts des ›verrückten Edgar‹« auf einem Lyrikfestival in Mexiko, an dessen Verfallensein an das nicht zu enträtselnde »Geheimnis seiner Musik«, dem Grass »nicht abschwören« kann, vielmehr »gezwungen« ist »zu wiederholen: ›Annabel Lee! Annabel Lee!‹« Später wird Voznesenskij dieses Gedicht von Grass zusammen mit einer Handvoll anderer ins Russische übertragen.[3]

Auch bei der von ihm eher selten gepflegten Gattung des Liedes respektiert Grass wie selbstverständlich die traditionellen Reime und die Strophenform. Das liegt nahe bei »Des Wiederholungstäters halbherziger Beichte« von 2003 (S. 368–370), die in der Tradition der lyrischen Beichten François Villons und des gleichermaßen reimreichen Archipoeta steht. Aber auch Grass' Poetik des Gelegenheitsgedichts bietet naturgemäß Anlässe für Lieder, öffentliche wie private. Bundestagwahlen zeitigen unernste Wahlaufrufe (»Frommes Wahllied für Katholiken, Schildbürger und Unentschiedene«) zur Wahl 1961 (S. 584 f.) oder eher ernstgemeinte zur Wahl 1965 (»Gesamtdeutscher März«, S. 188 f.) mit den Schlusszeilen »beginnt der Herbst, das Stimmenzählen; / ich rat Euch, Es-Pe-De zu wählen«. Private Gelegenheitslieder ergeben sich beispielsweise aus Beziehungsproblemen des lyrischen Ichs (»Inventar«, S. 74 f.) oder aus Anlass von Grass' 75. Geburtstag (»Zuletzt drei Wünsche«, 2002), mit kompliziert kunstvollem Reimschema und dem Schlussvers, der alle drei Geburtstags- wie Märchenwünsche zusammenfasst: »Komm tanz, lieg bei, sieh zu und staune, / was mir noch möglich ist bei Gunst und Laune« (S. 377). Der Wunsch »sieh zu und staune« bezieht sich auf des lyrischen Ichs – wie des

Autors – Brauch, an runden Geburtstagen vor den Augen der versammelten Sippe aus weit über einem Dutzend leiblicher, Stief- und Schwiegerkinder und anderthalb Dutzend Enkeln einen Kopfstand zu versuchen. Das zeitigt, zusammen mit Marx' Anspruch, Hegel vom Kopf auf die Füße gestellt zu haben, »Kopfständlers Lied« (S. 379)

Fast ebenso groß ist bei Grass die Zahl der Kinderlieder, für die schon der Reimgegner Johann Gottfried Herder den Reim gelten lassen wollte. Auch der Reimforscher Peter Rühmkorf sah im Kindervers einen bis heute produktiven Ursprung des eigentümlichen, Reim genannten ›Gleichklangs ab dem letzten betonten Vokal‹. In diesem Sinne dichtet Grass schon 1956 seine Kinderverse »Aus dem Alltag der Puppe Nana« (S. 82 ff.) und noch 2010 ein »Kinderliedchen [...] für den Hausgebrauch der Familie«, dessen Autorschaft er dann einem Mitarbeiter am Grimmschen Wörterbuch, Rudolf Hildebrand, in die Schuhe schob (*Grimms Wörter* S. 254).

Beim extremen Antirousseauisten Grass mit seinen »verruchte[n], hasserfüllte[n] Säuglinge[n]«, die später alle zu »unschuldigen Großmütter[n]« heranreifen, wie es in der *Blechtrommel* heißt, sind es häufig böse Kinderverse, wie ja schon sein Debütroman ein böser Kinderroman und sein Drama *Onkel, Onkel* ein extrem böses Kinderstück ist. Das zeigt bereits der das Mythologem der »Schwarzen Köchin« beschwörende Kinderreim, mit dem die *Blechtrommel* schließt (s. S. 436), aber auch das generisch »Kinderlied« genannte Gedicht (S. 59) mit seinem engmaschigen Gitter aus End-, Binnen und identischen Reimen, ein lyrischer Text, der, mit der harten Rhythmik und Logik aller Abzählreime, kein Entrinnen zulässt. Ob Lachen oder Weinen, Sprechen oder Schweigen, Spielen oder Sterben – alles lässt jeden schuldig werden, alles mündet, gewaltsam oder nicht, in den Tod, nicht nur jegliches Handeln, sondern mehr noch das Nicht-Handeln: »Wer hier stirbt, unverdorben, / ist ohne Grund gestorben.«

Auch Kittys Lied in der *Blechtrommel* (3, S. 435) weist auffallende Reime und eine durch den Refrain noch unterstrichene Strophik auf. Wenn dies kindliche Lied auch weniger brutal klingt, ist es doch nicht weniger böse als Grass' »Kinderlied«. So bedenken- wie gedankenlos bereitet sich neun Monate vor Kriegsende bruchlos der Übergang vom Terror des Kriegs zur Idylle des Biedermeier vor. Bei seinem Erscheinen war das Gedicht geradezu prophetisch – die 1945 in »Latrinen« verbuddelten »Minen« explodieren heute noch, so dass den einstigen Verbuddlern ›die Scheiße um die Ohren fliegt‹, wie Grass' Kollege Böll das drastisch zu nennen pflegte, was heute wenig euphemistischer ›Shitstorm‹ heißt.

»Ach alter Adam« – Grass und die Conditio humana

Das in diesen bösen Liedern gestaltete negative Menschenbild ist mitsamt seiner Herkunft aus der biblischen Überlieferung eine unverrückbare Konstante des Grass'schen Weltbilds. Grass hat die ›Erbsünde‹ sogar in dieser ausgeprägt dogmatischen Begrifflichkeit zur Grundlage seines Dichtens und Denkens gemacht hat, von der *Blechtrommel* bis zu *Grimms Wörtern* von 2010 mit dem Gedicht »Ach, alter Adam!« (*Grimms Wörter* S. 25):

> »Ach, alter Adam!
> Ab Anbeginn setzten dir Angstläuse zu,
> plagte dich Aftersausen, war zu ahnen,
> es könnte etwas, das ähnlich der Schlange
> sich aalt, länglich aalglatt ist,
> ein Angebot machen, das seit Augustinus
> Erbsünde heißt und ab dem Apfelbiß
> Anspruch erhebt auf Vaterschaft, Alimente.
> Danach wurde im Schweiße des Angesichts
> nur noch geackert.
> Arbeit im Takt nach Akkord,
> und deren Mehrwert abgeschöpft,
> bis abgesahnt nichts mehr da war.
> Ach, alter Adam!«

»Alter Adam« ist der theologische Terminus technicus für den unrettbar gefallenen Menschen, der Grass' Menschenbild bestimmt. Sogar »die Tauferei« seiner Kinder hat Grass ausdrücklich gewünscht, damit »sie schon früh mitkriegten, wie angeblich alles mit der Geschichte von Eva und der Schlange begonnen hat« und »was davon, rein erbsündemäßig, die Folge ist«, wie es im nachempfundenen Jugendjargon der Grass'schen Kinder in *Die Box* heißt.

Im frühen Lyrikband *Gleisdreieck* findet sich das Gedicht, das Grass' Weltsicht am deutlichsten gestaltet, wie sie für sein gesamtes Werk bestimmend ist, »Im Ei« (S. 76 f.). Ursprünglich sollte der ganze, Ende der 1950er Jahre geplante Gedichtband so heißen, aber der Umzug ins geteilte Berlin Anfang 1960 stiftete dann mit dem dinglich greifbaren Namen der S-Bahnstation zwischen Ost und West den sinnlicheren Titel *Gleisdreieck*.

Von der Assertion »wir werden gebrütet« über das Indefinitum »wer uns auch brütet«, die bloße Hypothese, gebrütet zu werden, und die Brutzeit-Spekulationen, die Extrapolation der eigenen Brutmethode, über die bange Frage: »Und wenn wir nun nicht gebrütet werden?« und die bloße Hoffnung: »daß wir gebrütet werden« führt der Weg des Gedichts zu der Einsicht, dass das »Brüten« nur noch unser Gerede ist. Kein »gutmütiges Geflügel« lenkt unsere Entwicklung in den Bahnen einer sinnvollen Teleologie; das einzige Datum der Zukunft, mit dem wir rechnen müssen, ist die kosmische Katastrophe, die in für Grass typischer Weise aus dem Bild vom »Ei« einerseits und einer umgangssprachlichen Wendung andererseits genommen wird, die Gefahr, dass »jemand [...] uns in die Pfanne haut«. *Die Rättin* nimmt 1986 dieses Thema wieder auf und benennt den »jemand« – wir werden es selbst sein. Gerade im Kontrast zu den titelgebenden *Eintagsfliegen*, die seit rund 200 Millionen Jahren auf der Erde leben und uns wohl auch überleben werden, gestaltet Grass noch in seinem letzten reinen Gedichtband seine apokalyptische Weltsicht und mit ihr die Endlichkeit des Menschengeschlechts:

»Wir hingegen sind erst seit kurzem hier,
flüchtige Gäste, die schwinden werden,
überlebt von Insekten vielerlei Art,
von denen eine von uns, die wir alles benennen,
Eintagsfliege getauft wurde, ein Name,
der eher die Menschen kleidet,
gemessen an ihrer Frist.« (*Eintagsfliegen*, S. 11)

Abgesehen von unserem unausweichlichen Ende, das uns schon das Gedicht von 1960 ankündigt, werden wir in unserer unbegriffenen Situation leben müssen: Weder Künstler werden uns je »ein Bildnis des Brütenden machen«, noch werden Spekulationen und Prophezeiungen der Ideologen oder die Erfindungen der Technologen über den vorgegebenen blinden und stummen Horizont, der uns umschließt, hinauskommen; was er an Sinn hergibt, ist der, den wir selbst in Wünschen, Träumen, Sehnsucht und Hass darauf projizieren. Das Gedicht »Doch aber« zur Graphik »Mit Brille neuerdings« (S. 279) nimmt 1976 das Stichwort von 1960 wieder auf: »Im Ausschnitt befangen, [...] doch ohne Einsicht in jenen Zusammenhang, / den das Gebirge als Horizont diktiert.«

Die Frage nach der Möglichkeit des Lebens vor solch einem sinn- und zusammenhanglosen Horizont hat schon das Gedicht »Blechmusik« in der Sammlung von

1956 gestaltet (S. 53 f.). Die darin erprobte Bildlichkeit hat Grass in zwei Großwerken weiter entfaltet und gestaltet: in *Die bösen Köche* und *Die Blechtrommel*. Das Trompetenbild – vermittelt durch den gynäkologischen Terminus ›Muttermundtrompete‹ – wird im Drama szenisch zum Geburtsvorgang gestaltet. Die Beschwörung des vorgeburtlichen Seins in der ersten und letzten Strophe führt direkt zur *Blechtrommel,* zu Oskars Wunsch, nie geboren zu werden, und – ein für allemal »ausgestoßen« – zur Sehnsucht nach Rückkehr in den Mutterleib. Der in der letzten Strophe gestaltete zeitlose Friede des Lebens im Mutterleib »auf ruhigem endlosem Rücken«, der in der embryonalen Hockhaltung gleichsam »hin und zurück« immer wieder in sich selbst übergeht, entspricht Oskars Utopie vom Leben unter den Röcken der Großmutter. Doch wie bei Oskar diese Hoffnung irreal bleibt und ihn am Lebensende statt der Großmutter die »Schwarze Köchin« erwartet, so auch hier schon im Gedicht: Ende des vorgeburtlichen Friedens ist die – wie von Oskar – als ›Ausstoßung‹ empfundene Geburt, das »Kind, auf dem Kopf / einen Helm aus gelesener Zeitung« stellt dabei über Grass' Titelzeichnung für die Erstausgabe und Oskars gelegentliche Auftritte als »trommelnder Reiter mit Papierhelm« die direkte Beziehung zum Roman *Die Blechtrommel* her.

Zum zeitlosen »Damals«, zur Endlosschleife des stillen, signallosen Schlafens und Träumens »hin und zurück« treten das punktuelle »damals« des Weckens, das Ausgestoßenwerden in der zweiten, das »Heute« der dritten und das »Nun« der vierten und fünften Strophe in Gegensatz: Auf Signal des Kindes und Schicksalsgenossen, auf das sinnlose des »irren Husar[en]« oder gar auf das des Todes, »der so seinen Stempel behauchte«, treten wir ins Leben, und Leben in der Zeit heißt: in der Vergänglichkeit, die die Metapher der Schnittblumen und des im Kaffee vergehenden Zuckers fast barock bestimmen. Das Leben wird zur Flucht, die alles kurzfristig werden lässt, wobei vor der grundsätzlichen Vergänglichkeit alles gleich lang wird: Der Sekundenbruchteil, in dem sich beim Trinken der »Trichter im Bier« bildet, die Minuten, in denen wir »Frauen, die sehr wenig Zeit haben«, ausfüllen – eine extrem aufs sexuell Funktionale reduzierte Betrachtungsweise –, die Jahre, in denen ein Mantel unsere vergehende Körperform abzeichnet, die Jahrzehnte im Grab, das »andere bezahlen«. »Liebe« wird wie Wäsche in Schubladen abgelegt, selbst Öfen verweigern das altruistische Aufwärmen, und das Kommunikationsinstrument Telefon versagt und weist uns – mit dem »Zeichen Besetzt« – auf uns selbst zurück. ›Versöhnung‹ liegt nur noch in der Gewöhnung an diese Flüchtigkeit allen Seins.

Dasein als Dasein zum Tode wird am klarsten im Gedicht »Saturn« (S. 121 f.) gestaltet. Zum Ausgangspunkt dieses typischen Grass'schen »Gelegenheitsgedichts« wird offenbar ein plötzliches Fremdheits-»Erlebnis«: das Schlüsselsuchen, das Aufschließen-Müssen, um zu sich selbst zu kommen. Ab dann erscheint der Alltag dem Ich verfremdet, das Stillen des Hungers wird zu einem fast kannibalischen Akt, das Schuhausziehen zu einem befremdlichen Ritual. In diesem Heraustreten aus der blindmachenden Gewöhnlichkeit des Alltags wird die Zigarette zum Emblem des Todes: Wie sie jetzt zu Asche verbrennt, wird auch das Ich zu Asche werden: »Mit meiner Asche / putzt seine Zähne Saturn« ist die Achse des Bildes. »Meine Asche« heißt in bezug auf die vorangehenden Zeilen ›Asche meiner Zigarette‹ und für die nachfolgenden »meine Asche« für den seine Kinder fressenden Gott Saturn; denn »in seinen Rachen / werden wir steigen«.

Die Zigarette, die sich hier selbst entschlüsselt, ist in Grass' Gesamtwerk Symbol für Vergänglichkeit, ja fast ein Emblem: Es bedurfte nicht erst der sinistren Warnungen auf jeder Packung, um Zigaretten als ›Sargnägel‹ ins allgemeine Bewusstsein zu bringen. Die implizite Verbindung von ihrer Vergänglichkeit zur Vergänglichkeit des sie Rauchenden stellt Grass in der *Blechtrommel* explizit her: Beton »ist unsterblich […] nur wir und unsere Zigaretten […]. Ich weiß, ich weiß, mit dem Rauch verflüchtigen wir uns«. Die enge Verbindung von Sargtischlern, Beerdigungen und Zigarettenrauchen bei Danzigs Untergang bestätigt Zigaretten dann als solche ›Sargnägel‹ des Volksmunds, und in diesem Sinn prägen sie auch Gedichte in Wendungen wie »sterblicher noch als Tabak« und »bis das Fenster schmutzig wird, / muß ich den Zigaretten ins Auge sehen«. Das Gedicht »Kettenrauchen« (S. 166) bekennt sich zu seinem Thema als zum bewussten Leben zum Tode: »Kippen zeugen von mir« – *fumo, ergo sum – moriar ergo sum*. Entsprechend heißt es noch 2012 im Gedicht »Nachgewiesene Existenz«: »Ich bin / Dafür soll es Beweise geben, / unverkennbare, wie man sagt: Er raucht!« (*Eintagsfliegen*, S. 8).

In »Kettenrauchen« wird das Zigarettenrauchen geradezu zum Gebet in einer gottlos wie heillos todesverfallenen Welt, zum Bekenntnis, zur bewussten Annahme der eigenen Vergänglichkeit: »Mariechen von Guadelupe, du hörst mir zu, / wenn ich bete, drei Päckchen pro Tag; / weiße Asche in deinen Schoß. / Nein, ich schnall mich nicht an, / laß glimmen in hohler Hand. / Sagt nicht Tod. Sagt Entwöhnung.« Das Gedicht »Blechmusik« wird hier direkt aufgenommen: Das Ausgestoßensein aus dem Mutterleib in die Welt, die Entwöhnung von der Mutterbrust – eines der zentralen Themen des späteren *Butt* – ist der Anfang vom Ende, »Entwöhnung« ein freundlicheres Wort für »Tod«. Im »Meissner Tedeum« (S. 597–602) wird dies Motiv geradezu zum stolzen Bekenntnis zur eigenen Vergänglichkeit und Orientierungslosigkeit in einer heillosen Welt: »Dich, Zweifel, will ich kettenrauchend rühmen.« Vergänglichkeit wird so zum schlechthin dominierenden Merkmal der Grass-Welt; in immer neuen und auch alten Bildern drückt er diese Eigenschaft von Leben und Welt aus: In der *Blechtrommel* wie in der Lyrik begegnet das Emblem von Falter und Kerze: »Nun glauben wir an Flammen, / die zwanzig Pfennige kosten, / denen die Mücken sich nähern, / einer kurzen Verheißung« (»Die Mückenplage«, S. 16); der »Stapellauf« (S. 69) eines Schiffes wird zu seinem »Untergang«, dessen Einleitung er in letzter Konsequenz ist, und die beiden letzten poetischen Grass-Werke tragen die auch in diesem Kontext sprechenden Titel *Eintagsfliegen* und *Vonne Endlichkait*.

Die acht Gedichte unter der Sammelüberschrift *Mein Radiergummi* (S. 578 ff.) feiern den Titelhelden geradezu als Emblem für die »Endlichkait«, als potentielle Negation alles Entstehenden und alles Entstandenen bis zur letzten Konsequenz: »Kürzlich wollte er das Übel zu Hause treffen / und hat meinem Bleistift das Mark ausgesogen / daß er jetzt daliegt: hohl und nicht mehr anzuspitzen.« Über den Bereich des Kreativen hinaus gewinnt er dabei grundsätzliche Bedeutung: »Man fand meinen Radiergummi. / In der Ruine des Lehrter Bahnhofes / half er den Abbrucharbeitern: / Klein ist er geworden / und nicht mehr zu gebrauchen.« So erklären sich auch die Einleitungszeilen: »Mit den Augen meines Radiergummis gesehen / ist Berlin eine schöne Stadt« – der Radiergummi wird zur Verkörperung des barocken »Was dieser heute baut, reißt jener morgen ein« und damit zum Verwandten der »großen Trümmerfrau« aus dem Gedicht *Die große Trümmerfrau spricht* (S. 123–126). Sie »geht nachts [...] durch die Stadt / und schätzt die Stadt ab« und mengt »mit unabwendbare(r) Hand / Mittag für Mittag löffelweis toten Mörtel« in die Suppen der Baumeister. Das Gedicht »Der amtliche Tod« (S. 127–129) wird geradezu zum mittelalterlichen Totentanz, in dem jedes Sein Sein zum Tode ist und in dem dennoch die Embryos in »Hinterhöfen« des »Himmels« wie Hunde an der Kette reißen, um in dieses Dasein einzutreten: Das »Fleisch« auf dem Totengerippe erscheint hier nur noch als »modischer«, d. h. der Zeit unterworfener »Belag«.

Extremstes Bild solcher Todesverfallenheit allen Seins werden abgetriebene Embryos: »Kinder noch nicht, oder schon, oder fast, wenn nicht zuvor, / – viele werden gezeugt, ein Teil geboren, / können nicht mehr zurück. (»Messer, Gabel, Scher' und Licht«, S. 23). Das Gedicht »Familiär« schreibt diese Geschichte fort:

»In unserem Museum – wir besuchen es jeden Sonntag –
hat man eine neue Abteilung eröffnet.
Unsere abgetriebenen Kinder, blasse, ernsthafte Embryos,
sitzen dort in schlichten Gläsern
und sorgen sich um die Zukunft ihrer Eltern.« (S. 40)

Aufgabe der Dichtung kann es nur sein, die Vergänglichkeit als Vergänglichkeit festzuhalten, den offenen leeren Horizont ohne »Zusammenhang« zu zeichnen. Diese von den Gedichten implizit erfüllte Aufgabe wird ihnen auch explizit in einigen das Dichten selbst reflektierenden Versen zugewiesen. Das Gedicht »Schreiben« schließt mit einem entsprechenden Programm, dessen letzter Punkt lautet: »Das Chaos / in verbesserter Ausführung. / Nicht schmücken – schreiben:« Auf diesen abschließenden Doppelpunkt folgt im Grunde Grass' Gesamtwerk.

Nur aus den ausgehaltenen offenen unversöhnlichen Widersprüchen der Welt entstehen überhaupt Gedichte, entsteht Kunst, wie es das Gedicht *Racine lässt sein Wappen ändern* (S. 91) deutlich macht, dessen Symbolen die Volksetymologie von »Racine« als ›le rat‹ = die Ratte und ›la cygne‹ = der Schwan zugrunde lag. Reine Schönheit ist leblos, Leben entsteht im Gegeneinander von Schönheit und Hässlichkeit, oben und unten. Nur Kunst, die aus diesem Gegensatz erwächst, kann das »große Haus« des Lebens nachgestalten – »von den Ratten, / die um den Abfluß wissen, / bis zu den Tauben, / die nichts wissen«, wie es die erste Strophe des Gedichts »Saturn« (S. 121) schildert.

Die »Eintagsfliege [...], / die, trotz bemessener Zeit, / nicht auf ihr Mittagsschläfchen verzichten wollte« – Sensualismus als Sinnlichkeit

Vor dem Hintergrund des leeren Horizonts, des flüchtigen Lebens, des Chaos der Welt beschränken sich Grass' Gedichte aber nun nicht darauf, dies Chaos nachzugestalten oder ihre eigenen Bedingungen zu reflektieren, sie wenden sich ebenso bewusst dem Leben im Chaos, dem Überleben im niemals sich auftuenden »Ei« zu. Die barocke Auflösung der Welt in Schein und Flüchtigkeit, Vergänglichkeit und Tod führt Grass gerade nicht zur Entwertung ihrer Phänomene, sondern zum *carpe diem,* zum gesteigerten Genießen der flüchtigen Glücksmomente, die wie Inseln mitten im allgemeinen Vergehen liegen und die angesichts der generellen Sinnlosigkeit ihren Sinn evident in sich selbst tragen. Die Spanne reicht bei Grass dabei von der »Eintagsfliege [...], / die, trotz bemessener Zeit, / nicht auf ihr Mittagsschläfchen verzichten wollte« (*Eintagsfliegen* S. 36) bis zum großen Abschiedsgedicht von 1986 aus der *Rättin*, »Mir träumte, ich müßte Abschied nehmen« (S. 470 ff.). In ihm erfasst Grass die ganze Schönheit der Welt noch einmal wie in einem Inventar, jetzt, da die endgültige Vernichtung all dessen denkbar geworden ist. Es ist bezeichnend, dass dieses Gedicht neben vielem anderen auch eins der wenigen Naturgedichte in Grass' reichem lyrischen Œuvre ist. Sonst heißt es bei Grass eher »Schön ist das Land, und Natur / stützt die Kurse und Reiseprospekte« (»Politische Landschaft«, S. 184) oder »Und die Natur? — Oft fahr ich dran vorbei.« (»Ausgefragt«, S. 133) Dazu passt auch der sowohl erweiterte wie verengte Naturbegriff des Künstlers Eddi Amsel in den *Hundejahren*: »Es sollen die Modelle mit Vorzug der Natur entnommen werden [...] Alles, was sich ausstopfen läßt, gehört der Natur an: die Puppe etwa.« (5, S. 58) Auch im zitierten Diana-Gedicht heißt es so: »Wenn sie ja sagt und trifft, / trifft sie die Gegenstände der Natur / aber auch ausgestopfte« (S. 104). An anderer Stelle bekennt Amsel / Brauxel als Erzähler des ersten Buchs der *Hundejahre*: »Brauxel, der hier die Feder führt, leidet unter der Unfähigkeit, menschenleere Landschaften beschreiben zu können. Es mangelt ihm nicht an Ansätzen; aber sobald er einen leichtgewellten Hügel, also das satte Grün und die vielen Stifterschen Abstufungen der Hügel dahinter, bis zum fernen Graublau unterm Horizont hintuscht, [...] juckt es ihn schon, in Stifters Einöde Leben zu pusten.« (5, S. 125)

Selbst die *Fundsachen für Nichtleser*, die *Eintagsfliegen* und das Abschiedsbuch *Vonne Endlichkait* mit ihren ›Gegenständen‹ aus der engsten Umgebung von Grass' Wohnorten enthalten kaum Naturmotive. Auch hierin kann man eine Gegenbewegung zu einer lyrischen Strömung in Grass' Prägephase in der jungen Bundesrepublik sehen, die aus dem ›Dritten Reich‹ übrig gebliebenen Naturlyriker wie Carossa, Lehmann oder Friedrich Georg Jünger, der in dieser Zeit der meistdekorierte Dichter des westlichen Deutschlands war. In der Nazizeit waren sie die einzigen neben den Parteibarden geduldeten Dichter. »Naturbeflissene Innerlichkeit« hatte sie »lammfromm gemacht«; »immer fleißig den Jahreszeiten hinterdrein« waren sie mit ihrer »verinnerlichten Beschwörung der Schachtelhalme« (10, S. 22 f.) für Grass nicht weniger eskapistisch als die spätere ›gegenstandslose‹ Kunst.

Grass' sensualistischem Weltbild korrespondiert für die Lebenspraxis eine Ethik der Sinnlichkeit, die sich vor allem zum Genuss des Essens und zur ›Liebe‹ in allen Schattierungen bekennt. Schon eins der ersten Gedichte in *Die Vorzüge der Windhühner*, »Bohnen und Birnen« (S. 11), gestaltet dieses fast trotzige An-Essen gegen die Vergänglichkeit. Dieses Gedicht des »Bevor«, des »Vorher«, des »Noch eh« setzt der unausweichlich bevorstehenden Erstarrung des Winters das genüsslich ausgemalte Rezept entgegen. Über zwanzig Jahre später ist aus diesem Gedicht der Anfang des *Butt* geworden, der den Genuss des Essens mit dem anderen sinnlichen Trost im Chaos der Welt, der körperlichen Liebe, verbindet und außerdem das dritte Motiv hinzufügt: Mit der Zeugung eines Kindes, der Entstehung eines neuen Menschen geht diese Welt, sinnlos und chaotisch, ganz kreatürlich weiter: »Ilsebill salzte nach. Bevor gezeugt wurde, gab es Hammelschulter zu Bohnen und Birnen, weil Anfang Oktober.«

Immer wieder beschwört Grass in seinen Gedichten diesen einfachen Trost des einfachen Genusses eines einfachen Essens – so im Gedicht »Freitag« (S. 62) über »Grüne Heringe, / in Zeitung gewickelt«. Trotz der schlechten Nachrichten behaupten sich »grüne Heringe« aus sich heraus gegen den »Untergang«. Ähnlich zählt das Gedicht »Falsche Schönheit« (S. 204) die kleinen Genüsse auf, die das Leben »seit gestern bis Montag früh« verschönt haben, auch wenn sie einer grundsätzlichen Betrachtung »falsch« erscheinen mögen wie der Gedanke, der schön ist, weil er falsch ist.

**Von »Ich hab genug. Komm. Zieh dich aus.« –
zur »gewagten Liebe« bei Günter Grass**

Der wichtigste Erfahrungsbereich sinnlichen Genusses, die Liebe, erscheint in Grass' Gedichten äußerst differenziert und nuanciert. Die nüchternste Darstellung körperlicher Liebe wurde schon zitiert – »Frauen, die sehr wenig Zeit haben, füllen wir kurzfristig aus« (S. 53) – ihr entspricht als Gegenpol die Darstellung einer im Wortsinn himmelstürmenden Liebe, bezeichnenderweise als Ahnung ihrer Unmöglichkeit unter dem Titel »Befürchtung«:

»Als wir über den großen Regenbogen
nach Hause wollten,
waren wir sehr müde.

Wir hielten uns an seinem Geländer
und fürchteten,
daß er verblassen könnte.

Als ich über den großen Regenbogen
nach Hause wollte,
war ich sehr müde.

Ich hielt mich an dir und an seinem Geländer
und fürchtete,
daß ihr beide, du und der Regenbogen,
blaß werden könntet.« (S. 433)

Ein direkt »Liebe« (S. 157) betiteltes Gedicht gestaltet gerade die Vielschichtigkeit dieses Phänomens, das alte »nil pluriformius amore«, vom kurzfristigen ›Ausfüllen‹ eiliger Frauen beim »Wackelkontakt« im »bargeldlosen Verkehr« einerseits bis zum verblassenden »Regenbogen« andererseits, vom Verlust der »Unschuld« im »Leihwagen« bis zum »gedrückte[n] Greis und d[er] zierliche[n] Greisin«, »Hand in Hand« vor dem Kino: »Der Film versprach Liebe«.

Gerade die überaus zahlreichen Ehe- und Beziehungsgedichte – in den 1970er Jahren machen sie den Großteil der Gedichte aus – zeigen das schnelle Verblassen des Regenbogens, am frühesten schon »Inventar« (S. 74 f.): »Wir wollen uns wieder vertragen, / das Bett zum Abschied zerschlagen; / Du hast zwar die Vase zerbrochen, / doch ich hab zuerst dran gerochen – / so kommt unser Glück in die Wochen.« Die stummgewordene Beziehung – »Stiller Abend« (S. 141 f.): »Nichts zerreden, / Gezänk auf Flaschen ziehen, verkorken. / Zwischen dem schweigenden Paar ist viel Platz« – funktioniert nur noch im Körperlichen: »Erschöpfung lügt Harmonie. / Was sind wir uns schuldig? Das. / Ich mag das nicht: Deine Haare im Klo. / Aber nach elf Jahren noch Spaß an der Sache. / Ein Fleisch sein bei schwankenden Preisen. / Wir denken sparsam in Kleingeld. / Im Dunkeln glaubst Du mir alles.« Ähnlich heißt es im Gedicht »Blutkörperchen« (S. 119): »Ich liebe dich / soweit das möglich ist. / Ich will für deine weißen / und roten Blutkörperchen / ein Ballett ausdenken. / Wenn dann der Vorhang fällt, / werde ich deinen Puls suchen und feststellen, / ob sich der Aufwand gelohnt hat.«

Dasselbe letztliche Scheitern einer Zweierbeziehung wie die Gedichte aus der Zeit der ersten Ehe gestalten die »Ilsebill«-Gedichte aus dem *Butt* und seinem Umfeld, programmatisch schon der Schluss des ersten »Worüber ich schreibe« (S. 215 f.): »… auch über dich und mich und die Gräte im Hals.« »Liebe« gibt es nur noch im Rückblick: »Aber uns gab es doch: ich und du – wir. / Ein doppeltes Ja im Blick. / Ein Schatten, in dem wir erschöpft, / vielgliedrig dennoch ein Schlaf /

und Foto waren, auf dem wir uns treu. / Haß bildet Sätze. / Wie sie abrechnet, mich fertigmacht, / aus ihrer Rolle wächst, überragt / und zu Ende redet: Ausreden! Laß mich ausreden! / und gewöhn dir endlich das Uns und das Wir ab.« (»Manzi Manzi« S. 230 f.) »Liebe geprüft« (S. 278) gestaltet die grundsätzliche Verschiedenheit, doch das Ende bleibt offen:

> »Dein Apfel – mein Apfel.
> Jetzt beißen wir gleichzeitig zu:
> schau, wie auf ewig verschieden.
> Jetzt legen wir Apfel und Apfel
> Biß gegen Biß.«

Gegenwärtig herrscht »Streit« (S. 228) vor, dem ein ganzes Gedicht gewidmet ist und den auch körperliches Miteinander nicht mehr überbrücken kann, wie »Scenisches Madrigal« (S. 282) zeigt: »Das trennt. / So nah wir liegen, / schwimmen doch Fische von anderen Küsten / dort, wo wir meinten, / uns trockengelegt zu haben.« »Auf unserer Langspielplatte streiten (in Zimmerlautstärke) / Tancredi und Clorinda. // Später streicheln wir uns gewöhnlich.« Bereits das thematisch in den Umkreis des dritten oder vierten »Monats« des *Butt* gehörende, aber erst 1981 separat veröffentlichte Gedicht »Übers Jahresende in Budissin« (S. 271) gestaltet das endgültige Ende der »Ilsebill«-Beziehung: »Wir wollten dem Kind Spielräume finden. / Ich ging dann doch entlang Gemäuer / alleine ins Neue Jahr. / Über Kopfstein auf Kies: erbrochene Gurken, / Silvestermüll – ein Scherbengericht.« Das vorletzte Gedicht des *Butt* »Wortwechsel« (S. 265), rekapituliert noch einmal die Geschichte dieser gescheiterten Beziehung mit der entscheidenden Krise um Neujahr.

So bleiben nach dem Verblassen des Regenbogens immerhin Zärtlichkeit, Erotik, Sinnlichkeit und Sexualität als Gegenmächte im unbegriffenen Chaos der Welt. Solche fast anonyme Zärtlichkeit feiert im *Butt* das Gedicht »Doktor Zärtlich« (S. 224). Zum anderen Ende dieser Skala, zur direkten nackten Sexualität, bekennt sich das Gedicht »März« (S. 205 f.) das den Band *Ausgefragt* abschließt und auf das das Gedicht »Wiederum März« (*Vonne Endlichkait*, S. 127) 50 Jahre später zurückblickt: »Einst besang ich den März«: Politische Aktivität erweist sich als sinnlos – den Horizont verbiegen, Pudding durchs Haarsieb streichen, der doch ewig Pudding bleibt, das Schattenfangen, das sogleich vereinnahmt und integriert wird, Enthaltsamkeit – »schwellenscheu die Fotzen« heiligsprechen, das »69«-Negieren – führt zur Ersatzbefriedigung: »jedes Astloch« decken, den Flipper das

»Klingeln« lehren, »ein Ohr« bespringen, die Engel als »zu trocken [...] und zu eng« befinden. In der toten, betonierten, strammstehenden, Anpassung fordernden Ordnung und dem bunten frühlingshaften Chaos der Welt bleibt als einzige Reaktion auf die das Ich bestürmenden widersprüchlichen Daten der Temporalsätze nur das direkte sinnliche Erlebnis: »Ich hab genug. Komm. Zieh dich aus.« Die in der Originalausgabe das Gedicht begleitende Zeichnung zeigt überlebensgroß eine geöffnete Vulva, die den Gedichtband abschließt, als sei sie die einzige Antwort, vor der alle Fragen verstummen, angesichts der das lyrische Ich ›ausgefragt‹ hat. Das spätere Gedicht »Schöne Aussicht« (S. 272) auf die Geburt der Tochter Helene – des Kindes im *Butt* – liest sich wie eine Deutung dieser Zeichnung: Das Kind wird hineingeboren in eine verwaltete Welt, wo es »kaum abgenabelt« schon »Gewicht, Länge und seinen Namen« hat, »der nie umstritten auf Lauer lag // Schon ähnelt wird soll es. / Ein Mädchen mehr / mit dem Spalt, / der offen blieb, / als die Aussicht vernagelt wurde.«

Von »März« und dieser »Schönen Aussicht« auf, in und durch den »Spalt, der offen blieb«, ist es sicherlich ein weiter Weg zu den Praktiken der »Gewagte(n) Liebe« (*Eintagsfliegen,* S. 19) von 2012:

»Spät, nach letzten Nachrichten
aus dem Küchenradio,
zählen wir einander
unser Häuflein Tabletten zu,
die alle rezeptpflichtig sind.
Manchmal jedoch,
wenn es uns ankommt,
heiß, plötzlich und unwiderstehlich,
schlucke ich ihre, sie meine.

Dann warten wir ab – Seit an Seit –
und wollen erleben, was uns geschieht.«

»Land, dem ich verhaftet bin, notfalls als Splitter im Auge« – Grass' Lyrik und die Politik

In *Aus dem Tagebuch einer Schnecke* erzählt Grass, wie er jungen Schriftstellerkollegen in einer Berliner Kneipe einmal seine umstrittene Doppelrolle als Schriftsteller und politisch engagierter Bürger an zwei Bierdeckeln demonstriert habe: »›Der hier ist die politische Arbeit, mache ich als Sozialdemokrat und Bürger; der ist mein Manuskript, mein Beruf mein Weißnichtwas‹. Ich ließ zwischen den Bierdeckeln Distanz wachsen, näherte beide einander, stellte sie sich stützend gegeneinander, verdeckte mit dem einen den anderen (dann mit dem anderen den einen) und sagte ›Manchmal schwierig, aber es geht‹«. Was er hier mit den Bierdeckeln demonstriert, hat er 1966 in seiner Rede »Vom mangelnden Selbstvertrauen der schreibenden Hofnarren unter Berücksichtigung nicht vorhandener Höfe« ähnlich ausgedrückt: Schriftsteller müssten, »weit entfernt von der Anmaßung ›Gewissen der Nation‹ sein zu wollen, gelegentlich ihren Schreibtisch umwerfen – und demokratischen Kleinkram betreiben«. Den Sonderbegriff einer »engagierten Literatur« hat Grass stets als einen »weißen Schimmel« abgelehnt. »Daß sie engagiert ist, ist für mich eine Selbstverständlichkeit«, »die völlig verschlüsselten und dunklen Gedichte von Paul Celan« ebenso wie »politisch gemeinte Gedichte von Enzensberger«.[4]

Langfristig hat für Grass jede Literatur Wirkung, auch im politischen und gesellschaftlichen Bereich. Konkrete Veränderung einer gegebenen und als ungerecht, störend oder belastend empfundenen Situation bewirken aber nicht die darauf abzielenden literarischen Gattungen Manifest und Protestgedicht, sondern das Engagement des Bürgers, der gemäß den politischen Strukturen einer Demokratie »angesichts Parteien Partei« ergreift und »demokratischen Kleinkram betreib[t]«. Grass hat deshalb 1967 in dem Zyklus »Zorn Ärger Wut« (S. 174–181) geradezu ein Protestgedicht gegen das Protestgedicht geschrieben, was ihm in diesen Jahren der Manifeste und Protestgedichte viel Kollegenschelte und viel Zorn, Ärger und Wut eingetragen hat. »Alltäglicher Ärger findet den Reim auf fehlendes Brot. / Ohnmächtige Wut macht atemlos von sich reden. / (Mach doch was. Mach doch was …) / Dabei gibt es Hebelgesetze. / Sie aber kreiden ihm an, dem Stein, / er wolle sich nicht bewegen«.

Der Schriftsteller, der den Stein nicht durch bloßes Ansingen zum Bewegen auffordern, sondern an ihm den Hebel ansetzen will, kann das nicht vom Schreibtisch aus versuchen, er muss das als Bürger tun und dafür seinen »Schreibtisch umwerfen«. Grass selbst hat den Hebel dort angesetzt, wo in der Demokratie Bewegungen ausgelöst werden können: beim Wähler, und er hat dafür, vor allem in den Bundestagswahlkämpfen 1965, 1969 und 1972 das gängige Werkzeug der Wahlrede benutzt.

Diese Jahre 1965 bis 1972 sind dann auch die Phase, in der Grass' beide Bierdeckel, der politische und – in unserm Zusammenhang – der lyrische, einander stützen, ohne dass Grass in dieser Zeit politische Gedichte geschrieben hätte, wie sie von Wolf Biermann bis Erich Fried damals die Feuilletons beherrschten. Während die Gedichtbände *Die Vorzüge der Windhühner* und *Gleisdreieck* die Sinnlosigkeit der Welt, das Leben im nie sich auftuenden Ei, das Dasein als heilloses Dasein zum Tode unpolemisch konstatieren, weist die Lyrik dieser Jahre einen veränderten Aspekt auf: Das Grass'sche Weltbild wird kämpferisch verteidigt, wobei zwei Stoßrichtungen grundsätzlich zu unterscheiden sind: zum einen gegen die restaurativen Tendenzen, die ungefragt ›heile Welt‹ der 1950er- und frühen 1960er-Jahre, zum anderen gegen die im Verlauf der späten 1960er Jahre auftretenden Utopien einer neuen Linken.

Das direkt in die *Blechtrommel* eingelegte Gedicht »Am Atlantikwall«, das den Beginn der biedermeierlichen Restauration, des allgemeinen Verdrängens und Vergessens schon in die späte Kriegszeit verlegt, wurde schon erwähnt. Dem stellt das themengleiche Gedicht »Normandie« (S. 80) komplementär die unbewältigte Vergangenheit als Fortdauer des Krieges zur Seite: »Die Bunker am Strand / können ihren Beton nicht loswerden. / Manchmal kommt ein halbtoter General / und streichelt die Schießscharten. [...] / Immer ist Invasion.« Das Gedicht »Abgelagert« (S. 98), das in seiner letzten Strophe auf denselben Themenkomplex anspielt, erhebt diese Fortdauer im bleibenden Zeugnis geradezu zum Programm. Diese Gedichte entsprechen damit der Absicht Oskars in dem von ihm geschriebenen Roman *Die Blechtrommel*: Im Gegensatz zum allgemeinen schnellen Vergessenwollen, das auch Oskar unmittelbar nach 1945 anstrebte, hält dieser Roman bewusst die Vergangenheit »frisch und blutig« und erfüllt damit Oskars Intention, die Grass 1972 in *Aus dem Tagebuch einer Schnecke* explizit als sein Verständnis vom Schriftsteller formulierte: »Ein Schriftsteller, Kinder, ist jemand, der gegen die verstreichende Zeit schreibt.« Es ist »die Zeit, die den Terror gewöhnlich werden läßt«. »Die Zeit, die vergehende Zeit vergeht zugunsten der Täter; den Opfern vergeht die Zeit nicht.« (7, S. 147). Gegenüber diesen Tendenzen, Zeit bewusst verstreichen zu lassen, bekennt Grass sich »zum großen Mundaufmachen« (S. 112), bei dem das sonst Verdrängte ausgesprochen wird. »Der Neubau« (S. 193) erinnert so an den verschütteten Gastarbeiter und die »Vergangenheit des Bauleiters Lübke«, die hinter Verschalung, Verschüttung, Isolierung, Putz und unter den versiegelten Böden ›verschwinden‹ sollten. Das Bundespräsident Lübke belastende Material mag zum Teil eine DDR-Fälschung gewesen sein, aber das ändert nichts an der Repräsentanz des Grass'schen Bildes für das damals geübte flächendeckende Verschweigen – man kann statt »Lübke« mühelos andere Namen zuhauf einsetzen. »Polnische Fahne« (S. 31), »Pan Kiehot« (S. 89) und »Adebar« (S. 58) klagen die Verbrechen an, die Deutsche an Polen und Juden begangen haben, und das zu einer Zeit, als die Polen in der deutschen Erzählung vom ›Dritten Reich‹ noch als die Haupttäter der Vertreibung galten und der Holocaust, noch bevor er zu diesem Namen gekommen war, als ›bewältigt‹ empfunden wurde. Als Sprachrohr der Generation der »Geschädigten, denen das Wissen / Mühe macht beim Verlernen«, erinnert Grass daran, dass »immerfort [...] am Wannsee die Konferenz« tagt: »Denn das soll bleiben / und sich nie mehr vertagen dürfen: Schuld und die Forstwirtschaft / oder was nachwächst: Schonungen / geben dem Land Enge und Hoffnung, / damit Nutzholz und eine neue Generation / schon morgen vergißt, / wie verschuldet, wie abgeholzt / Schwarzwälder waren.« (»Politische Landschaft«, S. 184 f.) »Danach kommen Rechnungen ins Haus. / Unsere Schulden vergessen uns nicht«, schließt das Gedicht »Danach« (S. 594 ff.).

Das Bekenntnis zum »Abgelagerten«, das sich querlegt und sich der glättenden und beschönigenden ›Vergangenheitsbewältigung‹ widersetzt, wird im *Butt* und in den *Butt*-Gedichten wieder aufgenommen im Bild vom Federblasen: »Federn, wie sie der Himmel verliert, von Müllhalden sammeln, und sie hauchleicht, mit Atem kaum, durchpusten, dann Luftstöße heben, in Schwebe, Fall, Taumel und neuen Aufwind bringen«, heißt es im *Butt* (8, S. 680). Der vielbeschworene ›lange Atem‹ des Epikers wie der des geschichtsbewussten Politikers halten die offengebliebenen Fragen aller Geschichte zweifelnd »in Schwebe«: »Aber ich blies, hielt in Schwebe. / Das ist Glaube, wie er sich überträgt; / Zweifel geteert und gefedert. // Neulich habe ich Federn, / wie sie sich finden, / mir zugeschnitten. / Erst Mönche, Stadtschreiber später, / Schriftführer heute halten die Lüge in Fluß« (»Geteert und gefedert«, S. 239). Auch Willy Brandt wird als Politiker die Fähigkeit zugeschrieben, komplexe Phänomene nicht zu verdrängen, sondern sie in der Schwebe zu halten:

»Willy auch.
Sein bestaunt langer Atem.
Woher er ihn holte.
Seit dem Lübecker Pausenhof.
Meine Federn – einige waren seine – ermatten.
Zufällig liegen sie, wie gewöhnlich.

Draußen, ich weiß, bläht die Macht ihre Backen;
doch keine Feder,
kein Traum wird ihr tanzen.« (»Federn blasen«, S. 276)

Neben dieses Thema der offengebliebenen Schuld, das für Grass immer virulent bleibt und das *Der Butt* sogar welthistorisch erweitert, tritt in den späten 60er Jahren ein neuer Gegenstand: Die Vergangenheit wird von einer neu-gläubigen Jugend, aber auch von Generationsgenossen, die sich in den Stimmbruch zurückschreien, wie Grass das einmal genannt hat, vernachlässigt zugunsten einer irrational-utopischen Zukunft. Der von ihm stets verabscheute und als überholt abgelehnte »christlich-marxistische Hoffnungsquark« feierte Auferstehung, was von ihm entsprechend gegeißelt wird. Des Apostels Paulus christliche Konzeption von ›Glaube, Hoffnung, Liebe‹ wurde von Grass-Oskar in der *Blechtrommel* angesichts der Ereignisse der ›Reichskristallnacht‹ ad absurdum geführt – jetzt nimmt Grass die paulinische Trias wieder auf, um an ihr die Angst vor den neuen Ideologen zu artikulieren.

»Platzangst

Mama. Sie kommen auf mich zu
und knacken mit den Handgelenken,
die Söhne aus zu gutem Haus.

So wohlerzogen nimmt Gewalt
den Anlauf, nett, studentenhaft,
mit Kußmundfragen: Glauben Sie?
ein nackter Finger: Hoffen Sie?
die Drohung zielt, zum Schlips gebunden,
als Zusatzfrage: Lieben Sie?

>   Jetzt lockern sie den Knoten, jetzt:
>   Mitesser überlebensgroß.
>   Die Söhne aus zu gutem Haus.« (S. 160)

Nur nach dem radikalen Aufgeben von »Glaube, Hoffnung, Liebe« als bloßen Schlagworten oder ideologisch besetzten Euphemismen für ganz anderes ist für Grass vernünftiges Weiterleben möglich, wie es das Lehrgedicht für seinen Sohn »Später mal, Franz, wenn du enttäuscht bist« verkündet (S. 445).

Rechte Ideologie, die die Vergangenheit zukleistert, linke Ideologie, die alles auf eine bloße Verheißung bleibende Zukunft setzt, verhindern für Grass gleichermaßen die Chance, sich der Gegenwart zu stellen, indem beide »das Licht verhüten« (S. 188). Die Angst vor allem vor den neuen Finsterlingen, die das bei Grass nur als kritisch-skeptische Instanz gewertete schwache Licht der Vernunft durch falschen utopischen Glanz zu überstrahlen versuchen, artikuliert im *Butt* das Gedicht »Vorgeträumt« (S. 219). Der im Gedicht für seinen Sohn Franz gestalteten unmessbar langsamen Bewegung setzen die neuen Ideologen die Lehre vom ›Großen Sprung‹ entgegen; doch Grass lehnt das ab: »Ich springe nicht gern / wer springt, fällt in Gnade.« (*Mein Schutzengel* S. 164) Der ›Sprung‹ in den Glauben, die plötzliche Bekehrung zu einer Ideologie, wird zum Thema des Gedichts »Der Delphin. Dem Apostel Paulus und Peter Weiss gewidmet« (S. 165) – Weiss' späte Bekehrung zu einem orthodoxen Marxismus und der mit ihr verbundene Konvertiteneifer befremdeten damals selbst seine Freunde und Bewunderer unter den DDR-Intellektuellen.

Solche Ablehnung der Gläubigkeit jeglicher Couleur wird Grass geradezu zur neuen Religion: In *Aus dem Tagebuch einer Schnecke* findet sich ein Eintrag aus dem Jahre 1969: »Eine graue Messe schreiben. Zweifel zum Hosianna erheben. Eine Messe ohne Credo.« (7, S. 198). Grass' Gedichte seit seinen Anfängen in *Vorzuge der Windhühner* erlauben es, nahezu eine komplette Liturgie zu einer solchen Messe zusammenzustellen: »Hymne« (S. 163), »Credo« (S. 41), »Meissner Tedeum« (S. 597–602), das Ave an »Mariechen von Guadelupe« (»Kettenrauchen« (S. 166)), »Drei Vater unser« (S. 43–45). Alle diese Gedichte feiern das ›ungeschmückte Chaos‹ und darin »eigenhändig, mündig« das Ich, das dieses Chaos hoffnungslos lebt. Das »Meissner Tedeum« gestaltet als wortwörtliche, bis zum Palindrom »Nema« gehende Zurücknahme von Martin Luthers »Herr Gott dich loben wir« diesen Aspekt am deutlichsten und wird damit, in der Bündelung fast aller Motive, zu einer Summe des Grass'schen Glaubens ohne rechte Hoffnung an »das bißchen Vernunft«.

Und gerade dem Lyriker, der als einer der wenigen seiner Generation nie ein politisches Gedicht verfasst hatte und sich stattdessen mit einem Protestgedicht gegen Protestgedichte bei seinen Kollegen verhasst gemacht hatte, blieb es vorbehalten, mit einem eindeutig politischen Gedicht als Vorveröffentlichung aus seinem jüngsten Gedichtband im Frühjahr 2012 den größten von einem Gedicht verursachten Wirbel auszulösen. Ein Kritiker wies beeindruckt darauf hin, endlich einmal sähe man, welch starke Beachtung Lyrik heute noch finden könne.

»Was gesagt werden muß« (*Eintagsfliegen* S. 88f.) gehört in der Tat nicht nur eindeutig zur politischen Lyrik, sondern nachgerade zur operativen, bei der der Dichter mit konkreten Handlungsanweisungen etwas bewirken will: Grass wendet sich gegen die bevorstehende Lieferung deutscher U-Boote, von denen auch Atomraketen abgeschossen werden können, an die heimliche Atommacht Israel und fordert die internationale Kontrolle der iranischen wie israelischen Atomanlagen.

Den ›Shitstorm‹ ohnegleichen aber löste der Publizist Henryk M. Broder mit seiner gleichzeitig mit dem Original veröffentlichten Lesart aus, Grass unterstelle Israel, die Vernichtung des iranischen Volkes zu planen. Dabei richten sich die ersten beiden Strophen mit ihren »offensichtlich[en]« »Planspielen [...], an deren Ende als Überlebende wir allenfalls Fußnoten sind«, mit ihrem »behauptete[n] Recht auf den Erstschlag« und ihrem »Volk auslöschen« eindeutig auf die westlichen Rüstungs- und Strategiedebatten der 80er Jahre mit ihrem von Nato und USA proklamierten »Recht auf den Erstschlag« und den »Planspielen« des Pentagons in der Ära Reagan zur »Führbarkeit eines Atomkriegs« mitsamt seinen ›Megatoten‹ und den wenigen »Überlebenden«, wie Grass sie schon damals in Reden und Aufsätzen gegeißelt hat. In der Kontinuität solch zynischen Spiels mit der ultimativen Gewalt sieht Grass die späteren militärischen »Erstschläge« gegen den Irak, die Kriege in Libyen oder Afghanistan oder einen aktuell in den 2010er Jahren im »Westen« diskutierten Angriff der USA auf den Iran inklusive seiner denkbaren atomaren Ausweitung – Grass liebt es, zur Unterstreichung seines Standpunkts stark aufzutragen. Die Richtigkeit dieser Lesart des umstrittenen Gedichts wurde wenige Wochen nach Erscheinen des Gedichts drastisch bestätigt, als die USA in der Tat ein Kriegsspiel, in dem vom »totalen Krieg« gegen Muslime sowie von deren »Ausrottung« die Rede war, vom Lehrplan einer Offiziersschule absetzten.

Einmal hatte Grass den Schreibtisch nicht umgestoßen, war an ihm sitzen geblieben und hatte ihn stattdessen zur Tribüne gemacht, hatte die beiden Bierdeckel nach exakt vierzig Jahren erstmals zusammengeleimt, weil er offensichtlich geglaubt hatte, sich den Luxus zweier Bierdeckel, »gealtert und mit letzter Tinte« und angesichts einer Gefahr, die »schon morgen tatsächlich sein könnte«, nicht mehr leisten zu können.

So oder so, langfristig aufklärend oder kurzfristig agitierend, bleibt Grass dichtend seiner Lebensrolle als politisch engagierter Bürger treu:

»Guter Rat

Als ich ein junger Autor war,
mich in artistischer Sprungtechnik übte
und kaum ahnte, welcherart Echo
den Wörtern folgt, gab bei Gelegenheit
und reichlich Rotwein und Käse
der schreibende Pfeifenraucher Max Frisch
sich und auch mir den Rat,
bis ins Alter hinein zornig zu bleiben
und nicht – wie erwartet wird –
im alles mildernden Abendlicht
weise zu werden.

Fortan folgte ich seinem Rat.« (S. 84)

Und so bleibt er auch seinem »Trotz allem« (S. 49) ›geliebten, liebreich gelobten, liebebedürftigen, lieblos fleißigen, nach Liebe dürstenden Land‹ »verhaftet« – »notfalls als Splitter im Auge.« Sein letztes zu Lebzeiten veröffentlichtes Werk *Sechs Jahrzehnte*[5] schloss mit dem Satz: »Am Ende dieses Werkstattberichts steht ein auf Zukunft setzender Doppelpunkt.« Und in der Tat folgte Monate später tatsächlich noch ein neues Buch. Zehn Tage vor seinem Tod nahezu druckfertig gemacht, schließt es im Sprachklang seiner verlorenen Heimat mit dem folgendem, dem ganzen Band den Titel gebenden Gedicht:

»*Vonne Endlichkait*
Nu war schon jewäsen.
Nu hat sech jenuch jehabt.
Nu is futsch un vorbai.
Nu riehrt sech nuscht nech.

Nu will kain Furz nech.
Nu mächt kain Ärger mähr.
Un baldich bässer
Un nuscht nech ibrich
Un ieberall Endlichkait sain.«

Von nun an warten die »Wörter, die unbehaust / oder verschollen«, »frierend« »in der Sonne« »stehen«, vergeblich darauf, »einen Schatten werfen zu dürfen« (»Meine Füllfeder«, *Eintagsfliegen,* S. 65).

Anmerkungen
1 Zitiert nach Volker Neuhaus, Günter Grass, 3. Auflage Stutgart 2010, S. 6 f. Richtungweisend für die Forschung war, dass Theodor Wieser 1968 in der Einleitung zu seiner Gedichtauswahl mit dem Titel »Günter Grass. Porträt und Poesie« (Neuwied, Berlin 1968) eine Zusammenstellung der für Grass wichtigsten Bildbereiche und Motivkomplexe unternommen hat. Ihm folgten die motiv- und bildgeschichtlichen Arbeiten von Angelika Hille-Sandvoss, Überlegungen zur Bildlichkeit im Werk von Günter Grass, Stuttgart 1987, Klaus Stallbaum, Kunst und Künstlerexistenz im Frühwerk von Günter Grass, Köln 1989 und Dieter Stolz, Vom privaten Motivkomplex zum poetischen Weltentwurf. Konstanten und Entwicklungenn im literarischen Werk von Günter Grass (1956–1986), Würzburg 1994. Grundlegend für alle Motivstudien jetzt auch Werner Frizen, Günter Grass. Gedichte und Kurzprosa. Kommentar und Materialien, Göttingen 2010.
2 Bis 2007 erschienene Gedichte werden nach Band 1 »Gedichte und Kurzprosa«, hg. v. Werner Frizen, Günter Grass Werke, Werkausgabe in 20 Bänden, Göttingen 2007, mit nachgestellter Seitenangabe in Klammern nachgewiesen. Gedichte aus den Bänden Günter Grass, Eintagsfliegen, Göttingen 2012, ebenso wie solche aus Günter Grass, Vonne Endlichkait, Göttingen 2015, werden mit beigefügtem »Eintagsfliegen« bzw. »Endlichkait« und nachgestellter Seitenzahl angeführt. Andere Grass-Werke werden nach der oben genannten Werkausgabe mit im Text in Klammern beigefügter Bandnummer und Seitenzahl nachgewiesen.
3 Der Dichter Günter Grass, in: Daniela Hermes, Volker Neuhaus (Hg.), Günter Grass im Ausland, Frankfurt am Main 1990, S. 148–154.
4 Nachweise hierzu in Neuhaus, Günter Grass, 3. Aufl. 2010, S. 95 f.
5 Günter Grass: Sechs Jahrzehnte. Ein Werkstattbericht, hg. von G. Fritz Margull und Hilke Ohsoling, Göttingen 2014, hier S. 602.

Bibliografie zu Günter Grass (2015–2017)

1. Bibliografische Nachweise aus der *Germanistik. Internationales Referatenorgan mit bibliographischen Hinweisen*

2015

Maria Brosig, »Sie haben immer einen Archivrath aus mir machen wollen, – das ging nicht.« Zu Dimensionen von »Archiv« bei Theodor Fontane und Günter Grass, in: Fontane Blätter, Nr. 100 (2015), S. 77–99.

Anne-Marie Corbin, Günter Grass et Toute une histoire. Mise en image et écriture du tournant de 1989 en Allemagne, in: Études germaniques. Revue trimestrielle de la Société des études germaniques Études 70, Nr. 2 (2015), S. 259–271.

Andreas Geier, Die Deutschen als Opfer ihrer Vergangenheits-›Bewältigung‹? Über (angebliche) Kommunikationsverbote in der Erinnerungskultur am Beispiel von Strauß, Walser und Grass, in: grenzen & gestaltung. Figuren der Unterscheidung und Überschreitung in Literatur und Sprache. Festschrift für Georg Guntermann zum 65. Geburtstag, hg. von Nikolas Immer, Stefani Kugler und Nikolaus Ruge, Trier: Wissenschaftlicher Verlag Trier, 2015, S. 181–191.

Norbert Honsza, Überlegungen zu unbequemen Aufklärern: Heine – Reich-Ranicki – Grass, in: Von der Unlesbarkeit des Seins. Festschrift für Bodo Heimann, hg. von Therese Chromik, Husum: Verlag Husum, 2015, S. 44–53.

Hiroki Kinefuchi, Zum Ursprung eines Romanciers – Günter Grass' Theaterstück ›Hochwasser‹, in: Nishinihon Doitsu Bungaku. Germanistische Studien 27 (2015), S. 1–14 (japanisch mit dt. Zusammenfassung).

Barbara Kowalski, Nur Grass und Schlink oder mehr? Deutsche zeitgenössische Belletristik im literarischen Feld Polens in den Jahren 1989 bis 2009, Dresden: Neisse-Verlag, 2015 (zugl. Diss. Univ. Mainz 2014).

Santha Kumari, Die Tendenz zur Trivialliteratur in Heinrich ›Bölls Billard um halbzehn‹ – verdeutlicht durch einen Vergleich mit Günter Grass' ›Die Blechtrommel‹, in: Hohe und niedere Literatur. Tendenzen zur Ausgrenzung, Vereinnahmung und Mischung im deutschsprachigen Raum, hg. von Annie Bourguignon, Konrad Harrer und Franz Hintereder-Emde, Berlin: Frank & Timme, 2015, S. 263–274.

Stuart Parkes, Warum waren die BRD-Schriftsteller nach 1945 keine Revolutionäre?, in: Schriftsteller und Revolution. Dokumentation der Jubiläumstagung 2013, hg. von Ian King und Steffen Ille im Auftrag der Kurt Tucholsky-Gesellschaft, St. Ingbert: Röhrig, 2015, S. 151–167.

Heinz Rölleke, Probleme bei der Kommentierung zeitgenössischer Autoren. Günter Grass ›Der Butt‹ – Ulla Hahn ›Spiel der Zeit‹, in: Wirkendes Wort 65, Nr. 2 (2015), S. 319–322.

Daniel Rüffer, Das Phänomen des Kleinbürgerlichen in den Texten von Günter Grass. Eine Konfrontation von Sozialgeschichte und Literatur, Univ. Osnabrück, Diss., 2015; Online-Ressource.

Mario Saalbach, Verlorene Heimat und Fiktion: Zwischen historischer Aufarbeitung und Trivialisierung, in: Hohe und niedere Literatur. Tendenzen zur Ausgrenzung, Vereinnahmung und Mischung im deutschsprachigen Raum, hg. von Annie Bourguignon, Konrad Harrer und Franz Hintereder-Emde, Berlin: Frank & Timme, 2015, S. 327–340.

Yorick Schmit, Wenn die Lachse steigen... – Versuch einer Rekonstruktion der Textgenese und Publikationsgeschichte von Lex Jacobys Logbuch der Arche, in: Korrekturspuren, Textmetamorphosen – Traces de correction, Textes en métamorphose, hg. von Claude D. Conter, Luxembourg: Centre national de littérature, Mersch, 2015, S. 246–263.

Peter Paul Schwarz, »Nimm und lies«! Das Ostdeutsche als Rezeptionsphänomen, in: Im Osten geht die Sonne auf? Tendenzen neuerer ostdeutscher Literatur, hg. von Viviana Chilese und Matteo Galli, Würzburg: Königshausen & Neumann, 2015, S. 29–45.

Ulrich Steinmetzger, Der sächsische Trommel-Rhapsode. Günter Baby Sommer im Gespräch mit Ulrich Steinmetzger, in: Die Horen. Zeitschrift für Literatur, Kunst und Kritik 60, Nr. 259 (2015), S. 79–93.

Stuart Taberner, Some Reflections on the Passing of Günter Grass (1927–2015), in: German Studies Review, Nr. 3 (2015), S. 483–489.

Aleš Urválek, »Das Notwendige scheint mit dem Unmöglichen identisch zu sein.« Methodologische Überlegungen zu ausgewählten Deutschlandreden der 1980er Jahre, in: Studia Germanistica. Acta Facultatis Philosophicae Universitatis Ostraviensis, Nr. 16 (2015), S. 81–96.

2016

Christian Baier, Grass' Wörter. Von der Fiktionalität autobiographischen Schreibens, in: Germanisch-Romanische Monatsschrift 66, Nr. 2 (2016), S. 199–224.

Helmut Böttiger, »Dämonisch-interessant-langweiliges mutmaßliches Schweigen«. Uwe Johnson und die Gruppe 47, in: Johnson-Jahrbuch Nr. 23 (2016), S. 81–97.

Robert Craig, »Ist die Schwarze Köchin da? Jajaja…«: Mimesis and Günter Grass's ›Die Blechtrommel‹, in: Monatshefte für deutschsprachige Literatur und Kultur 108, Nr. 1 (2016), S. 99–119.

Laure-Anne Dolliat, Intertextualité et autotextualité dans ›Mein Jahrhundert‹ de Günter Grass. Pratiques et enjeux, in: Études germaniques. Revue trimestrielle de la Société des études germaniques 71, Nr. 1 (2016), S. 129–144.

Rolf-Peter Janz, Zum Tabu des Antisemitismus. Die Kontroversen um Martin Walser und Günter Grass, in: Zeitschrift für Interkulturelle Germanistik 7, Nr. 1 (2016), S. 47–59.

Kónya-Jobs, Nathalie, Räume in Günter Grass' Prosa, Bielefeld: Aisthesis, 2016 (zugl. Dissertation Univ. Bonn 2016).

Santha Kumari, The Transition from the Novel ›The Tin Drum‹ to the Film ›The Tin Drum‹, in: Zwischen Kanon und Unterhaltung. Interkulturelle und intermediale Aspekte von hoher und niederer Literatur. Between Canon and Entertainment. Intercultural and Intermedial Aspects of Highbrow and Lowbrow Literature, hg. von Annie Bourguignon/Konrad Harrer/Franz Hintereder-Emde, Berlin: Frank & Timme, 2016, S. 423–432.

Volker Neuhaus, Zu Günter Grass' ›Politische Landschaft‹, in: Moderne deutsche Naturlyrik, hg. von Hiltrud Gnüg, Stuttgart: Reclam, 2016, S. 49–57.

Elisandra de Souza Pedro, Grass e Grimmelshausen: intertextualidade entre guerras, in: Anuari de Filologia. Literatures Contemporànies, Nr. 6 (2016), S. 83–91.

Kai Schlüter, Eine verschollene Wahlkampfrede von Günter Grass, in: Neue Gesellschaft/Frankfurter Hefte 63, Nr. 1–2 (2016), S. 98–101.

Johannes Schwitalla, Ein linguistischer Abschied von Günter Grass: ›Vonne Endlichkait‹, in: Studia Germanistica, Nr. 18 (2016), S. 41–56.

Alexandra Steffes/Lorin Stein, Günter Grass, Amos Oz, Marilynne Robinson, mit einem Vorwort von Lorin Stein, Chefredakteur der Paris Review, hg. und aus dem Englischen von Alexandra Steffes, London/Paris: WELTKIOSK 2016.

Jennifer Zimmermann, Unbarmherzige Augen. Eine Analyse der Scham im Erzählwerk von Günter Grass, Würzburg: Königshausen & Neumann 2016.

2017

Martin Swales, Günter Grass's ›Im Krebsgang‹ and the novelle: reframing the narrative frame, in: German Life and Letters 70, Nr. 3, (2017), S. 376–382.

Harro Zimmermann, Günter Grass und die Deutschen. Eine Entwirrung. Essay, Göttingen: Wallstein 2017.

2. Bibliografische Nachweise zum *Freipass,* Band 1 (Berlin, 2015)

Dieter Stolz, Mein Grass – ein ganz persönlicher Erfahrungsbericht, S. 113–136.

Jan Gielkens, Die Unübersetzbarkeit verschwand beim Übersetzen. Zur niederländischen Übersetzung von ›Grimms Wörter‹, S. 137–142.

Anselm Weyer, »Bei Grass' langjähriger internationaler kanonischer Geltung war der Nobelpreis eher eine Fußnote« – Die Grass-Rezeption in der englischsprachigen Welt, S. 143–162.

Per Øhrgaard, Geistvolle Macht – machtvoller Geist. Zum Briefwechsel zwischen Willy Brandt und Günter Grass, S. 163–176.

Werner Frizen, Die Tragödie des Vatertags in Günter Grass' ›Butt‹, S. 178–197.

Jutta Heinz, Vom Sieg des Zauberlehrlings in Kalkutta: Günter Grass' ›Zunge zeigen‹, S. 198–210.

Yelena Etaryan, »Höheres Abschreiben« – zur Funktion der Intertextualität in ›Ein weites Feld‹ von Günter Grass und ›Doktor Faustus‹ von Thomas Mann, S. 211–220.

Beate Schirrmacher, Günter Grass intermedial. Text zwischen Bild und Klang in ›Ein weites Feld‹, S. 221–233.

Jennifer Zimmermann, Konrad Pokriefkes Bluttat oder »Ist uns die Wiederholungstat in Runenschrift vorgeschrieben?«, S. 234–243.

Peter Arnds, »Wolf und nochmals Wolf« – Zum Homo sacer in ›Die Blechtrommel‹ und ›Hundejahre‹, S. 244–258.

3. Bibliografische Nachweise zum *Freipass,* Band 2 (Berlin, 2016)

Viktoria Krason, Erste Bilder und Plastiken von Günter Grass – eine Fundsache aus Düsseldorf, S. 110–131.

Konstantin Ulmer, Günter Grass und die DDR: Der lange Weg zur »Grassnost«, S. 132–152.

Werner Frizen, »Wie die Sonne unter den Planeten...«. Poeterey und Musik in Grass' Erzählung ›Das Treffen in Telgte‹, S. 153–173.

Corrigendum zu Werner Frizen: Durch einen automatischen Korrekturlauf unmittelbar vor dem Druck wurde im letzten Absatz des o. g. Aufsatzes (S. 171) der Sinn verstellt. Dafür entschuldigen wir uns beim Autor. Richtig muss es heißen:
»Es dürfte ihm nur zu bewusst geworden sein, dass das literarische Barock um 1647 außer Gryphius eher nur poetae minores, in heutiger Sicht eher zweitrangige Autoren, aufzubieten hatte, **bevor in den sechziger Jahren** Grimmelshausen die Szene bestimmte. **Er brauchte also ein *missing link* zwischen den vierziger und den sechziger Jahren des 17. Jahrhunderts,** das die Größe und Weltgeltung hatte, um auf den großen Grimmelshausen hinzuführen. Denn auf die genial gewählte Parallelaktion zwischen 1647 und 1947 hätte er unter keinen Umständen verzichten können.«

Heinrich Detering, Zeichensprache. Günter Grass, das Denkmal für die Göttinger Sieben und ›Grimms Wörter‹, S. 174–186.

Marion Brandt, Das Nachdenken über den Totalitarismus als Teil des Dialoges polnischer Schriftsteller mit Günter Grass, S. 192–210.

Simon Zumsteg, Auf seinem Lehrer Grass. Eine Dokumentation von Hermann Burgers Grass-Rezeption, S. 211–233.

Jörg-Philipp Thomsa, »Der Mann, der Deutschland war«. Nachrufe auf Günter Grass, S. 252–270.

Wir bedanken uns ganz herzlich beim Verlag Walter De Gruyter, Rosenheimer Str. 143, 81617 München, der uns auch für diesen Band den *Germanistik*-Datensatz wieder zur Verfügung gestellt hat.

»Wir vom Archiv«

Michael Peter Hehl

Wie Oskar Matzerath in die Oberpfalz kam
Günter Grass im Literaturarchiv
Sulzbach-Rosenberg

I

Seit nunmehr vier Jahrzehnten sammelt das Literaturarchiv Sulzbach-Rosenberg Handschriften zur zeitgenössischen deutschsprachigen Literatur. Allein hinsichtlich der Stellung von Günter Grass im bundesdeutschen Literaturbetrieb der zweiten Hälfte des 20. Jahrhunderts wäre es daher nur folgerichtig, eine wichtige Rolle von Grass auch in den Sulzbach-Rosenberger Sammlungen zu erwarten. Die besondere Präsenz von Grass-Manuskripten in Sulzbach-Rosenberg ist jedoch vor allem ein Ausdruck seiner langjährigen Freundschaft mit dem *Akzente*-Herausgeber, Literaturwissenschaftler und Autor Walter Höllerer (1922–2003), der 1977 mit der Übergabe der *Akzente*-Redaktionskorrespondenz den Grundstein für das Archiv in der Oberpfalz gelegt hat. Zwischen 1955 und 1970 sind in den *Akzenten* etliche Texte von Grass erschienen,[1] so dass alleine hier 85 Briefdokumente vorliegen, die keine reine Geschäftskorrespondenz darstellen, sondern auch ästhetische und persönliche Themenfelder berühren. In den 1990er Jahren wurden die Sammlungen um den Vorlass von Walter Höllerer ergänzt und 2005 wurde mit der Erschließung seines Nachlasses begonnen. In diesen Sammlungen findet sich eine Vielzahl weiterer unveröffentlichter Briefe und Manuskripte, Zeichnungen und Notizen von Günter Grass. Nicht zuletzt besitzt Sulzbach-Rosenberg zudem Materialien aus seiner Pariser Zeit, die 1970 in einem Koffer aufgetaucht sind, der 1959 sprichwörtlich in der Pariser Wohnung zurückgelassen wurde. Das darin gefundene Typoskript aus der letzten Entstehungsphase der *Blechtrommel* sowie die dazugehörigen Briefe gehören zu den wenigen Archivalien, welche den Produktionsprozess des Romans en détail dokumentieren.[2] Die folgenden Ausführungen sollen, ausgehend von einer Skizzierung der Rolle Walter Höllerers im Literaturbetrieb, einen genaueren Eindruck davon vermitteln, welche Grass-Dokumente Sulzbach-Rosenberg aufbewahrt und welche Anregungen für eine künftige Grass-Forschung von ihnen ausgehen können.

II

Walter Höllerer hat im Literaturbetrieb der 1950er- und 1960er-Jahre eine Position eingenommen, die dadurch gekennzeichnet ist, sich einer genauen Festlegung in spezifischer Weise zu entziehen. Er hat immer gleichzeitig mehrere Positionen besetzt und diese spielerisch gewechselt.[3] Er war beispielsweise Herausgeber der *Akzente* und Lyriker. Er hatte eine Professur an der Technischen Universität Berlin und trat vor der Gruppe 47 als Literaturkritiker auf. Er war ein ausgezeichneter Experte im Aufspüren von Fördergeldern für literarische Veranstaltungen, gründete 1964 das Literarische Colloquium Berlin, und blieb für die Autoren immer auch als Schriftstellerkollege ansprechbar. Er moderierte Literatursendungen für den Sender Freies Berlin und beteiligte sich hochqualifiziert an ästhetisch-literaturtheoretischen Debatten.

Durch dieses »Projekt der rotierend-integrativen Besetzung von Teilbereichen des Literatur-, Wissenschafts- und Medienbetriebs«,[4] das sich durch die Archivalien anschaulich machen lässt, eröffnen die drei Sammlungen, die in Sulzbach-Rosenberg das Höllerer-Archiv bilden, ein einzigartiges Panoptikum des Literaturbetriebs der jungen Bundesrepublik. Die einzelnen Briefe und Manuskripte sind für viele unterschiedliche literaturwissenschaftliche Fragestellungen wertvolles Quellenmaterial, aber die eigentliche Stärke der Sulzbach-Rosenberger Bestände ergibt sich aus der gebündelten Vielzahl unterschiedlich kontextualisierbarer Dokumente, die über die soziale Position Höllerers komplexe Verflechtungen zwischen Medien, Verlagen, Autorennetzwerken, Politik und Verwaltung sichtbar werden lassen.

Fragt man nun nach Spezifik der Autorschaft von Günter Grass, der sich in einem Zeitraum von weniger als zwei Jahrzehnten von einem jungen Bildhauer zu einem der wichtigsten öffentlichen Schriftsteller-Intellektuellen der Bundesrepublik entwickelt hat, lassen die Sulzbach-Rosenberger Quellen indirekt eben jenen Transformationsprozess sichtbar werden, im Zuge dessen sich Grass seine starke Sprecherposition im Literatur- und Medienbetrieb – und später schließlich auch im Politikbetrieb – erarbeitet. Letztlich sind Höllerer und Grass gleichermaßen Subjekte in einem übergreifenden Transformationsprozess des jungen Literaturbetriebs der Bundesrepublik und finden am Ende ganz unterschiedliche Positionen, die jedoch in ihrer Entstehung eng aufeinander bezogen sind. Dass die Beziehung zwischen dem *Akzente*-Herausgeber und dem jungen, ambitionierten Künstler in ihrer Bedeutung für den individuellen Werdegang von Grass wohl kaum über-

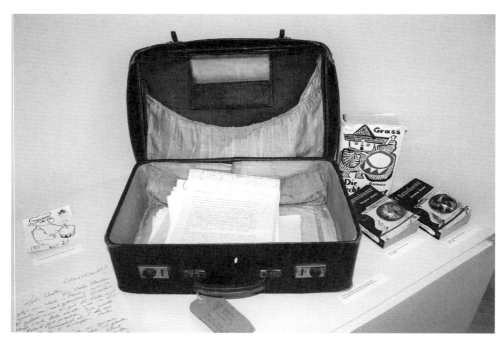

»Pariser Koffer« von Günter Grass im Literaturarchiv Sulzbach-Rosenberg.

schätzt werden kann, ist bereits an unterschiedlichen Stellen angedeutet worden.[5] Im Folgenden sollen die Anfänge dieser Beziehung anhand einiger ausgewählter Quellen veranschaulicht werden.

III

Grass und Höllerer sind sich erstmals im Mai 1955 auf der Frühjahrstagung der Gruppe 47 in Berlin begegnet. Bei einem Podiumsgespräch anlässlich des 50. Jahrestags der Gruppe 47 erinnert Grass sich daran folgendermaßen:

»[A]ls ich dann von der Tagung wegwollte, stand draußen jemand, der sich ein Taxi gerufen hatte, und sagte: ›Wo wollen Sie hin?‹, und als wir dann losfuhren, sagte er: ›Höllerer mein Name. Ich würde einige von den Gedichten drucken.‹ Ich sagte mir: Rede du mal. Der war der einzige. Von den anderen Verlagen habe ich lange nichts mehr gehört, bis dann der Luchterhand Verlag kam. Und ein Jahr später kam dann mein erster Gedichtband. Aber die wirklich literarisch erste Adresse war für mich Walter Höllerer.«[6]

Als Grass und Höllerer sich nach der Tagung begegnen, ist das dritte Heft des Jahrgangs 1955 der *Akzente,* in dem das Gedicht »Lilien aus Schlaf« erscheinen sollte,[7] bereits längst auf dem Weg. Es handelt sich um die erste Veröffentlichung von Günter Grass in einer Literaturzeitschrift. Der Text hatte bei einem Lyrikwettbewerb des Südwestdeutschen Rundfunks den dritten Platz belegt und damit zuerst Walter Höllerers und dann Hans Werner Richters Interesse geweckt.[8] Der ersten persönlichen Begegnung zwischen Höllerer und Grass ging also bereits die Lektüre und Auswahl eines Gedichtes sowie eine Empfehlung in Richtung des *Spiritus rector* der Gruppe 47 voraus.

Der früheste Brief von Günter Grass, der sich in Sulzbach-Rosenberg befindet, entstand einige Monate später im Anschluss an die Herbsttagung der Gruppe 47 in Bebenhausen bei Tübingen,[9] bei der Grass zum zweiten Mal mit Lyrik vor der Gruppe aufgetreten war. Zwischenzeitlich hatte er für das sechste *Akzente*-Heft des Jahrgangs 1955 drei »Kürzestgeschichten« sowie das Prosastück »Meine grüne Wiese« und das Gedicht »Polnische Fahne« eingereicht.[10] Am 11. November 1955 schreibt er:

»Lieber Herr Höllerer,
    ich schicke Ihnen den korrigierten Abzug der grünen Wiese und allerletzte Lyrik. Haben Sie sich von der Dichtertagung etwas erholen können? Ich komme langsam wieder zu Kräften. Der Carl Hanser Verlag hat mir meinen Vorschuß geschickt. Seitdem habe ich das sichere Gefühl, einmal ein reicher Mann zu werden.
    Kommen Sie mal nach Berlin.
    Ihr Günter Graß«

Diese quasi prophetische Ahnung, mit Literatur künftig auch finanzielle Erfolge einfahren zu können, fällt in eine Zeit, in der Grass sich endgültig entschieden haben muss, die Arbeit als Schriftsteller zum Kerngebiet seiner künstlerischen Produktion zu machen. Die Publikationsmöglichkeit in den *Akzenten* scheint ihn regelrecht beflügelt zu haben, denn in den folgenden Jahren erhält Höllerer laufend neue Arbeiten von Günter Grass.[11] Zugleich beginnt Höllerer damit, sich an unterschiedlichen Orten für Günter Grass einzusetzen. So rezensiert er im November 1955 beispielsweise eine Stuttgarter Ausstellung von Grass an exponierter Stelle in der *FAZ*.[12] Er vermittelt ihn mehrfach an andere Zeitschriftenredaktionen und berät ihn in Verlagsdingen.[13] Als das Stück *Hochwasser* – auch hier auf Empfehlung Walter Höllerers – in Frankfurt uraufgeführt wird, übernimmt der Suhrkamp-Lektor Hans Schwab-Felisch die Rezension in der *FAZ*.[14] Ihm hatte Grass 1956 eine frühe Fassung des Gedichtbands *Die Vorzüge der Windhühner* geschickt,[15] welcher am Ende bei Luchterhand erschien und dem Verleger – von Grass zunächst unbemerkt – das Optionsrecht auf den Roman *Die Blechtrommel* sicherte. Das frühe Typoskript der *Windhühner* indes landete schließlich auf Höllerers Schreibtisch und ist heute in Sulzbach-Rosenberg archiviert.

Als zur Buchmesse 1959 dann die *Blechtrommel* erscheint und Grass kurz vor seinem endgültigen Durchbruch steht, organisiert Höllerer, der gerade frisch an die Technische Universität Berlin berufen wurde, einen kleinen PR-Marathon für den jungen Romancier, bei dem dieser mit von ihm eigens ausgewählten Leuten in Kontakt kommt. Am 16. Oktober 1959 schreibt Höllerer nach Paris:[16]

»Die Termine in Berlin liegen so: ganz pünktlich um 18 Uhr ist in der Maison de France Ecke Uhlandstraße/Kurfürstendamm der ›Empfang‹ der Akzente. Dazu kommt auch Rehmann, Fuchs, Johnson, Klünner, Hübner, Uhlmann. Hanser wird auch da sein, und Reifferscheid auch, außerdem habe ich Hartung, Uhlmann (Bildhauer), Scharoun, Grohmann, Boris Blacher eingeladen, und der alte Tiburtius will auch da sein. Zu dieser Sache wäre es am gescheitesten, wenn Du den ›Weiten Rock‹ vorlesen könntest, weil der in den Akzenten stand. Diese Sache ist pünktlich um 19 Uhr 30 aus. Um 20 Uhr veranstaltet die Buchhandlung Schoeller in ihrer Bude in den Hilton-Colonnaden (wo wir damals zusammen waren) einen Leseabend, zusammen mit Dir und mit Rehmann. Was Du da lesen willst, das mußt Du Dir selber raussuchen. Reifferscheid schrieb, er wolle uns zusammen zum Essen einladen, das wird in meinem Fall aber schlecht gehen, weil ich mich um den Hanser kümmern muß, es sei denn, wir bringen beide unter einen Hut. Am nächsten Vormittag sollst Du (was ein zusätzliches Honorar bedeutet) im Sender Freies Berlin lesen, bei einem Herrn Rittermann, auf Tonband. Rehmann auch. Das wären also alle Termine.«

Mit Personen wie Uwe Johnson, Rudolf Hartung, Boris Blacher, Eduard Reifferscheid und Joachim Tiburtius ist nahezu das gesamte Spektrum des Literatur-, Kunst- und Musikbetriebs, des Verlagswesens, der Medien und der Politik in den späten 1950er-Jahren abgedeckt. Heute würde diese Art von Terminarbeit freilich kein frisch berufener Lehrstuhlinhaber mehr bewältigen können. Inzwischen hat sich diese Funktion in die Welt der Literaturagenturen ausdifferenziert. Aus heutiger Perspektive werden hier nicht weniger als die Anfänge des Literaturbetriebs der Gegenwart sichtbar.

DER WEITE ROCK

Zugegeben:Ich bin Insasse einer Heil- und Pflegeanstalt,liege
oder sitze in einem Bett,dessen metallene Beschaffenheit ich
mir immer gewünscht habe.Zweimal kann ich sagen,ich habe mein
Ziel erreicht oder bescheidener,ich habe es zu etwas gebracht.
Täglich,stündlich,fast immer nenne ich mein weisslackiertes
Metallbett meine Gewissheit,meinen Trost,Glauben,meine Zuversicht;
denn ich bin katkolischer Konfession.Manchmal lege ich beide
Hände auf die Messingknöpfe am Kopfende des Bettgestells und
lasse den Blick den entsprechenden ,genau so gepflegten Gelbgüssen am Fussende zukommen.Zwischen vier goldenen,ungeniess-
baren Aepfeln finde ich meine Ruhe.

Ich habe zu hoch gegriffen und lasse sogleich die Einschrän-
kung folgen:Einmal in der Woche unterbricht ein Besuchstag
meine am Messing hängende Stille,dann kommen sie,die mich retten wollen,die mich lieben,schätzen,achten,kennen, verstehen, die
mir verzeihen,die mich besuchen wollen.Wie blind,wie nervös,wie
unerzogen sie sind;drehen an an den Messingknöpfen,kratzen,scha-
ben am Messing,kritzeln mit ihren Kugelschreibern und Blaustiften
dem Messing unanständige Strichmännchen;mein Anwalt stülpt seinen
Nylonhut über den linken Messingknopf am Fussende meines Metall-
bettes und raubt mir somit jedesmal und solange sein Besuch währt,
das Gleichgewicht.Nachdem meine Besucher ihrer Geschenke auf dem
Tisch unter dem Bild mit den Frühlingsblumen deponiert haben,nach-
dem es ihnen gelungen ist,mir ihre gerade laufenden oder geplanten
Rettungsversuche zu unterbreiten,nachdem sie sich selbst den hohen ,gepflegten,humanen Standard ihrer ihnen geläufigen Nächstenliebe bewiesen haben,finden sie wieder Spass an der eigenen Exis-
tens und verlassen mich - meine Besucher.Dann setzt sich die Stille zu mir aufs Bett und Bruno,mein Pfleger ,setzt sich gleich-

Typoskript der ersten Seite des *Blechtrommel*-Kapitels »Der weite Rock« vom Mai 1958.

IV

Der junge Günter Grass wurde zunächst nicht im Literaturbetrieb der frühen Bundesrepublik sozialisiert, sondern im Kunstbetrieb. Als er im Literaturbetrieb reüssierte, galt er zunächst als Außenseiter, als ›Bildhauer-Dichter‹, der auch Lyrik und Theatertexte produziert.[17] Mit seinen Auftritten vor der Gruppe 47 und dem Erfolg der *Blechtrommel* mausert er sich dann innerhalb recht kurzer Zeit zu einem regelrechten Aushängeschild für die deutschsprachige Literatur der 1960er-Jahre. Die Integration in die Welt der Literatur findet allerdings auch außerhalb der Gruppe 47 statt, nämlich in Paris, und auch hier ist es wieder einmal Walter Höllerer, der sich als Netzwerker betätigt.

Walter Höllerer war für die Konstitution des deutschsprachigen Literaturbetriebs seit den 1950er-Jahren nicht zuletzt deshalb so bedeutsam, weil sein Literaturverständnis sich an einem kosmopolitischen Begriff der Moderne orientierte.[18] Früh bemühten sich die beiden *Akzente*-Herausgeber Walter Höllerer und Hans Bender darum, internationale Literaturszenen in Deutschland bekannt zu machen. So erscheinen in den *Akzenten* der 1950er-Jahre bereits Namen wie Nathalie Sarraute, Allen Ginsberg, Alain Robbe-Grillet oder Miodrag Bulatović. Als Höllerer in den späten 1950er-Jahren einige Zeit die Wohnung von Günter Grass in Paris nutzt, arbeitet er gerade mit Gregory Corso an einer Anthologie über *Junge amerikanische Lyrik* und besucht ihn im berühmten Pariser Beat Hotel,[19] wo dieser mit Allen Ginsberg und anderen residiert. Zugleich kann Höllerer in Paris auch Paul Celan besuchen, der ihm 1957 auf seinem *Akzente*-Briefpapier unter anderem das Gedicht »Köln, am Hof« notiert haben muss,[20] das 1958 in den *Akzenten* erscheint und 2008 titelgebend für die Edition des Briefwechsels *Herzzeit* zwischen Celan und Ingeborg Bachmann wird.[21]

Dass Walter Höllerer es war, der Grass in Paris mit Celan bekanntmachte, war bisher immer gemutmaßt worden.[22] Vor dem Hintergrund eines Briefes, den Günter Grass auf dem Bäumliacker bei Lenzburg im Tessin empfängt, wo er mit Anna Grass gerade seine Schwiegereltern besucht, kann daran allerdings kaum noch Zweifel bestehen. Höllerer hat erfahren, dass das Ehepaar nach Paris ziehen will und schlägt drei Personen vor, mit denen Grass in Paris in Kontakt treten soll:[23]

»Lieber Herr Grass,
   ich schicke Ihnen wie versprochen anbei drei französische Adressen, nämlich die von Paul Celan, von Roland Barthes (einem sympathischen und einflußreichen

Zeichnung von
Günter Grass, 1956.

Kritiker) und von Alain Robbe-Grillet (einem Romancier, mit dem Sie sich gut verstehen dürften). – Ist eigentlich der Bäumliacker identisch mit dem Alto Campaccio, von dem Sie sprachen? Ich habe mir ernsthaft aufnotiert, Sie im Tessin zu besuchen.
Herzliche Grüße,
Ihr [Walter Höllerer]«

Es wäre interessant zu erfahren, ob Grass in Paris auch Autoren aus dem Umfeld von Gregory Corso und Allen Ginsberg kennenlernte. Immerhin waren mit Adriaan Morriën und Walter Höllerer zwei gemeinsame Bekannte vorhanden und 1960 trug Grass bei einer Lesung in Berlin, zu der auch Gregory Corso gekommen war, die von Höllerer besorgten deutschen Übersetzungen von Texten von Ginsberg, Corso, Robert Creeley und Jack Kerouac vor.[24] Allerdings finden sich in den Quellen keine Hinweise auf einen frühen Kontakt zwischen Grass und der Beat-Generation in Paris. Was Paul Celan angeht, ist jedoch unstrittig, dass er für Günter Grass einer der wichtigsten Pariser Kontakte war.[25]
Die späten 1950er-Jahre waren für Celan nicht selten von der Umtriebigkeit Claire Golls überschattet, die nicht müde wurde, Celan unlautere Anleihen am Werk

ihres verstorbenen Gatten Yvan Goll vorzuwerfen.[26] So war die Verleihung des Bremer Literaturpreises Anfang 1958 für Paul Celan zwar ein überaus erfreuliches Ereignis, das aber dennoch mit dem Ärger über die aus heutiger Sicht sehr unredlichen Anschuldigungen kollidierte, wie Grass am 6. Februar 1958 an Höllerer zu berichten weiß:[27]

»Ich las die Rede, die Celan in Bremen gehalten hat. Ein gutes Stück und es wäre lobenswert, den Text in den Akzenten zu lesen. Nun hat idiotischerweise der Celan eine FAZ gelesen, in der ein Artikel über ihn stand und – oh welche Tücke – der Dichter vom Pere Lachaise gegenüber Chopin [Yvan Goll, M.P.H.] war mit Namen erwähnt. Vollkommen betrunken hat sich der gute Celan und viele wütende Briefe in die feindliche Welt geschickt. Kurz: Es wäre jammerschade, wenn seine Rede nun in der FAZ und nicht in den »Akzenten« erscheinen würde. – Sonst geht es ihm aber gut. Ich sehe ihn oft und herzlich.«

Eine ironische Distanzierung zur Fragilität Celans, der unter der Goll-Affäre sehr zu leiden hatte, kann sich Grass hier gegenüber Höllerer nicht verkneifen. Auch war Paul Celan allem Anschein nach alles andere als erheitert über den Versuch von Grass, die ganze Angelegenheit mit dem erst 2002 publik gemachten – aber Paul Celan in den späten 1950er-Jahren zur Lektüre vorgelegten – satirischen Text »Das Rundschreiben der Claire Goll« aufzulockern.[28] Dennoch ist das Verhältnis zwischen Grass und Celan in diesem Punkt von grundsätzlicher Sympathie und Solidarität geprägt. Den Erstdruck in der *FAZ* konnten Grass und Höllerer zwar nicht mehr verhindern, aber immerhin erschien die *Bremer Rede* von Celan im 1958er-Jahrgang der *Akzente* als Beilage.

V

Im November 1957 erwähnt Grass gegenüber Höllerer das erste Mal, dass ihn Ideen für einen längeren Roman umtreiben:[29]

»Bei mir ist Sonntagsstimmung. Gehe schwanger mit dickem Roman, verdränge Theatergelüste, bisschen Gedicht, gut essen, viel schlafen, Söhne und Frau in der Schweiz wohlauf, Vater hat immer noch keine Grippe. Für ›Akzente‹ oder ›Die Stimme‹ kann ich nur Theater anbieten. Gedichte hast Du ja mehr als genug.«

Im Herbst 1958 stellt er Auszüge aus dem Roman auf der Gruppe 47-Tagung in Großholzleute vor. Nur wenig später erscheint das Kapitel »Der weite Rock« in den *Akzenten* und am 1. Februar 1959 schreibt Anna Grass an Walter Höllerer:

Günter Grass, *Die Nonnen*, Manuskript und Zeichnung, um 1956.

»Günters Roman ist fertig.«[30] Ende 1959 bricht das Ehepaar Grass in Richtung Berlin auf, wo die literarische Karriere von Günter Grass sich zur vollen Blüte entfalten sollte. Ein Koffer mit Material aus der Entstehungszeit der *Blechtrommel* bleibt in Paris zurück.

Als im November 1977 das Literaturarchiv Sulzbach-Rosenberg eröffnet wird, spielt der prominente Name Günter Grass für die Außenwirkung eine gewichtige Rolle. Den Beginn der Sammlungstätigkeit des Hauses markiert einerseits das umfangreiche Archiv der Zeitschrift *Akzente* aus den 1950er- und 1960er-Jahren, andererseits aber auch jener Koffer, den Günter Grass 1959 beim Umzug nach Berlin in seiner Pariser Wohnung hinterlassen hat. In dem Koffer, der seither in der Dauerausstellung des Literaturarchivs zu sehen ist, befinden sich neben den rund 350 Schreibmaschinenseiten mit *Blechtrommel*-Kapitelentwürfen aus einem späten Entwicklungsstadium des Romans und der Pariser Geschäftskorrespondenz etliche Zeichnungen, Notizen und Pressebelege.[31]

Grass selbst hat das Manuskriptkonvolut, das bei der Eröffnung des Literaturarchivs Sulzbach-Rosenberg am 4. November 1977 – wohl nicht ohne ironisches Augenzwinkern in Richtung Goethe – als »Ur-Blechtrommel« angekündigt wurde,[32] auf das Jahr 1956 datiert. Werner Frizen konnte plausibel zeigen, dass diese Datierung keinesfalls für alle Kapitelentwürfe stimmen kann und zumindest der überwiegende Teil der Abschriften erst 1958 entstanden ist.[33] Gestützt werden kann diese These durch den Vergleich zweier Fassungen des Kapitels »Der Kleiderschrank«. Eine hatte Grass bereits im Mai 1958 gemeinsam mit frühen Fassungen von »Glas, Glas, Gläßchen« und »Der weite Rock« an die *Akzente*-Redaktion geschickt,[34] die andere stammt aus dem Pariser Koffer. Welche der beiden Fassungen, deren Papierformat und Type sich gleichen, die frühere ist, lässt sich anhand von handschriftlichen Korrekturen und Streichungen im *Akzente*-Typoskript bestimmen. Demnach kann die Fassung im Pariser Koffer erst nach Mai 1958 entstanden sein, da die von Grass handschriftlich im Typoskript vermerkten Kürzungen und Korrekturen aus der fünf Seiten längeren Fassung vom Mai 1958 hier bereits eingearbeitet sind. Genauer genommen muss es zwischen den beiden Fassungen auch noch weitere Editionsstufen gegeben haben, die allerdings als verschollen gelten müssen.

VI

Der Beginn des Kapitels »Der weite Rock«, welches im Pariser Koffer fehlt – vermutlich weil Grass etliche Abschriften an Zeitschriftenredaktionen geschickt hatte – weicht in der Fassung vom Mai 1958 deutlich von der 1959 publizierten Fassung ab. Der erste Absatz lautet hier noch:

»Zugegeben: ich bin Insasse einer Heil- und Pflegeanstalt, liege oder sitze in einem Bett, dessen metallene Beschaffenheit ich mir immer gewünscht habe. Zweimal kann ich sagen, ich habe mein Ziel erreicht oder bescheidener, ich habe es zu etwas gebracht. Täglich, stündlich, fast immer nenne ich mein weisslackiertes Metallbett meine Gewissheit, meinen Trost, Glauben, meine Zuversicht; denn ich bin katholischer Konfession. Manchmal lege ich beide Hände auf die Messingknöpfe am Kopfende des Bettgestells und lasse den Blick den entsprechenden, genau so gepflegten Gelbgüssen am Fussende zukommen. Zwischen vier goldenen, ungeniessbaren Aepfeln finde ich meine Ruhe.«[35]

Ähnliche Abweichungen gibt es im Übrigen auch bei den meisten anderen Typoskripten im Pariser Koffer und im Höllerer-Archiv. Bereits Frizen hat darauf hingewiesen, dass der Ausdruck »Ur-Blechtrommel« irreführend ist, weil hier keine ›ursprüngliche‹ Fassung vorliegt, aus der sich der Roman letztlich monokausal heraus entwickelt hätte. Was vielmehr vorliegt, sind Typoskripte aus unterschiedlichen Stadien des komplexen literarischen Entstehungsprozesses.

Ein paradigmatisches Ur-Abbild des Romans überhaupt anzunehmen, ist eine theoretische Vorentscheidung, die dem Produktionsprozess von Literatur ohnehin kaum gerecht wird. Das endgültige Buch ist lediglich die fixierte Variante eines theoretisch nur schwer greifbaren Nebeneinanders von Textstufen, die über Streichungen, Korrekturen, handschriftliche Ergänzungen, Verwerfungen und Neuformulierungen in einem Kontiguitätszusammenhang miteinander verbunden sind. Die Logik des Archivs folgt hier eher einer syntagmatischen Ordnung der Metonymie als der paradigmatischen Ordnung des Abbilds. Wo das fertige Buch einen in sich geschlossenen Sinnzusammenhang suggeriert, zeigt das Archivmaterial, dass diese Ordnung kontingent ist, dass die Enden zu allen Seiten hin offen sind und mit dem Fixieren einer Fassung bereits der hermeneutische Prozess einer Aneignung beginnt, die auch anders hätte verlaufen können.

Für Archivmaterial gilt so gesehen zumeist, was Michel Foucault einmal über den Nachlass Friedrich Nietzsches geschrieben hat:

»Unter der Wolke der vom Autor publizierten Texte erscheint ein Streumuster anderer möglicher Texte – die radikal anders erscheinen, obwohl sie fast vollkommen identisch sind. Umgeben von den unveröffentlichten Texten, die der Autor verworfen hat, wird das Buch wieder zu einer Welt isolierter Ereignisse, die aber durch ein Netz rätselhafter Verbindungen, Wiederholungen, Widersprüche, Ausschlüsse und Veränderungen miteinander verbunden sind. Der Diskurs erscheint jenseits jeder syntaktischen oder rhetorischen Verbindung als eine Staubwolke aus Ereignissen.«[36]

Dies lässt sich vor dem Hintergrund der Briefe, Zeichnungen und Lebenszeugnisse im Literaturarchiv Sulzbach-Rosenberg ohne Weiteres auf das Phänomen der Autorschaft von Günter Grass übertragen. Die spezifische Autorschaft von Günter Grass erscheint in den Dokumenten insbesondere des jungen Grass, wie sie sich im Archiv darstellen, als eine kontingente Operation unter vielen weiteren Möglichkeiten, sich als Autor in der bundesrepublikanischen Öffentlichkeit zu erfinden und zu positionieren. Mithin bietet das Archiv immer auch die Möglichkeit, diese Autorschaft postum in Bewegung zu halten – und sie damit möglicherweise auch für andere, neue Grass-Lektüren zu öffnen.

Anmerkungen

1 Die aus vier Abteilungen bestehende Redaktionskorrespondenz umfasst insgesamt etwas mehr als 35 000 Briefe aus dem Zeitraum 1953–1970. Zusätzlich befinden sich im Archiv Korrekturfahnen, Manuskripte und Planungsskizzen der ersten Akzente-Jahrgänge.
2 Vgl. hierzu Werner Frizen, Zur Entstehungsgeschichte von Günter Grass' Roman ›Die Blechtrommel‹, in: Monatshefte 79 (1987), H. 2, S. 210–222, Silke Jendrowiak, Die sogenannte »Urtrommel«: Unerwartete Einblicke in die Genese der ›Blechtrommel‹ von Günter Grass, in: Monatshefte 71 (1979), H. 2, S. 172–186 sowie Volker Neuhaus, Günter Grass. Eine Biographie. Göttingen 2012, S. 146 ff.
3 Vgl. hierzu Michael Peter Hehl, Berliner Netzwerke. Walter Höllerer, die Gruppe 47 und die Gründung des Literarischen Colloquiums Berlin, in: Achim Geisenhanslüke, Michael Peter Hehl (Hg.), Poetik im technischen Zeitalter. Walter Höllerer und die Entstehung des modernen Literaturbetriebs. Bielefeld 2013, S. 155–189 sowie Rolf Parr, Kein universeller, kein spezifischer Intellektueller. Walter Höllerer im Literaturbetrieb der 1950er- und 1960er-Jahre, in: kultuRRevolution, Nr. 61/62 (2012), S. 76–85.
4 Rolf Parr, Kein universeller, kein spezifischer Intellektueller (wie Anm. 3), S. 76.
5 Vgl. Helmut Böttiger, Elefantenrunden. Walter Höllerer und die Erfindung des Literaturbetriebs. Berlin 2005, S. 235 ff.
6 Zit. n. Helmut Böttiger, Elefantenrunden (wie Anm. 5), S. 237.
7 Günter Grass, Lilien aus Schlaf, in: Akzente 2 (1955), H. 3, S. 259 f.
8 Vgl. Volker Neuhaus, Günter Grass (wie Anm. 2), S. 130 ff.
9 Günter Grass an Walter Höllerer, Brief v. 11. November 1955, in: Literaturarchiv Sulzbach-Rosenberg [LSR], Vorlass Walter Höllerer, Signatur: 02WH/164a/11b.
10 Günter Grass, Kürzestgeschichten aus Berlin, Meine grüne Wiese, Polnische Fahne, in: Akzente 2 (1955), H. 6, S. 517 und 528–535.
11 Allein im Vorlass Walter Höllerers haben sich aus den 1950er-Jahren nicht weniger als 120 Gedicht-, Theater- und Prosamanuskripte von Günter Grass erhalten.
12 Walter Höllerer, Das Knochengerüst der Dinge, in: FAZ v. 21. 11. 1955, zit. n. Helmut Böttiger, Elefantenrunden (wie Anm. 5), S. 235–237.
13 Vgl. Helmut Böttiger, Elefantenrunden (wie Anm. 5), S. 237 ff. sowie Volker Neuhaus: Günter Grass (wie Anm. 2), S. 130 ff.
14 Vgl. Hans Schwab-Felisch, Der Mensch in der Katastrophe. »Hochwasser« von Günter Grass in Frankfurt uraufgeführt, in: FAZ v. 22. 1. 1957, S. 8.
15 Vgl. Günter Grass an Hans Schwab-Felisch, Brief v. 5. Juli 1956, in: LSR, Vorlass Walter Höllerer, Signatur: 02WH/164a/8.
16 Walter Höllerer an Günter Grass, Brief v. 16. Oktober 1959, in: LSR, Redaktionskorrespondenz Akzente, Signatur: 01AK/1587.
17 Vgl. etwa Charlotte Stephan, Junge Autoren unter sich, in: Tagesspiegel v. 17. 5. 1955, zit. n. Reinhard Lettau (Hg.), Die Gruppe 47. Bericht, Kritik, Polemik. Neuwied und Berlin 1967, S. 107.
18 Vgl. Michael Peter Hehl, Poetik der Institution. Walter Höllerers institutionelles Engagement und die Literatur der Moderne, in: kultuRRevolution, Nr. 63 (2012), S. 45–53.
19 Über jenes Hotel in die Rue Git-le-cœur hat Harold Norse 1975 ein Buch vorgelegt, in dem an einer Stelle von einem ›Heidelberger Professor‹ die Rede ist, womit sicher Walter Höllerer gemeint ist, der in den späten 1950er-Jahren zeitweise in Heidelberg an seiner Habilitationsschrift arbeitete. Vgl. Harold Norse, Beat Hotel. Übersetzt von Carl Weissner. Augsburg 1995, S. 87.
20 Vgl. Paul Celan, Köln, am Hof, in: Akzente 5 (1958), H. 1, S. 22. Das handschriftliche Manuskript hat sich im Nachlass Walter Höllerers erhalten.

21 Vgl. Herzzeit, Ingeborg Bachmann – Paul Celan. Der Briefwechsel, hg. v. Bertrand Badiou, Hans Höllerer, Andrea Stott et al. Frankfurt am Main 2008.
22 Vgl. etwa Volker Neuhaus, Günter Grass (wie Anm. 2), S. 148 oder Klaus Schenk, Treffen in Paris. Intertextuelle Lektüre zum Kontakt von Paul Celan und Günter Grass, in: Natalia Blum-Barth, Christine Waldschmidt (Hg.), Celan-Referenzen. Prozesse einer Traditionsbildung in der Moderne. Göttingen 2016, S. 101–120, hier S. 102.
23 Walter Höllerer an Günter Grass, Brief v. 9. Juli 1956, in: LSR, Redaktionskorrespondenz Akzente, Signatur: 01AK/6631.
24 Vgl. Programmzettel vom 20. Juli 1960, TU Berlin, in: LSR, Nachlass Walter Höllerer, Signatur: 03WH/BH/4,1.
25 Vgl. etwa Volker Neuhaus, Günter Grass (wie Anm. 2), S. 148.
26 Vgl. Barbara Wiedemann, Die Goll-Affäre, in: Markus May, Peter Goßens, Jürgen Lehmann (Hg.), Celan-Handbuch. Leben, Werk, Wirkung. Stuttgart und Weimar 2008, S. 20–23.
27 Günter Grass an Walter Höllerer, Brief v. 6. Februar 1958, in: LSR, Redaktionskorrespondenz Akzente, Signatur: 01AK/1459.
28 Vgl. Klaus Schenk, Treffen in Paris (wie Anm. 22), S. 105.
29 Günter Grass an Walter Höllerer, Brief v. 12.11.1957, in: LSR, Redaktionskorrespondenz Akzente, Signatur: 01AK/1464.
30 Anna Grass an Walter Höllerer, Brief v. 1. Februar 1959, in: LSR, Redaktionskorrespondenz Akzente, Signatur: 01AK/1483.
31 Vgl. hierzu die Arbeiten von Frizen, Jendrowiak und Neuhaus (wie Anm. 2).
32 Vgl. Programmzettel und Eröffnungsfeier des Literaturarchivs Sulzbach-Rosenberg am 4. November 1977, in: LSR, ohne Signatur.
33 Vgl. Werner Frizen, Entstehungsgeschichte (wie Anm. 2).
34 Vgl. Günter Grass an Walter Höllerer, Brief v. 18. Mai 1958, in: LSR, Vorlass Walter Höllerer, Signatur: 02WH/164a/13.
35 Günter Grass, Der weite Rock (1958), in: LSR, Vorlass Walter Höllerer, Signatur: 02WH/164b/14.
36 Michel Foucault, Zur Publikation der Nietzsche-Gesamtausgabe, in: ders., Schriften in vier Bänden. Dits et Écrits. Bd. 4. 1980–1988. Frankfurt am Main 2005, S. 1023–1027, hier S. 1025 f. Den Hinweis auf das Zitat verdanke ich Reiner Niehoff.

Werner Frizen
Über die allmähliche Verfertigung des Romans beim Schreiben
Zur Entstehungsgeschichte des *Butt*

>*»C'est l'exécution du poème qui est le poème.«*
>Paul Valéry, Première leçon du cours de poétique (1937)

Finderglück

Im Reiche Serendip lebten einmal drei Prinzen, die hatte ihr Vater durch die weisesten Lehrer des Landes vorbildlich erziehen lassen. Um sie auf ihre zukünftigen Herrscheraufgaben weiter vorzubereiten, schickte er sie in die Welt hinaus. Im Reich des Kaisers Behram trafen sie zufällig auf einen Kameltreiber, dem eins seiner Lasttiere entlaufen war. Als dieser sie fragte, ob sie seinem verlorenen Kamel begegnet seien, versicherten sie, es auf ihrem Weg bemerkt zu haben, und beschrieben es genau: Einäugig sei es und hinke, habe ein unvollständiges Gebiss, sei beladen mit Butter und Honig und werde von einer schwangeren Frau geritten. Der Kameltreiber suchte daraufhin lange nach dem Tier, fand es aber nicht. Weil er die Prinzen für Diebe hielt, ließ er sie verhaften und verklagte sie beim Kaiser. Doch die Drei bewiesen vor dem Herrscher, dass sie zwar das Tier selber nie gesehen, doch allein anhand der Spuren, die es auf seinem Weg hinterlassen habe, seine besonderen Kennzeichen herausgefunden hätten: Es habe nur auf der einen Seite des Weges das schlechte Gras gefressen und das gute auf der anderen unberührt gelassen; aus den Fußspuren sei zu lesen gewesen, dass es ein Bein nachgezogen habe; durch die Zahnlücke habe das Kamel auf seinem Weg gekautes Gras verloren usw. Dem Kaiser nötigten die scharfsinnigen Prinzen größte Bewunderung ab, und sie wurden auf der Stelle freigelassen. Sie hatten nicht gesucht und doch gefunden.

Wie den drei Königskindern von Serendip (d.i. Sri Lanka) in dem persischsprachigen Märchen des indischen Dichters Hakīm Abu 'l-Hamīn ad-Dīn Chosrau (1253–1325) ist es vielen erfindungsreichen Menschen ergangen. Der eine untersucht Staphylokokken und findet das Penicillin; der andere analysiert Kathodenstrahlen und entdeckt die X-Strahlung; der dritte sucht ein Pharmakon gegen Angina pectoris und gewinnt ein bekanntes Mittel gegen erektile Dysfunktion. Hätte Günter Grass nicht auch über die Gabe konstruktiver Wahrnehmungsfähigkeit verfügt, die sich mit Glück und Zufall paarte, um Entdeckungen gleichsam am Wegesrand zu machen, seine Werke wären um manche zwingende Erdichtung ärmer. Was wäre aus dem Romanerstling geworden ohne den trommelnden Gnom? Das, was seine Aufsehen erregende Besonderheit ausmacht, ihr unverwechselbares Erkennungszeichen, ist ein derartiges *Objet trouvé,* das gesucht und auch wieder nicht gesucht und durch einen Zufall dennoch gefunden wurde. Mit dem ersten Konzept zu diesem Epos, dem Versuch, die Kleinbürger eines Städtchens von einem auf einer Säule angeketteten Styliten beobachten, beschreiben und kritisieren zu lassen, hätte der Roman-Debütant fürwahr keinen Bestseller hinlegen können. Auch die erhaltenen Daktylogramme der sogenannten Urtrommel, in denen ein Verwachsener ohne Trommel sich im Nachkriegsdüsseldorf niederlässt, entbehren völlig des nervtötenden Revoluzzer-Charmes der Endversion. Da musste eine andere, flexiblere Erzählerstimme her, die sich aber nicht erfinden ließ, sondern als glücklicher Einfall dem Autor zufiel. Das »Kamel« will sagen: Der trommelnde Rotzlöffel begegnete dem zukünftigen Romancier schon 1952, da war der Gedanke an das Romanprojekt noch gar nicht geboren. Erst Jahre später löste das Erlebnis die zentrale Idee der *Blechtrommel* aus, dank derer sich der ursprünglich geplante Säulenheilige in einen Dreijährigen wandelt, der mit seiner Trommel der Kleinbürgerwelt das Fürchten beibringt. In der berühmten Ursprungserzählung, mit der Grass 1969 aufzuwarten wusste, heißt es: »Noch im Spätsommer des gleichen Jahres [1952], als ich mich, aus Südfrankreich kommend, über die Schweiz in Richtung Düsseldorf bewegte, traf ich nicht nur zum ersten Mal Anna, sondern wurde auch, durch bloße Anschauung, der Säulenheilige abgesetzt. Bei banaler Gelegenheit, nachmittags, sah ich zwischen Kaffee trinkenden Erwachsenen einen dreijährigen Jungen, dem eine Blechtrommel anhing. Mir fiel auf und blieb bewußt: die selbstvergessene Verlorenheit des Dreijährigen an sein Instrument, auch wie er gleichzeitig die Erwachsenenwelt (nachmittäglich plaudernde Kaffeetrinker) ignorierte. Gute drei Jahre lang blieb diese ›Findung‹ verschüttet.« (11, S. 873) »Durch bloße Anschauung« – »bei banaler Gelegenheit« – »mir fiel auf«: Wie aus dem Lehrbuch der Kreativitätsforschung mutet diese Beschreibung einer »Findung« an. Der Schriftsteller, an einem toten Punkt seiner Erfindung stagnierend, sucht nicht zielfixiert und verkrampft nach einer Lösung, sondern nimmt diese, zu Gast bei einer Freundin, über Gott und die Welt plaudernd, dank seiner Randaufmerksamkeit als Randerscheinung[1] wahr. Sie tangiert sein Gesichtsfeld, findet flüchtig als »pockiger Bengel«, der auf »den Rand seiner Trommel schlägt«, Erwähnung in einem Gedicht aus der Düsseldorfer Zeit (Sechs Jahrzehnte, S. 21), gerät aber immer noch nicht in den Fokus, wird in ihrer Bedeutung noch gar nicht erkannt und sinkt ab unter die Sedimente des Vorbewussten. Auffällig bleibt dem beobachtenden Augenzeugen zunächst nur die Versunkenheit, mit der der Dreijährige seine Umwelt ignoriert, während sich das Bild des Trommlers erst mit den Jahren zu einer umfassenden Roman-Allegorie anreichert.[2]

Auch die folgenschwere Bildidee, das Herzstück des *Butt*-Romans, stellt sich erst nach zahl- und arbeitsreichen Vorversuchen ein, zur Verblüffung des Beobachters erst dann, wenn schon umfangreiche Partien des Romans oder »Vor-Texte« auf dem Papier stehen, und das, obwohl sich der Kunststudent schon 1955 dem vielgrätigen Plattfisch mit einer Kreidezeichnung und einer Bronzeplastik gewidmet hatte (Sechs Jahrzehnte, S. 48; 10, S. 588). Doch der taucht für zwei Jahrzehnte ab und erst in Form von Philipp Otto Runges Märchenfigur (»Von dem Fischer un syner Fru«) mitten in der Arbeit am Roman wieder auf. – Einer echten »Sonntagsidee« eines Sonntagskindes verdankt auch die Meistererzählung *Das Treffen in Telgte* ihre Existenz, wie Günter Grass im Herbst 1978 an Hans Werner Richter zum Siebzigsten schrieb. »Mein lieber Hans Werner«, heißt es da, »anfangs war es nur eine kleine Sonntagsidee, Dir zum siebzigsten Geburtstag ein Gruppentreffen im Jahr 1647 zu skizzieren, doch dann wuchs sich die Idee zur Erzählung ›Das Treffen in Telgte‹ aus, an der ich nun ein gutes halbes Jahr lang sitze; und immer noch bin ich nicht am Ende. Es macht mir Schreibspaß, Dich und uns alle, einen verqueren barocken Haufen, während drei Tagen zwischen Münster und Osnabrück zu versammeln. So lange ist das gar nicht her: nur dreihundert Jahre – von 1947 zurückgezählt. Außerdem wüßte ich für Dich kein besseres Geschenk; denn Du hast uns damals, als der Dreißigjährige Krieg schleppend zu Ende ging, zusammengerufen.« (Neunzig, S. 199) Eine Sonntagsidee war es fürwahr, und keine geringzuschätzende, denn die Parallelität zwischen der historischen, politischen und kulturellen Situation von 1647 und der von 1947 reicht bis in die Details hinein. Für Grass, der bevorzugt in Analogien, Homologien und Konvergenzen dachte, offensichtlich ein Beziehungsfest, das die Schleusen der Produktivität öffnete. Aber auch diese Sonntagsidee zum *Treffen in Telgte* reicht weit hinter den siebzigsten Geburtstag des Grass-Mentors Richter und selbst hinter die Gründung der Gruppe 47 zurück bis in die Phantasiewelt des Schülers, der sich aus der kleinbürgerlichen Enge in Haupt- und Staatsaktionen wegträumt: »In der Regel war ich zeitabwärts unterwegs, unstillbar hungrig nach den bluttriefenden Innereien der Geschichte und vernarrt ins stockfinstere Mittelalter oder in die barocke Zeitweil eines dreißig Jahre währenden Krieges.« (10, S. 237) Die Rollenspiele von damals, in denen er aus der Gegenwart in die packenden Geschichten der Historie wegdriftete, verdichten sich erst 1978 aus vorgegebenem Anlass zur literarischen Realität eines Poetenkonzils mitten in den Wirren des Dreißigjährigen Krieges.

Nota bene: die Entdeckungen fallen den Prinzen von Serendip nicht in den Schoß; die Bildungsreisenden finden nicht, indem sie schlicht auf den Zufall *warten,* sondern weil sie mit wachen Sinnen und scharfem Verstand die Wirklichkeit wahrnehmen und offen sind für alles, was ihnen begegnet. Als Augenmensch muss auch Günter Grass eine spezifische Wahrnehmungsfähigkeit besessen und Strategeme entwickelt haben, mit deren Hilfe er im Alltäglichen das Besondere entdeckte. So erklärt sich sein Faible für »Fundsachen«, die Obsession, mit der er sich den Gegenständen und ihrer aisthetischen Präsenz zuwandte, eine Buche nach der anderen aquarellierte, »totes Holz« in allen Variationen mit schwarzer Kohle aufs Papier warf, serienweise Zwiebeln zeichnete, Tänzer in allen Stellungen und Verrenkungen formte, Tabakkrümel, Kastanien, Stricke, Nägel, Knöpfe, Gräten, nicht zu vergessen: Federn – aufgriff, hamstertete, akribisch abbildete, mit Bedeutung auflud, wenn sie von sich aus bedeutungslos waren, sie reflektierte und zum Gegenstand seiner Kunst erhob. *Serendipity* hat die Wissenschafts- und Kreativitätsforschung in Erinnerung an die drei Königssöhne aus Serendip dieses besondere Vermögen genannt, wesens- und planmäßig offen zu sein für das Unerwartete, die Fähigkeit, im Selbstverständlichen das Überraschende, im Normalen das Anomale zu finden. Diese Findefähigkeit sei die »Gabe der Sonntagskinder« (Wermke, S. 88) – und Grass, am 16. Oktober 1927 geboren, war ein Sonntagskind auch im leibhaftigen Sinne. Sonntagskinder, die über Serendipity verfügen, verweilen in einem Zwischenzustand zwischen gespannter Aufmerksamkeit und Verträumtheit, über die »Peer Gynt« (so Mutter Grass über ihren Sohn (10, S. 254)) in gebührendem Maße verfügte und die ihn in den Stand setzten, zu finden, ohne zu suchen. Sie hat aber, um diesem denkbaren Missverständnis gleich vorzubeugen, nichts mit dem Inspirationstopos oder pneumatischen Eingebungen zu tun, sondern bezeichnet eher deren Gegenteil; sie ist die profanisierte Kehrseite der göttlichen *manía,* der Sokrates im *Phaidros* die außerordentlichen Leistungen der begnadeten Dichter zuschreibt. Serendipity ergibt sich, paradox formuliert, aus einem Zufall, der erarbeitet werden muss. Der Funke zündet oft plötzlich, oft im Vorbeigehen oder beim Lustwandeln, doch nicht unvorbereitet und schon gar nicht dank einer transsubjektiven Macht. Indem er sich am Gegenstand abarbeitet, ihn immer neu fokussiert, ist der Aufgeweckte bereit, die günstige Gelegenheit beim Schopfe zu fassen. Am Rande sei vermerkt: Nichts anderes als das uralte Märchen Chosraus lehrt auch die Systemtheorie. Kreativität, sagt Niklas Luhmann, sei »die Fähigkeit zum Ausnutzen von Gelegenheiten« oder »die Verwendung von Zufällen zum Aufbau von Strukturen«, wobei der Zufall Ereignisse bezeichne, die über die Strukturen des Systems weder produziert noch kontrolliert werden können (Luhmann, S. 17).

Weise Lehrer

König Giaffer von Serendip, selber ein Weiser, ließ seine Söhne von den weisesten Lehrern seines Landes ausbilden. Ob die Prinzen ohne sie ihren Spürsinn entwickelt hätten, darf bezweifelt werden. In Deutschland hingegen verlief und verläuft schulische Bildung nicht ganz so phänomenal wie ehedem die ceylonesische Prinzenerziehung. Die sporadischen Erinnerungen an seinen Deutschunterricht, die Günter Grass hinterlassen hat, erlauben jedoch immerhin den Schluss, dass seine schriftstellerische Begabung nicht wie die vieler anderer Autoren von Thomas und Heinrich Mann über Hermann Hesse bis hin zu den Expressionisten durch ›schwarze Pädagogik‹, stupiden Leistungsdrill und geistlose Schinderei der Deutschlehrer unterdrückt, sondern im Gegenteil zum Mindesten von *einem* Vertreter der Zunft erkannt und in bemerkenswerter Weise gefördert wurde, obwohl Schüler Günter die Curricula nicht einmal bis zum Abitur »durchschmarutzen« konnte: Ein Studienrat Littschwager gab nicht nur weit in die Zukunft des Schülers wirkende Lektüretipps (Grimmelshausens *Simplicissimus*!), sondern wich auch mit seinen Aufsatzthemen von den Blut-und-Boden-Besinnungsaufsätzen der dreißiger Jahre – »Ein Volk braucht Brot, ein Schwert und eine Seele« – in respektheischender Weise ab und forderte mit Themenstellungen die Kreativität des Jungen heraus, die fern von Schema F und standardisierten Formulierungsmustern den Ideenreichtum und die Vorstellungskraft förderten (vgl. auch 2, S. 229). In einer undatierten Eulenspiegelei mit dem Titel »Wie ich entdeckt wurde« leistete Grass seinem namentlich nicht genannten Deutschlehrer (vermutlich war es besagter Littschwager) seine Reverenz: »Mein Deutschlehrer war mein erster Entdecker. Er stellte, während Stalingrad weit weg lag und Stecknadeln mit farbigen Köpfen auf Landkarten langsam zurückgesteckt werden mussten, der Klasse und mir ein kühnes Aufsatzthema: die Geschichte einer Konservendose.« (GGA 1327) »Schrullig« nennt der berühmteste unter Littschwagers Schülern seinen Lehrer und reiht ihn 1973 im Rückblick auf die *Blechtrommel* unter die Schutzgeister ein, die seinen Schreibprozess auch später noch überwachen: »Es hockten um meine Schreibmaschine Tote und Lebende: mein detailversessener Freund Geldmacher, mit dickglasiger Brille mein literarischer Lehrer Alfred Döblin, meine literaturkundige und gleichwohl an das Schöne Wahre Gute glaubende Schwiegermutter, Rabelais, flüchtend auf Durchreise, mein ehemaliger Deutschlehrer, dessen Schrullen ich heute noch nützlicher nenne als das pädagogische Dörrobstangebot unserer Tage, und meine verstorbene Mutter, deren Einwänden und Berichtigungen ich mit Dokumenten zu begegnen versuchte.« (15, S. 333) Harry Liebenau, eine der Erzählermasken in *Hundejahre*, nennt neben diesem noch weitere, die Phantasie stimulierende, im Zeitalter der Schreibwerkstätten »kreativ« genannte Themen des später nach Stutthof deportierten nazikritischen Studienrats Brunies wie etwa: »Hochzeitsvorbereitungen bei den Zulus.« Oder: »Als ich noch ein Malzbonbon war und im Munde eines kleinen Mädchens immer kleiner wurde.« (5, S. 508 f.) Themen, die die stumpfen Danziger Tertianer kaltlassen, während Harry Liebenau und noch »ein anderer« (wer das wohl gewesen sein mag?) den Schicksalen des Malzbonbons durchaus Geschmack abgewinnen können. Eines dieser aus der Zeit gefallenen Aufsatzthemen war immerhin so erfindungsreich, dass es die Zeiten überdauert hat und (ohne Bezug auf Grass oder seinen Deutschlehrer) noch in den neunziger Jahren in Anleitungen zum »kreativen« Schreiben empfohlen wurde (Wermke, S. 102 f.), während Aufsätze vom Kaliber »Das Leben bedeutet Kampf« unter Trümmern verschüttet sind oder in den Schularchiven dahinmodern.

Inkubation

Aber auch ein Sonntagskind muss mit sechs grauen Werktagen leben. Nach dem Abschluss der später so genannten *Danziger Trilogie* war das Themenreservoir aus Nazi- und Kriegszeit, das Grass als Zeitgenosse und Augenzeuge zu »anhaltende[r] Schreibwut« (16, S. 254) angetrieben hatte, erschöpft. Das gleiche gilt für die kathartische Schreibmotivation des ehemaligen Mitläufers und zur Sozialdemokratie bekehrten Autodidakten, »nach Auschwitz« konfessorische Romane zu schreiben. Besonders bleiern scheint auf ihm nach peripheren Arbeiten *(örtlich betäubt, Die Plebejer proben den Aufstand)* die Zeit nach dem parteipolitischen Engagement und dem *Tagebuch einer Schnecke* gelastet zu haben, das nicht von ungefähr vom

Grau der Melancholie eingefärbt ist. Um zu einem erneuten großen Wurf ausholen zu können, musste er sich dem Problem stellen, wie er einen neuen Stoff, der nicht aus der lebensgeschichtlichen Erfahrung stammt, aus der produktiven Einbildungskraft, gewissermaßen *e nihilo*, herausbilden könne. Zwar hatte er schon im Sommer 1969, an Frankreichs Küste Meeresfrüchte schlemmend, eine Idee für ein neues episches Werk gehabt: »Bevor ich mal alt bin und womöglich weise werde, will ich ein erzählendes Kochbuch schreiben: über 99 Gerichte, über Gäste und Menschen als Tiere, die kochen können, über den Vorgang Essen, über Abfälle ...« (5, S. 465), doch war es drei Jahre lang bei dieser pauschalen Absichtserklärung geblieben. Zwar machte er sich schon einen Monat nach Erscheinen des Schneckentagebuches (im Mai 1972) an die Arbeit und sammelte seit dem 6. Juni erste Einfälle für dieses »Kochbuch«, notierte ein paar Informationen zur Herkunft der Kartoffel und zur Geschichte der Ernährung sowie erste Rezeptideen, doch Ansätze für eine sinnstiftende Erzählidee fehlten vorerst ganz. Die Durststrecke, die Grass seit diesen ersten Notaten bis zum Beginn des Manuskripts durchmessen musste, betrug nicht weniger als 18 Monate, eine Durststrecke, während derer er sich aus einer veritablen Lebens- und Schaffenskrise herausarbeitet und, nicht zuletzt dank Serendipity, zu neuer Produktivität findet. Ihm dabei auf der Fährte zu bleiben[3] dürfte nicht nur für andere Schreibblockierte lehrreich sein.

Eher orientierungslos behalf der Unschlüssige sich zunächst einmal mit einer Art Brainstorming, um das noch reichlich formale Programm von 1969 mit Inhalt anzureichern. Methoden der Kreativitätssteigerung wie die aus Erkenntnissen der kognitiven Psychologie entwickelten Findestrategien des Mindmappings oder des Clusterings waren ihm zwar unbekannt, doch praktizierte er Praktiken der Ideen- und Textgenerierung nach seiner Façon. Eine in der Schreibvorbereitungsphase bei ihm immer wieder anzutreffende Technik verwendet Reihungen, die sich – wie im Cluster – um einen Kernbegriff gruppieren, diesen ausfalten, umspielen, nach seinen Aspekten forschen, mit ihm verbundene Zusammenhänge entdecken. Wie Litaneien listet der Ideensammler Einfälle in rascher Abfolge auf; unterstützt durch die anaphorische Verwendung des ursprünglich geplanten Romantitels den sich dadurch ergebenden Sog und erzielt – neben zahlreichen Fehlversuchen – Treffer, die bis ins finale Stadium des Romans ihre Gültigkeit bewahren[4]:

»1) Die Köchin in mir singt beim Kochen.
2) Die Köchin in mir läßt einen großen Furz wehen (fahren).
3) Die Köchin in mir kocht für die versammelten Säuerlinge.

4) Die Köchin in mir spricht über die Emanzipation der Frauen.
5) Die Köchin in mir spricht, während das Rindfleisch zieht, zu aller Welt.
[...]
10) Die Köchin in mir geht mit mir auf dem Bahnhof Sülzkotelett essen.
11) Die Köchin in mir verabschiedet die Gäste.« (GGA 2084)

»1) Wenn sie sich verfinstert und auf eine Fliege guckt ...
2) Wenn ihr plötzlich ein Furz (beim Auftragen) entfährt ...
3) Wenn sie sich nicht erinnert, z. B. an die Hussitenzeit ...
4) Wenn sie in Saubohnen und Speck das Absolute sucht ...
5) Wenn sie auf ihre »Große Zeit« bei den Ordensherren zu sprechen kommt ...
[...]«[5] (GGA 2086_004_01)

Formationen und Szenarios dieser Art halten die Gedankenbewegung in Fluss (die Kreativitätsforschung spricht von *fluency*), greifen ältere Ideen auf und ergänzen sie mit neuem Material, während die Zensur noch weitgehend ausgeschaltet bleibt, die das vermeintliche Chaos vorzeitig ordnen und organisieren würde. Der gegenläufige Prozessschritt, der auf das Generieren von Einfällen folgen muss, wird die meisten von ihnen wieder aussondern. Andererseits stellt sich Grass mit dieser Form der *inventio* ein Reservoir von Optionen bereit, das ihm – wie die Konstellation »Essen mit Gästen« – über Jahrzehnte hinweg als Speichergedächtnis zur Verfügung steht.[6]

Was aber tun, wenn auch das methodische Assoziieren (vorerst) nicht weiterhilft? Wenn die Assoziationsreihen vom November/Dezember 1972 noch Anfang Januar 1974 kaum einen Fortschritt erbracht haben? Wenn Monate auf Monate ohne zündende strukturierende Idee verfließen, die die Textualisierungsphase auf Touren hätte bringen können? Auf den Zufall warten allein reicht nicht aus (s. o.). Um die schweigende Muse zu reaktivieren, war eine Reihe von Impulsen vonnöten, die sich allesamt unvermittelt in den Nachlass-Konvoluten einfinden, die sich weder planen noch voraussehen ließen: (a) die Entscheidung, den Roman über »die Köchin in mir« mit einem »Beziehungsroman« zu kombinieren, (b) die Schwangerschaft der Lebensabschnittsgefährtin Veronika Schröter und die Idee, dem Neun-Monate-Wachstum des Embryos die Struktur des Romans anzugleichen, sowie (c) das Auftauchen des Butts. Der Einfluss »exogenetischer«, also psycho-sozio-kultureller Faktoren, übertrifft hierin bei weitem den »endogenetischer« wie den von Faktenquellen oder intertextueller Phänomene, so sehr, dass Grass selbst befürchten musste, »dass es [das Manuskript] mir [...] vordergründig ins Autobiographische abrutscht« (Briefwechsel mit Helen Wolff, S. 225), eine Gefahr, gegen die er anschreibt und aus der ihn der Butt errettet. Aber selbst der bleibt ja nicht der »Flachmann« (6, S. 421) des Runge-Märchens, sondern verleibt sich als Überfisch auch Persönlichkeitsanteile des Autor-Erzählers ein, mit dem er sich in einem romanübergreifenden Dialog befindet.

Am Anfang der Kettenreaktion von a) über b) zu c) steht das Scheitern einer Idylle. Ende des Jahres 1972 siedelt Grass von Berlin in die spätbarocke Kirchspielvogtei des Marschdorfes Wewelsfleth um und richtet sich im »Haus hinterm Deich« sein Atelier ein; hier scheinen die besten Voraussetzungen gegeben für seine virtuellen Zeitweilen in einem neuen Roman. Die Lebensgemeinschaft mit der neuen Partnerin Veronika Schröter, die anfänglich von einer fulminanten Leidenschaft getragen wird, artet bald in Hader, Gezänk und Querelen aus. Die Stadien dieses Entfremdungsprozesses finden ihren Weg direkt in die Roman-Notizen und Manuskripte. Wie ein *basso continuo* begleitet die ersten Fingerübungen ein Beziehungsthermometer, das in der rechten oberen Ecke des jeweiligen Manuskriptblattes notiert wird, wo Grass seine Aufzeichnungen zu datieren pflegt. Hier hinterlässt er sein Bulletin über die Agonie-Phasen seiner Liebe. Ohne weitere Umstände ist hier die zänkische Ilsebill der Druckfassung auf den Namen Veronika getauft und behält diesen Namen über eine lange Zeit. Auf ein und demselben Blatt kolportieren die ersten, noch unsortierten Schreibversuche zum *Butt* in diversen Glossierungen die täglichen Reaktionen auf den Beziehungszwist im Hause Grass, einen Krieg, der dem erlebenden und schreibenden Alltags-Ich an die Substanz geht – und das über und neben dem literarischen Text, mit dem es im selben Moment dabei ist, seine Lebenskrise zu transfigurieren, zu re-flektieren und über das Werk auf sein Dasein zurückwirken zu lassen. Offensichtlich handelt es sich bei diesen Marginalien nicht um Freud'sche Fehlleistungen, sondern um zielbewusste Entscheidungen, die zum Basistext hinzugehören. So wird das Gedicht »Im Kollektiv« mit dem Seufzer kommentiert: »Veronika verzweifelt, weil immer der alte Streit«, während der Sprecher des Gedichts energisch die Beziehung aufkündigt: »Nein. / Nicht mit mir. / Mit mir nicht / Nicht mehr. [...] Ist ausgestanden. [...].« (GGA 2095) Das Skript »Wie im Kino« (GGA 2095) datiert in einer Art Nebentitel seine relative Abfassungszeit: »(Als es mit Veronika zu Ende ging.)«. Neben dem Gedicht »Drei Fragen« notiert der Gestresste so nüchtern wie erleichtert: »(Veronika ist in Hamburg und hat ihren

Willen.)« (GGA 2096). »Neuen[r] Streit« vermeldet eine weitere Glosse und komprimiert das Auf und Ab des Ehekriegs im Telegrammstil: »Ich drohe mit Abreise. Versöhnungen nach Versprechungen mit Veronika. Meine Skepsis.« (GGA 2087_016) Atempausen gibt es auch – »(vorläufiger Friede mit Veronika)« –, eine schwache Hoffnung, die auf einem weiteren Blatt, das fünf Tage später datiert ist, widerrufen werden muss: »(Das fortwährende Desaster mit Veronika)« (GGA 2096). Freimütiger und mutiger kann ein Romanautor schwerlich sein Werk mit der eigenen Biographie konvergieren lassen. Diese neue, auch werkgeschichtlich bedeutsame Entwicklung der Erzählerfiguration führt nicht nur den unmittelbaren Gegenwartsbezug als Erzählebene ein (Neuhaus, S. 182 f.), sondern auch den unverblümten Autor-Biographie-Bezug, in dessen Gefolge während der Romangenese die Paratexte die Randzone verlassen und sich in den Fließtext hinein verwandeln. Autobiographische Anmerkungen des außerfiktionalen Ichs in den Autographen, in denen es dabei ist, sich in ein fiktionales Ich zu verwandeln, sind auch bei anderen Schriftstellern keine Seltenheit – Stendhal etwa, nicht weniger an einem Beziehungsproblem leidend und es in Literatur verwandelnd, schrieb an den Rand des *Lucien Leuwen:* »*sur l'auteur*« (Grésillon 1995, S. 308 f.). Der leidenschaftliche und unglückliche Verehrer Matilde Vicontinis jedoch wendet sich in erheblicher zeitlicher Distanz erinnernd zurück, während Grass' Brouillons der Ort sind, den zeitgleich erlebten Konflikt, die momentane reale Lebenskrise vor der endgültigen Objektivierung im ›Werk‹ auszutragen, mit vorsätzlicher Radikalität Erzählen zum Erleben parallel zu führen und dem Erleben erzählend unmittelbar auf der Spur zu bleiben.

Mit diesem selbstreferentiellen Rand, der sich alles andere als peripher erweist, verstärkt sich für den Autor der Antrieb (so meine Simulation[7]), die Beziehungskrise in den Roman zu integrieren. Wenn er erlebendes, erinnerndes und gleichzeitig erzählendes Ich, Autor-Ich und Sprecher-Ich in autopoietischer Absicht so eng verschränkt, setzt er sich mit Absicht dem erhöhten Risiko aus, nicht nur als Partner die Distanz zu seiner Lebensgefährtin, sondern auch als Erzähler die Distanz zu seiner erzählten Figur zu verlieren. Positiv gewendet heißt das aber auch: Die »ätherische Nebenzeugung« (6, S. 10) der Wortkunst spiegelt nahezu ohne Maskierung sowohl das liebende Umarmen und Umbeinen als auch das spätere Zerdeppern des Porzellans – der Lügen, Übertreibungen und Verstellungen ungeachtet, die nun einmal beruflich legitimierte Freiheit des Dichters sind. Diese Re-Konstruktion der Autor-Instanz und ihrer Subjektivität mutet geradezu an wie eine implizite Widerlegung des wenige Jahre zuvor (1968) von Roland Barthes proklamierten Tod des Autors. Grass hält es da statt mit dem Dekonstruktivisten wohl eher mit seinem Freund Paul Celan, der in seiner Büchner-Preis-Rede von 1960 den poetischen Prozess statt als Selbstvernichtung des Künstlers im Werk als Selbstvergewisserung und Befreiung des Individuums empfahl: »geh mit der Kunst in deine allereigenste Enge. Und setze dich frei«[8].

Empfängnis und Konzeption

Doch die Beziehungskrise allein, eine Dauerkrise, und die eine oder andere Bettgeschichte hätten den Roman nicht ausfüllen können. Nicht diese unleidlichen Querelen und die damit verknüpften Phantasmata aktivieren den Elan, eine epische Bürde von rund 700 Seiten zu schultern; vielmehr kommt es (noch bevor das Titeltier in den Blick gerät) auf einen einzigen biographischen Augenblick an, dem der Zaudernde das glückliche Bewusstsein verdankt, auf dem richtigen Weg zu sein. »Erst als Helene gezeugt wurde …«, so der sich erinnernde Grass in einer bedeutungsträchtigen Aposiopese, kann der eigentliche Schreibprozess beginnen (*Sechs Jahrzehnte,* S. 179); bzw. zwei Monate später, als die Schwangerschaft manifest ist. Ursachen für den Roman mag es zahlreiche gegeben haben, als auslösenden Faktor für den Beginn des Romanmanuskripts aber nur diesen einen. Am 5. Dezember 1973 zündet beim Sammeln von »Materialien zu die Köchin in mir« der weiterführende, das Konzept umorganisierende und steigernde Geistesblitz: »Neuer Gedanke für die Köchin: […] Veronikas Schwangerschaft bis zur Geburt des Kindes«, und es steht am nächsten Tag über weiteren Skizzen mit dick auftragendem Stift geschrieben: »Schwangerschaft 3. Monat« (GGA 2085). Das ganze ›*clustering*‹ im Vorfeld wäre vermutlich ins Leere gelaufen ohne diese Erleuchtung. Nicht das Sammeln von Rezepten, nicht das Auflisten von Kochbüchern, nicht das Studium von Ernährungsfragen, das Leben selbst schreibt die schönste *Butt*-Geschichte. Von nun an sollen zwei Abkömmlinge parallel wachsen: der Embryo im Schoß der Mutter und der Embryo auf dem Schreibtisch, die Uterusgeburt und die Kopfgeburt. Das ist zumindest die Absicht des Autors. Dass beide Geburten Schwergeburten sein werden, kann er zu diesem Zeitpunkt noch nicht abschätzen.

Auch diese Konzeption – das Werk *in statu nascendi* durch die aktuell sich realisierende eigene Biographie zu strukturieren – ist eines Prinzen von Serendip würdig.

Vor allem treibt die Aussicht auf das entstehende Leben den Autor endlich an sein Schreibpult; prompt, mit Beginn des neuen Jahres, sind die Schleusen geöffnet und begleitet der werdende Vater den Schwangerschaftsprozess mit den weiter unten beschriebenen ›Kurzgeschichten‹ und Gedichten in Einzelfragmenten. Und um das eigene Engagement noch zu beschleunigen, lügt er sich dabei überdies in die Tasche, was in einem unveröffentlichten Fragment vom 27. Januar 1974 nachzuvollziehen ist. Unter der später nachgetragenen Überschrift »3. Buch« leitet er vorauseilend, weil er es nicht mehr erwarten kann, schon einmal auf dem Papier eine Frühgeburt des Embryos ein, der erst sechs Monate später als Tochter Helene *realiter* das Licht der Welt erblicken soll:

»3. Buch   Berlin am 27. 1. 1974

Eigentlich wollte ich später, na, paar Monate später mit alldem, meine mit ihr, wie sie in mir hockt, raus: und zwar gelernt breit und im knarrenden Doppelbett der Geschichte: ausgetragen, stramm zehnpfündig, beide Brüste und auch die dritte Brust entwickelt; aber weil auch sie schon wieder mal schwanger und deshalb verfinstert, von Launen, Ängsten und unterbewußter Zugluft verschnupft, mir das Bauchblubbern, jähe[s] Hautjucken, mal links mal rechts ein Triefauge beibrachte und nahbei wie entrückt unerträglich war – eine Zumutung namens Veronika – leitete ich zu früh die Geburt im Januar ein; während sie im Sommer – diesmal wird es ein Sohn, Veronika – niederkommen wird. Nur deshalb kann ich nicht breit, wie gelernt, sondern muß lyrisch knapp, oft wie es kommt: ungerufen, mit Ausruf und zerscherbter Zeit, vielhändig und beschwörend meine Frühgeburt päppeln; denn ihre dritte Brust ist nur angedeutet: ein Wärzlein und ein Versprechen. Sie aber, die Köchin in mir, wollte, will immer noch mit dreimal schönem Gesäuge ihren Überfluß quer durch die Zeiten vergeuden: ich muß ihr nahrhaft kommen – und wenn es mich schier verzehrt.« (GGA 2086_031)

An dieser aufschlussreichen Fiktionalisierung des eigenen Schreibprozesses lässt sich beobachten, wie Grass durch die künstlich verstärkte Synchronizität von Erleben und Schreiben die nötige produktive Spannung aufzubauen versucht, indem er den inspirierenden Moment der Geburt um ein exaktes halbes Jahr vorwegnimmt. Die Allegorie lässt auch durchblicken, dass das Schreiben ein unabdingbares Refugium schafft vor den Launen der werdenden Mutter, einer »Zumutung namens Veronika«. Vor allem macht sie kein Geheimnis aus der anfänglichen Schreibhemmung, indem sie die Ideenfindung mit den *alma mater*-Metaphern des künftigen Romans beschreibt im Bewusstsein, dass noch so intensives Saugen an den stillenden Brüsten der mütterlichen Muse noch nicht genügend Nährstoffe bietet, die für einen kontinuierlichen Schreibfluss nötig wären, da die dritte Brust, die Brust der ›Inspiration‹, bislang unterentwickelt ist. Und schließlich weiß der Erzähler genau, wieso und warum er »nicht breit, wie gelernt« schreiben kann und stattdessen eine Frühgeburt »päppelt«[9], d. h. seine Schreibhemmung mit kleinen literarischen Formen zu überwinden versucht. Grass' fiktionalisierte Selbstzergliederung bestätigt in allen Details der archivarische Befund.

Heureka!

Auch der Werkstattbericht *Sechs Jahrzehnte* deutet diese Schreibblockade an, ohne sich ausdrücklich dazu zu bekennen, und erlaubt gleichzeitig Einblicke in die Methode, mit der der Inspirationsbedürftige die Muse wieder günstig zu stimmen versucht: »Gedichte und Zeichnungen kreisten das Thema ein, setzten Pfähle in noch unvermessenes Land. Kurze Prosa zum Ausprobieren. Kochrezepte, Anleitungen zum Aaleschlachten [...].« (S. 165; vgl. 16, S. 400) Er tut während der Inkubationszeit also genau das, was James N. Frey in seiner Bedienungsanleitung für *creative writing – How to write a damn good novel –* den Schreibblockierten ans Herz legt: »Was Sie tun müssen ist, den Adrenalin-Nachschub sicherzustellen. [...] Was immer Sie tun, hören Sie auf keinen Fall auf zu schreiben. Hacken Sie auf Ihrer Tastatur herum, auch wenn alles, was Sie zustande bringen, der reine Schwachsinn ist. [...] Sie werden Ihre Schreibblockade überwinden, wenn Sie am Ball bleiben. Sie werden Sie nie überwinden, wenn Sie von Ihrer Schreibmaschine aufstehen und weggehen.« (S. 196) So bereitet auch Grass, allerdings zunächst handschriftlich, über viele Monate hinweg den Boden vor für den glücklichen Zufall, der den neuen Roman in Schwung bringen soll; er konditioniert sich für das Serendipity-Ereignis: Neugier auf Neues (»unvermessenes Land«), Experimente (»Prosa zum Ausprobieren«), Divergenz, Crossover (Gedichte – Zeichnungen – Prosa – Rezepte, die Anleitungen zum Aaleschlachten nicht zu vergessen) und Stimulation wirken am Ende zum gewünschten Effekt zusammen.

Das spätere Groß-Werk kristallisiert sich aus vielen kleinepischen und lyrischen Stoffen. Nichts ist da von vornherein aus einem Guss, vielmehr wächst alles in Klein-

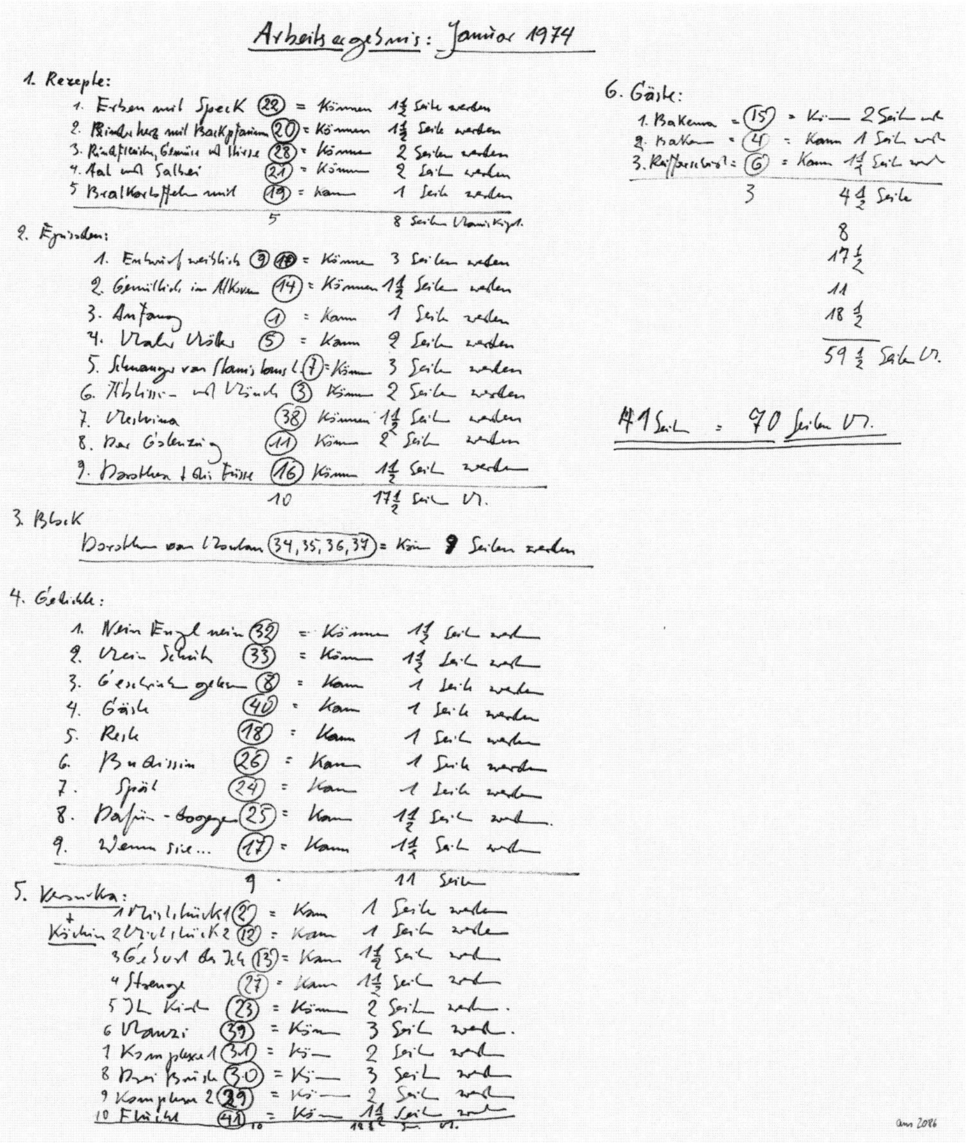

Abb 1: Vorläufige Strukturierung der ersten Prosastücke und Gedichte (GGA 2086_002)

arbeit langsam, über zahlreiche Zwischenstadien, zusammen. Wenn der Großepiker scheinbar bescheiden betont hat, er »komme ja von der Lyrik her« (Arnold 1990, 1, S. 143), so beschreibt er damit auch seine jetzige Methodik: *Der Butt* »kommt von der Lyrik« und nicht weniger von der Kleinepik »her«. Die lange Durststrecke in

Sommer und Herbst 1973 ist gesäumt von einer stattlichen Anzahl Gedichte, die – abgesehen von dem lyrischen Bilderbuch *Mariazuehren* – nahezu vollständig für die Schublade geschrieben wurden (nur einige wenige werden in die Sammlungen *Liebe geprüft* und »*Ach Butt, dein Märchen geht böse aus*« übernommen). Just Anfang Dezember reißt diese Serie ab, also exakt zu dem Zeitpunkt, da die Idee sich einstellt, das Romanprojekt an der Schwangerschaft Veronika Schröters zu orientieren. In den ersten Monaten des Jahres 1974 dann verfasst Grass wieder fast täglich ein Gedicht und vor allem epische Kurztexte, die, meist in sich abgeschlossen, eine narrative Episode oder eine Reflexion entwickeln. »Gänsefedern«, »Helene Migräne«, »Ich«, »Enttarnt (Gillaume)«, »Dorothea: Pilgerreise« usw. lauten die Titel dieser Erfindungen, die in ihrer anscheinenden Beliebigkeit zunächst kein geistiges Band erkennen lassen und durchaus nicht immer im vollendeten Roman wiederzufinden sind. Grass lässt so den Roman durch allmähliche Verfertigung der Gedanken beim Schreiben entstehen und verfolgt diese Methode bis zum Ende des Jahres. Er scheint nahezu jeden Tag neu einem spontanen Impuls zu gehorchen und die Segmente aufs Geratewohl, oft ohne Kontiguität und ohne Kontextrücksichten auszuphantasieren. Erst im Nachhinein, wenn ein stattliches Konvolut zusammengekommen ist, werden die Fragmente und Brouillons, die noch keine Kapitel eines größeren Ganzen sind, nummeriert, teilweise mit Stichworten (»Vatertag«) versehen, seit Februar 1974 neu sortiert und übergeordneten Kategorien zugeordnet, so dass sich – *avant la lettre* – ein Hypertext, ein Netz miteinander verbundener Dokumente ergibt (s. Abb. 1), die gegenüber dem »Telos« des vollendeten Romans ein Eigenrecht besitzen und von denen man manche gerne veröffentlicht sähe. Noch sind es eher formale und kein Strukturkonzept erkennen lassende Komplexe: »Rezepte«, »Blöcke«, »Episoden«, »Gedichte«, »Veronika«, »Gäste«. Wenn auch die Komposition vorerst diffus bleibt, so liegt in dieser Phase der Werkgeschichte doch immerhin ein Ideen-Pool bereit: Die historischen respektive pseudohistorischen Figuren von Mestwina bis zu Maler Möller finden sich nach und nach zusammen, unter ihnen drängt sich Dorothea von Montau mit einem geplanten Deputat von neun Seiten in den Vordergrund, während die anderen noch episodisch reduziert sind, und die gegenwärtige Beziehungskrise mit dem »Miststück« Veronika ist gleichberechtigt und gleichgewichtig den historischen Dimensionen zugeordnet. Auf der Basis der Brouillons hat sich so ein erstes »Versuchsnetz« (Rico, S. 93) entwickelt, das erste Sinnzusammenhänge knüpft. Ein Ganzes deutet sich, noch unscharf und schwankend in den Konturen, an, ohne vorerst aus dem Stadium der Virtualität ins Definitive überführt zu werden. Dabei ergeht es den Entwürfen vorläufig wie den Knotengebilden Bruno Münsterbergs in der *Blechtrommel*, denen es auch nicht immer gelingt, Oskar Matzeraths Erzählungen zu einer »gültigen Verknotung« zusammenzufügen, und die deshalb in einer Dynamik des Aufbauens und Niederreißens stets neue Formen annehmen: »was ich rechts knüpfe, löse ich links auf, was meine Linke bildet, zertrümmert meine geballte Rechte« (3, S. 558).

Im Zuge dieser nicht nachlassenden Versorgung mit »Adrenalin«, dank einem auf lange Sicht erprobten *warming up,* das die Psychologie als autonome Motivation bezeichnen würde, kommt es dann zum Serendipity-Erlebnis schlechthin: zum Auftauchen des Butt. Solange das Projekt ein Kochbuch in Romanform oder eine Ernährungsgeschichte anvisierte (also seit Mitte 1972), war der Schreibfluss blockiert – bis der wunderbare Fischfang gelang, der die querköpfig im Sand des Baltischen Meeres gründelnde Flunder vom Meeresgrund ans Tageslicht holte. Wie und auf welche Weise die Beute gefischt wurde, bleibt im Dunkeln (eine Kopie des Runge-Märchens vom Butt in pommerscher Mundart[10] findet sich unkommentiert unter den Materialien zum Roman). Mit dieser Fundsache stößt der Autor endlich auf ein organisierendes Zentrum. In rascher Folge entstehen zwischen Februar und April 1974 elf Kapitelentwürfe unter dem Titel *Der Fischer und seine Frau* (GGA 2087_18-19. 20-24; 2088_19; 2089_2.11-13). »Das kam gegen Ende des ersten Arbeitsjahres, zu Beginn des zweiten«, so erinnert sich Grass, »es war erst einmal da, und es war ein irritierendes Moment, das dann sehr rasch eine zentrale Position gewann und zum ordnenden Faktor dieser Stoffmasse gegenüber wurde. Und dann begann ein zügiges, fortwährendes Schreiben […].« (Arnold, S. 31) Der *flow* ist also da, und zwar derart, dass er Nebenumstände wie etwa mögliche Leserreaktionen ausblendet. Denn das Denkmodell, das dieses erste originäre Dossier um den Plattfisch steuert, funktioniert unter anderen Vorzeichen als jenes, das der Leser der Endversion kennt. Nicht Ilsebill, das Alphaweibchen, dem der Mann untergeordnet ist, nicht die Frau ist die dominante und wehrhafte, nicht das »Miststück« emanzipiert sich und hält den Mann in Abhängigkeit, nicht das Mannsbild muss sozialisiert und kultiviert werden, nicht dieser ist der kognitiv Unterentwickelte, dessen Denkfähigkeit und instrumentelle Vernunft erst noch sublimiert werden wollen, sondern die Frau ist die Vorzivilisierte, die Primitive, das Trampeltier, die Dörperhafte, die erotisch und moralisch Rückständige. Der Mann hingegen darf sich in diesem Entwurf unverstellt als Macker und Pascha ausleben; Grass zeigt durch seine Maske hindurch »sein wahres Gesicht« (Backmann, S. 638), das ein anderes ist als jenes, das er der Öffentlichkeit zeigt. Der Mann ist es, der wünscht;

doch seine Wünsche kennen nicht die hybride Verstiegenheit Ilsebills, sondern sind vergleichsweise harmlos und verraten noch nichts von den narzisstischen Machtphantasien des »faustischen Menschen«: »Aber nicht sie, die Frau hat gewünscht und gewünscht – sie war ja zufrieden und satt in ihrem Modder –, ich hab sie rausputzen und ein Mensch aus ihr machen wollen zum Ansehen und Sehenlassen. ›Butt‹, hab ich gesagt, ›was meine Frau ist, die frißt mit den Fingern, hat Haare nicht, hat Filz auf dem Kopp, furzt, wenn ich mir was ausdenke und auch sonst, wenn mich die Lust ankommt, hält sie ihr Ding nur hin, was auf die Dauer Einerlei ist.‹« Der Butt, schon ganz der Zyniker, als den wir ihn kennen, rät daraufhin: »Du musst sie hochziehen und Dir anpassen« (GGA 2087_18). War es traditionell Aufgabe des Dichters, von der anagogischen Funktion der Frau, die den Mann zu sich »hochzieht«, zu singen und zu sagen, übernimmt hier der Herr der Schöpfung die Erziehung und Humanisierung seiner unterentwickelten schlechteren Hälfte. Doch dürfte – vermutungsweise – weniger die Rücksicht auf die radikalen Feministinnen der Siebziger Grass bewogen haben, diese Versionen des Fischer-Märchens zu verwerfen, als vielmehr die frühgeschichtliche Tatsache, dass sich im Neolithikum die patristische Gesellschaftsordnung aus der matristischen entwickelt und nicht umgekehrt.

Dieser erste Versuch, das Butt-Märchen zu übertexten und umzudichten, zeigt das wahre Selbst des Ichs noch weitgehend ohne kognitiven Filter. Unzensiert durch irgendwelche *gender-correctness* finden die Worte den direkten Weg von dem aktuell mit seiner Partnerin erlebten Beziehungsverdruss aufs Papier. Mit der Niederschrift setzt der Macho – ohne dass ihm eine Ilsebill widersprechen könnte – in seinem ureigenen Metier den Geschlechterkampf fort und nimmt beim Schreiben sublime Rache für den am eigenen Leib erlittenen Frauenfuror. Der später erfolgende Paradigmenwechsel vom starken zum schwachen Geschlecht ist nicht Sache des Rohprodukts, sondern Ergebnis sekundärer Bearbeitung. Wie meinte Frey?: »Hacken Sie auf Ihrer Tastatur herum, auch wenn alles, was Sie zustande bringen, der reine Schwachsinn ist.«

Autofiktionalisierung

Die leibhaftige Geburt der Tochter Helene am 28. Juni 1974 hat – wie zu Beginn des Jahres die Idee, die Schwangerschaftsmonate zum Strukturprinzip des Romans zu wählen – einen neuen beachtlichen Kreativitätsschub zur Folge. In zügigem Nacheinander entstehen Gedichte, die später sowohl in den Roman als auch in die Sammlung »*Ach Butt, dein Märchen geht böse aus*« übernommen werden. Aus ihnen sticht das liebevoll-zärtliche Gedicht vom Kindchen unter dem späteren Titel »Was Vater sah« (1, S. 275) hervor, weil es unter dem unmittelbaren Eindruck der Kaiserschnitt-Geburt entstand, die der werdende Vater in einer Hamburger Klinik als Augenzeuge miterlebte. Nun endlich, auf dem Höhe- und Endpunkt der pränatalen Entwicklung, verlaufen, wie seit Januar herbeigeschrieben, die Geburt des Kindes und die des Gedichtes nahezu parallel und liegen nur noch mit einer Zeitverschiebung von wenigen Stunden auseinander. An diesem Freitag, dem 28. Juni, setzt der Geburtstagszeuge das emotional stimulierende Erlebnis sofort in sprachliches Handeln um, das die Niederkunft in zwei verschiedenen Genres und Qualitäten spiegelt. Zunächst verbucht er, noch vor Ort, die Abläufe der Operation stichwortartig wie ein Gedächtnisprotokoll, worauf er am selben Tag, wieder zu Hause in Wewelsfleth, eine erste Fassung des Gedichtes unter dem Titel »Kaiserschnitt« verfasst. Der Vorgang ermöglicht einen Einblick in den gleitenden Übergang in die Fiktion, das Glissando vom Erlebnis in die Literatur. In dem Moment, in dem die Tochter das Licht der Welt erblickt, vagiert die Assoziation – im Schreibraum deutlich abgesetzt – in die geplante Romanwelt mit ihren Köchinnen hinüber.

So protokolliert der Beobachter das *factum*:

»Hamburg am 28.6.1974

Um 10^{30} Uhr wurde Helena[sic]-Johanna nach Kaiserschnitt geboren. Der Schnitt: Die Haut. Die Fettschicht. Das Muskelgewebe. Das Bauchfett. Die Gebärmutter.

Keine Übelkeit. Ich stehe auf einem Schemelchen. Ein Assistenzarzt erklärt mir Schnitt- und Nähfolge, dazwischen das Holen des Kindes: Weil Steißlage, kommt Helene mit ihrem kleinen Arsch zuerst, dazwischen groß und unübersehbar die Möse.

Die Köchin schafft nur Töchter, will nur Töchter.

Die gezählten Tücher werden vorm Zunähen gezählt. Eines fehlt. Eine Schwester (aus Trinidad) hat es mit Helene in den Kreißsaal genommen. Muß es persöhnlich [sic] zurückbringen. – Jetzt Bohnensuppe mit Altbier.« (GGA 2091_003)

Daraus entwickelt er dieses *fictum:*

»Kaiserschnitt   Wewelsfleth am 28.6.74
An einem Freitag wie heute,
zwischen den Spielen der Zwischenrunde
(Chile schon draußen, auf der Reservebank immer noch Netzer)
[wund sitzt sich Netzer auf der Reservebank]
kam nach genauem Schnitt (unter OP-Licht)
durch Haut, Fettschicht, Muskelgewebe und
Bauchfell, nach rascher Öffnung
der nun im klaffenden Leib nackten Gebärmutter
– wie das Fruchtwasser wich –
ärschlings mit ihrem Semmelchen
durch Zugriff Helene zur Welt.
Ärschlings während nahbei die Herstatt-Bank krachte,
Nixon mit Breschnew weltweit sich zwinkerten [?]
[Und die Rechte der Lübecker Stadtfischer,
verbrieft durch Barbarossa (seit 1188)
auch in der DDR anerkannt wurden.]
Ärschlings zur Welt.
Ach Mädchen, bald blühen die Wicken.
Hinterm Sandkasten wartet auf dich Holunder.
Noch gibt es Störche
Und deine Mutter heilt wieder
Klafft nicht mehr.
Verzeih mir deine Geburt.
Wir zeugten, es war Oktober,
nachdem wir Brechbohnen grün, drauf Birnen gedünstet,
zu fettem Hammel auf Salbei von Tellern gegessen hatten.
Ich übersah ihn nicht,
den Knoten in deiner Nabelschnur.
Was, Helene, soll nicht vergessen werden?«

Während die erste ›Strophe‹ das freudige Ereignis so leidenschaftslos mit dem analytischen Auge des Arztes wie in den Hamburger Notizen exponiert, Ort, Zeit und Personen benennt, die Mutter unterm Weißlicht des OP-Saals nicht wie in einem

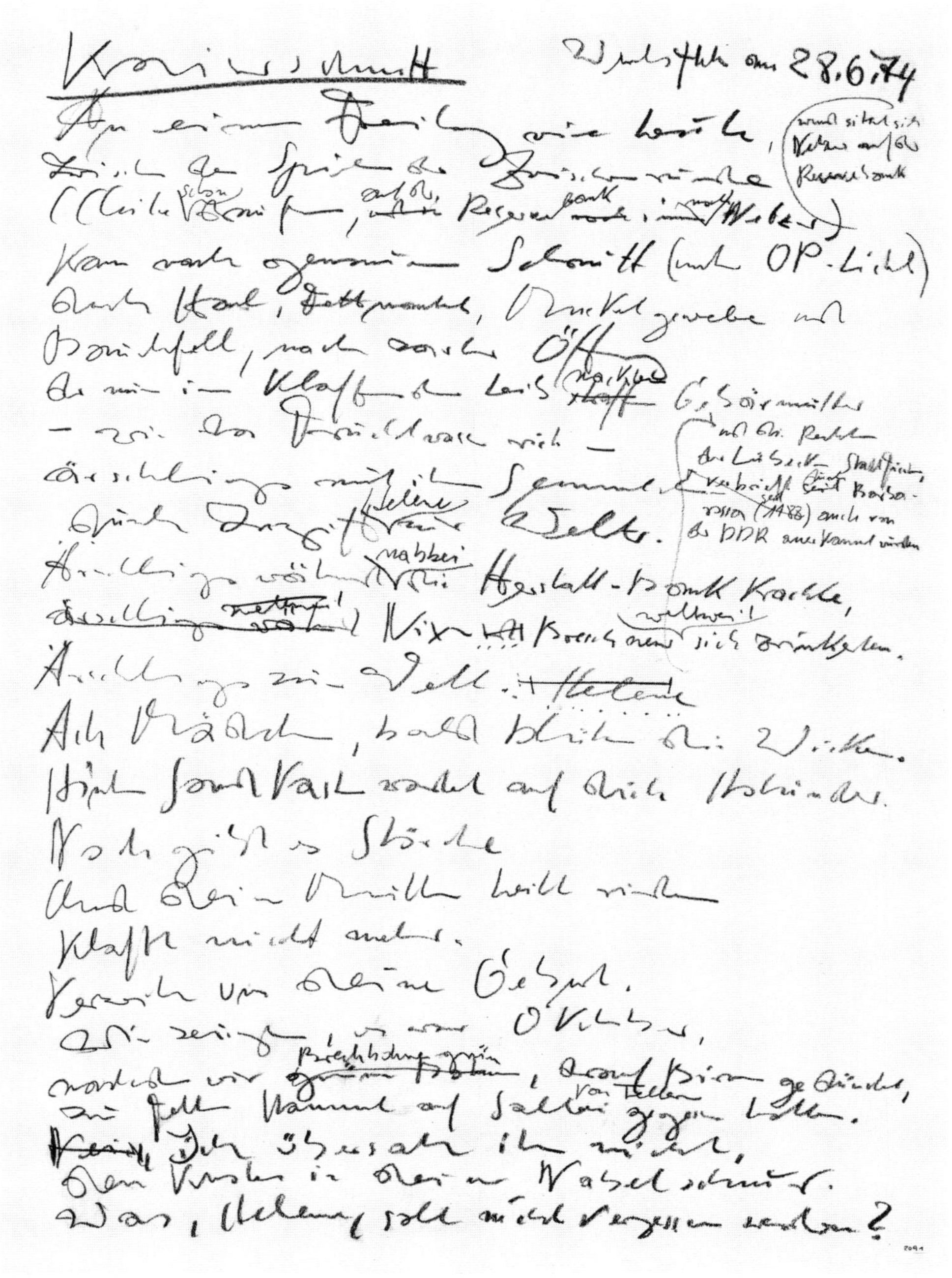

Abb. 2: Erste Fassung von »Was Vater sah« (GGA 2091_005)

Kreißsaal, sondern wie in der Morgue Gottfried Benns als Ansammlung von Organen und Gewebe betrachtet, kollabiert die neutral gehaltene Periode mit ihren Abstechern in die Weltmeisterschaft und Weltpolitik, nachdem schon das »Semmelchen« metaphorisch Zärtlichkeit andeutete, und macht einer emotional aufgeladenen Adresse des gedankenvollen Kindsvaters an das Neugeborene Platz, die mit einem in der deutschen Literatur nicht gerade unbelasteten »Ach« zugleich klagt als auch verhaltener Hoffnung auf künftigen Lebensgenuss Ausdruck gibt. Erst das Gedicht gibt dem Gefühl sein Recht, erzeugt geradezu im Entstehen der Verse Vaterstolz und Vaterliebe. Dabei verbirgt der Sprecher nicht, dass er der Autor der *Blechtrommel* ist, der die Geburt zwar bedingt als freudiges Ereignis, aber genauso sehr als einen Gewaltakt versteht, der den willenlosen Fetus aus dem Nichts ins Sein ruft, zum Inderweltsein verurteilt, und deshalb durch den Akt der Zeugung – in ›seinem‹ Monat, dem Oktober – die kapitale Schuld auf sich geladen hat, die Individuation und damit das Leiden – »Mangel, Elend, Jammer, Quaal und Tod« – fortgezeugt zu haben.

Dieser Pessimismus wird aber wieder neutralisiert durch die Erinnerung an die genussreichen Begleitumstände der Zeugung, die dann Eingang in den Romananfang gefunden haben: »Bevor gezeugt wurde, gab es Hammelschulter zu Bohnen und Birnen, weil Anfang Oktober.« (8, S. 9) So erleben wir hier nicht nur *in actu* mit, wie der Vater sein intim-persönliches Erlebnis in dieses Gedicht transformiert, wie das empirische Ich seine Metamorphose in die Autofiktion durchläuft, sondern vor allem wie ihm die Initialzündung für die letzte Fassung der ersten Romanseite widerfährt. Sie ist – so meine Simulation – eine Nachgeburt des Hamburger Kreißsaals.

Der erste Satz

Mit dem Anfang hat auch Günter Grass nicht angefangen. Wie bei vielen seiner Kollegen war das erste Einschwärzen des unschuldigen Papiers eine nicht zu unterschätzende Crux. Als produktorientierter (oder auch »programmierter«) Schreib-Handwerker[11] gehörte Günter Grass definitiv nicht zu dem seltenen Schreibertypus, der nicht recherchiert, wenig plant, keine Brouillons anlegt, keine »Vor-Schriften« und Entwürfe benötigt; der mit der Exposition beginnt, im Akt des Niederschreibens die Geschichte entwirft und mit dem Finis aufhört. Der klassisch-organische Kopfarbeiter (eher wohl ein Idealtypus und in der Realität nur selten anzutreffen) kann mit dem ersten Satz einen Schlüsselsatz hinlegen, weil er die fiktive Welt schon im mentalen Modell entwickelt hat, und in geschlossener Folge fortfahren; der Papierarbeiter müht sich oft monatelang mit Notizen, Sudelblättern und Entwürfen und muss unter Umständen seinen Heizungsofen mit der ersten, zweiten, dritten Fassung »füttern«, bevor der verflixte erste Satz sich einstellt (15, S. 332). Die Ursprungserzählung zur *Blechtrommel* zeigt ja auch, welche beträchtliche motivierende und inspirierende Bedeutung der erste Satz, ist er denn gefunden, für den Autor und den Schaffensprozess hat. Mit ihm zündet der Funke oder in Grass' eigener Metapher formuliert: Er öffnet die Schleusen für den Sprachfluss: »Mit dem ersten Satz fiel die Sperre, drängte Sprache, liefen Erinnerungsvermögen und Phantasie, spielerische Lust und Detailobsession an langer Leine, ergab sich Kapitel aus Kapitel, hüpfte ich, wo Löcher den Fluß der Erzählung hemmten, kam mir Geschichte mit lokalen Angeboten entgegen [...].« (15, S. 333) Wenn es denn so weit ist. So trocken und steif der Roman auf einer früheren Entstehungsstufe in Gang kommt – »Ich habe in der Schlüterstrasse ein sogenanntes möbliertes Zimmer gefunden« (Paris, 28.11.57; GGA 1280) –, so anspielungs- und bedeutungsreich nimmt das spätere »Zugegeben: ich bin Insasse einer Heil- und Pflegeanstalt« den durch die scheinbare psychische Störung des Erzählers verwirrten Leser gefangen, begleitet seinen gesamten Leseverlauf und lässt am Ende die Binnenhandlung mit Verhaftung und Internierung Oskar Matzeraths wieder in die Erzählsituation des Anfangs münden und die Kreisstruktur schließen. Anfang und Ende verschlingen sich im nicht nur hermeneutischen Zirkel.

Nicht viel anders liegt der Fall, als der Autor sich dem großräumigen *Butt*-Projekt annähert. Der erste Schwung, mit dem Manuskript des Romans zu beginnen und sich einem Erzählfluss zu überlassen, flaut schon nach wenigen Sätzen ab:

»Anfang

Als ich die Köchin in mir um Freigabe, Papier, um Erlaubnis bat, sagte sie: ›Sprich dich nur aus Junge. Du kannst ja doch nicht die Wörter halten, wie dieser Opitz, der sich in meine Tochter aus kurzer, weil kriegszeitweiliger Ehe vergaffte. Aber bleib mir schön quer, denn geradeaus ging es nie. Und frag mich, bevor du schon wieder zu wissen meinst. Damit Du nicht, wie kürzlich noch, als die Franzosen mit ihrer Bagage einrückten, deinen antipreussischen Juckreiz und Dünnpfiff bekommst, damit du nicht in die Falsche [sic] fällst. Denn ich, nur ich weiß, in welcher Suppe dein Löffel steckt.‹

Wewelsfleth, am 8.1.74«

(GGA 2086).

Erste Sätze wollen und sollen durchaus – wie in der *Blechtrommel* – den Leser irritieren und dank Irritation zum Lesen stimulieren; doch diese rasch hingeworfene Einleitung macht eher konfus, als dass sie bei aller gewünschten Verunsicherung auch Orientierung zu schaffen geeignet wäre. Sie verfolgt mindestens drei Ziele: eine Erzählsituation zu begründen, die am antiken Musenanruf orientiert ist, die Erzählhaltung eines sich querstellenden, alles andere als allwissenden Narrators festzulegen und erste Durchblicke in eine historisierende Fabel zu ermöglichen. Damit verlangt sie zu viel vom Leser. Er soll durchschauen, dass erstens diese einzige Köchin wesenseins ist mit dem Erzähler-Ego und wie die Kopfgeburt Athene dem Haupt des Zeus zu Beginn des Erzählaktes aus dem Geist des Autor-Erzählers entspringt, dass zweitens der Sprecher in verschiedenen Zeitweilen zu Hause ist, also in vergleichbarer Weise sich in nicht weiter bezeichneten Individuationen verkörpert, und dass er sich drittens irgendwie in der Biographie des Dichters Opitz verortet, gleichzeitig aber in ungeklärter Weise auch in der Franzosenzeit. So bietet diese erste Seite ein Übermaß an epischer Prolepsis auf; sie erzeugt keine Neugier, wie Vorausdeutungen sonst zu tun pflegen, sondern lähmt durch die gehäufte Verrätselung. Mag dieser Versuch, sich in die Autorästhetik hineinzudenken und zu erklären, warum diese Alternativvariante als ganze in der Textgeschichte keine weitere Berücksichtigung fand, hypothetisch sein, offensichtlich und unstrittig ist aber zumindest die Tatsache, dass hier wie in der Werkgeschichte der *Blechtrommel* die Erzähl-Sperre noch nicht gefallen ist.

Kurios: Der spätere erste Satz war in den Notizen schon längst erfunden, als Grass sich mit dem hier zitierten »Anfang« quälte, aber offensichtlich noch nicht ›gefunden‹. Zwar meinte er sich zu erinnern, dass es lange gedauert habe, bis sich der erste Satz habe finden lassen – »Lange geisterte er in Gedichten, versteckte sich in Zeichnungen, die in Text übergingen, tat harmlos zwischen täglichen Versuchen, die als Entwürfe einander ablösten und bis heute in gelben, grauen und blauen Mappen scheintot spielten« (*Sechs Jahrzehnte*, S. 183) –, doch schaut man in den gelben, grauen und blauen Mappen nach, so ergibt sich der verblüffende Befund, dass er schon mit dem allerersten erhaltenen Brainstorming, das er am 25. November 1972, also über ein Jahr vorher, anstellte, *en passant* wie die Prinzen von Serendip im Reich des Kaisers Behram, auch schon den Eröffnungssatz gefunden hatte. Ohne Umschweife kam er dort bereits auf den Punkt: »1. Satz: die Köchin in mir salzt nach.« (GGA, 2084) Es fehlte nur noch Ilsebill als Akteurin, und der später preisgekrönte Erzählbeginn wäre schon vor allem Anfang komplett dagewesen. Vorerst tauchte der Satz aber im Manuskriptwust ab. Um ihn endlich zur Initialzündung zu bringen, musste erst einmal der Butt dem Erzähler in den Arm gesprungen und mit ihm der Fischer präsent sein, der von seiner zänkisch-hybriden Frau unter Druck gesetzt wird. Erst mit diesen drei Wörtern des endgültigen Erzähleingangs – »Ilsebill salzte nach« – hat die Zeitreise hinab ins Neolithikum und wieder hinauf in die Präsenz des Autors die gehörige Triebkraft gewonnen. Die Köchin ist nunmehr durch den Koch ersetzt; so kann die vorgeblich emanzipierte Lebensabschnittsgefährtin sich der traditionellen Köchinnenrolle verweigern, schon hier ihre feminine Unzufriedenheit mit männlicher Leistung durch wortloses Nachbessern kundtun, und, nachdem sie lange Zeit Veronika hieß, in einem vorauseilenden Racheakt umgetauft und mit dem despektierlichen Namen Ilsebill etikettiert werden.

»Ja nicht mit dem Anfang anzufangen«, so verordnete sich schon Lichtenberg vor dem Schreibanfang, und zwar als Maxime und nicht wegen befürchteter Insuffizienz. »Es wäre möglich«, überlegt er anderer Stelle seiner Sudelbücher, »daß von einem großen Werke des Genies der Anfang das wäre was zuletzt geschrieben worden ist. Der Anfang wird sicherer gemacht, wo man sich vorher schon der Güte der Mitte und des Endes bewusst ist.« (2, S. 546; 1, S. 878) Zunächst einmal muss die Romanwelt Konturen angenommen haben, bevor an einen ersten Satz zu denken ist. Das Incipit soll nicht schlicht und banal in die fiktive Welt hineinführen – das leistet auch die Märchenformel »Es war einmal« –, es soll auch nicht bloß den Leser motivieren weiterzulesen – obwohl auch damit schon ein hochgradiger Anspruch verbunden ist –, es soll ein Nukleus sein, der reich ist an ›elektromagnetischen‹ Teilchen und so mit Bedeutung geladen, dass er die Energie und die Struktur des Folgenden mitbestimmt und von dieser bestimmt wird. Das leisten eben diese drei lakonischen und gleichwohl bedeutungsreichen Wörter, die nicht ohne Grund 2007 in einem Wettbewerb, zu dem die Stiftung Lesen und die Initiative Deutsche Sprache aufgerufen hatten,[12] noch vor dem Incipit der Kafkaschen *Verwandlung* zum »schönsten ersten Satz« der gesamten deutschsprachigen Literatur gewählt wurden, weil er nicht nur in kulinarischem Sinne Appetit auf mehr mache.

Divergenz

Der eigentliche Schreibvorgang kann nicht anders denn als chaotisch bezeichnet werden. Sucht man einen archetypischen Gegensatz zum linearen Textarbeiter, so braucht man nur auf den Schreibhandwerker Grass der *Butt*-Zeit und seine »fruchtbare Unordnung« (Paul Valéry) zu schauen oder auch auf den immensen Manuskript- und Typoskriptwust, den er dem Archiv hinterlassen hat: keine Spur von *clean desk policy*! Der eleatische Grundsatz, dass die Natur keine Sprünge macht, gilt hier eben nicht; denn eine stetige und kontinuierliche Textkonstitution ließe wenig Spielraum für die Form von Serendipity, die in der Romangeschichte zu beobachten ist. Während Grass in vielen anderen Fällen einen Blindband beschrieb, der ein intermediales Kunstwerk *sui generis* darstellt, in dem Wort und Bild sich wechselseitig erhellen, notierte er die ersten Kurztexte des *Butt* im Folioformat seines Zeichenblocks, dessen Schreibraum, in großzügiger Girlandenschrift ausgefüllt, mit dem episodischen Erzählen korreliert. Epische Kontexte fehlen. Während andere Wortbildner dem Zwang des Seitenumbruchs entgehen wollen, um den Gedanken- und Schreibfluss, die unendliche Wortmelodie, nicht abreißen zu lassen, indem sie auf Endlospapier schreiben oder zur antiken Schriftrolle zurückkehren. Unstetig und sprunghaft verläuft auch der weitere Arbeitsprozess. Grass hat daraus kein Geheimnis gemacht. Im Gespräch mit Heinz Ludwig Arnold räumt er ein, das Manuskript zum *Butt* nicht »in seinem linearen Sinn, sondern in all den neun Teilen« gleichzeitig geschrieben zu haben (Arnold 1978, S. 31; Neuhaus, S. 183). Die Abschweifung, der Holzweg, das Aufbauen und Niederreißen, die Offenheit für neue Anregungen, für Überraschungen und neue Ideenbildung sowie der großzügige Verzicht auf abgesunkenes Gedankengut, darin bestehen Technik und Therapie des Experimental-Romanciers. Schreitet der lineare Schreiber sukzessive und am Leitfaden der Kausalität von A nach B vor, stellt Grass über ein Jahr hin (1974) Textcluster zusammen, die das divergente Denken zu Vernetzungen stimulieren, die Neugier auf ungewohnte Analogien reizen und spontane Kombinationen erzeugen. Die Fassungen/Versionen/Entwürfe einzelner Romanpartien sind Legion (vier, fünf sind keine Seltenheit, es finden sich aber auch sechs oder sieben). So vervielfältigen sich die Texte von Fassung zu Fassung (wie etwa auch bei Dürrenmatt, der es auch schon mal auf elf Vorstufen gebracht hat). Das gilt nicht nur für die Autographen, sondern ebenso für die Typoskripte, die sich umeinander legen wie die Häute der Zwiebel: Die jeweils neuere und äußere umgreift den Grundbestand der älteren und entwickelt sie weiter, bis ein neues Skript getippt wird.

Wie Proust zum Beispiel weiß Grass im Voraus nicht genau, wohin es geht, und schreibt so lange, bis es stimmt (Keller, S. 176). Die sprunghafte Auswahl der Episoden, die der Schreiber aufgreift, überarbeitet, revidiert, angleicht, lässt kein System erkennen; sie mag der jeweiligen Disposition, seiner physischen und sozialen Umgebung oder der auf ihn einwirkenden Reize geschuldet sein. Heute schreibt er am Kapitel »Vatertag«, morgen über Amanda, drei Tage später erneut am Vatertag-Kapitel, wendet sich an zwei weiteren Tagen Otto Stubbe und dessen Tod vor Verdun zu und darauf wieder dem »Vatertag« (GGA 331). Zwischen dem 18. und 28. Februar 1976 (?) wechseln sich die Textteile in bunter Reihenfolge ab: »Rezepte – Fischer und seine Frau – Beim Pastor in Sankt Marien + General Rapp – Dorothea von Montau (wie das Kind in den Kessel fällt) – Wie Adalbert erschlagen wird« (GGA 330). Auch als die von Grass selbst so genannten »Fassungen« entstehen, also die Rohfassungen ganzer »Monate« (hier noch »Kapitel« genannt), überkreuzen sich die Detailarbeiten: Nachdem der Urheber des Kuddelmuddels die zweite Version des vierten Monats geschrieben hat, beginnt er mit der ersten des fünften Monats; als die dritte Fassung des dritten Kapitels vollendet ist, liegt vom achten Kapitel nicht einmal die erste Version vor; und als er im Februar noch am letzten Kapitel arbeitet, sind die ersten schon im Satz (28. Februar 1977, Briefwechsel mit Helen Wolff, S. 240). Unter rein pragmatischen Gesichtspunkten ist diese Methode denkbar unökonomisch und setzt eine beachtliche Frustrationstoleranz voraus (Arno Schmidt: »selig, wem Allah hierfür die Knochen eines Ochsen verlieh«). Nicht nur Pläne, sondern auch eine Fülle ausgearbeiteter Passagen enden so im Papierkorb. Ein enormer Kraftaufwand und eine Plackerei also, die dadurch noch forciert werden, dass zusätzlich verschiedene Arbeitsprozesse auf unterschiedlichen Entstehungsstufen parallel verlaufen und Elemente aus verschiedenen Stadien verknüpfen: Während der Reifungsgrad des Dorothea-Kapitels so weit fortgeschritten ist, dass die »Schlußfassung« (so Grass' eigene terminologische Einordnung) geschrieben werden kann, müssen gleichzeitig »Sophie, Lena, Billy« zwischen Januar und Ende April 1976 neugeschrieben werden (GGA 332). Selbst komplette Handlungsstränge werden bei fortgeschrittener Schreibarbeit neu entworfen und in die schon vorhandene Textur verflochten. Im Labyrinth der sich überlappenden und Eigendynamik gewinnenden Stadien den Ariadnefaden im Auge zu behalten, verlangte ein hohes Maß an Disziplin und Konzentration: Das Chaos musste organisiert werden.

Systematisierung

Das Gravitationszentrum, das die zentrifugalen Gedanken- und Ideensplitter, die Arbeitshandschriften und Gedichtentwürfe, die Kataloge und Listen organisiert, erweist seine zentripetale Kraft erst, als die Erzählsituation und die Perspektive des

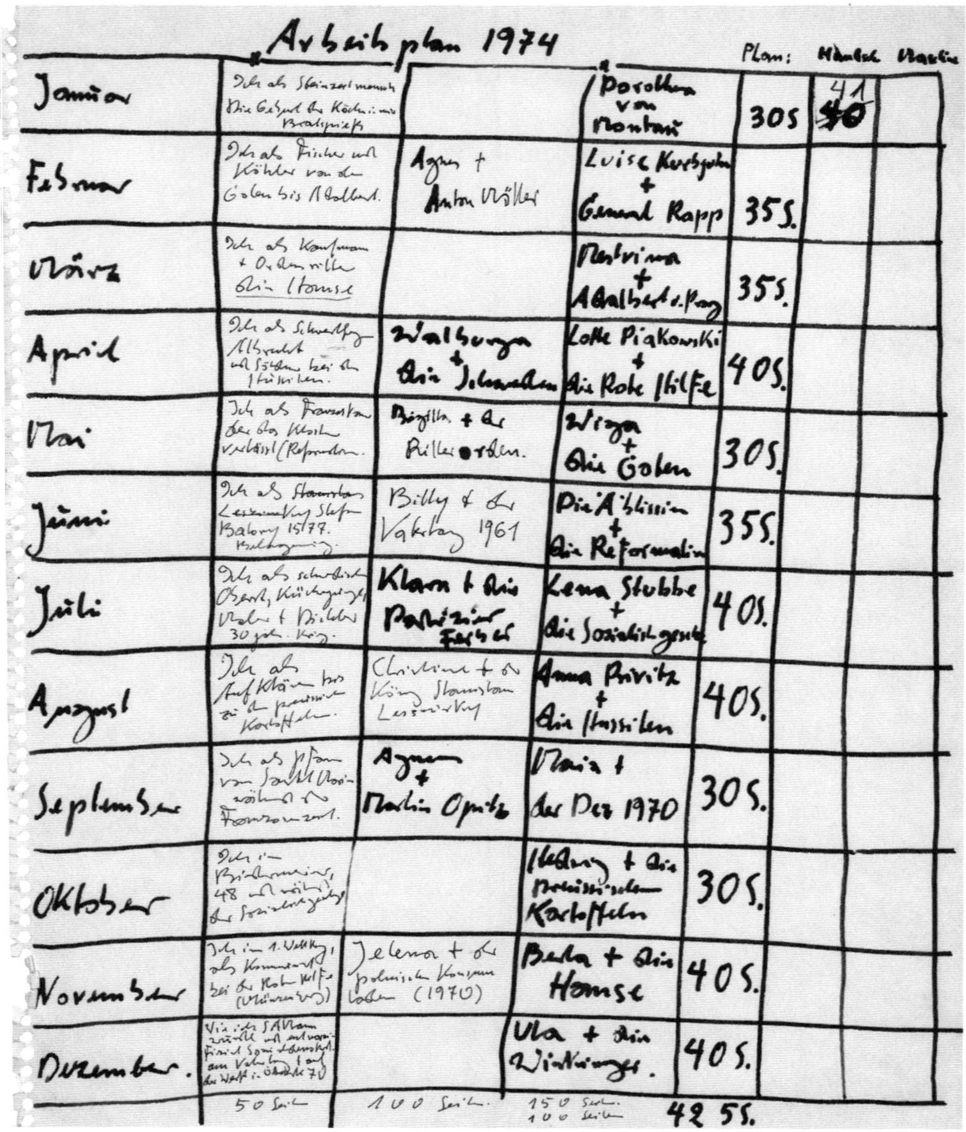

Abb. 3: »Arbeitsplan 1974« mit einem 12-Monate-Zyklus (GGA 2086/1)

durch die Zeiten wandernden Erzählers unter seinen wechselnden Masken gefunden sind, die den »Arbeitsplan 1974« (s. u. Abb. 4) formieren. Bis dahin hatte die »amorphe[n] Stoffmasse« (16, S. 400) auf Formung und Gestaltung warten müssen und zerfiel das Projekt in *disiecta membra,* in ein Materiallager von Bauteilen, die ihren Architekten noch nicht gefunden hatten. Mit dem polymorphen Erzähler und der ebenfalls polymorphen Köchin, die beide sich (vorerst noch) vom Mittelalter, späterhin vom Neolithikum an, bis zum Danziger Werftarbeiterstreik von 1970 in zwölf historischen, um dieselbe Topographie zentrierten Episoden, neu erfinden, ist das Genre definiert und der Bauplan entworfen. Zum ersten Mal zeichnet sich in den verschiedenen Dispositionen des diachronen Gesamtkonzeptes ein Textsyntagma ab, das auf den späteren Roman zusteuert. Dieser Aufbau eines Organisationssystems ist nun nicht mehr das Ergebnis von Serendipity und Improvisation, sondern von intensiver Fokussierung und harter Arbeit. Die zentrifugalen Kräfte, die divergenten Ideen, die ungehindert in die verschiedensten Richtungen und Dimensionen driftetend (und auch weiterhin driften werden), werden immer wieder neu gebündelt und zu einem konvergenten Erzählvorgang komponiert. Dieser gegenstrebigen Kraft dienen die vielfältigen und wandlungsreichen Konstruktionsskizzen, die den Schreibablauf begleiten. Sie konstituieren die Handlungs- und Reflexionsebene des an der Oberfläche chronologisch, im Detail alles andere als konsekutiv erzählten Romans, die Zusammenhänge und Verknüpfungen zwischen den Zeitebenen und den jeweiligen Handlungsträgern, die Gleichzeitigkeit des Ungleichzeitigen, die Analogien des sich entwickelnden, aber längst noch nicht zu Ende gediehenen Motivinventars, kurz das narrative System. Der erste Meilenstein bei dieser Kompositionsarbeit wird in der Phase zwischen dem »Arbeitsergebnis: Januar 1974« (s. o. Abb. 1) und dem »Arbeitsplan 1974« gesetzt: Neben vielen anderen Komponenten des Konzeptionswandels (beim Personal, bei den historischen Epochen, bei den zahlreichen nicht realisierten Rollen des Erzählinstanz) hat der Roman jetzt in der Disposition nach Monaten ein Strukturprinzip gefunden, das zwar noch nicht die neun Monate der Schwangerschaft einführt, jedoch mit dem kompletten Jahreszyklus ein bedeutungsgeladenes chronographisches, gleichwohl nicht-teleologisches Modell für die Erzählstränge etabliert, in dessen Rahmen das Ich als Zeitenwanderer unterwegs ist.

Bis zum folgenden neunmonatige Schema, das auf den 17. März 1974 datiert ist. Hier hat sich erneut Entscheidendes verändert, weil nun das Leben, d. h. die Schwangerschaft, nicht nur an der Geschichte des Romans mitschreibt, sondern die Archi-

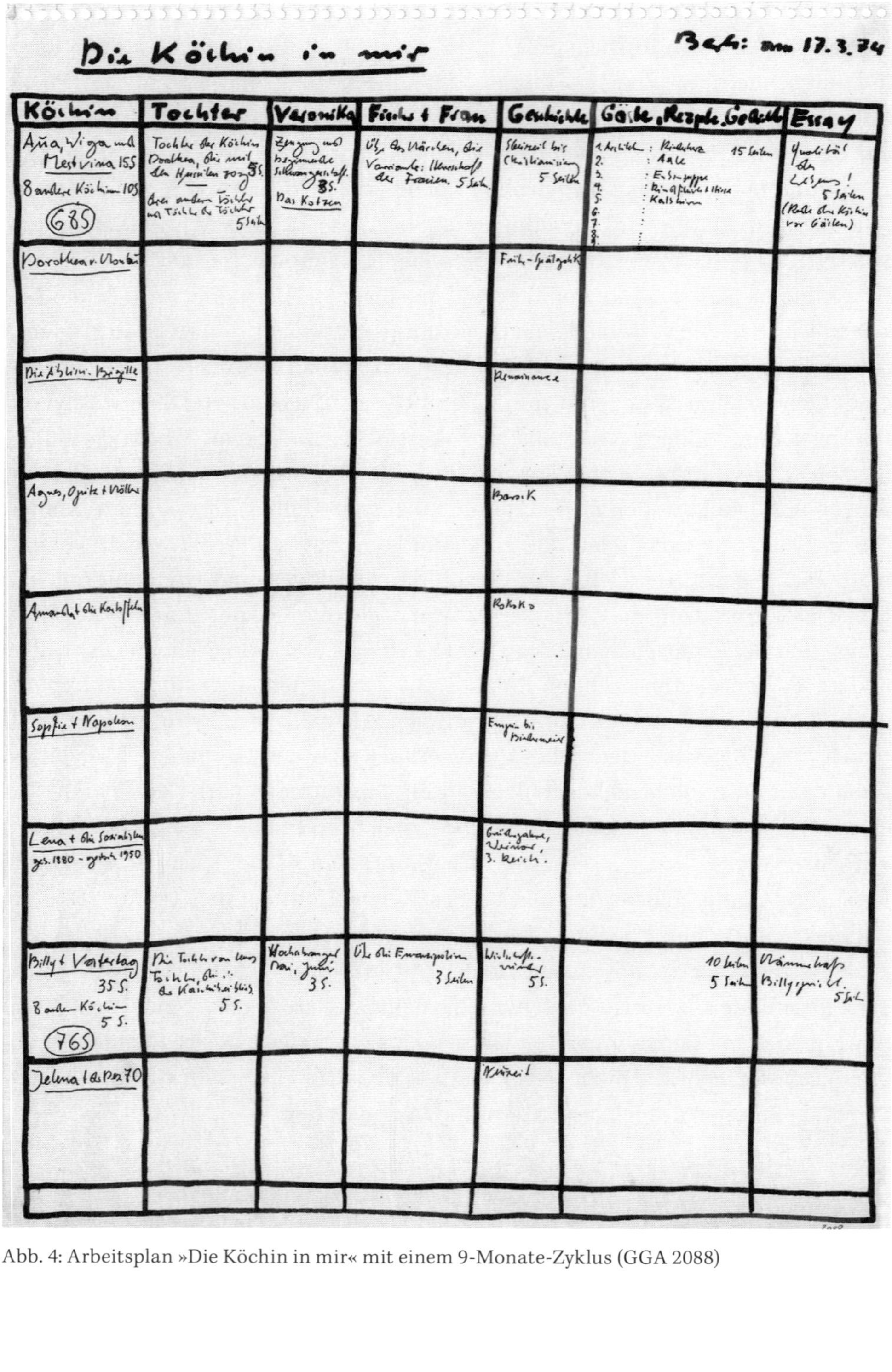

Abb. 4: Arbeitsplan »Die Köchin in mir« mit einem 9-Monate-Zyklus (GGA 2088)

tektur des Romans bestimmt, weshalb Veronika/Ilsebill nun einen prominenten Platz unter den Kategorien einnimmt; und vor allem: Die Frauen samt den ihnen zugehörigen Epochen folgen nun wie im Gänsemarsch aufeinander. Auch Aua hat das Licht der Welt erblickt, und somit ist der Weg frei für die imaginäre Ausweitung des historischen Aufrisses in den Mythos. Gleichzeitig wird dem Butt eine ganz neue, maßgebliche Rolle auf den platten Leib geschrieben. Er figuriert nicht mehr bloß in einem einzigen Kapitel als Charge unter anderen wie noch im »Arbeitsergebnis: Februar 1974« (GGA 2087_001), sondern gewinnt fabelhafte Dimensionen als eigene, dem Erzähler-Ich zugeordnete Größe, die mit diesem gemeinsam durch die Zeiten wandert. So sind die Voraussetzungen geschaffen, dass er in der Folgezeit zur titelgebenden Figur, zum Weltgeist und Überhegel auswachsen und das pseudohistorische durch ein mythopoietisches Konzept überhöht werden kann.

Man sieht: Das selbst auferlegte Schema erzeugt keinen Systemzwang, sondern ist rekursiver Natur, bewirkt im Verein mit dem glücklichen Einfall, »Zeugung und beginnende Schwangerschaft« in den Roman einzupassen, eine Synergie aus Serendipity und Systematisierung. Die Konsequenz aus dieser Umstrukturierung heißt allerdings auch Verzicht, Eingrenzung, Disziplinierung der divergierenden Phantasie: von zwölf auf neun Monate zu kürzen, das Personal zu reduzieren, einige Episoden zu streichen, weitere zusammenzustauchen oder mit anderen Monaten zu verknüpfen. Dabei geht auch manches über Bord, was der Leser heute schmerzlich vermisst: die Hussiten-Episode, die in der Heimat Veronika Schröters hätte spielen sollen und die noch im Gedicht »Übers Jahresende in Budissin« (1, S. 271) nachklingt, die zweite (erfolglos abgebrochene) Belagerung Danzigs durch Stephan Báthory im Jahre 1577, das Auftreten Kristinas, der emanzipierten Intellektuellen auf dem schwedischen Königsthron, oder Stanisław Leszczyńskis, des nach Danzig geflohenen Königs ohne Land, und anderes mehr. Vor allem vermisst er aus heutiger Sicht und angesichts des Medienhypes von 2006 das Dezember-Kapitel »Wie ich SA Mann wurde und entnazifiziert Sozialdemokrat«. Daraus hätte sich eine in vielfacher Hinsicht buchenswerte Erzählung entwickeln lassen, die ihrem Verfasser in der Folgezeit viele Vorwürfe und Denunziationen erspart hätte.

Bottom-up

Reduziert man den Gesamtverlauf seiner Problemlösungsstrategie auf ein Modell, so verfährt Grass nach dem *Bottom-up*-Prinzip. Als in der Wolle gefärbter Empiriker arbeitet er von »unten« nach »oben«. Er klärt abgegrenzte Teilprobleme und nähert sich induktiv der Gesamtlösung. Beim Entwurf begrenzter Details entwickelt sich das Ganze weiter, gewinnt genauere Konturen und stiftet Analogien und Kontexte zwischen den diversen schon vorhandenen oder im Entstehen begriffenen Teilen. Diese Methode der Aggregation von Segmenten zu einem Ganzen hat, verglichen mit dem von abstrakten Ideen zur konkreten Gestaltung vorangehenden *Top-down*-Modell, diverse Vorteile: Sie geht immer von der Erfahrung aus, bleibt aber nicht bei der Erfahrung stehen *(nihil est in intellectu, quod non prius fuerit in sensu)*. Sie hält die epische Stoffmasse solange wie möglich in fluider Form, so dass sie sich selbst befruchten kann. Sie will keine Idee beweisen, sondern erzeugt im Prozess des Schreibens Bedeutung. Die Figuren gewinnen dadurch eine relative Autonomie, wandeln sich und entwickeln eine eigene Triebkraft. Die simultane und überquer arrangierte Textentwicklung proliferiert eine Anzahl verschiedenster, sich wandelnder, auch unkoordinierter Ansätze für Möglichkeitswelten, deren Kohärenz erst in der Schlussphase ausgeformt wird. Die Kreativitätspsychologie weiß es nicht besser zu beschreiben: »Kreatives Handeln kann bestimmt werden als (bewusstes oder unbewusstes) Offenhalten der Instabilität kognitiver Prozesse, als Subversion des Stabilitätsbedürfnisses kognitiver wie sozialer Systeme. Dies Offenhalten, diese Subversion unterscheiden sich dadurch von Willkür und Chaos, dass sie Möglichkeiten eines sinnvollen Gestaltwechsels, also sinnvoller Anschlussmöglichkeiten eröffnen. Kurz gefasst: Kreativität verkörpert die Instabilität von Ordnung – durch Fluktuation: Ein wichtiges Charakteristikum solcher Verkörperungen fassen Begriffe wie Multistabilität und Ambiguität (Mehrdeutigkeit)« (Schmidt 1988, S. 47).

Nicht von ungefähr rekurriert die Erzählsituation des *Butt* auf die von *Tausendundeiner Nacht*, denn der Romancier generiert seine Geschichten wie der orientalische Märchenerzähler: fabulierend, mäandernd, von Fall zu Fall erweiternd und fortschreibend, diverse Genres und Erzählstränge in eine Rahmenhandlung einbettend. Ob er dabei und von wann an er das unvollendete Ganze intentional zumindest im mentalen Modell präsent hatte und ihm schließlich das *Finis operis* vor Augen stand, steht dahin. Die Lösungssensibilität jedenfalls bleibt bis kurz vor

Schluss des Arbeitsprozesses erhalten, offen für neuen Input und für Revision schon erfolgter Konstrukte. Sie hält jenen Durchschlupf offen, durch den die erfinderische Wahrnehmungsfähigkeit auf die Fundsache trifft. Über die kognitionspsychologische Tragweite und Effektivität seines Schreibverfahrens war sich Grass durchaus im Klaren. Ihm war bewusst, dass sein konstruktives, assoziatives und agglutinierendes Erdichten, die parallele Informationsverarbeitung und das träumerische Phantasieren den Prozessen der Welt als Vorstellung weit eher gerecht werden als das einseitig an der linken, analytisch arbeitenden Gehirnhälfte orientierte Rationalitätsprinzip: »Unserm Ordnungs- und Vernunftprinzip folgend, leben wir ins Korsett bestimmter Abläufe gezwängt: Vergangenheit, Gegenwart, Zukunft. Doch die Realität widerspricht dem Zwang zur Chronologie. Wenn wir unseren Apparat unter der Hirnschale beobachten – wie wir denken, wie wir träumen, wie wir uns erinnern –, so geschieht das absolut nicht chronologisch.« (Grass/Zimmermann, S. 167) Mag die nicht-lineare Werkentstehung auch eine Plackerei gewesen sein, dem Roman hat sie letzten Endes gutgetan. Dessen endgültige Struktur, die trotz diachronem Gerüst kein Kontinuum erzählt, sondern ein Puzzle von Handlungselementen zusammenfügt, der Jahrhunderte nicht achtend mal hier mal dort in der Historie Station macht, »Dinge« erzählt, »die gleichzeitig aktuell sind« (5, S. 366), über einen Erzähler verfügt, der mal vorgestern, mal gestern, mal heute beliebig sich materialisiert und programmatisch einem kausal konstruierenden Geschichtsverständnis den Boden entziehen will, harmoniert in idealer Weise mit dieser Schreib- und Kompositionspraxis.

Da Autorschaft wesensgemäß kein Gegenstand wissenschaftlicher Analyse sein kann, bedarf ihre Interpretation bildhafter Umschreibung. Grass, der stolze Kindsvater, hätte die Zeugung- und Geburtsmetapher für den schöpferischen Prozess dem funktionalistischen *Bottom-up*-Modell eindeutig vorgezogen, thematisiert er ja die Genese des Romans schon in dessen Exposition: »Doppelt« seien der Erzähler und Ilsebill »tüchtig« gewesen bei der Zeugung der Tochter wie bei der »ätherische[n] Nebenzeugung« (6. S. 10). Gerade diese organologische Schreibmetapher, die sich auch bei anderen Künstlern wie auch bei der älteren Editionswissenschaft (z. B. bei Witkowski) weit verbreiteter Beliebtheit erfreut, läge ja nahe wie keine andere, da sich beim Neun-Monate-Werk des *Butt* Kunst und Leben in einzigartiger Weise gegenseitig befruchteten. Doch die Metaphernkette von Zeugung, Befruchtung, Embryo, Gravidität, (Schwer-)Geburt, Kaiserschnitt, Kind/Kindsvater wird dem Unfertigen des Werkes, den Vorversuchen und Digressionen während der

Entstehung und der prinzipiellen Erweiterbarkeit des Produktes nicht gerecht. Eine dem *Butt* kontemporäre Allegorie-Erfindung wie die des Rhizoms hingegen drängt sich auf (Grésillon 1998, S. 172), ohne dass damit der komplette Ballast des Poststrukturalismus mitgeschleppt werden müsste. Der »Schwellkörper« (12, S. 607), die progressive Dichtung, ist mit all seinen Neben-Texten und Texturen, mit seinen Peri- und Epitexten, in den fünf Jahren seiner Entstehung und darüber hinaus in den Lithographien und Radierungen, in der Gedichtsammlung »*Ach Butt, dein Märchen geht böse aus*« und – wen wundert es noch angesichts der »allmählichen Verfertigung« des *Butt*-Romans – in einer geplanten ›Continuatio‹ (Grass/Casanova, S. 179) zu einem Rhizom ausgewachsen, einem vielwurzligen System, in dem die Einzelteile nicht hierarchisch zu klassifizieren, sondern gleichberechtigt sind; zu einem Wurzelgeflecht, das unterirdisch wuchert und beim Wuchern immer neue Konnexionen herstellt; zu einem Nährstoffspeicher, der virtuell unbegrenzt weiterwachsen und die schönsten Triebe hervorbringen kann. Wenn nicht an irgendeinem Punkt der Gärtner dem Wuchern mit dem Spaten ein Ende hätte setzen müssen …

Literatur

Grass, Günter, Werke. Göttinger Ausgabe, Göttingen 2007 (arabische Zahlen für den Band, Seitenzahl).
Grass, Günter, Catalogue Raisonné, Band 1, Die Radierungen, hg. von Hilke Ohsoling, Göttingen 2007.
Grass, Günter, Sechs Jahrzehnte. Ein Werkstattbericht, hg. von G. Fritz Margull und Hilke Ohsoling, Göttingen 2014.
Grass, Günter/Nicole Casanova, Atelier des Métamorphoses, Paris 1979.
Grass, Günter/Helen Wolff, Briefe 1959–1994, hg. von Daniela Hermes, Göttingen 2003.
Grass, Günter/Harro Zimmermann, Vom Abenteuer der Aufklärung. Werkstattgespräche, Göttingen 2000.

Arnold, Heinz Ludwig, Gespräche mit Günter Grass, in: Text und Kritik 1/1a, 5. Aufl. 1978, S. 1–39.
Arnold, Heinz Ludwig, Schriftsteller im Gespräch, Zürich 1990.
Backmann, Reinhold, Die Gestaltung des Apparates in den kritischen Ausgaben neuerer Dichter, in: Euphorion 25, 1924, S. 629–662.
Bohnenkamp, Anne, »Autorschaft und Textgenese«, in: Autorschaft. Positionen und Perspektiven, hg. von Heinrich Detering, Stuttgart/Weimar 2000, S. 62–79.
Bohnenkamp, Anne, Autor-Varianten, in: Editio 17, 2003, S. 16–30.
Csikszentmihályi, Mihály, Applications of Flow in Human Development and Education, Dordrecht 2014.
Fetz, Bernhard u. Klaus Katzberger (Hg.), Der literarische Einfall. Über das Entstehen von Texten, Wien 1998.
Frey, James N., Wie man einen verdammt guten Roman schreibt, Köln 1993.
Gellhaus, Axel u. a. (Hg.), Die Genese literarischer Texte. Modelle und Analysen, Würzburg 1994.

Grésillon, Almuth, »Was ist Textgenetik?«, in: Schreiben. Prozesse, Prozeduren und Produkte, hg. von Jürgen Baurmann/Rüdiger Weingarten, Opladen 1995, S. 288–319.
Grésillon, Almuth, Literarische Handschriften. Einführung in die »critique génétique«, Bern u. a. 1998.
Hay, Louis, »Passé et Avenir de l'édition génétique«, in: Cahiers de Textologie 2, 1988, S. 5–22.
Hurlebusch, Klaus, »Den Autor besser verstehen: aus seiner Arbeitsweise. Prolegomenon zu einer Hermeneutik textgenetischen Schreibens«, in: Textgenetische Edition, hg. von Hans Zeller u. Gunter Martens, Tübingen 1998, S. 7–51.
Joch, Peter, Zaubern auf weißem Papier. Das graphische Werk von Günter Grass. Deutungen und Kommentare, Göttingen 2000.
Kammer, Stefan, Textur. Zum Status literarischer Handschriften, in: Schrift – Text – Edition. Hans Walter Gabler zum 65. Geburtstag, hg. von Christiane Henkes u. a., Tübingen 2003, S. 15–25.
Keller, Lucius, ›Inventio‹, ›dispositio‹ und ›elucotio‹ bei Marcel Proust. Die Erfindung der ›Petites Madeleines‹ als Schreibprozess, in: Schreibprozesse, hg. von Peter Hughes u. a., München 2008, S. 159–177.
Kleinschmidt, Erich, Autorschaft, Tübingen/Basel 1998.
Krämer, Sybille, ›Operationsraum Schrift‹: Über einen Perspektivenwechsel in der Betrachtung der Schrift, in: Schrift. Kulturtechnik zwischen Auge, Hand und Maschine, hg. von Gernot Grube u. a., München 2005, S. 23–57.
Krings, Hans P., Schwarze Spuren auf weißem Grund – Fragen, Methoden und Ergebnisse der Schreibprozessforschung im Überblick, in: Textproduktion, hg. von H. P. K. u. Gernd Antos, Trier 1992, S. 45–110.
Lichtenberg, Georg Christoph, Schriften und Briefe, hg. von Wolfgang Promies, München 1971.
Luhmann, Niklas, Über »Kreativität«, in: Kreativität – Ein verbrauchter Begriff?, hg. von Hans-Ulrich Gumbrecht, München 1988, S. 13–20.
Neunzig, Hans A., Hans Werner Richter und die Gruppe 47. Mit Beiträgen von Walter Jens, Marcel Reich-Ranicki, Peter Wapnewski u. a., München 1979.
Nutt-Kofoth, Rüdiger, »Textgenese. Überlegungen zu Funktion und Perspektive eines editorischen Aufgabengebiets«, in: Internationales Jahrbuch für Germanistik 37, 2005, S. 97–122.
Ortner, Hanspeter, Auf dem Weg zu einer realistischen Theorie des Schreibens, in: Methodenfragen der Geisteswissenschaften, hg. von Philip Herdina, Innsbruck 1992, S. 15–65.
Renninger, Suzann-Viola, Wie Günter Grass in Lenzburg fündig wurde, in: Schweizer Monatshefte 87 (2007), S. 27–28.
Rico, Gabriele, Garantiert schreiben lernen. Sprachliche Kreativität methodisch entwickeln – ein Intensivkurs auf der Grundlage der modernen Gehirnforschung, Reinbek 4. Aufl. 2011.
Röcken, Per, Georg Büchners ›Woyzeck‹ – Möglichkeiten und Grenzen textgenetischer Interpretation, in: Georg-Büchner-Jahrbuch 11 (2005–08), 2008, S. 163–205.
Schmidt, Siegfried J., Kreativität aus der Beobachterperspektive, in: Kreativität – Ein verbrauchter Begriff?, hg. von Hans-Ulrich Gumbrecht, München 1988, S. 33–51.
Thüring, Hubert u. a (Hg.), Anfangen zu schreiben. Ein kardinales Moment von Textgenese und Schreibprozeß im literarischen Archiv des 20. Jahrhunderts, München 2009.
Wermke, Jutta, »Die Kunst zu finden, ohne zu suchen«. Ein Beitrag zur Entwicklung von Beurteilungskriterien für einen kreativitätsfördernden Unterricht, in: Diskussion Deutsch, H. 129, S. 88–105.

Anmerkungen

1 Nach anderer Darstellung fand diese Begegnung allerdings erst 1955 im Haus der Schwiegermutter statt (Renninger, S. 28).
2 Ob es sich bei dieser Erzählung vom trommelnden Dreijährigen in allen Details um ein Faktum handelt oder sich im Zuge der narrativen Transformation von Erinnerung Legendenhaftes eingemischt hat oder ob eine intertextuelle »Findung« im Spiel war, müssen wir zwar dahingestellt sein lassen; dass aber die »Urblechtrommel« von 1956 den Gnom mit seinen supranaturalen Fähigkeiten nicht kannte und erst die Verwandlung eines körperbehinderten Rentners in einen trommelnden Kobold die Kreativität des Jungautors entfesselte, ist immerhin auch archivalisch erwiesen.
3 Ich konzentriere mich dabei auf die Phase der Erfindung vor der Erstellung der Reinschriften und Daktylogramme.
4 Z. B. die historische Perspektive, die männlich-infantile Fixierung auf die nährenden Brüste, die Verzahnung der Nahrungsaufnahme mit deren Ausscheidung, Details wie die Fürze der Köchin oder der Verzehr des Sülzkoteletts im Bahnhofsrestaurant.
5 Die Transkriptionen aus den Autographen geben nur die für den Zusammenhang relevanten Aspekte wider.
6 So verschwenderisch Grass' Produktivkraft ihre Ideen ausstreut, so sparsam managt der Ökonom Grass seinen Ideenvorrat in dürftigeren Zeiten. Es vergehen dreißig Jahre zwischen den ersten Entwürfen zum Projekt »Die Köchin« und denen zur fiktiven Autobiographie, die zuletzt unter dem Titel »Beim Häuten der Zwiebel« erschien, und man könnte meinen, dass beide Opera nichts miteinander zu schaffen hätten, vor allem auch, dass Intentionen und Einfälle von 1972 im Jahre 2003 unter den Sedimenten der verstreichenden Zeit verschüttet wären. Doch da tauchen Titel und Ideen aus der Latenz auf, die vor dreißig Jahren schon im Visier waren, aber wieder verworfen wurden. »Mit Gästen zu Tisch« oder auch »Zu Tisch mit Gästen« sollte die Autobiographie betitelt werden – exakt wie 1972 ein Kapitelblock der »Köchin«. Wie damals sollen Gäste zu Tisch gebeten, wie damals Kochrezepte in Gedichtform integriert werden, wie damals wird Montaigne geladen, der Verleger Reifferscheidt ist zu Gast, Uta von Naumburg wird herbeizitiert, alles wie 1972. Und in der Mitte des runden Tisches, um den sich die Gäste reihen, natürlich, immer nur »Ich«, auch das wie 1972. So haushälterisch geht Grass mit seinen »Fundstücken« um.
7 Da »jegliche Rückkehr zum Ursprung – zu den Neuronen des Schriftstellers – illusorisch ist« (Grésillon 1998, S. 182) und nicht weniger eine Rekonstruktion der Textgenese, markiere ich mit diesem Vorbehalt hier und im folgenden unvermeidliche hypothetische Konstruktionen an den Punkten, wo der objektive Nachvollzug des Arbeitsprozesses an seine Grenzen stößt.
8 Büchner-Preis-Reden 1951–1971, Stuttgart 1981, S. 100.
9 Eine Metapher für das entstehende Buch, die sich auch bei Proust findet: »damit es mehr Kraft hat, werde ich es überernähren wie ein schwaches Kind« (zit. n. Grésillon 1995, S. 305).
10 Theodor Bohner, Philipp Otto Runge, Berlin 1937, S. 154–160 (GGA 1926).
11 Im Sinne der »critique génétique« ist damit ein Schreibertypus bezeichnet, dessen »Produkt« mehrere textgenetische Stadien durchläuft, während der Text des prozessorientierten Autors ohne vorherige Planung im »Prozess« des Schreiben entsteht (Grésillon 1995, S. 297) – im Unterschied zur Schreibprozessforschung, die die Termini genau umgekehrt definiert, insofern sie sich nicht in erster Linie dem Endprodukt, sondern der Aktivität und den kognitiven Prozessen beim Verfertigen des Textes widmet.
12 Initiative Deutsche Sprache, Stiftung Lesen, Der Tag fing reichlich beschissen an, nämlich zu früh. Liebeserklärungen an die schönsten deutschen Sätze. Freiburg im Breisgau/Basel/Wien 2009.

Zur Grass-Rezeption im In- und Ausland

Mirosław Ossowski

Danziger Günter Grass-Enzyklopädie

Kann eine Fachenzyklopädie ein breites Interesse erwecken? Als 2012–2013 die Herausgeber der *Gdańska encyklopedia Güntera Grassa*[1] das Konzept eines Grass-Lexikons erarbeiteten, wurden sie sich darüber einig, dass die Publikation populären Charakter haben und für einen breiten Leserkreis bestimmt werden muss. So setzten sie sich zum Ziel, grundlegende Informationen über Leben und Werk von Grass zu sammeln und sie in synthetischer, übersichtlicher und leicht zugänglicher Form zu präsentieren, ohne dass bei der Erarbeitung des Stoffes auf wissenschaftlich fundierte Methoden verzichtet wird. Die Enzyklopädie wurde als ein Nachschlagewerk konzipiert, das mit alphabetisch angeordneten Einträgen einen schnellen Zugriff auf diverse Aspekte des literarischen und künstlerischen Werks von Grass sowie auf seine Biographie und sein öffentliches Engagement ermöglicht. Der Leser sollte darin Analysen und Kommentare zu den einzelnen Romanen, Novellen und Erzählsammlungen sowie Charakteristiken der wichtigsten, häufig in mehreren Werken auftretenden Figuren finden. Die Publikation sollte behilflich sein, die Lektüreerinnerungen aufzufrischen und die in den Grass-Texten vorhandenen eindrucksvollen Querverbindungen zu erkennen, deren Findung erleichtert wird durch exakte Angaben der Stellen mit betreffenden Motiven und durch ein System der Verweise auf andere Einträge. Vorgesehen waren Informationen über die internationalen Kontakte und die Rezeption der Werke von Grass. Es sollten insbesondere die Verbindungen des Schriftstellers nach Polen gezeigt werden. Die Übersetzungen seiner Werke ins Polnische, die fast das ganze Prosaschaffen, aber nur einen Teil seiner Lyrik und zwei Dramen umfassen, wurden zu einem wertenden Kriterium bei der Aufstellung der Stichwörter. Ein weiterer Schwerpunkt der Publikation waren die Darstellungen von Danzig und der Danziger Region bei Grass sowie dessen Beziehungen zu seiner Geburtsstadt.

Die nach fünfjähriger Arbeit, im April 2017, herausgekommene Enzyklopädie beinhaltet 271 Artikel, die von 28 Autoren, überwiegend aus Polen, aber auch aus Deutschland (2), Dänemark (1) und Schweden (1), verfasst wurden. Die Publikation verdankt ihr Profil Marek Jaroszewski und Mirosław Ossowski, die in einer Doppelrolle fungieren: als wissenschaftliche Herausgeber und als Autoren, die mehr als die Hälfte aller Texte verfasst haben, sowie Piotr Wiktor Lorkowski, dem Initiator des Projekts, Redakteur des Bandes, Autor von mehreren Texten und Übersetzer der in deutscher Sprache eingereichten Einträge. Da die meisten Artikel Probleme des literarischen Schaffens behandeln, haben an dem Projekt überwiegend Literaturwissenschaftler mitgewirkt, außerdem Kunstwissenschaftler und Spezialisten aus anderen Fachgebieten, die Liebhaber der Werke von Grass sind. Das Projekt wurde von der Günter Grass Gesellschaft in Danzig organisatorisch unterstützt und entstand in Zusammenarbeit mit Fundacja Gdańska (Danziger Stiftung). Die Letztere war durch Janusz Górski vertreten, der u.a. die grafische und typografische Gestaltung der Buchausgabe übernahm. Bei der Sammlung und Erarbeitung von Informationen und Illustrationen waren den Herausgebern mehrere deutsche und polnische Institutionen behilflich, u. a. die Günter und Ute Grass Stiftung, das Archiv der Akademie der Künste in Berlin, der Steidl Verlag in Göttingen, das Literaturarchiv Sulzbach-Rosenberg e.V., die Medienarchiv Günter Grass Stiftung Bremen, das Baltische Kulturzentrum, die Günter Grass-Galerie sowie das Nationalmuseum in Danzig. Das Verlagsgutachten schrieb der Nestor der polnischen Grass-Forschung, der Breslauer Germanist Prof. Norbert Honsza.

Ein wichtiges Anliegen der Herausgeber war ein Ausgleich zwischen der Erörterung der Danziger Problematik bei Grass, die im Titel der Publikation anklingt, und den allgemeinen Informationen über sein Leben und Werk. Um der Komplexität der Thematik gerecht zu werden, wurden in der Vorbereitungsphase die Stichwörter nach thematischen Gruppen eingeordnet und nach deren Vollständigkeit überprüft. So kristallisierten sich zunächst die folgenden Themengruppen heraus: literarische Werke, künstlerisches Schaffen, öffentliches Engagement Grass', für sein Leben und Werk wichtige Institutionen, seine Rezeption und Nachwirkung, ihm nahestehende Personen, seine literarischen Gestalten, Darstellungen von Danzig und von den benachbarten Orten und Regionen, wie Zoppot und Gdingen, die Kaschubei, Danziger Werder u.a. Auch der Umfang der Texte aus den einzelnen Gruppen sowie die Länge jedes Eintrags wurden im Voraus festgelegt. So umfassen beispielsweise Artikel über die historischen oder die lebenden Persönlichkeiten, die von Grass dargestellt wurden, 600 bis 1200 Anschläge, während die Beiträge über die literarischen Gestalten prinzipiell länger sind und je nach deren Rang und Funktion im Gesamtwerk des Autors 900 bis 1800 Anschläge zählen. Zu den umfassendsten Aufsätzen in der Publikation gehören diejenigen über die literarischen Werke, wie die Interpretationen der *Blechtrommel* (von Janina Gesche) mit 5000 Anschlägen, der *Hundejahre* (Dorota Prus-Pławska) und des *Butt* (Ossowski) mit je

4000 Anschlägen. Die anderen Prosainterpretationen haben den Umfang von 2700 bis 3000 Anschlägen, ähnlich wie einige werkübergreifende Artikel, z. B. über Erotik (Jolanta Jabłkowska) oder Religion (Ossowski). Die Interpretationen der einzelnen Prosatexte werden durch mehrere Einträge ergänzt, die den Haupt-, zuweilen auch den Nebenfiguren gewidmet sind und weitere Erläuterungen sowie Zitate enthalten. Die Werkinterpretationen sind im Großen und Ganzem nach dem gleichen Schema strukturiert und umfassen: Titel (auf Polnisch und auf Deutsch), Gattungsbestimmung, Widmung, Entstehungsgeschichte, Titelerklärung, Erzählsituation, Zeit und Raum, Charakteristik der Figuren (falls diese nicht in separaten Artikeln erörtert werden), Thematik des Werks, seine Wirkung und Rezeption. Es werden auch der Name des polnischen Übersetzers sowie alle polnischen Ausgaben des jeweiligen Werkes angeführt. Die Artikel über Grass' Dramen vermitteln zusätzliche Informationen über deren Uraufführungen in Deutschland sowie über die polnische Inszenierung. Allerdings werden in der Enzyklopädie nur die Stücke von Grass erörtert, die ins Polnische übersetzt und somit in Polen rezipiert wurden: *Hochwasser. Ein Stück in zwei Akten* sowie *Die Plebejer proben den Aufstand. Ein deutsches Trauerspiel* (beide Artikel von Marek Podlasiak). Eine ähnliche Entscheidung, lediglich die ins Polnische übersetzten Ausgaben zu behandeln, betrifft die Gedichtsammlungen. So finden sich in der Publikation Texte über *Novemberland. 13 Sonette* und *Letzte Tänze* sowie über das Gedicht »Kleckerburg« (Andrzej Fac), daneben auch Besprechungen (von Fac und Stefan H. Kaszyński) der zwei in Polen erschienenen Anthologien der Grass'schen Lyrik sowie eine übersichtliche Erörterung des gesamten lyrischen Werkes von Grass (Kaszyński).

Eine kleinere, aber bedeutsame thematische Gruppe bilden Artikel über Grass' künstlerisches Schaffen, das sonst seltener als sein literarisches Werk Gegenstand analytischer Reflexionen ist. Als Autoren wurden Mitarbeiterinnen der Institutionen gewonnen, in welchen die plastischen Werke von Grass aufbewahrt werden (in Danzig: Polnisches Nationalmuseum und Danziger Günter Grass Galerie; in Lübeck: Günter Grass-Haus). In der Enzyklopädie finden sich Artikel über Grass' Ikonographie, plastische Techniken, Oskars Porträts, Abbildungen des Butts (alle von Danuta Olszewska) oder über Autoporträts (gemeinsam verfasst von Viktoria Krason und Olszewska). Die meisten Texte sind mit einer Abbildung, zuweilen auch mit mehreren Abbildungen illustriert. In manchen Artikeln überschneiden sich literarische und künstlerische Aspekte, was besonders im Aufsatz zum Thema »Schnecke« sichtbar wird, der deshalb von zwei Autorinnen (Halina Ludorowska und Olszewska) verfasst wurde. Auch in den überwiegend literarischen Darstellungen gewidmeten Texten über Fische, Pilze und Vögel bei Grass (Jaroszewski) wird auf die Präsenz dieser Motive in seinem plastischen Schaffen verwiesen.

Dass das politische Engagement Grass' auch sein schriftstellerisches Werk geprägt hat, wird in manchen literarischen Analysen hervorgehoben, etwa in denen zu *örtlich betäubt* (Ossowski), *Aus dem Tagebuch einer Schnecke* (Ludorowska), *Grimms Wörter* (Jaroszewski) oder auch in der Vorstellung der Sammlung von politischen Reden *Deutscher Lastenausgleich* (Leszek Żyliński). Von dem öffentlichen Wirken und der politischen Haltung des Schriftstellers handeln explizit u.a. Texte über seine Konzeption des demokratischen Sozialismus (Magdalena Latkowska), seine Teilnahme an den Wahlkämpfen zur Unterstützung der SPD (Daria Szymborska), seine Beziehungen zu Willy Brandt (Ossowski), seine Einstellung zum Holocaust in der Rede »Schwierigkeiten eines Vaters, seinen Kindern Auschwitz zu erklären« (Lidia Burakowska-Ogińska). Die politische Problematik behandeln auch die Erörterungen seiner Haltung zur Gewerkschaft Solidarność und zur demokratischen Opposition in Polen vor der politischen Wende von 1989 sowie zum Staatssicherheitsdienst der DDR (Marion Brandt). Einen anderen Aspekt des öffentlichen Wirkens beleuchten die Erörterungen der von Grass erhaltenen Auszeichnungen: Preis der Gruppe 47, Georg-Büchner-Preis (Jaroszewski), Sonningprisen, Premios Principe de Asturias (Ossowski), Nobelpreis (Gesche), Ehrendoktorwürden in Polen (Ewa Nawrocka) oder der Aufsatz über die von Grass gegründeten Preise und Stiftungen (Ossowski). Eine andere Sicht auf seine Aktivitäten bieten den Lesern die Darstellungen der Institutionen, die Grass' Wirkungsstätten waren, etwa die Akademie der Künste in Berlin (Ossowski). Auch werden Einrichtungen vorgestellt, welche für die Verbreitung seiner Werke und für deren Rezeption, Aufbewahrung bzw. Erforschung von Bedeutung sind, wie die Verlage Luchterhand und Steidl, seine polnischen Verleger (Ossowski), das Günter Grass-Haus in Lübeck (Krason) und das Sekretariat Grass (Per Øhrgaard). Diese Gruppe wird ergänzt durch mehrere Texte über die enge Kontakte mit Grass aufrechterhaltenden bzw. sein Werk popularisierenden und seine Rezeption fördernden Danziger Institutionen und Vereine, wie Baltisches Kulturzentrum, Universität Danzig, Radio Gdańsk, Danziger Fernsehen (Ossowski), Danziger Günter Grass Galerie (Lorkowski), Herder-Zentrum (Anna Kowalewska-Mróz), Günter Grass Gesellschaft in Danzig (Ewa Rachoń).

Die Rezeption der Grass'schen Werke wird in den Einträgen über die Verfilmungen behandelt: *Die Blechtrommel* (Jaroszewski), *Katz und Maus*, *Die Rättin* (Ossowski) und *Unkenrufe* (Lorkowski). Auch der von Grass moderierte Dokumentarfilm *Teure Geschichte. Der Wiederaufbau Danzigs* und der Filmbericht über seinen Besuch in der Heimatstadt 1993 *Kleckerburg verloren. Günter Grass – Von Danzig nach Gdańsk* werden erörtert (Ossowski). Ein Text ist den Danziger Inszenierungen der Prosawerke von Grass gewidmet, dessen Autor (Mieczysław Abramowicz) sechs auf den Bühnen in Danzig und in der benachbarten Stadt Gdingen aufgeführte Stücke anführt. Von der Nachwirkung zeugen auch Texte über die Autoren der Weltliteratur, die sich zu Grass als ihrem Vorbild bekennen, wie John Irving und Salman Rushdie (Ossowski), oder über die polnischen Schriftsteller, die in ihren Werken mit Grass einen Dialog führen, wie Stefan Chwin und Paweł Huelle (Ewelina Kamińska-Ossowska). Einen speziellen Aspekt der Nachwirkung schneidet Miłosława Borzyszkowska-Szewczyk an, die die Rezeption Grass' in den regionalen kaschubisch-pommerschen Organisationen erläutert. Die von ihr verfassten Einträge »Kaschuben« und »Kaschubei« bilden den kaschubischen Themenschwerpunkt in der Enzyklopädie.

In der Publikation finden sich des Weiteren Texte über Grass' Verwandte und andere ihm nahestehende Personen, die von ihm selbst auch teils in autobiographischen Erinnerungsbildern, teils in den literarischen Werken als fiktionale Gestalten dargestellt wurden. So werden mit knappen biographischen Angaben und mit Zitaten Grass' Eltern, Helene und Wilhelm, Schwester Waltraut, seine erste Frau Anna und seine zweite Frau Ute vorgestellt (Ossowski). Es wird auf die Bedeutung dieser Personen für sein Werk (Mitwirkung von Anna und Ute während der Arbeit an den Texten) oder im Fall der Schwester auf ihren Einfluss auf seine öffentlichen Auftritte verwiesen. Weitere Texte handeln von seinen Lehrern, Freunden, Kritikern, von Künstlern, Mitarbeitern, Mitstreitern, Herausgebern und Forschern, von denen manche auch in seinen literarischen Texten porträtiert sind. Die ursprünglich von den Herausgebern der Enzyklopädie geplante kleine Zahl der von Personen handelnden Artikel wurde erweitert, nachdem auch Grass mehrere Namen vorgeschlagen hatte. Sie handeln u.a. von Bolesław Fac (Jaroszewski), Karl Hartung, Walter Höllerer, Sepp Mages, Otto Pankok, Andrzej Wajda, Andrzej Wirth und Helen Wolff (Ossowski), von Heinrich Böll und Per Øhrgaard (Żyliński), von Helmut Frielinghaus, Olaf Mischer, Volker Neuhaus, Peter Rühmkorf und Dieter Stolz (Øhrgaard), von Maria Janion (Brandt), Maria Rama (Lorkowski), Marcel Reich-Ranicki (Ludorowska), Ryszard Styjec (Kowalewska-Mróz) und Herbert Zangs (Marta Wróblewska). Bei bekannten Persönlichkeiten des öffentlichen Lebens haben die Herausgeber der Enzyklopädie auf ausführliche biographische Informationen weitgehend verzichtet, um gezielt in die Angaben über die Beziehungen der jeweiligen Personen zu Grass, über deren Bedeutung für sein Werk bzw. über deren

Darstellungen in seinen Texten einzuführen. Bei historischen oder gegenwärtigen Persönlichkeiten aus den Bereichen Literatur und Politik, wie Theodor Fontane, Andreas Gryphius und Martin Opitz, dem Regisseur Volker Schlöndorff (Jaroszewski), dem Schriftsteller Hans Christian Andersen oder dem SPD-Politiker Willy Brandt (Ossowski), schienen den Herausgebern detaillierte biographische Informationen nicht notwendig zu sein. So finden sich auch in den Beiträgen über sie fast ausschließlich auf Grass und sein Werk bezogene Angaben. Umfassender sind allgemeine Informationen über die der Öffentlichkeit, besonders der polnischen, weniger bekannte Persönlichkeiten, wie Maria Müller-Sommer (Ossowski).

Die meisten erzählerischen Werke des Schriftstellers sind verbunden mit der Stadt an den Flüssen Weichsel, Mottlau, Radaune sowie an dem Strießbach (diese Gewässer gehören demzufolge auch zu den Stichwörtern der Enzyklopädie). Danzig verdankt Rang und Namen in der Weltliteratur seinem Erstlingsroman *Die Blechtrommel,* aber auch der Novelle *Katz und Maus* und dem zweiten Roman *Hundejahre*. Der Zusammenhang der drei Werke wird in dem Eintrag »Danziger Trilogie« (Ossowski) knapp beleuchtet. Grass schöpfte bei Wiedergabe der Danziger Realität vor 1945 aus seinen persönlichen Erfahrungen in dem kleinbürgerlichen Milieu des vorstädtischen Langfuhrs, gab aber mit der Darstellung auch des historischen Zentrums von Danzig und der sonstigen Wohnviertel – besonders in den *Hundejahren* – ein komplexes Bild von der Stadt wieder. Er wusste auch die historisch bedeutsame Rolle der Freien Stadt Danzig zu nutzen, um sich mit der jüngsten deutschen Geschichte kritisch auseinanderzusetzen, was hier in den Einträgen »der zweite Weltkrieg« und »Westerplatte« (Jaroszewski) oder »Polnische Post in der Freien Stadt Danzig« (Gesche) beleuchtet wird. Der Darstellungsmodus sowie die Funktion Danzigs im Gesamtwerk Grass' werden summarisch in den Artikeln »Danzig« und »Langfuhr« (Ossowski) erörtert. Dort wird darüber hinaus ein Überblick über die weiteren Grass-Werke vermittelt, die von einer Fokussierung des Autors auf Danzig/Gdańsk zeugen: Rückblenden auf die Stadt finden sich in *örtlich betäubt,* relevanter historischer Handlungsschauplatz ist sie in *Aus dem Tagebuch einer Schnecke,* eine eigenwillige Interpretation der Danziger Geschichte und der Region um die Weichselmündung in einer Zeitspanne von etwa 4000 Jahren (von der Jungsteinzeit bis in die Gegenwart) bietet der Schriftsteller im Roman *Der Butt* und eine postapokalyptische Vision von einer Welt nach dem atomaren Konflikt aus der Perspektive Danzigs in der *Rättin*. Motive aus der *Danziger Trilogie* werden in *Im Krebsgang* und in *Mein Jahrhundert* wieder aufgegriffen. Ab dem *Butt* steht im Vordergrund zunehmend auch die Sicht auf das gegenwärtige, polnische Danzig, das in der Erzählung *Unkenrufe* zum Handlungsschauplatz wird. Autobiographische Reminiszenzen an das Danzig vor 1945 finden sich wiederum in seinem autobiographisch fundierten Erinnerungsbuch *Beim Häuten der Zwiebel*.

Dem vielschichtigen Motiv »Danzig« im Lebenswerk von Günter Grass widmen sich darüber hinaus etwa 60 Einträge zu topographischen Darstellungen und zu anderen historischen und kulturellen Themen mit Lokalbezug. Relativ zahlreich sind in der nun vorliegenden Publikation dementsprechend die Einträge über Wohnviertel, Institutionen, Straßen, Denkmäler u. a. Der Reichtum der Danzig-Bilder wird sichtbar durch die Zusammenstellung der von Grass dargestellten Objekte, die in seinen Werken mehrmals erwähnt, aber häufig nur einmal, selten zweimal geschildert werden, wie z. B. die Marienkirche. Auf Danzig beziehen sich auch mehrere übergreifende, unterschiedliche Lokalitäten, historische Ereignisse bzw. historisch-kulturelle Phänomene verbindende Einträge, z. B. »gastronomische Lokale«, »Friedhöfe«, »Kinos«, »Parks« (Ossowski), »Schulen«, »Danziger Missingsch« (Jaroszewski), »Danziger Synagogen«, »Juden« (Abramowicz), »Ausstellungen der Grass'schen Werke« (Olszewska, Wróblewska). In der Enzyklopädie wird aufgezeigt, in welchen Werken und auf welche Weise die einzelnen Objekte von Grass beschrieben werden.

Auch die Rolle und die Präsenz einiger anderer Städte im Werk Grass' werden erörtert. In den literarischen und künstlerischen Darstellungen sowie in der Publizistik des Autors gewann besonders Calcutta als Ort des postkolonialen Elends in der Dritten Welt und der Scham eines empfindsamen Europäers symbolische Bedeutung. Die westbengalische Metropole wird in einem ihr gewidmeten Aufsatz (Ossowski) unter dem Aspekt der Schilderungen ihrer Slums sowie der Hinwendung des Schriftstellers zu den Problemen der modernen Welt behandelt. Auch Berlin wird als langjähriger Wohnort des Künstlers und Gegenstand seiner Reminiszenzen in *Beim Häuten der Zwiebel* sowie als Schauplatz einiger seiner fiktionalen Werke, wie *örtlich betäubt*, *Ein weites Feld*, *Grimms Wörter* und mancher Erzählungen in *Mein Jahrhundert*, behandelt (Lorkowski). Göttingen wird ebenfalls als Handlungsschauplatz einiger Passagen in *Ein weites Feld* und als Ort des Wirkens von Grass sowie als Sitz des Steidl Verlags besprochen (Jaroszewski).

Mit 36 000 Anschlägen ist das Kalendarium zum Leben und Werk von Grass (Ossowski) mit Abstand der umfassendste Teil der Enzyklopädie. Dieser Überblicksartikel ergänzt den Inhalt der Einträge, stellt die Biographie Grass' vor und erfasst sein gesamtes literarisches sowie künstlerisches Werk. Im Kalendarium werden genaue Daten genannt, soweit sich diese anhand zuverlässiger Quellen und Archivdokumente erschließen ließen, denn die Angaben wurden grundsätzlich anhand der Primärquellen erarbeitet. Zu ihrer Bestimmung bzw. Verifizierung wurden vielfach die Bestände des Grass-Archivs der Akademie der Künste in Berlin, die Akten des Medienarchivs der Günter-Grass-Stiftung Bremen und andere Dokumente, wie z. B. Briefe oder Verlagsakten, herangezogen. Als Referenzausgabe für bibliographische Angaben wurde die Göttinger Ausgabe von 2007 (Steidl Verlag) genutzt, zum Teil auch Erläuterungen aus der *Werkausgabe in zehn Bänden* von 1987 (Luchterhand Verlag). Aus der Göttinger Ausgabe wurden zudem manche in polnischer Sprache nicht erschienene Grass-Publikationen, etwa Reden und essayistische Texte, zitiert.

In der Enzyklopädie finden sich 192 farbige bzw. schwarz-weiße Abbildungen, die für den Band von Górski und Ossowski, zum Teil anhand der von den Autoren der Einträge vorgeschlagenen Illustrationen, ausgewählt wurden. Sie stellen eine relevante Ergänzung dar. Unter dem Bildmaterial finden sich Archivalien: Familienfotos und Dokumente, darüber hinaus Grass' Grafiken, Skulpturen, von ihm entworfene Buchumschläge für die deutschen Ausgaben seiner Prosawerke, Buchdeckel von polnischen Übersetzungen, Abbildungen des historischen und des gegenwärtigen Danzigs, Diplome, Theaterplakate u.v.m. Zu guter Letzt beinhaltet der Band Verzeichnisse der zitierten polnischen und deutschen Ausgaben und eine Auswahlbibliographie der Sekundärliteratur über Günter Grass in polnischer Sprache.

Anmerkungen
1 Gdańska encyklopedia Güntera Grassa, hg. v. Marek Jaroszewski/Piotr Wiktor Lorkowski/Mirosław Ossowski, Gdańsk: Oficyna Gdańska 2017.

Na'ama Sheffi

Vom Liebling zur Persona non grata
Günter Grass und die israelischen Medien[1]

»Die Gedichte von Günter [Grass] sind ein Versuch, den Hass gegen den Staat Israel und das Volk Israel anzufachen und so die Idee weiterzubringen, die er früher mit dem Tragen der SS-Uniform offen unterstützt hat.« Mit diesen Worten kommentierte Eli Jishai, israelischer Innenminister im Jahre 2012, insbesondere Günter Grass' Gedicht »Was gesagt werden muß« einige Tage nach dessen Veröffentlichung in der *Süddeutschen Zeitung*. Grass wurde daraufhin zur Persona non grata erklärt, was Premierminister Benjamin Netanjahu mit der militärischen Vergangenheit des Autors und ihrer jahrzehntelangen Geheimhaltung rechtfertigte. Die Reaktionen der Intellektuellen auf dieses Gedicht waren gespalten.[2] So betrachtete es der deutsch-amerikanische Historiker Fritz Stern als natürliche Fortsetzung von Grass' Selbsteinschätzung als moralische Instanz, sah in ihm dennoch keinen Antisemiten; israelische Intellektuelle wiederum ärgerten sich im aktuellen Kontext darüber, dass der Autor, auch wenn er nie ein Geheimnis aus seiner frühen Verblendung durch die Nazi-Ideologie gemacht hatte, ausgerechnet seine Einberufung zur Waffen-SS als Siebzehnjähriger nicht schon eher, etwa in seinem autobiographischen Werk *Aus dem Tagebuch einer Schnecke* (1972) zur Sprache gebracht hatte.[3]

Vor diesem Hintergrund veranschaulicht die Debatte über das pathetisch-plakative, in den Lyrikband *Eintagsfliegen* (2012) leicht modifiziert aufgenommene Gedicht[4] exemplarisch Grass' veränderten Status in Israel: Über Jahre von der Öffentlichkeit als kreativer Intellektueller geschätzt, vor allem aufgrund seiner Kritik am Starrsinn der Deutschen in Bezug auf ihre Vergangenheit während des »Dritten Reichs« und während der Nachkriegszeit, sowie wegen seiner Kritik an der israelischen Politik in den besetzten Gebieten, wurde er letztlich wegen des späten Geständnisses bezüglich seiner »Mitgliedschaft« in der Waffen-SS in seinem Erinnerungsbuch *Beim Häuten der Zwiebel* (2006) und aufgrund des Gedichts »Was gesagt werden muß« zur »unerwünschten Person«.

Dreizehn von Grass' Büchern wurden von neun verschiedenen Übersetzern ins Hebräische übersetzt. Das erste, *Die Blechtrommel,* erschien 1975, lange, nachdem es die Bundesrepublik 1959 aufrüttelte, und auch lange, nachdem die ebenfalls für

Furore sorgende amerikanische Übersetzung 1963 das Licht der Welt erblickte.[5] Ein erstes literarisches Porträt von Grass erschien 1965 in einer israelischen Zeitung als Reaktion auf seinen offenen Brief an Ludwig Erhard: Der Autor kritisierte den Kanzler der Bundesrepublik Deutschland, dass er Gamal Abd el-Nasser nicht widersprach, als dieser vorschlug, die Verbrechen der Nationalsozialisten unter das Verjährungsrecht fallen zu lassen.[6] Vor seinem ersten Besuch in Israel im Jahr 1967 beschuldigte Grass den ersten Premierminister des Staates Israel, David Ben Gurion (der das »Wiedergutmachungsabkommen« mit der Bundesrepublik 1952 unterschrieb und maßgeblich für die Aufnahme der diplomatischen Beziehungen im Jahre 1965 verantwortlich zeichnete), er ermögliche Adenauer, der Bundesrepublik den Anschein eines »anderen Deutschlands« zu geben – eine innerdeutsche Anspielung, die im israelischen Zusammenhang provokativ wirkt. Und während seines Besuchs in Israel erklärte Grass, die junge Generation in der deutschen Demokratie sei mit einer »moralischen Hypothek« für die Verbrechen ihrer Vorfahren behaftet.[7] Als Reaktion auf die Weigerung des israelischen Schriftstellerverbands, Grass zu empfangen, so berichtete die deutsch-jüdische Literaturnobelpreisträgerin Nelly Sachs ihrem israelischen Kollegen S. Shalom (Shalom Josef Shapira), wurden in Europa Unterschriften gegen diesen Boykott gesammelt. Die Antwort des Verbands lautete: »Günter Grass wurde in Israel mit allen ihm gebührenden Ehren als herausragender Schriftsteller und antinazistischer Kämpfer empfangen […] doch aus Unstimmigkeiten emotionaler Natur innerhalb des Verbands konnte der Vorstand nicht einstimmig entscheiden. Der Gedanke eines Boykotts hingegen liegt allen Mitgliedern des Verbands fern […].«[8] Der bekannte israelische Dichter Nathan Alterman rechtfertigte das Verhalten des Verbands, als er sich fragte, ob es angebracht sei, sich von dem Besuch eines antinazistischen Autors blenden zu lassen. Er distanzierte sich von Grass' Hypothese, der Mensch könne sich schrittweise an das Böse gewöhnen, obwohl er selbst eine ähnliche Behauptung in seinem Gedicht »Metamorphosen« aus dem Jahre 1944 aufgestellt hatte.[9] Dieser komplizierte Empfang, grundlegend für das israelische Verhalten, bei dem die Erinnerung an den Holocaust alles bestimmend ist,[10] charakterisierte auch das Verhältnis zwischen Land und Autor in den letzten Jahren seines Lebens.

1971 war Grass anlässlich der »Deutschen Kulturwoche« zu Gast in Israel, die von Demonstrationen gegen ihn begleitet wurden. Grass regte an, offizielle kulturelle Beziehungen zwischen den beiden Staaten aufzunehmen, und erklärte sich zu einem »kritischen Freund« Israels. Er fügte hinzu, »Israel ist zu einer Kolonialmacht geworden – aber sicher unfreiwillig«.[11] Doch trotz des andauernden Protests entspannte sich in dieser Phase die Einstellung vieler Israelis gegen die deutsche Kultur. Die Zeugenaussagen der Holocaustüberlebenden in den Kapo-Prozessen in den 1950er Jahren sowie im Eichmann-Prozess (1961–1962), gleichzeitig aber auch die abrupte Wende von der Existenzangst zum überwältigenden Siegesgefühl im Sechs-Tage-Krieg im Jahre 1967 erlaubten zusehends einen neuen Blick auf das qualvolle Erbe, das die totale Vernichtung hinterlassen hat.[12]

Die Einstellung zum Holocaust hat sich in drei Phasen entwickelt, die der Historiker Moshe Zimmermann folgendermaßen definiert: 1. Verdrängung des Holocaust aus der kollektiven Erinnerung seit dem Ende des Zweiten Weltkriegs bis zum Eichmann-Prozess; 2. der Holocaust wird zu einem legitimen Forschungsgegenstand aufgrund des Älterwerdens der Kriegsgeneration sowie des stärkeren Gefühls der Sicherheit und einer optimistischen Sicht in die Zukunft; 3. Mythologisierung – unter anderem durch die Ausstrahlung der US-Fernsehserie *Holocaust* – sowie durch die Einrichtung von Holocaust-Lehrstühlen nach dem Sechs-Tage-Krieg und dem Jom-Kippur-Krieg 1973 sowie durch den politischen Umsturz 1977.[13] Unter diesen Umständen lässt sich erklären, wie es nach 50 Jahren nur begrenzter Übersetzungen aus dem Deutschen, vor allem von Werken jüdischer Autoren und deutschsprachigen Klassikern, in den 1970er Jahren zu einem umfangreichen und wertvollen »Import« deutscher Kultur kam. In den Kinos wurden gesellschaftskritische Filme, die sich auch mit dem Nationalsozialismus und dem Holocaust auseinandersetzten, gezeigt. Übersetzte deutschsprachige Bücher wurden nicht nur schlagartig verstärkt veröffentlicht, sondern es wurden auch verschiedene Genres berücksichtigt. In den Konzertsälen wurden deutsche Vokalstücke in der Originalsprache aufgeführt.[14] Die Olympischen Spiele in München (1972) sowie die Fußballweltmeisterschaft 1974 wurden im staatlichen und damals einzigem israelischen Fernsehsender übertragen, im Hintergrund jeweils die wehende deutsche Nationalflagge. Im selben Kanal wurde 1978 auch die Mini-Fernsehserie *Holocaust* ausgestrahlt.

Die Übersetzung der Bücher Günter Grass' schien zunächst Teil dieses neuen Trends zu sein, obwohl die späten Übersetzungen vermutlich eher auf der Komplexität seiner teils grotesken Werke beruhen sowie auf seiner politischen Rolle in seiner Heimat. Diese Studie stellt fünf ins Hebräische übertragene Werke von Günter Grass sowie deren Rezeption in den Mittelpunkt: *Die Blechtrommel* (orig. 1959, hebr. 1975) sowie die filmische Umsetzung des Romans aus dem Jahr 1979, *Katz und Maus* ([1961], 1976), *Hundejahre* ([1963], 1979), *Aus dem Tagebuch einer Schnecke* ([1972], 1979) und *Beim Häuten der Zwiebel* ([2006], 2011).[15] Die größte Beachtung in den isrealischen Medien fand zweifellos *Die Blechtrommel* – als Roman und als Film, gefolgt von *Beim Häuten der Zwiebel*. Meines Erachtens werden vor allem die Bücher, die den Nationalsozialismus behandeln, aufgrund des israelischen »Habitus« in Bezug auf den Holocaust stärker beachtet. Zur Veranschaulichung möchte ich Roland Barthes' und Umberto Ecos Thesen hinzuziehen, nach denen der Text, noch während er verfasst wird, in den Besitz des Lesers übergeht. Pierre Bourdieu wiederum postuliert, dass der Kulturschaffende allein im Zusammenhang mit dem Kulturkonsumenten verstanden werden kann.[16] Die Interpretationen der Kritiker sind sowohl ihre eigenen als auch die des Kollektivs, sind sie doch, genau wie die Leser und Leserinnen, Produkte eines bestimmten Erziehungssystems und kulturellen Umfelds, das (im hier untersuchten Zusammenhang) den Israelis zur Verfügung stand bei der Bewältigung der gemeinsamen Vergangenheit mit der deutschen Gesellschaft. Diese Analyse möchte ich mit Kritiken und Leitartikeln israelischer Journalisten und Journalistinnen sowie mit Forschungsarbeiten über Grass und die Grass-Rezeption in Israel vertiefen. Im akademischen Umfeld wird dem Nobelpreisträger in Israel nur ein begrenzter Raum eingeräumt, nur wenige Bücher werden in nur wenigen Kursen gelesen und erst vor kurzem wurde ein Kapitel aus *Die Blechtrommel* in das Curriculum eines Kurses über den Bildungsroman aufgenommen.[17]

Ein anderes Deutschland?

Die 1970er Jahre strapazierten die deutsch-israelischen Beziehungen aufgrund der Mitwirkung deutscher Bundesbürger an terroristischen Anschlägen gegen Israelis und Juden in Westdeutschland und anderen Ländern. Zu Beginn der 1980er Jahre wurde die in den Medien viel diskutierte scharfe Auseinandersetzung zwischen Premierminister Menachem Begin und dem damaligen Bundeskanzler Helmut Schmidt zu einem ernsthaften Problem, nachdem Schmidt behauptet hatte, Deutschland hätte indirekt Schuld am Konflikt zwischen Israel und den Palästinensern.[18] In diesen Jahren wurden kritische Schriften deutschsprachiger Autoren mit unterschiedlichen Ansätzen wie etwa Heinrich Böll, Siegfried Lenz, Friedrich Dürrenmatt, Bertolt Brecht, Jurek Becker und eben Grass übersetzt.[19] Vielleicht war die neue Fähigkeit der Israelis, sich mit der dunklen Vergangenheit zu beschäftigen, auch ein Resultat der Entwicklung der westdeutschen Gesellschaft, die nun begann, sich in öffentlichen Debatten ernsthaft mit den nationalsozialistischen Verbrechen auseinanderzusetzen und die »Fähigkeit zu Trauern« entwickelte, wie Alexander und Margarete Mitscherlich es 1967 nannten – anders als unernste »Vergangenheitsbewältigungs«-Debatten, über die sich Grass bereits Jahre vorher im Zwiebelkeller-Kapitel der *Blechtrommel* aus Oskar Matzeraths pikaresker Perspektive lustig gemacht hatte.[20]

Das neu entstandene Interesse an der deutschen Kultur sowie die Selbstkritik der Westdeutschen wurden auch durch die Übersetzungen und Interpretationen der Werke von Grass betont. Zu den Kritikern gehörten führende Intellektuelle, Literaturkritiker und Literaturkritikerinnen sowie politische Redakteure. Da die deutsche Kultur auch als Teil der Kultur der jüdischen und hebräischen kulturellen Elite der Moderne galt, kannten sich die israelischen Intellektuellen bestens mit den Diskursen über die »Gruppe 47« und den Stellenwert von Grass in der deutschen Kultur aus. »Seit Thomas Mann in Deutschland, [Hermann] Broch und [Robert] Musil in Österreich, gab es bis Grass keinen deutschsprachigen Autoren mehr mit dieser Wortgewalt«, stand 1967 in einem Porträt über Grass zu lesen.[21] Tatsache ist aber auch, dass man bis zum Ende der 1980er Jahre in den Bücherregalen der Israelis vergeblich Übersetzungen von so bedeutenden Werke der Moderne wie Klaus Manns *Mephisto* ([1936], 1990), Thomas Manns *Doktor Faustus* ([1947], 1992) oder Hans Falladas *Jeder stirbt für sich allein* ([1947], 2010) suchen musste.

Zwei der Rezensionen zu *Die Blechtrommel* beschäftigten sich mit Themen, die auch europäische und US-amerikanische Intellektuelle beschäftigten: Oskars Doppelrolle als abstoßende und gleichzeitig mitleiderregende Figur sowie die Rolle der beiden jüdischen Figuren – Markus und Feingold. Die Möglichkeit, Mitleid für Oskar zu empfinden – eine These, die in den 1970er Jahren vor allem im Anschluss an John Reddicks Grass-Buch populär war –, stand im Zentrum der Romanbesprechung der Literaturkritikerin der damals meist gelesenen Zeitung des Landes, *Maariv*:

»Als Eichmann gefangen wurde, bildeten die Zeitungen ein Foto ab, das ihn während einer ärztlichen Untersuchung in seiner Zelle zeigte. [...] Psychologen warnten damals, ein derartiges Foto verweichliche die monströse Persönlichkeit Eichmanns, an die sich unsere Kinder erinnern sollen. [...] Ähnliche Gefühle werden auch hier hervorgerufen. Die Gefühle der Leser gegenüber der Privatperson – Oskar dem Zwerg – werden auf seine symbolische Figur übertagen – das behinderte Deutschland – und umgekehrt. Für einige Momente empfindet der Leser Mitleid für den Aussätzigen und Geschädigten. [...]«[22]

Außerhalb Israels beschäftigten sich Kritiker und Wissenschaftler mit Elementen der Sprache, dem komplexen Aufbau des an europäische Erzähltraditionen anknüpfenden Romans und dem Einsatz verschiedener Stilmittel – von der Groteske bis zum ironisch-distanzierten Umgang mit dem Bildungsroman – als Grundlagen für ihre jeweiligen Interpretationen.[23] Anders allerdings als Literaturwissenschaftler, die ihre Schlussfolgerungen aus Textanalysen zogen, war der Ausgangspunkt von Judith Orian Ben-Herzl der Akt des Lesens sowie die israelische Grundeinstellung, in der der Eichmann-Prozess entscheidend war. Eine Lesart, die immer wieder Spuren des Holocaust sucht, wird auch im Verhältnis zu Grass' direkter Sprache deutlich: »Eine Art neues Deutsch, das im Gegensatz zum aalglatten, heuchlerischen, janusköpfigen Deutsch des Dritten Reichs steht, in dem die Befehle in Auschwitz und Treblinka gebrüllt wurden.«[24]

Weitere Beispiele für diese Tendenz finden sich auf unterschiedlichsten Ebenen viele: Für den Autor und Publizisten Ehud Ben-Ezer etwa bedeutete im Organ der Mapam-Partei, *Al Hamishmar,* die Einweisung Oskars in die Nervenanstalt nicht Sühne, sondern die erste Phase in der »historischen Entwicklung des Einzelnen und seines Volks«. Die Literaturkritikerin Jaffa Berlovitz wiederum stellte in der Zeitung *Davar* fest, dass der Roman ein »raffiniertes Labor ist, in dem direkt und kompromisslos die Grundlagen [des Faschismus] erforscht und untersucht werden«. Und die Kritikerin und Lektorin Nizza Drori zitierte im liberalen *Haaretz* einen Auszug aus einem Interview, in dem Grass behauptete: »Viele Jahre wurden mit der Dämonisierung Hitlers verplempert ... Hitler war kein Monster [...] er war ganz einfach ein kleiner, ekelerregender Teil von viel Müll.«[25]

Im Jahr 1982, rund ein Jahr vor Beginn der akademisch-intellektuellen Debatte um den angeblichen Antisemitismus in der *Blechtrommel,* wurde ein langer publizistischer Beitrag zum Thema in der Tageszeitung *Jedioth Achronoth* veröffentlicht, damals die auflagenstärkste Zeitung Israels. Der Artikel war ein weiterer Beleg für eine bestimmte Lesart von sich mit Nationalsozialismus und Holocaust beschäftigenden Texten im Sinne des israelischen »Habitus«. Shamai Golan unterschied hier zwischen den beiden jüdischen Figuren im Roman: Feingold – dessen Namen er ins Hebräische übersetzte und mit der charakteristischen Raffgier der Überlebenden in Verbindung brachte: »[...] der Höhepunkt von Feingolds Niederträchtigkeit zeigt sich, als er die arische Maria begehrt«, genau wie *Jud Süß* (1941) in der nationalsozialistischen Propaganda – und Markus, ein konvertierter Jude. Den Vergleich, den Grass zwischen dem Leid der Henker und der Opfer anstellte, macht Golan an Grass' Dienst in der Wehrmacht fest, bevor er seine »Mitgliedschaft« in der Waffen-SS gestand. In der hebräischen Übersetzung der *Blechtrommel* lässt sich der von Sander Gilman herausgearbeitete Moment des »Mauschelns« von Markus, das die Figur in einem antisemitisch-spöttischen Licht erscheinen lässt, nur schlecht verstehen. Der Literaturwissenschaftler David Sonnenfeld brachte Markus und Oskar insofern in Verbindung, als beide die herannahende Katastrophe erkannten.[26] Die Literatur- und Theaterwissenschaftlerin Leah Hadomi stellte fest, dass im Gegensatz zu den Deutschen, die »sich beeilten, die Schuld von sich zu weisen und ihr Leben wieder aufzubauen«, Feingold weiterhin die Namen seiner Lieben murmele. Ihrer Ansicht nach ist Oskar der einzige Deutsche, der es nicht schafft, sich von der Schuld freizumachen, auch nicht im Prozess gegen ihn.[27]

Auch die Reaktionen auf die Verfilmung von Volker Schlöndorff und seinem Drehbuchautor Jean-Claude Carrière, die den dritten Teil, also die Nachkriegsgeschichte, ausklammert, sind bezeichnend.[28] Schlöndorffs *Blechtrommel*-Transformation, die den Aufstieg und Niedergang der NSDAP aus Oskars Blickwinkel in den Mittelpunkt rückt, wurde entweder als mutige Selbstbetrachtung gepriesen oder als oberflächlich bemängelt. So schrieb etwa der Filmkritiker Uri Klein in *Davar*, Schlöndorff habe keine eigene Interpretation der *Blechtrommel* verfilmt, und vielleicht habe genau das Grass so gefallen. Er fügte hinzu, die Israelis hätten eine »natürliche Abneigung gegen deutsche Filme«, vielleicht wegen des Klangs der gesprochenen Sprache. Die Abneigung gegen den Film machte Eran Alon in *Jedioth Achronoth* an den grotesken und furchterweckenden Figuren fest, die sehr eingeschränkt wirkten, »im Gegensatz zu der unbändigen, unendlichen Fantasie in Grass' Buch«. Der Bildhauer Yigal Tomarkin warf dem deutschen Film im Allgemeinen vor, sich durch nichtssagende Vulgarität auszuzeichnen. In *Jedioth Achronoth* interpretierte Nachman Inger die Schlussszene des Films, also die Entscheidung Oskars zu wachsen: »Ist das nicht eine klare Allegorie der Entschlossenheit der deutschen Nation, nach der Zerstörung 1945 wieder aufzuerstehen und ein für alle Mal die Oskar'sche Unvollkommenheit hinter sich zu lassen?«[29] Der israelische Kommunikationswissenschaftler Gal Engelhard führt die Unmut der israelischen Kritiker über das Ende des Films im Jahr 1945 auf ihr Bedürfnis zurück, die Entwicklung Deutschlands nach dem Krieg zu sehen, um herauszufinden, ob es nun zu einem »anderen Deutschland« geworden sei.[30] Carmel Sinof erklärte das Ausblenden des Holocaust mit Grass' Schwierigkeit, sich mit seiner Vergangenheit auseinanderzusetzen. Ihre Interpretation der *Blechtrommel* erschien kurz nach seinem Geständnis über seine Zugehörigkeit zur Waffen-SS.[31]

Rund ein Jahr nach der Veröffentlichung der *Blechtrommel* erschien auf Hebräisch auch die Novelle *Katz und Maus*, die allerdings nur begrenztes Interesse weckte. Rachel Shkolovsky wies in ihrer Rezension zwar u. a. auf die Problematik hin, dass der Erzähler es vorgezogen habe, die Bedeutung des Adamsapfels nicht zu erläutern, die in der hebräischen Übersetzung verloren ginge, zeigt sich ansonsten aber beeindruckt. Ihrer Meinung nach benutze Grass die Fantasie, um die Glaubwürdigkeit der Erinnerung zu prüfen. So habe er ein überzeugendes Bild der deutschen Gesellschaft gezeichnet sowie auch von Mahlke, einem Opfer des Werteverlusts im 20. Jahrhundert – ein Topos, den Grass in *Hundejahre* noch weiter ausbauen werde. Auch Ehud Ben-Ezer war sehr angetan von Grass' Darstellung der deutschen Gesellschaft und empfiehlt wie Shkolovsky die Novelle all denen, die sich mit der *Blechtrommel* schwer taten.[32] Beide Kritiker lasen die Geschichte in einem universellen und nicht in einem inner-israelischen Kontext, anders als beispielsweise das linke Wochenmagazin *Haolam Hazeh*, dessen Rezension mit der Frage endete, wie sich gerade die Literatur im kriegsgebeutelten Israel so wenig mit dem Thema Krieg auseinandersetze.[33] Die geringe Anzahl der Besprechungen von *Katz und Maus* in Israel mag mit einem gewissen Überdruss an Grass zusammenhängen, ist aber gerade in Anbetracht des immensen Interesses überraschend, das die Novelle in den USA hervorrief, wo die Übersetzung im August 1963 erschien, nur sechs Monate nach der englischen Übersetzung der *Blechtrommel*.[34]

Der dritte und letzte Band der *Danziger Trilogie*, *Hundejahre*, gilt vielen (auch dem Autor selbst) als das komplexeste Buch unter den dreien, und als Grass 1963 noch vor der Auslieferung an die Buchläden im Fernsehen Auszüge aus dem Manuskript vorlas, wurde es prompt zu einem Verkaufserfolg. Die meisten Rezensionen fielen positiv aus, so etwa Marcel Reich-Ranickis, der *Hundejahre* als eine der wichtigsten Veröffentlichungen der 1960er Jahre betrachtete. Nach seiner Publikation in den USA 1965 wurde der Roman fast so umfassend wie seine Vorgänger besprochen.[35] Ins Hebräische wurde das Buch erst 1979 übersetzt, doch eine erste Rezension erschien bereits 1965 in *Maariv*, in der festgehalten wurde, es handele sich um einen weiteren Versuch von Grass, die Schuld der Generation, die Hitler zu seinem Machtaufstieg verhalf, zu thematisieren. Zwei Jahre später erschien in *Davar* eine weitere Besprechung des Romans, die Grass in Zusammenhang mit seiner Heimat setzte, als Neonazis wegen seiner öffentlichen Ablehnung einer neuen Annexion von Gebieten, die sich auf polnischem Staatsgebiet befanden, einen Brandanschlag auf sein Haus verübten. Des Weiteren thematisierte die Rezension das »westliche« Medienecho, das den engagierten Zeitgenossen als »Synthese zwischen

Autor und Kämpfer« sah sowie als Erben der Aufklärung.³⁶ Der Schwerpunkt dieser Analyse lag auf zwei Figuren des Romans – auf Walter Matern, der seine Schuld zumindest teilweise angenommen hatte, und auf seinem allzu treuen Hund, der das Bild seines Herrn unbeirrt weiter ableckte – ignorierte aber die eigentlich zentrale Figur des »Halbjuden« Eddi Amsel.³⁷ *Hundejahre* erschien auf Hebräisch in einer Phase eines eklatanten Umbruchs: Der Siedlungsbau in den besetzten Gebieten begann Mitte der 1970er Jahre und schuf unwiderrufliche Tatsachen; 1977 wurde die Arbeitspartei nach Jahrzehnten der Regierung vom nationalreligiösen, wirtschaftsliberalen Likudblock abgelöst. Dessen prekäres Verhältnis zu Deutschland, das spätestens seit den großen Demonstrationen gegen das »Wiedergutmachungsabkommen« und später gegen die Aufnahme der diplomatischen Beziehungen zwischen beiden Ländern deutlich wurde, war zwar dominant, konnte sich aber nicht gegen die Hegemonie der alten kulturellen Elite, die sich zur deutschen Kultur zugehörig fühlte, durchsetzen.³⁸

Die wenigen Rezensionen, die zu *Hundejahre* erschienen, setzten das Buch in einen Kontext mit anderen Übersetzungen aus dem Deutschen sowie mit Günter Grass' Gesamtwerk. Der Literaturkritiker von *Al Hamishmar* hielt sich in einem Artikel über zwei Bücher des Autors, *Hundejahre* und *Aus dem Tagebuch einer Schnecke*, länger mit der Frage nach der steigenden Nachfrage nach Übersetzungen von Böll, Lenz und Grass auf, die »hier wie in der ›großen weiten Welt‹ Interesse wecken«, setzten sie sich doch mit der nationalsozialistischen Vergangenheit auseinander – ein Thema, das laut Ilana Hammermann in *Haaretz* der vorherrschende Gegenstand der zeitgenössischen deutschen Literatur sei.³⁹ Die Germanistin Margarita Pazi erklärte, dass sich in den 1950er Jahren niemand in Deutschland für westdeutsche Nachkriegsliteratur interessierte, und dass auch dort vor allem Literatur aus dem Ausland konsumiert wurde. Die *Danziger Trilogie* weckte insofern das Interesse, als sie sich mit dem Leben der einfachen Leute auseinandersetzte. Der Titel *Hundejahre* wurde als Reflexion einer unmenschlichen Zeit dargestellt, die zu einer Groteske und einem härteren bösartigen Verhalten führe als *Die Blechtrommel*. Die Rezension fasste die komplexe Handlung zusammen, verband durch die Figur Tulla Pokriefke *Katz und Maus* mit *Hundejahre*, erklärte die Satire über Heidegger und lobte die Übersetzung von Zvi Arad, der zugunsten der Vermittlung von prinzipiellen Grundgedanken auf Genauigkeit verzichtet habe.⁴⁰

Auch die Kritiker und Kritikerinnen der Übersetzung besprachen kaum die Figur des sogenannten Halbjuden Eddi Amsel, der in der Nachfolge seines Vaters (ein glühender Fan Otto Weiningers) germanisiert wurde, seine Zähne durch seinen

Freund Matern verlor, nachdem dieser sich der SA anschloss, und schließlich zum Symbol des Wirtschaftswunders in Westdeutschland wurde. Nur David Sonnenfeld befasst sich in seiner Studie mit dieser Frage, was auf eine gewisse Entspannung der Israelis im Verhältnis zum Holocaust hinweisen könnte, wie Moshe Zimmermann bemerkt, oder zumindest auf eine etwas distanziertere Perspektive.[41]

Im Hinblick auf die *Danziger Trilogie* erklärte die Übersetzerin, Lektorin und Publizistin Ilana Hammermann, sie skizziere die Bedingungen für die Entstehung des Faschismus und fügt hinzu:

»[...] mit der Kraft des Symbols sprengte Günter Grass die engen Grenzen der spießbürgerlichen Realität, die er in der Danziger Trilogie nachskizziert. Aber wer die Grenzen auf diese Weise sprengt, findet sich in einem merkwürdigen Widerspruch wieder: Er, der sich mit Hilfe der Karikatur und der Groteske über das unpolitische Spießbürgertum lustig macht und dessen Gefahren aufdeckt, wird ertappt, letztendlich selbst in einer gänzlich apolitischen Weise auf die Geschichte zu blicken!«[42]

Mit anderen Worten, Grass' groteske und hemmungslose Schreibweise mache ihn zu einem Sprachkünstler statt zu einem scharfen Kritiker, der er sein wollte. Eine konträre Betrachtung schlägt der Germanist Galili Shachar hingegen vor, der erklärt, die »Zielsetzung der Danziger Trilogie war in jeder Hinsicht kritisch und richtete sich unter anderem gegen den neuen politischen Mythos der ›Stunde Null‹ in Deutschland«.[43] Vermutlich liegen die gegensätzlichen Analysen nicht zuletzt in der zeitlichen Distanz zwischen den beiden Veröffentlichungen begründet – mehr als 20 Jahre, in denen sich Grass ununterbrochen zu politischen Ereignissen äußerte, auch zur Wiedervereinigung Deutschlands. Aber keiner der Kritikerinnen und Kritiker zog Parallelen zum Nationalismus, vor dem Grass warnte, als Warnsignal vor extremen nationalistischen Strömungen in Israel, die mit dem Hass gegen Araber einhergeht.[44]

Vertrauenskrise

Die kontinuierlichen Übersetzungen der *Danziger Trilogie* wurden durch das Auslassen von *örtlich betäubt* (1969) unterbrochen. Ein umfassender Artikel in *Davar* betonte damals lediglich Grass' in lyrischer Form formulierten Appell an die deutsche Öffentlichkeit, öffentliche Personen mit nationalsozialistischer Vergangenheit »auszuspeien«.[45]

Aus dem Tagebuch einer Schnecke wurde wie *Hundejahre* 1979 in Israel publiziert und von den Kritikern in all seine Elemente zerlegt – die Deportation der Juden aus Danzig, der Wahlkampf und die Bedeutung der Schnecke. Pazi lieferte den Zusammenhang – Grass' Unterstützung für Willy Brandt, die antinazistische Einstellung Brandts sowie sein Exil. In *Davar* beschäftigte sich Ilana Hammermann mit der Kanzler-Kandidatur Brandts, deren Bedeutung für die Veränderungen in der deutschen Gesellschaft und Grass' Antworten auf die Fragen seiner Kinder. Das *Tagebuch* ist bis dahin nicht nur sein politischstes, sondern auch das einzige seiner Werke, dass sich direkt, offen und am wenigsten provokativ mit dem Schicksal der Juden auseinandersetzt.[46] Hammermann berichtete über Grass' Materialsammlung über die Danziger Juden während seines Besuchs in Israel im Jahr 1971 und Pazi brachte die Beschreibung der Deportation der Danziger Juden in einen Zusammenhang mit ihren persönlichen Erfahrungen als deportierte Jüdin aus Bratislava. Im Gegensatz zu der scharfen Kritik über die angeblich antisemitischen Charakterisierungen von Juden in *Die Blechtrommel* fiel diesmal die Kritik in Bezug auf jüdische Topoi weniger scharf aus – ähnlich zu der nicht so harten Kritik in Bezug auf Eddi Amsel in *Hundejahre*. Auch das kann als Beleg für eine offenere Umgangsweise der Israelis mit dem Holocaust verstanden werden.

Die Bedeutung der Bild-Symbole steht im Mittelpunkt der Rezensionen, insbesondere das der Schnecke. Pazi und der Kritiker der national-religiösen Zeitung *Hazofeh* erklärten das titelgebende Wappentier zu einer Metapher für die zu einer Rückkehr zur Menschlichkeit benötigte Langsamkeit. Und in der Tat erklärte der Autor in einem späteren Interview für *Maariv,* er glaube nicht an sprunghafte Revolutionen. Hammermann verbindet die Schnecke mit der offenen Rechnung, die Grass gegenüber den rechten und linken Utopisten hatte und erinnert daran, dass er während der Entstehungszeit des Buches mitten in einer ideologischen Auseinandersetzung mit den rebellierenden Studenten stand. Diese Auseinandersetzung mit der 68er-Bewegung wird auch in *Hazofeh* erwähnt, in dem die Utopie als Gegenpol zur Melancholie interpretiert wird, ein darüber hinaus im Hinblick auf die deutsche Geschichte der Vergangenheit zentraler Schwerpunkt des *Tagebuchs*.[47] In *Maariv* beginnt der Philosoph Henry Unger mit Adornos Diktum – ob es nach Auschwitz noch möglich sei, Literatur zu schreiben – und setzte die Suche nach den Inspirationsquellen Grass' fort. Unger zählte die von Grass eingesetzten Symbole zur Interpretation des Dritten Reiches auf: Hund, Eisernes Kreuz, Trommel, die verwirrten Erinnerungen eines Zwergs, und nun – ein zerrissener und sich überschneidender Handlungsstrang.

Diesmal beschäftigten sich die Kritiker und Kritikerinnen sogar mit der Qualität der Übersetzung. Pazi war überzeugt, dass es besser gewesen wäre, Grass' Wortspiele im Hebräischen einzufangen als den Israelis zu erklären, wer Paul Celan und George Lukàcs waren, vermutlich aus der Annahme heraus, die Leserschaft des Romans setze sich ausschließlich aus der kulturellen Elite zusammen. Im Gegensatz zu ihr deckte Hammermann peinliche Fehler auf, wie etwa die Übersetzung von »Weltgeist« mit »Zeitgeist«. Ihrer Meinung nach litt die Rezeption dieses reichen und komplexen Buchs unter der nur begrenzten Kenntnis des israelischen Publikums von den politischen und gesellschaftlichen Bedingungen in Deutschland, und an den »Auslassungen, Fehlern und groben Ungenauigkeiten [...] die dazu führen, dass die Bedeutung vieler Textstellen völlig verzerrt und andere fast unverständlich wurden«.[48]

1984 veröffentlichte Hammermann ihr Buch *Der Nazismus aus der Perspektive der gesellschaftlichen Ränder,* im selben Jahr, in dem auch Leah Hadomis Studie *Ein bleischwerer Schatten* erschien. Der nun offenere Umgang vieler Israelis mit dem Holocaust äußerte sich also auch im intellektuellen Interesse an der deutschen Kultur im Allgemeinen und dem Dritten Reich im Besonderen. Und genau aus diesem Grund brach wohl auch eine derartige Empörung über Grass herein, als er 2006, wenn auch aus freien Stücken, seine Zeit in der Waffen-SS zum öffentlichen Thema machte.[49] Doch schon vor dieser Bekanntmachung verlor er seinen Status in Israel, vermutlich aufgrund seiner verstärkten Beschäftigung mit innerdeutschen Angelegenheiten, die auf Kosten der intensiven Auseinandersetzung mit der gemeinsamen Vergangenheit der beiden Völker ging – so wurde es jedenfalls wahrgenommen.

Als Reaktion auf Grass' Eingeständnis beschloss der Vorstand des Netanya Academic College im Herbst 2006, die Verleihung der Ehrendoktorwürde an Grass letztendlich abzusagen. In seiner Korrespondenz mit dem Verantwortlichen für Internationale Beziehungen des Colleges, Yitzchak Meir, entschuldigte sich der Autor für dieses späte Geständnis damit, erst jetzt hätte er den nötigen Abstand gefunden, sich mit diesem Teil seiner Vergangenheit auseinanderzusetzen. Letztendlich war er nur ein dummer, verblendeter Junge, der eine Eliteeinheit vergötterte, die zur Zeit seiner Rekrutierung liquidiert war. Der Brief erhielt den Status einer Abbitte und wurde vor dem Versöhnungstag des Jahres 2009 in *Haaretz* veröffentlicht. In seiner Antwort an Grass schilderte Meir, der 1934 geboren war, seine ersten Lebensjahre in Belgien, seine Immigration nach Israel 1946, nachdem sein Vater in Auschwitz ermordet wurde, und erinnerte auch an den Tod seines Bruders, der im

Kampf um Jerusalem 1967 gefallen war. Er erklärte, wenn Grass tatsächlich teil gehabt hätte an den Verbrechen im Dritten Reich, wäre er zu einem Holocaustleugner geworden und nicht zu einem heftigen Verächter. Der Brief des Präsidenten des Colleges, Professor Zvi Arad, eine der führenden Persönlichkeiten des Aufbaus der deutsch-israelischen Wissenschaftsbeziehungen, war noch ein wenig nachsichtiger: »Der Schluss Ihres Briefes, in dem Sie ihrem Gefühl Ausdruck geben, nun ein Kainsmal der SS auf Ihrer Stirn gebrannt zu haben, wühlte mich sehr auf [...] Ihr Fall ist ein ganz anderer [...] denn Ihre guten Taten überschatten den schrecklichen Fehler, den Sie in Ihrer Jugend aufgrund einer eingeschränkten Blickweise, Ihrer Unkenntnis und der allgemeinen Gehirnwäsche, die Nazis so hervorragend betrieben, begangen haben.«[50]

Zwischen Grass' Schnecken-Tagebuch des Jahres 1972 und seinem autobiographisch fundierten Buch *Beim Häuten der Zwiebel* liegen 34 Jahre. In beiden Werken sann das gebrannte Kind mit den Mitteln der Ästhetik über die Lehren nach, die sich aus Kriegen ziehen lassen. Stuart Taberner stellt fest, Grass' Autobiographie aus dem Jahr 2006 enthalte zwei Hauptelemente: Auf der literarischen Ebene schreibe er, seine Jugend wäre eine ganz durchschnittliche, normale gewesen; seine Erkenntnisse zum Dritten Reich übertrug er auf seine literarischen Figuren, was ihn zu einer moralischen Instanz aufsteigen ließ. Auf der persönlichen Ebene hingegen bedeutet seine Autobiographie ein Schuldgeständnis und die Offenbarung der Leiden eines alten Mannes.[51] Die hohe Gereiztheit, mit der in Israel auf das späte Geständnis, in Kombination mit Grass' öffentlicher Kritik an Israel als brutale Kolonialmacht, reagiert wurde, stellt das komplexe Erinnerungsbuch in ein ganz anderes Licht als *Aus dem Tagebuch einer Schnecke*, in dem Grass unumwunden Mitgefühl an der Deportation der Juden ausgedrückt hat.

Beim Häuten der Zwiebel erschien im Sommer 2011 auf Hebräisch. In dieser Zeit wurden Bücher in Israel mit horrenden Rabatten und damit einhergehenden Verlusten für die Verlage verkauft, zahlreiche politische Tageszeitungen, wie etwa *Davar* und *Al Hamishmar* waren mittlerweile eingegangen und das Internet war bereits übermächtig geworden. Das populäre Webmedium *Walla!* veröffentlichte das erste Kapitel des Buches und erklärte in einem Begleitartikel, die israelische Öffentlichkeit entrüste sich über den Zeitpunkt des Geständnisses und stelle seine Glaubwürdigkeit in Frage.[52] Im in diesen Tagen meistgelesenen Webmedium *ynet* fragte sich die Literaturkritikerin Ariana Melamed, wie sie den moralischen Grass der *Blechtrommel* mit dem allzu späten Eingeständnis, in einer Einheit der Waffen-SS gewesen zu sein, zusammenbringen solle – es sei doch klargewesen, dass niemand ihm seine Entscheidungen als testosterongesteuerter Jugendlicher übel genommen hätte, aber warum sollten wir jetzt »das Verschweigen und Verheimlichen verstehen?«[53] Die Literaturkritikerin von *Haaretz,* Avirama Golan verglich *Beim Häuten der Zwiebel* im Rahmen ihrer Besprechung mit der Autobiographie von Amoz Oz, *Eine Geschichte von Liebe und Finsternis* (2002/deutsche Übersetzung: 2008), von der Grass angeblich inspiriert worden war. Im Gegensatz zu dieser sei *Beim Häuten der Zwiebel* allerdings »fleischlos« und »konstruiert«[54] und insofern ein Beispiel für die sinkende literarische Qualität des Autors.

Einige Monate später veröffentlichte Grass sein Gedicht »Was gesagt werden muß« und wurde zur Persona non grata erklärt. Auch in einem Interview mit dem Publizisten Tom Segev in *Haaretz* sprach der Schriftsteller nochmal das entscheidende Thema an, das ihn zu einer der meistgehassten Personen vieler Israelis machte: »Deutschland hat die Verantwortung, Israels Existenz zu sichern«, sagte er, »aber Israel kann nicht losgelöst vom Konflikt mit den Palästinensern gesehen werden. Insofern hat Deutschland auch die Verantwortung für die Palästinenser.«[55] 40 Jahre, nachdem neugierige Israelis sein erstes Buch als Dokument für die Auseinandersetzung der Deutschen mit der gemeinsamen belasteten Vergangenheit lasen, in den Jahren, in denen die israelische Gesellschaft noch immer voller Bewunderung für die deutsche Kultur war, war der Abschied von dem Autor ein trostloser. Die Kritiker und Kritikerinnen lasen Grass auf die individuelle Art nach Barthes und Eco, doch nach und nach mutierte diese zu der scharfen und negierenden Kritik einer Konsumentengesellschaft, wie Bourdieu sie verstand – die Erzeugung einer Kultur, die den Kulturschöpfer Grass mit seinen Konsumenten verschmelzen ließ. Literaturkritiker, Publizisten und Intellektuelle spiegelten eine kollektive Lesart der Israelis wider, die den Mann, den sie zunächst verehrten, satt hatten. Als Grass am 13. April 2015 starb, wurden in den israelischen Medien ausschließlich die letzten Krisen erwähnt: Das SS-Geständnis in *Beim Häuten der Zwiebel,* die Kluft zwischen seiner persönlichen Ethik und der seiner erfundenen Figuren, wie sie in Israel verstanden wurde, und Grass' Entrüstung darüber, aufgrund seiner Kritik an der israelischen Politik als Antisemit beschimpft zu werden.[56]

(Aus dem Hebräischen: Adina Stern)

Anmerkungen

1   Ich danke Anat First und Michal Ben-Horin für ihre hilfreichen Hinweise.
2   Zur Rezeption des Gedichts in Deutschland vgl.: Heinrich Detering und Per Ohrgaard (Hg.), Was gesagt wurde. Eine Dokumentation über Grass' »Was gesagt werden muss« und die deutsche Debatte, Göttingen 2013.
3   Alle Titel der hier und im Folgenden erwähnten Artikel wurden ggf. aus dem Hebräischen ins Deutsche übersetzt. Jonathan Liss und andere, Innenminister erklärt den Schriftsteller Günter Grass zur Persona non grata in Israel, in: Haaretz, 8.4.2012; Ofer Aderet, Günter Grass kommentiert die Erklärung zur Persona non grata: »Eli Jishai erinnert mich an den Stasi-Chef«, in: Haaretz, 12.4.2012; ders., Günter Grass in Deutschland angegriffen: »Der Prototyp des gebildeten Antisemiten«, in: Haaretz, 4.4.2012; Tom Segev, Nicht antisemitisch – pathetisch, in: Haaretz, 5.4.2012; Gideon Levy, Wütend auf Grass – und zuhören, in: Haaretz, 8.4.2012; Felicitas von Lovenberg, Fritz Stern, An Interview on Günter Grass, in: New German Critique 118 (Winter 2013), S. 119–205; Rebecca Braun, Authorial Construction in ›From a Diary of a Snail‹ and ›Meeting in Telgte‹, in: Stuart Taberner (Hg.), The Cambridge Companion to Günter Grass, Cambridge 2009, S. 96–110, insb. S. 97.
4   In der an einer Stelle veränderten Buchfassung des Gedichts heißt es nicht mehr »die Atommacht Israel«, sondern die »gegenwärtige Regierung der Atommacht Israel« gefährde den ohnehin brüchigen Weltfrieden; zit. nach: Günter Grass, Eintagsfliegen, Göttingen 2012, S. 89.
5   Julian Preece, The Life and Work of Günter Grass: Literature, History, Politics, London 2001, S. 34–50; Ernestine Schlant, The Language of Silence: West German Literature and the Holocaust, New York/London 1999, S. 51–56; Siegfried Mews, Günter Grass and His Critics, Rochester, New York 2008.
6   Ephraim Hermon, Günter Grass – der wütende Deutsche, in: Davar, 5.3.1965; zu den intergenerationellen Kontroversen in der Bundesrepublik siehe Daniel Levy/Natan Sznaider, Erinnerung im globalen Zeitalter. Der Holocaust, Frankfurt am Main 1999.
7   Inge Deutschkron, Günter Grass beschuldigt Israel, in: Maariv, 17.2.1967; H. Yaad, Grass: Auf der deutschen Jugend lastet eine moralische Hypothek, in: Maariv, 20.3.1967; Gitta Avinur, Die Welt des Günter Grass: ein verwachsener Zwerg, ein Adamsapfel, ein Hundeleben – Symbole der Zeit, in: Maariv, 10.3.1967; »Erhard soll abtreten«, in: Maariv, 15.2.1965; Der offene Brief des deutschen Schriftstellers Grass an Erhard, in: Davar, 21.2.1965.
8   Skepsis und Reaktionen: Der Fall Günter Grass, in: Moznaim 14/5-6 (April–Mai 1967), S. 476–477. Die Erklärung des Vereins: ebd., S. 355–356. Grass nahm an verschiedenen Veranstaltungen im Land vor hunderten von Zuhörern teil. Micha Limor, Günter Grass zeigt sich nicht beeindruckt von den Gerichtsverfahren gegen Naziverbrecher, in: Maariv, 12.3.1967.
9   Nathan Alterman, ›Die Blechtrommel‹ und die geistigen Instrumente, in: Maariv, 7.4.1967; ders., Metamorphosen, in: Davar, 27.10.1944.
10 Dalia Ofer, Linguistic Conceptualization of the Holocaust in Palestine and Israel, 1942–1953, in: Journal of Contemporary History 31/3 (1996), S. 567–595.
11 Israel Neumann, Deutsche Kultur durch die Hintertür, in: Davar, 17.11.1971. Am zweiten Tag des Sechs-Tage-Kriegs berichtete er, Grass hätte sich den Freiwilligen angeschlossen, die zur Unterstützung Israels anreisten. Der Schriftsteller Grass ist Kopf einer deutschen Freiwilligengruppe, in: Maariv, 7.6.1967.
12 Anita Shapira, The Holocaust: Private Memory and Public Memory, in: Jewish Social Studies 4/2 (1998), S. 40–58; Hanna Yablonka, The Formation of the Holocaust Consciousness in the State of Israel: The Early Days, in: Efraim Sicher (Hg.), Breaking Crystal: Writing and Memory after Auschwitz, Urbana/Chicago 1998, S. 119–136.
13 Moshe Zimmermann, Israels Umgang mit dem Holocaust, in: Rolf Steininger (Hg.), Der Umgang

mit dem Holocaust, Wien 1994, S. 387–406; Idith Zertal, Israel's Holocaust and the Politics of Nationhood, Cambridge 2010, S. 91–127; Yosefa Loshitzky, Hybrid Victims: Second Generation Israelis Screen the Holocaust, in: Barbie Zelizer (Hg.), Visual Culture and the Holocaust, New Brunswick 2001, S. 152–175.

14 Thomas Elsaesser, New German Cinema: A History. Basingstoke 1989; Naʼama Sheffi, Aus dem Deutschen ins Hebräische: Übersetzungsgeschichte als politische Kulturgeschichte, in: Arndt Engelhardt/Susanne Zepp (Hg.), Sprache, Erkenntnis und Bedeutung – Deutsch in der jüdischen Wissenskultur, Leipzig 2015, S. 143–159; Naʼama Sheffi, Sound of Silence and Struggle: Wagner and the Israelis, in: The Wagner Journal 7/2 (2013), S. 4–17.

15 Außerdem erschienen auf Hebräisch: Der Butt ([1977], 1980), Das Treffen in Telgte ([1979], 1982), Kopfgeburten oder Die Deutschen sterben aus ([1980], 1985), Die Rättin ([1986], 1996), Unkenrufe ([1992], 1997), Mein Jahrhundert ([1999], 2006), Im Krebsgang ([2002], 2004), Die Box ([2008], 2012).

16 Roland Barthes, Der Tod des Autors, in: ders, Das Rauschen der Sprache, Frankfurt am Main 2005, S. 57–63; Umberto Eco, Interpretation and Overinterpretation: World, History, Texts (= The Tanner Lectures on Human Values, delivered at Cambridge University, March 7 and 8, 1990); Pierre Bourdieu, Questions de sociologie, Paris 1980.

17 Galia Benziman, Der Bildungsroman und seine Variationen. Generische, politische und psychologische Aspekte, Raanana 2016, S. 277–332; ich danke Galia Benziman und Michal Ben-Horin für die Bereitstellung der Curricula ihrer Literaturkurse. Weitere israelische Forschungsarbeiten legten den Schwerpunkt auf literarische Inhalte und bezogen sich nicht auf seine Beschäftigung mit Juden. Siehe etwa David Gurevitz, Der neue Schelmenroman des 20. Jahrhunderts. Eine vergleichende Studie der Werke von F. Kafka, Th. Mann, S. Bellow und G. Grass, Doktorarbeit, Bar-Ilan University 1987; Micki Katz, Komponenten der Zeit – Anwendungen und Affekte. Beschreibung und Interpretation von ›Herzog‹ von Saul Bellow und ›Die Blechtrommel‹ von Günter Grass, MA-Arbeit, Bar-Ilan University 2000.

18 Jack Zipes, The Vicissitudes of Being Jewish in West Germany, in: ders./Anson Rabinbach (Hg.), German Jews since the Holocaust: The Changing Situation in West Germany, New York/London 1986, S. 33–38.

19 Naʼama Sheffi, Normalization through Literature: Translations from German into Hebrew in the 1970s, in: Lucyna Aleksandrovicz-Pedich/Jacek Partyka (Hg.), Jews and Non-Jews: Memories and Interactions from the Perspective of Cultural Studies, Frankfurt am Main/Warschau 2015, S. 189–204.

20 Alexander und Margarete Mitscherlich, Die Unfähigkeit zu trauern. Grundlagen kollektiven Verhaltens, München 1967; Preece, The Life and Work, S. 37–39.

21 Gitta Avinur, Die Welt von Günter Grass, in: Maariv, 10.3.1967.

22 Judith Orian Ben-Herzl, Die deutsche Blechtrommel, in: Maariv, 12.9.1975; John Reddick, The Danzig Trilogy of Günter Grass: A Study of the ›Tin Drum‹, ›Cat and Mouse‹, and ›Dog Years‹, New York 1975, S. 58–86.

23 Peter Arnds, On the Awful German Fairy Tale: Breaking Taboos in Representations of Nazi Euthanasia and the Holocaust in Günter Grass's ›Die Blechtrommel‹, Edgar Hilsenrath's ›Der Nazi & der Friseur‹, and Anselm Kiefer's Visual Art, in: German Quarterly 75/4 (2002), S. 422–439.

24 Jochevet Boxer, Die Buchkolumne, in: At, Mai 1975, S. 29.

25 Ehud Ben Eser, Die Blechtrommel, in: Al Hamishmar, 9.5.1975; Jaffa Berlovitz, Unsere Abgründe sind die Hölle, in: Davar, 13.6.1975; Nizza Drori, Die Köchin, die die Beichtstühle schwärzt, in: Haaretz, 18.7.1975.

26 Sander L. Gilman, Jewish Writers in Contemporary Germany: The Dead Author Speaks, in: Studies in 20th century Literature 13/2 (1989), S. 215–243; Julian Preece, Günter Grass, his Jews and their

Critics: From Klüger and Gilman to Sebald and Prawer, in: Pól O'Dochartaigh (Hg.), Jews in German Literature since 1945: German-Jewish Literature?, Amsterdam/Atlanta 2000, S. 609–624; David Sonnenfeld, Aspekte des Werks von Günter Grass, in: Gideon Toury/Haim Shoham (Hg.), Deutsche Literatur. Davor und Danach, Essays, Tel Aviv 1982, 169–185. Der Vergleich befindet sich auf Seite 175.

27 Leah Hadomi, Der bleischwere Schatten. Der deutsche Roman nach dem Nationalsozialismus, Tel Aviv 1984, S. 129, S. 140.
28 John Hughes, The Tin Drum: Volker Schlöndorff's »Dream of Childhood«, in: Film Quarterly 34/3 (1981), S. 2–10; John Duncan Talbird, Like a Mirror Walking Alongside a Road: An Interview with Volker Schlöndorff, in: Film International 12/4 (2015), S. 100–107.
29 Moshe Oren, Die dröhnende Blechtrommel, in: Al Hamishmar, 28.12.1979, S. 19; Rachel Ne'eman, Die Blechtrommel, in: Haaretz, 28.12.1979; Uri Klein, Dumpf trommelnde Träume, in: Davar, 28.12.1979; Eran Alon, Deutschland in den Augen eines Zwergs, in: Jedioth Achronoth, 21.12.1979; Yigal Tomarkin, Der Mythos des jungen deutschen Films, in: Davar, 2.11.1979; Shlomo Shamgar, Unglaublicher Einblick in eine monströse Seele, in: Jedioth Achronoth, 1.1.1980.
30 Gal Engelhardt, Reproduzierende Orte im israelischen »Posterinnerungsdiskurs«. Die Rezeption von drei deutschen Filmen in der israelischen Presse, 1979–1982, MA-Arbeit, Hebräische Universität Jerusalem, 2006, S. 45.
31 Carmel Sinof, Das U-Boot, Heimat und Die Blechtrommel: Ersatznarrative für die deutsche Geschichte, in: Slil 1 (2008), S. 96–99.
32 Rachel Shkolovsky, Einführung in die Werke von G. Grass, in: Davar, 20.8.1976; Ehud Ben-Ezer, Ängste und Leidenschaften, in: Jedioth Achronoth, 15.10.1976.
33 Dan Omer, Die gestohlene Heldenauszeichnung, in: Haolam Hazeh, 25.8.1976.
34 Mews, Günter Grass, S. 62.
35 Mews, Günter Grass, S. 77–80.
36 Michal Ben-Horin, Nazism and Musical Biographies: Thomas Mann and Günter Grass, in: Criticism and Interpretation: Journal for Interdisciplinary Studies in Literature and Culture 34 (2010), S. 193–212, insb. S. 204 f.
37 »Hundejahre« von Günter Grass, in: Maariv 4.6.1965; Mas-A, Der Hund von Günter Grass, in: Davar, 7.6.1967; einige verankern ihn in der baltischen Tradition oder in der der deutschen Philosophen, wie etwa in der Nietzsches: vgl. Lyle H. Smith Jr., Volk, Jew and Devil: Ironic Inversion in Günter Grass's Dog Years, in: Studies in 20th Century Literature 3/1 (1978), S. 85–96; Preece, The Life and Work, S. 36.
38 Baruch Kimmerling, Einwanderer, Siedler, Einheimische. Staat und Gesellschaft in Israel zwischen Kulturpluralismus und Kulturkrieg, Tel Aviv 2004, S. 187–236.
39 M. Avi-Shlomo, Die Jahre der Schuld Deutschlands, in: Al Hamishmar, 25.5.1979; Ilana Hammermann, Wenn Vogelscheuchen das Dritte Reich angreifen, in: Haaretz, 28.9.1979.
40 Margarita Pazi, Günter Grass auf Hebräisch, in: Al Hamishmar, 20.7.1979.
41 Sonnenfeld, Aspekte, S. 169–185.
42 Ilana Hammermann, Der Nazismus aus der Perspektive der gesellschaftlichen Ränder. Die Romane der 60er Jahre (Grass, Lenz, Böll), in: dies., Der Nazismus aus der Perspektive der deutschen Literatur, Tel Aviv 1984, S. 109–177, Zitat: S. 143.
43 Galili Shahar, Die Rückkehr der deutschen Geschichte. Historiographische Allegorien in den Werken von W. G. Sebald und Günter Grass, in: Zmanim 95 (2006), S. 22–36.
44 Michael Feige, Settling in the Hearts: Jewish Fundamentalism in the Occupied Territories, Detroit 2009.
45 Orna Shilo, Günter Grass: Jede Generation macht ihre Fehler, in: Davar, 18.6.1971.
46 Preece, Life and Work, S. 70–72; Schlant, Language, S. 71–72.

47 Mary Cosgrove, Born under Auschwitz: Melancholy Traditions in Postwar German Literature, Rochester 2014, S. 35–75.
48 Pazi, Grass auf Hebräisch, in: Al Hamishmar, 20.7.1979; Ilana Hammermann, Zwischen Utopie und Melancholie auf dem Rücken der Schnecke, in: Davar, 20.7.1979; Avraham Blatt, Im Gefolge der Schnecke, Hazofeh, 7.9.1979; Henry Unger, Durch die Schnecke, in: Maariv, 4.5.1979.
49 Frank Schirrmacher, Eine zeitgeschichtliche Pointe, in: Frankfurter Allgemeine Zeitung, 12.7.2006; Der deutsche Schriftsteller und Nobelpreisträger Günter Grass gesteht: Ich war Mitglied in der SS der Nazis, in: Haaretz, 13.8.2006.
50 Zitiert bei: Tom Segev, Ich war jung und dumm, in: Haaretz, 9.11.2006. Die Korrespondenz zwischen Grass und Meir fand im Oktober 2006 statt und wurde im November 2011 wieder aufgenommen.
51 Stuart Taberner, Günter Grass's Peeling of an Onion, in: ders. (Hg.), The Cambridge Companion, S. 139–150.
52 Erstes Kapitel, in: Walla!, 28.8.2011; David Rosenthal, ›Beim Häuten der Zwiebel‹ von Günter Grass: Er war und blieb ein Nazi, in: Walla!, 30.8.2011.
53 Ariana Melamed, Günter Grass häutet Zwiebeln, in: ynet, 30.8.2011.
54 Avirama Golan, Schreie und Flüstern, in: Haaretz, 8.9.2011.
55 Tom Segev, Der Mann, der ein Feigenblatt benötigt, in: Haaretz, 26.8.2011.
56 Avner Shapira, Der Schriftsteller Günter Grass ist gestorben, in: Haaretz, 13.4.2015; Günter Grass, Hatte ich den Wunsch zu sterben [Kapitel aus ›Beim Häuten der Zwiebel‹], in: ynet, 13.4.2015; Gili Izikovitz, Aharon Appelfeld über Günter Grass: »Nicht jeder talentierte Autor ist auch ein moralischer Mensch«, in: Haaretz, 13.4.2015.

Anhang

Verzeichnis der Autorinnen und Autoren

Heinrich Böll, 1917–1985, geb. in Köln, nach dem Abitur 1937 Lehrling im Buchhandel und Student der Germanistik. Mit Kriegsausbruch wurde er zur Wehrmacht eingezogen und war sechs Jahre lang Soldat. Seit 1947 veröffentlichte er Erzählungen, Romane, Hör- und Fernsehspiele, Theaterstücke und zahlreiche Essays. Zusammen mit seiner Frau Annemarie war er auch als Übersetzer englischsprachiger Literatur tätig. Heinrich Böll erhielt 1972 den Nobelpreis für Literatur. Er starb im Juli 1985 in Kreuzau-Langenbroich/Eifel.

René Böll, Jg. 1948, Fotograf, Maler und Graphiker. Seit 1963 autodidaktische Studien (Zeichnen und Malen), ab 1967 Studium der Malerei und Druckgraphik in Köln und Wien. Seit 1972 zahlreiche Einzel- und Gruppenausstellungen in Museen, Kunsthallen und Galerien in Chile, China, Deutschland, Ecuador, Frankreich, Irland, Japan, Niederlande, Schweden, Schweiz, Tschechien und USA. Nachlassverwalter seines Vaters Heinrich Böll.

Norbert Fasse, Jg. 1958, Studium der Geschichte, Germanistik und Pädagogik in Münster, Promotion an der Universität-Gesamthochschule Essen (*Katholiken und NS-Herrschaft im Münsterland*, 1996), 2000–2013 Leiter des Stadtmuseums Borken, seither Leiter des Stadtarchivs Borken. Publikationen zur Regionalgeschichte des Ersten Weltkriegs, der Weimarer Zeit, der jüdischen Geschichte sowie zur deutsch-niederländischen Geschichte und Erinnerungskultur im 20. Jahrhundert. Seit 2013 Vorstandsmitglied, seit 2017 Vorsitzender der Otto-Pankok-Gesellschaft e.V.

Werner Frizen, Jg. 1950, ist als Lehrer in Köln tätig, Herausgeber der kommentierten Neuausgabe von Thomas Manns *Lotte in Weimar,* Mitherausgeber und Kommentator der Günter Grass-Werkausgabe.

Günter Grass, 1927–2015, geb. in Danzig, Schriftsteller, Bildhauer und Graphiker. 1999 wurde er mit dem Nobelpreis für Literatur ausgezeichnet. Zuletzt erschienen von ihm u. a. *Grimms Wörter. Eine Liebeserklärung*, der Gedichtband *Eintagsfliegen* und die illustrierte Jubiläums-Ausgabe seines 1963 erstmals publizierten Romans *Hundejahre*. Bis kurz vor seinem Tod arbeitete er noch intensiv an seinem Buch *Vonne Endlichkait* (2015). Günter Grass starb am 13. April 2015 in Lübeck. Im Ch. Links Verlag erschienen u. a. folgende Grass-Titel (hg. von Kai Schlüter): *Günter Grass im Visier. Die Stasi-Akte* (2010), *Das Milchmärchen* (2013) und *Die Wut über den verlorenen Milchpfennig* (2017).

Michael Peter Hehl, Jg. 1978, Studium der Germanistik, Soziologie und Pädagogik in Duisburg und Essen, seit 2009 wissenschaftlicher Leiter des Literaturarchivs Sulzbach-Rosenberg. Forschungsschwerpunkte: Deutsche Literatur des 20. und 21. Jahrhunderts, Literatursoziologie, Literaturtheorie.

Birgit Hofmann, Jg. 1975, Wissenschaftliche Mitarbeiterin am Lehrstuhl für Zeitgeschichte der Universität Heidelberg, zuvor Studium der Geschichte, Germanistik und Politikwissenschaft, von 2004–2005 als Stipendiatin des Deutsch-Tschechischen Zukunftsfonds in Prag, 2006–2009 Stipendiatin der Heinrich-Böll-Stiftung, bis 2008 Mitglied im Graduiertenkolleg »Diktaturüberwindung in Europa« (Wien), bis 2015 Fakultätsmitglied im EU-Programm des Institute for the International Education of Students (Freiburg), 2014 Promotion: *Der ›Prager Frühling‹ und der Westen. Frankreich und die Bundesrepublik in der internationalen Krise um die Tschechoslowakei 1968*. Frau Hofmann wurde durch die Akademie der Wissenschaften als herausragende Nachwuchswissenschaftlerin Baden-Württembergs und ihre Dissertation 2016 mit dem Hans-Rosenberg-Gedächtnispreis der Heinrich August und Dörte Winkler Stiftung (Berlin) ausgezeichnet.

Walter Höllerer, 1922–2003, geb. in Sulzbach-Rosenberg, Schriftsteller, Literaturkritiker und Literaturwissenschaftler. Er lehrte bis 1987 als Professor für Literaturwissenschaft an der TU Berlin, war Mitbegründer der Zeitschrift *Akzente* und ab 1961 Herausgeber der Zeitschrift *Sprache im technischen Zeitalter*. 1963 gründete er das Literarische Colloquium Berlin (LCB) und 1977 das Literaturarchiv Sulzbach-Rosenberg. Walter Höllerer starb am 20. Mai 2003 in Berlin.

Joachim Kersten, Jg. 1946, Studium der Rechtswissenschaften, Philosophie und Empirischen Kulturwissenschaft an den Universitäten Hamburg und Tübingen. Rechtsanwalt in Hamburg. Veröffentlichungen über Gottfried Keller, Herman Bang, Fritz Graßhoff, Arno Schmidt und Peter Rühmkorf. Zuletzt, mit Friedrich Pfäfflin: Detlev von Liliencron, entdeckt, gefeiert und gelesen von Karl Kraus (2016).

Volker Neuhaus, Jg. 1943, Studium der Germanistik, evangelischen Theologie und der Komparatistik in Zürich und Bonn, 1967 Staatsexamen, 1968 Promotion, 1975 Habilitation, war von 1977 bis zu seiner Emeritierung im Jahre 2008 Professor für Neuere Deutsche und Vergleichende Literaturwissenschaft an der Universität zu Köln, lebt heute in Osnabrück. Forschungsschwerpunkte: Goethe, Geschichte des Detektivromans, Gegenwartsliteratur, Herausgeber der ersten Grass-Werkausgaben seit 1987, zahlreiche Monographien, Editionen, Sammelbände und Aufsätze zu Günter Grass.

Uwe Neumann, Jg. 1958, studierte Romanistik und Germanistik in Kiel und Paris. 1991 promovierte er über Uwe Johnson. Er arbeitete an der Sorbonne in Paris und an der Deutschen Schule Kapstadt in Südafrika. 2007 gab er die Anthologie *Johnson-Jahre* heraus, 2017 das Lesebuch *Alles gesagt? Eine vielstimmige Chronik zu Leben und Werk von Günter Grass*.

Per Øhrgaard, Jg. 1944, Studium der deutschen Sprache und Literatur an den Universitäten Kopenhagen, (West-)Berlin und Kiel; 1980–2003 Professor für deutsche Literatur an der Universität Kopenhagen, 2003–2013 für deutsche und europäische Studien an der Copenhagen Business School. Habilitation über Goethe (1978), Autor von Büchern und Aufsätzen zu deutscher Literatur, Geschichte und Gesellschaft. Übersetzer deutscher Literatur ins Dänische, darunter seit 1978 der Werke von Günter Grass. Seit 2004 Mitglied der Deutschen Akademie für Sprache und Dichtung; Monographie: *Günter Grass. Ein deutscher Schriftsteller wird besichtigt* (2005, aktualisiertes Taschenbuch 2007).

Mirosław Ossowski, Jg. 1953, Studium der Germanistik in Kraków, Assistent in Rzeszów, seit 1996 an der Philologischen Fakultät der Universität Gdańsk, Professor für deutsche Literatur, Direktor des Instituts für Germanistik. 2011–2017 Vorsitzender der Günter Grass Gesellschaft in Danzig. Forschungsschwerpunkte: Deutsche Literatur des 19. und 20. Jahrhunderts, Literatur über Danzig und Ostpreußen.

Louis F. Peters, Jg. 1939, Studium der Rechtswissenschaften und der Kunstgeschichte in Wien, München, Paris und Köln, 1. und 2. Staatsexamen. Während der Ausbildung in einer Pariser Anwaltskanzlei wurde er 1968 Augenzeuge der französischen Mai-Juni-Unruhen und baute seine Sammlung agitatorischer Plakate und Flugblätter auf, die er noch im Juni 1968 an der Universität zu Köln ausstellte und im selben Jahr in Buchform publizierte. Lebt und arbeitet seit 1971 als Rechtsanwalt und passionierter Kunstsammler in Köln.

Na'ama Sheffi, Jg. 1960, studierte Geschichte an der Tel Aviv University, seit 2001 »associate professor« am Department of Communication des Sapir College, Sderot (Israel). Ihre Forschungsfelder sind u. a. die Rezeption der deutschen Kultur in hebräischer und israelischer Kultur und die Analyse der Bilder auf israelischen Banknoten.

Dieter Stolz, Jg. 1960, arbeitet als Hochschullehrer und freier Lektor, studierte in Münster, war Wissenschaftlicher Assistent an der TU Berlin und promovierte mit einer Arbeit über das literarische Werk von Günter Grass, der ihn anschließend als »verdeckten Ermittler« für seinen Roman *Ein weites Feld* engagierte. Stolz ist Mitherausgeber und Kommentator der Günter Grass-Werkausgabe, war Redakteur der Zeitschrift *Sprache im technischen Zeitalter* und Programmleiter beim LCB. Er publizierte Bücher und Essays zur Gegenwartsliteratur, gibt die Reihe *Leben in Bildern* im Deutschen Kunstverlag heraus, erhielt Gastdozenturen an Universitäten im In- und Ausland, ist seit 2011 verantwortlich für das »Grass-Lektorat« des Steidl Verlags und wurde 2013 zum »Honorarprofessor« für das Fachgebiet »Neuere Deutsche Literaturwissenschaft« an der Universität zu Lübeck ernannt.

Johano Strasser, Jg. 1939, geb. in Leeuwarden (Niederlande). Promotion in Philosophie 1967, Habilitation in Politikwissenschaft an der FU Berlin 1977. Von 1980–1988 Redakteur und Mitherausgeber der politisch-literarischen Zeitschrift *L'80*. Seit 1983 freier Schriftsteller, ab 1995 Generalsekretär zunächst des westdeutschen, dann des gesamtdeutschen P.E.N. Von 2002–2013 Präsident des P.E.N.-Zentrums Deutschland. Veröffentlichungen: zahlreiche Sachbücher, Romane, Hörspiele, Theaterstücke, Gedichte, zuletzt: *Die schönste Zeit des Lebens* (2011); *Gesellschaft in Angst* (2013); *Das Drama des Fortschritts* (2015); *Der Wind. Ein Gedicht* (2015); *Das freie Wort. Vom öffentlichen Gebrauch der Vernunft im postfaktischen Zeitalter* (2017). Preise: Preis des politischen Buches 1983 zusammen mit Klaus Traube für das Buch *Die Zukunft des Fortschritts*; Gerty-Spies-Literaturpreis des Landes Rheinland-Pfalz 2002.

Jörg-Philipp Thomsa, Jg. 1979, seit 2009 Leiter des Günter Grass-Hauses/Forum für Literatur und Bildende Kunst; studierte Germanistik und Geschichte an der Universität Duisburg-Essen; 2002–2006: Studentische Hilfskraft. Praktika/Hospitanzen: u. a. Deutscher Bundestag, Hamburger Kunsthalle, Buddenbrookhaus/Heinrich-und-Thomas-Mann-Zentrum; 2007–2008: Wissenschaftlicher Volontär im Günter Grass-Haus; Promotion: »Kulturpolitik in einer Industrie- und Arbeiterstadt. Duisburg seit 1945«; Forschungs- und Arbeitsschwerpunkte: Literatur und bildende Kunst im 20. und 21. Jahrhundert, Kunst- und Literaturvermittlung, Kulturpolitik.

Abbildungsnachweis

Umschlag: Aquarell, Günter Grass, *1968,* 1998 © Günter und Ute Grass Stiftung; vgl. dazu auch die im Steidl Verlag erschienene Ausgabe von Günter Grass, *Mein Jahrhundert,* Göttingen 1999, dort ist auf S. 277 der hier aquarellierte Textauszug nachzulesen

S. 15, 36, 37 (2 Fotos), 40: Fotograf René Böll, © Samay Böll, Heinrich Böll Fotoarchiv

S. 49, 50, 51, 52, 53: Die Bildvorlagen für die hier in Schwarzweiß reproduzierten Pariser Mai-Plakate 1968 (die Plakate auf S. 49, 52, 53 wurden in der von uns genutzten Dokumentation in Rotweiß gedruckt) stammen aus dem von der Kölner Studenten Union (KSU) herausgegebenen Ausstellungskatalog *BOURGOIS VOUS N' AVEZ RIEN COMPRIS. Schri Kunst Schri zum Kölner Kunstmarkt '68* (unpaginiert). Veranstalter und Herausgeber der Dokumentation engagierter Kunst bei Lempertz Contempora im Kunsthaus Lemperts, Köln, Cäcilienstr. 48; Redaktion: Louis-Ferdinand Peters, Gestaltung: Vogel+Besemer, Druck: Wienand. Umschlagdruck Wasmung, Köln 1968

S. 71: Fotografisches Porträt von Carola Abel (1905–1992), Copyright verwaist; Original-Abzug: Archiv der Kunstakademie Düsseldorf

S. 73: Pankok Museum Haus Esselt, © Otto-Pankok-Stiftung

Abbildungsnachweis

S. 81: Original und Reprofotografie im bzw. vom Kunstmuseum Mülheim an der Ruhr, © Otto-Pankok-Stiftung
S. 85, 88, 89: Pankok-Archiv Haus Esselt, © Otto-Pankok-Stiftung
S. 92: Kunstmuseum an der Ruhr (Dauerleihgabe der Otto-Pankok-Stiftung), © Otto-Pankok-Stiftung
S. 96, 99 (2 Abb.), 104, 105: Pankok Museum Haus Esselt, © Otto-Pankok-Stiftung
S. 106: Fotograf unbekannt, Pankok-Archiv Haus Esselt, © Otto-Pankok-Stiftung
S. 111, 113, 114: Pankok Museum Haus Esselt, © Otto-Pankok-Stiftung
S. 160: Fotografin Hilke Ohsoling, © Günter und Ute Grass Stiftung
S. 180: Kaltnadelradierung, Günter Grass, *Literarisches Quartett,* 1992 © Steidl Verlag/Günter und Ute Grass Stiftung
S. 216: Foto von Peter Rühmkorf und Günter Grass, vermutlich im Dezember 1996 in Hamburg, Fotograf Fritz Peyer, © Peyer-Erben
S. 280: © Literaturarchiv Sulzbach-Rosenberg
S. 283: Literaturarchiv Sulzbach-Rosenberg, Vorlass Walter Höllerer, Signatur 02WH/164a/14, © Literaturarchiv Sulzbach-Rosenberg
S. 285: Literaturarchiv Sulzbach-Rosenberg, Pariser Koffer, Signatur: 05GG/C/5b, © Literaturarchiv Sulzbach-Rosenberg
S. 287: Literaturarchiv Sulzbach-Rosenberg, Pariser Koffer, Signatur: 05GG/C/5a, © Literaturarchiv Sulzbach-Rosenberg
S. 305: Akademie der Künste Berlin, Günter-Grass-Archiv, Signatur: GGA 2086_002, © Günter und Ute Grass Stiftung
S. 311: Akademie der Künste Berlin, Günter-Grass-Archiv, Signatur: GGA 2091_005, © Günter und Ute Grass Stiftung
S. 318: Akademie der Künste Berlin, Günter-Grass-Archiv, Signatur: GGA 2086/1, © Günter und Ute Grass Stiftung
S. 320: Akademie der Künste Berlin, Günter-Grass-Archiv, Signatur: GGA 2088, © Günter und Ute Grass Stiftung

Falls Sie Fragen, Anregungen oder Hinweise zum Freipass haben sollten, wenden Sie sich bitte an die Günter und Ute Grass Stiftung. Der vierte Band erscheint im Herbst 2019:

Günter und Ute Grass Stiftung
Glockengießerstraße 21
23552 Lübeck
Tel.: 04 51-79 48 00
E-Mail: hohsoling@steidl.de

Die Stiftung ist als gemeinnützig anerkannt. Spenden, frei oder auch zweckgebunden, sind herzlich willkommen. Unsere Bankverbindung lautet:

Günter und Ute Grass Stiftung
Sparkasse zu Lübeck
IBAN: DE62 2305 0101 0162 9591 00
BIC-/SWIFT-Code: NOLADE21SPL

Wenn Sie möchten, dass wir Ihnen eine Spendenbestätigung zukommen lassen, bitten wir um Eintragung Ihrer Anschrift im Verwendungszweck der Überweisung. Vielen Dank!

ISBN 978-3-86153-827-1
25,00 € (D); 25,70 € (A)

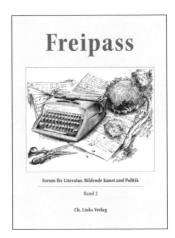

ISBN 978-3-86153-929-2
25,00 € (D); 25,70 € (A)